诚斋文録

上

姜小青 著

广陵书社

图书在版编目（ＣＩＰ）数据

诚斋文录 / 姜小青著. -- 扬州 ：广陵书社，
2023.10
ISBN 978-7-5554-2050-7

Ⅰ．①诚… Ⅱ．①姜… Ⅲ．①出版工作－中国－文集
Ⅳ．①G239.2-53

中国国家版本馆CIP数据核字(2023)第176912号

书　　　名　诚斋文录
著　　　者　姜小青
责任编辑　方慧君
出 版 人　曾学文

出版发行　广陵书社
　　　　　　扬州市四望亭路 2－4 号　　　邮编　225001
　　　　　　（0514）85228081（总编办）　85228088（发行部）
　　　　　　http://www.yzglpub.com　　E-mail:yzglss@163.com
印　　　刷　无锡市海得印务有限公司
装　　　订　无锡市西新印刷有限公司

开　　　本　889 毫米 × 1194 毫米 1/32
印　　　张　21
字　　　数　380 千字
版　　　次　2023 年 10 月第 1 版
印　　　次　2023 年 10 月第 1 次印刷
标准书号　ISBN 978－7－5554－2050－7
定　　　价　158.00 元

静望山海寄云天

——姜小青《诚斋文录》书序

李　岩

　　暑热时节，安静阅读，亦是赏心乐事。细细品读姜小青《诚斋文录》清样，内心涌溢出无限的温情与感怀，更加体味到小青兄作为一位资深专业出版人的诚意与情怀，和我辈作为同道人的苦乐与艰辛。

　　记忆中与小青兄相识于20世纪90年代后期某个古籍出版社会议上。那时我们都尚属"意气风发"的年代。后来往返于京、宁间的觥筹交错、茶酒诗情与频频的学术往来，彼此增益了解信任。2004年以"古联体"各社负责人名义参展美国东亚图书馆年会（地点在圣地亚哥），推广中国优秀传统文化，恰有同室之谊，从此私交深厚，彼此敬重，时有音信往来，牵念萦怀，一如暑热读书中体味盛夏之清凉，回甘味醇，久久不散。

　　小青兄身上充分体现了我们这一代出版人的两个共性：一是有深厚的学术根底和专业素养，二是有着浸润出版业二三十年的执着坚守。他早年师从山东大学于维璋先生专治中国古代文学批评史，同时得到山东大学诸多先生的教诲，转益多师，成就其古籍学术编辑生涯得心应手。他在三十年的职业生涯中，走过了编辑、编辑室主任、总编辑助理、副总编辑、总编辑直至社长的全部专业任职经历。其间，他作为古籍社资深负责人和中国出版协会古籍出版工作委员会领导，参与了古籍长远规划的制订、古籍专业人才培训、重大出版项目合作与宣传推广，共同推助古籍出版事业的健康发展。我们各居一方，分领两军，同频共振，声应气求，惺惺相惜，结下深厚绵长友谊，这是一种相互尊重、共谋发展大业的正向能量与廓大襟怀。与众多位学友同道一路同行，相互砥砺奋发，使得古籍出版成为专业学术出版中的一支生力军，"古联会"和"古工委"成为专业协会中最为团结、最有朝气、最富协作精神的一个团体，也为新时代中央主管部门加强古籍出版事业提供坚实的基础。小青兄谦逊冲和而又执念，志向高远不乏冷峻，惟与之相处久了，才时时感受到他的热情与激扬，诚恳与豪放。"诚斋"，诚哉斯人。

细读"文录"，小青兄以老道的编辑匠意手笔，将自己积数十年的文稿分为五辑。第一辑是关于古籍出版方面的专业梳理与专业思考。如果说浅谈学术类图书的"双效"还是局限于专业出版的一般规律性认识，那么对于古籍整理中地方学人全集（文集）编纂的七点建议，则充分展现了他的学术根底与素养，和对同类选题出版物的稔熟于心。而他对于凤凰社实施古籍出版规划的思考与实践、建社三十年"书比人寿"的感言、对于专业人才培养的思考、专业出版社发展和长远规划的认识与充分实践，使得我们豁然明了了——凤凰出版社在小青兄手上能够跻身中华、上古之后多年名列古籍社中第三名，有赖于他在高纪言、薛正兴等前贤基础上的坚守与超越。记得2006年由小青兄操持，在北京人民大会堂召开《全元文》出版座谈会，学者大家云集，成为古籍出版界的一个盛况，忝列其中，添砖助力，深为同行道兄高兴。而小青最为同道们称扬的是他对于国家古籍出版中长期发展规划的认知与思考，道理不明，无法前行，这反映了他的卓识与深见。他对新中国成立70多年来七个规划的梳理颇见功力，有益后学。另外，他对地方古籍出版社发展的思考，得到众多同行高度评价。第二辑主要是关于《江苏文库》的。地方乡邦文献的集结修纂，由《四明丛书》到《湖湘文库》，至3000册的《江苏文库》，体例日臻完备，小青兄负责起草项目实施方案之编纂体例，可谓厚积薄发，而由后势变先进，这对于各地方高度重视乡邦文献地方史志的整理汇编和超大型古籍整理项目来说，提供了可资信服的范本。第三辑的内容我更为熟知，作为同道好友，彼此关注近来情状，小青兄在一些新书出版座谈会上的发言，包括《全元文》《台湾史稿》《子海》《江苏历代方志全书》等大型项目的首发，有的在场聆听，有的耳闻目及，备觉亲切。时时如沐春风，频频领受教益。第四辑专门写到了几位学术出版业的前辈，像傅璇琮、卞孝萱、周勋初、魏同贤、薛正兴等先生是我辈共情瞻念，对这些充满了人文情怀的文字往往更是感同身受，正是借由这些前辈学人与编辑前贤的慈航指引，我辈才有可能登堂入室，接续传承并开启未来。特别是读到《沉思往事立残阳》一文追忆薛正兴先生的长文，真是一篇学习体会如何做好古籍专业出版社掌门人和优秀编辑的佳作，内里映含着小青兄的深入思考和追念前贤的深厚情感，读来铭感于心。第五辑和附录更具编者情愫，他力图追念从学治业的早期岁月，并以此向受教请益的先生老师们表达一份尊崇之意，其中《"文气"论》《中国古代文学欣赏心理描述》《刘勰论诗歌的本质》《文论选读》则彰显了小青兄师从于维璋先生治学古代文学批评史的学术履迹与学术规范，值得我辈艳羡他年青时心有戚戚静穆本淳的学术风气和心态，也由此识见小青兄的学术情怀，让广大读者与关心关注他的朋友们真正全面了解小青兄曾走过的治学路径。

我们常愿回顾自己所从事的专业和行业，并关注它对于社会、对于国家到底有多大的作用和意义，我们经常会引用中华书局创始人陆费逵所说的一句话：我们出版虽然是较小的行业，但是对国家和社会的贡献却比任何行业都要大一些。也如陈寅恪先生敬挽王国维诗句中写到的"吾侪所学关天意"。出版是选择作品提供给读者的社会行为，同时出版也是记录、传承、传播人类有史以来的全部文明与智力成果的最有效载体，从业者要有廓大的人文情怀，要有一定的学术经历与素养，要有为人类文明谱写当代华章的宏愿，更要有一个学者出版人寄望山海云天的理想与追求。我读完清样，静默存想，我在《诚斋文录》中看到了这些文字背面的温情与敬意。

以《诚斋文录》面世为由，向小青兄等多位一直坚守出版事业而无怨无悔的同道学兄们表达由衷的祝贺。

2023 年 7 月下旬暑热驻笔

目　录

上册

第三辑

下册

第四辑

第五辑

附 录

第一辑

浅谈学术类图书的"双效"

　　如何看待和处理好图书的社会效益与经济效益，使之达到人们所期望的统一，是许多出版工作者所遇到的难题，特别是以出版学术著作为主的专业出版社，对此感受更深。但往往由于认识上的偏差，这一问题始终未能尽如人意地得到解决。此文就这一问题，谈几点个人不成熟看法，以求教于同仁。

　　随着社会主义计划经济体制逐渐向社会主义市场经济体制转变，人们的思维方式、观念等也随之发生了变化，那种一直将图书与市场割离、将之看作仅仅是某种政治或舆论宣传工具的认识，已逐渐被社会主义市场经济下的新观念所取代，图书作为一种商品外壳包装下的精神产品，其商品属性，不断为人们所认识。当然，也正因为如此，图书的社会效益与经济效益之间的矛盾也就日渐显示了出来，而如何看待和解决好这一对矛盾，是发挥图书传播与积累两大功能的前提。

如果认识与处理不当，都会走入不同方向的极端片面。

所谓图书的社会效益，简言之，就是指图书在传播和积累人类一切文明中所取得和发挥广泛而积极的作用，从我们国家今天的角度来看，图书的社会效益，主要体现在大力宣传马克思列宁主义、毛泽东思想以及邓小平关于建设中国特色社会主义理论，传播一切有益于经济和社会发展的科学技术和文化知识，丰富人民群众精神文化生活等方面；所谓的经济效益，则是指图书作为一种精神性产品，通过市场实现经济上的回报。很显然，这两者之间是一种既不能截然分开，又存在着一定矛盾的关系，追求两者的统一，可以说是每一位出版工作者共同的目标与方向。同时，在认识与实践中，我们也会产生不少困惑或形成认识误差，这与我们对图书"双效"缺乏一种深层次认识有关。

如何看待图书的"双效"，特别是学术著作的"双效"呢？

往往有这么一种认识，图书发行量越大，就越会被视作具有"双效"，理由是图书的社会效益是由市场实现的。对发行量相对较少的学术类图书，又是一种观点，即只承认其社会效益而否认它的经济效益。我们且不说这种看法的对错，就其认识而言，充其量也只是对图书"双效"的一种浅层次理解与认识，或称不全面理解。他们所看到的只是表面现象，而没有认识到图书"双效"含义的根本性内容。因为，第一，图书发行量的多少，并不是决定"双效"书的唯一条件；第二，发行量较少的学术著作不一定没有经济效益。就前者而言，持上述观点者的依据，是认为图书的社会效益是通过市场来实现的，当然，我们并不否认这一点，但我们又必须看到，图书的社会效益是指那些能够对人类文明进步、科学文化知识积累与社会发展起到推动作用的社会效果，而那些仅供人们休闲、娱乐等一类图书，虽然发行量可能很大，虽说在某一方面也会产生一定的社会效果，但从深层次意义上讲，我们并不能说此类图书就是完完全全的"双效"书。另外，社会结构也是多层次的，人们对精神产品的需求，也是多种多样的，由于人们文化素养、知识结构等个人条件上的差异，对各类图书需求也不一样。从我国目前社会结构来看，还有相当一部分人的文化层次处于较低水平线上，受教育的程度不高，但他们也是某一类图书的需求者，这也就是像某些描写明星私生活等类图书发行量较大的原因之一，显然，不能把这类图书作为"双效"书看待，起码不能把这类图书作为我们出版工作者对图书"双效"的最高追求。当然，我们也不能排斥这部分读者的需求，而是要积极引导，提高他们的阅读品位。另外，像一些能满足一部分人猎奇心理的图书，甚至具有一定欺骗性的、宣扬封建迷信的伪科学图书，发行量也可能很大，我们更不能因为其发行量大而称之为"双效"

书，诸如此类的图书还有不少。总而言之，图书的社会效益，并不是完全能由它的市场直接价值来评定的，因为图书毕竟是一种精神产品，出版工作具有意识形态属性，如果完全从商品市场的角度来看待、认识出版工作，评定图书的价值，是忽视了出版工作的特殊性质，忽视了图书作为商品的特殊性与有限性。因此，我们认为，做到社会效益与经济效益相统一的图书，应该是既遵从了商品市场规律，又注意了它自身特殊性，并通过市场而广泛地实现其在人类历史进步中所产生一定正面影响、发挥一定积极作用的图书，单纯考虑市场价值，并不是对"双效"图书的全面正确认识。

同样，认为市场发行量较少的学术著作不能产生"双效"，或学术著作谈不上经济效益的观点，也是片面地理解了"双效"含义，它从主观上就将图书的社会效益与经济效益看作是一种矛盾关系。我们知道，任何一种事物都具有矛盾的对立与统一两个方面内容，仅仅看到其中的一方面，显然是片面的。图书的社会效益与经济效益也是具有这种既矛盾又统一的关系。发行量较少的学术著作，看上去是存在一种社会效益与经济效益之间的矛盾，但这仅仅是一方面，如果我们同时看到它们之间的统一关系，就能走出这种认识上的误区。这里的关键，就是如何看待学术著作的经济效益，解决好这个认识上的问题，就能正确对待和理解学术著作的"双效"问题。我认为有两点值得重视，一是应该看到学术类图书的潜在性经济效益，或称无形经济效益；二是应该注意到这类图书经济效益的有限性。任何一门学科的发展，包括社会科学、自然科学，原因虽多种多样，但其中都离不开对本学科基础性研究，学术著作就是对某一学科领域、门类，或某一学科的某一方面内容进行研究或总结。从宏观角度看，人类历史上每一个层面的发展，各类真正意义上的学术著作都会起到一定的作用，因而其社会效益是显而易见的。但如何看待这类学术著作的经济效益呢？由于不同学科自身特点，如高精尖学科、基础理论学科等，使得大多数学术著作并不能像其他一些非学术性著作的图书一样拥有数量比较多的读者，这类图书市场发行量也相对较少，从表面上看，这类图书所产生的直接经济效益比较小，出版单位出版这类图书甚至是亏损的。但我们衡量这类图书的"双效"，更多的是，应该看到它们潜在的经济效益。比如一本关于尖端科学的研究著作，虽然它的读者很少，就出版社来讲，也根本谈不上直接的经济回报，但它所解决的问题，很可能带来一次技术上、观念上的革命，随之而可能为国家，甚至为整个人类带来巨大的经济效益。这样的著作，在世界出版史上并不鲜见，由此我们就应该注意到，这类学术类图书潜在的经济效益问题。又如一些社会科学、人文学科类学术著作，它们所提倡的人文精神、追求真理的求是精神，对提高人的文化素质，起到了积极作用。从表面上理解，这是一种社会效益的体现，但其经济效益也正如前面所讲，是潜在的。因为图书是一种特殊商品，是精神产品，离开了"精神"这一特质，就混淆了图书与一般商品的概念。因此，衡量学术类图书的经济效益，不仅要看其直接经济效益，还要看其潜在经济效益，这才是图书的社会效益与经济效益相统一的地方。

如果我们要评估学术类图书的市场直接效益，也应该注意学术著作经济效益的有限性。有一些学术著作，它所体现的价值，或仅是一门学科自身的发展，比如历史学、哲学中的许多问题，又如自然科学中的一些基础理论，其研究者、读者量都比较有限，对这类图书经济效益的评估，就应该据其特点，看其是否能在本学科领域占领市场。比如说，一本书的实际最大需求量仅两千人，如果这本书成为这两千人中大多数的需要，我们就应该视其为"双效"图书。另外，从我国图书市场实际情况看，任何一门学科的图书，只要我们真正拥有它的 定市场份额，其市场直接经济回报是完全可能的。

那么，学术著作出版如何做到"双效"统一呢？

以出版学术著作为主的专业出版社，虽然可以在认识上对图书"双效"有上述的理解，但在实际工作中，不可避免地会遇到直接经济效益的问题。出版社作为一个市场主体，它又不能不面对市场，但它又不能像其他行业的企业一样完全面向市场，还必须考虑到图书的社会效益。这里用"直接经济效益"，就是为了区别前文中所提到的"潜在性经济效益"概念。因为我认为，图书的潜在性经济效益，更多的是应该作为理论概念，作为图书评估"双效"的概念，也就是说，图书的经济效益应该是两个方面的，当然这两方面在大多数的学术著作中是能统一起来的。许多学术著作虽然由于其学科特点，致使其产生的经济效益是无形的、潜在的，但它们也不是不能产生直接经济效益。只要我们深入了解学科特点，深入了解图书作为商品在市场中的特殊性，两者的统一是完全有可能的。我们知道，从我国出版市场来讲，可以说，任何一门学科的研究者，或这门学科的学术著作需求者，都是具有一定数量的，这是中国人口市场所决定的，只要我们出版的学术著作，能满足其中一部分人的真正需求，就会产生一定直接经济回报。因而关键的问题，是看这部学术著作是否能够真正代表这门学科研究最新成果，是否是高质量的，是否是这类图书读者所真正需要的，做到了这一点，出版社的经济效益问题是能够得以解决的。因此，我们前面所提到的经济效益的两个方面，从本质上讲，它们是能较好地统一的。这里举我们江苏古籍出版社出版的《敦煌文献分类录校丛刊》（一套十二册）为例，此套丛书属于对敦煌文献分类整理的古籍整理类图书，起初在确定选题时，考虑到这一学科的研究者、读者都相对比较少，出版社恐难有市场直接回报，且投入成本较高，故申请了上级主管部门的经济补贴。但由于此套书在著名学者周绍良主持下，集中了国内第一流的敦煌学研究者最新研究成果，故书于 1998 年一出版，当年就销售一空，今年将重印，最终这套书非但没有要上级主管部门的经济补贴，而且出版社还取得了一定的经济回报。同时，这套书 1999 年在新闻出版署组织的第二届全国古籍整理图书评奖中荣获一等奖，并获得第四届国家图书奖提名奖，可以说真正做到了学术图书的"双效"。

所以我们说，具有真正学术水准的图书，其市场还是广阔的，这就要求我们出版学术著作的专业出版社，在考虑图书经济效益时，必须将内容、学术质量放在首位。如果做到这一点，学术著作的"双效"是完全有可能的，因此我们说，出质量、出精品、出名牌，是学术著作取得"双效"的最好途径。

[原文刊于《社长总编辑（主编）论出版（第四辑）》，商务印书馆 2000 年 11 月版]

坚持专业特色与地方文化相结合

——漫谈古籍整理中地方学人全集编纂与出版

作为地方专业古籍出版社，在地方文化建设中，扮演着很重要的角色，其中对本地历史文化名人著述整理与出版，是这项工作中的一部分，既能体现出版社鲜明的专业特色，又具有广泛的社会效果，弘扬地方文化，就是弘扬中华文化。这里结合江苏古籍出版社（现名凤凰出版社）"地方学人全集（文集）"编纂与出版，谈几点想法。

一、选题策划与确立，应该依据本地文献、文化特征以及本出版社具体实际

地方学人全集整理与出版，首先要充分考虑与发挥地方文化特征与优势，开拓与发掘本地文化精髓，找准切入点，系统策划与实施。如果说，江苏古籍出版社这十几年当中，在这类选题开发与出版方面，得到出版同行或学术界一点认

可，可以说，就是遵循了上述选题确立的基本原则。江苏古籍出版社在这类选题方面，先后出版了《金圣叹全集》《冯梦龙全集》《袁枚全集》《李伯元全集》《李审言文集》《嘉定钱大昕全集》《范仲淹全集》《赵翼全集》，正在筹划更多相关选题。江苏历来被认为是人文荟萃之地，历代留下了丰富的文化遗产，其中就包括许多学者、文人的著述，因此在我们出版社确立办社方针与考虑选题方向时，就把这方面内容作为一个重点板块，把选题开发首先放在江苏，立足江苏，坚持江苏地方特色，充分利用江苏地方文化出版资源和优势，以此来确立江苏古籍版图书在全国的影响。经过出版社二十年坚持不懈，取得了一系列出版成果。这一做法，今天看来，是有一定成效的。

同时，江苏地方学术力量雄厚，地方文献研究有很强的学术队伍，并取得不少研究成果，这也为我们这方面选题与出版，提供了有利条件。

另外，出版社编辑力量的构成特点，也是我们考虑上述选题时应该注意的。作为个人来讲，提出或策划选题，当以己之长，发挥优势。一个人的学业有专攻，学识有短长，在自己熟悉的专业范围内做编辑工作，至少在图书编辑的各个环节，包括从选题策划到图书发行，都会有一定的发言权，不至于说外行话，干外行事。现在同类书很多，为什么有的做得好，有的做得不好，其中一个很重要的原因，就是有的编辑一味跟风，没有考虑到自身的客观条件。如近期比较风行的唐宋诗词插图本等，在市场上，这样的书很多，应该说是良莠不齐，我们比较一下就不难发现，专业古籍出版社在其中就具有明显的优势，比如，上海古籍出版社出版的这类插图本，明显胜过同类项目。因为这类图书不仅仅是个外在形式的问题，关键是要看内容质量，书做得成功与否，最终还是看内容。上海古籍出版社正是具有很强的专业优势，才成功地在这类选题上占有明显的质量与市场优势。因此，对一个出版社来讲，在选题规划方面，确实应该重视因人而定的原则。

二、编纂与出版中的几个问题

一是要摸清基本情况，做到心中有数。这有三方面情况需要考虑。第一，是地方学人的基本情况，对本地区到底有多少知名学人，以及他们在各个方面的成就与影响，要做到心中有数。我们江苏出版过《江苏艺文志》《江苏省通志稿·经籍志》等一些地方文献基础工具书，这些书，对编辑摸清江苏地方文献情况，做到心中有数，大有好处，使编辑对地方文献的某些方面会有一个比较全面的了解。同时，现在各地地方文化研究比较热，这也是应该关注的，这些都有利于编辑策划、论证或组织这类选题。从江苏古籍出版社的情况来看，这些年，此类选题的来源，大体有两种：一种是由编辑策划，再找作者组织编纂或整理；另一种是作者已完成编纂或整理，提交出版社论证。但不管哪一种，作为一个古籍图书编辑，对这一类选题，前期如果有条件，都应该提前参与，对选题所涉及的基本内容，要做到心中有数，否则要么提出的选题比较盲目，要么就"上靠作者，下靠校对"，自己没有发言权。作为一个古籍出版社的编辑，要求人人做"通才"，是高标准，不容易做到，但由于我们所从事这项工作的性质与要求，又必须要求编辑具有一定专业基本知识，以此作为从事这项工作的基本技能。具体地讲，就是在考虑或论证上述选题的时候，应该知道从哪儿入手，做哪些基础工作。因为有了这些基础工作，对今后选题的落实与实施，大有好处。对一个地区的古代学者以及他们的基本情况，特别是他们的创作情况、学术成就等，编辑有了一个比较清晰、全面的了解，工作中就会少走弯路，少出不该有的差错。江苏古籍出版社也有这方面的教训，由于编辑对所编图书的选题不甚了解，以致整理者错漏的内容，编辑在工作中也发现不了，一个很好的选题最终多少留下了一点遗憾。第二，是这类选题相关的出版情况，包括这些学者的作品在古代刻印

和现代出版的情况，要做到心中有数。我国古代图书类别有
经、史、子、集之分。以往的别集，大多是按一定体例将一
位作者的作品汇编在一起的，内容主要是文学方面的，当然
其中也有不少不属于文学作品，这与古代学术分类有关。但
我们今天讲的学人全集，是一个作者全部著述的汇集。例如，
我社出版的《袁枚全集》，与袁枚生前印行的《随园全集》
（又称《随园集》）就不同，后者仅为袁氏的诗文集，而不包
括诸如书信《小仓山房尺牍》、考据文字集《随园随笔》、食
谱《随园食单》等，而现在编的《袁枚全集》，可以说是名副
其实的"全集"了，是把目前能够找到的袁枚作品"网罗殆
尽"。再举一个例子，我社出版的《嘉定钱大昕全集》。钱氏
著述，其生前就有刊行，如《廿二史考异》《通鉴注辨正》《补
元史艺文志》《十驾斋养新录》《潜研堂文集》等。但在钱大
昕生前，还有大量著作未得刊印，钱大昕于嘉庆九年（1804）
去世，后来，其次子钱东塾又将这一部分钱氏生前未刊刻的
作品合集刊出，就是《潜研堂全集》，包括《三史拾遗》《诸史
拾遗》《元史氏族表》《陆放翁先生年谱》《潜研堂诗集》《诗续
集》等，这也是钱氏各类著作首次结集，收书17种。其后光
绪十年（1884），长沙龙氏又推出家塾刻本《嘉定钱氏潜研堂
全书》，这是钱氏作品第二次结集，在前一次基础上，又增加
了《声类》《宋辽金元四史朔闰考》等，共收书22种。江苏古

籍版《嘉定钱大昕全集》编纂整理工作，正是在弄清楚了上述钱氏著作在过去刊刻情况基础上进行的，故其更加全面与完整，又增收了《唐石经考异》《竹汀日记》以及钱氏所作铭、记、题跋、书等，为一代大学者的研究，提供了更翔实、更充分的文献资料。也正是编纂整理者与编辑出版者，对钱大昕著述及其刊刻情况的了解和掌握，使江苏古籍版的《嘉定钱大昕全集》出版，具有更高的学术价值（按：2016 年，出版社又出版了经整理者增补的《嘉定钱大昕全集》增订本）。同时，因为今天所编全集有网罗作者所有著作的特点，也就会遇到某一作者的某些著作在现今已经有整理本出版的情况。从今天的角度看，任何一位古代作者的著作，对今人而言，无论其学术价值，还是市场价值，都会有不同程度上的差异，作为编辑是不能不考虑的，基本出发点，就是为我所用。有些作者的某些著作，常会出现多次出版的现象，如袁枚的《随园诗话》、冯梦龙的《三言》、李伯元的《官场现形记》等。了解这一情况，对这类选题的确定也有所帮助。一是对本选题的价值可作判断，避免不必要的重复。二是可在解决了整理著作权、出版权前提下，直接吸纳到所要编的全集中来，既可提高效率，又可降低成本。第三，是对相关领域的学术研究，要做到心中有数。古籍出版属于学术出版范畴，关注学术动态，关注学术研究，是做古籍出版工作同志最基本的功课之一。我个人认为，大多编辑毕竟不同于专业研究者，书稿的学术质量，主要还是靠作者来把握，所以选对作者（整理者），直接关系到选题实施与图书质量高低，但这并不是说编辑无事可做，有无专业知识无所谓。对选题对象本身，以及相关学术信息、学术动态与学术研究了解，无论是对选题价值判断，还是整理者选定，都会有很大帮助。现在，不少地方政府对地方文化建设很重视，也愿意拿钱资助学者整理本地学人的作品，各地也都有一些研究者，本着对家乡热爱，也有热情做这方面的工作，但水平参差不齐。我们在确定这类选题时，既要把它放在区域文化背景下，更要把它放在整个中华文化、中华文明以及学术发展大背景下，考察其价值，这样才会有一流的选题，才会真正如人们所常说的，越是地方性，就越具全国性。同时，我们在编辑这类选题时，要考虑利用地方力量，发挥各方面优势，当然也不可因为钱而忽略了整理者的研究水平。

二是要讲求学术规范。新编地方学人全集（文集），首先是古籍整理，所以应该遵守古籍整理基本原则与学术规范，无论是底本选择，还是标点、校勘、辨伪、辑佚等工作，都要认认真真，不能马虎。随便选，随便点，妄下断语，不求依据，必然编不出高质量的古籍整理著作。例如，在做这类选题时，首先就会碰到一个底本选择问题，一种书有多个不同的本子，这是古代普遍存在的现象，这与各个时期的出版情况有关。当我们在做古籍图书编辑工作的时候，若碰到一书多本的情况，当然首先要看是不是选择了一个最好的底本。人们常常希望的是所谓"善本"，什么是"善本"，搞古籍整理者，当然不是立足于文物价值，而是重其文献价值。张之洞在《輶轩语》中，将"善本"概括成这样几个特征：足本、精本、旧本。"足"言其全，"精"言其校、注，"旧"言其时。选择了好的底本，无疑会增加图书的"含金量"。再说校勘，这也是古籍整理中最基础性工作，也是我们编辑中不可缺少的基础工作。所谓"校勘为读史先务"，这些工作，自古人起，就十分重视。校勘的方法，通常有对校、本校、他校、理校等，不管是以与校勘对象有关的文献进行比勘，还是采用推理的方法，都必须是言必有据，没有把握的，不能妄改。王念孙在《读淮南杂志叙》中说："若夫入韵之字，或有讹脱，或经妄改，则其韵遂亡。"清人吴承志也有据"善本""古本""注文"校改的说法。没有依据，没有把握，不能乱改，是古籍整理中的基本常识与要求，也是编辑古籍整理图书的基本要求，这一点尤其要注意。总之，在古籍整理中要做到学术规范，还会涉及许多具体的文献学知识，作为一个古籍图书编辑，首先要学习、了解、懂得这些文献学知识，在编辑中，讲求古籍整理学术基本规范，同时也要讲求学术道德、学术操守与优秀的传统学术精神。

综合起来讲，编辑一部严格意义上的地方学人全集（文集），在学术规范上，最起码有这么几点要让人搞清楚：底本、校本的确定，校勘、标点的原则，搜辑遗佚、辨别伪讹的依据，乃至于作者生平考订，前言撰写，凡例说明，都要体现古籍整理学术规范与学术水准。

三是体例要科学，编次要有法。既是新编全集，就有个编纂体例的问题。我认为，既可以传统图书分类的方法，即以经、史、子、集编排，也可以在旧本的基础上加以充实，当然也可以依据作者著述的具体情况或过去出版、刊行的情况重新加以编排。例如：江苏古籍版《袁枚全集》由正、副、外三编组成，正编收袁枚本人著作，副编收经袁枚编选或编辑审定而作序的他人著作，外编收作者署名袁枚，但是否是袁氏所作还存在疑义或尚有学术争议的著作。又如江苏古籍版《嘉定钱大昕全集》以传统分类法的编纂体例，即以长沙龙氏刻本为底本，在史部《廿二史考异》后，整理者又补充了钱氏《三史拾遗》和《诸史拾遗》，这是因为《廿二史考异》是钱氏40岁时开始编次到55岁完成，在其定稿与雕版付印之后，他的研究并未终断，《三史》《诸史》两部作品就未能插入已雕版的相关段落中，本次就排在《廿二史考异》之后，使其完整。总之，新编全集，不管采用什么样的体例，都要有一定科学依据，符合学术基本规范，当然也要具体情况具体对待。

　　四是要在"全"字上下功夫。既是"全集"，就要具有"全"的特色。时代在前进，学术研究也在进步，站在今日之时代，从事古籍整理出版工作，应该体现出时代的学术水平。从新编古人"全集"来说，时代的学术水准，首先就可以体现在一个"全"字上，要使所编全集，尽可能地网罗今天所能发现或确认的作者所有著作，包括以往刊刻或未刊刻的，特别还要注意在各类文献中辑录相关内容。这样既可以给当今研究者提供完备的研究资料，又可使对全集作者的研究愈加全面与深入。如前面提到的《袁枚全集》，既有正编，也有副编、外编。又如我社的《李伯元全集》，诗文集的编辑中，分正编与附录，正编收可以确认的李氏作品，附录编收尚有疑义的作品。这样，既能有"全"的特点，又使严谨的学术规范在本书中得到体现。又如前面提到的《嘉定钱大昕全集》，是在钱氏著作两次结集的基础上，整理者再一次广搜遗佚，增收了诸如手稿《元进士考》、手简（致袁枚信札）等，使其书更具有"全"的特点了。又如乾隆九年传万堂刊行的《唱经堂才子书汇稿》，收了金圣叹的十一种著作，而20世纪80年代我社出版的《金圣叹全集》，收录了金圣叹著作十七种，现在，我社正在编辑由陆林先生重新整理的《金圣叹全集》，则又增收了诸如《小题才子文》等多种过去未收著作，这都是为体现学术进步。当然，凡言"全"者，未必就一定"全"，这是受多种条件限制的，学术总在进步，后人又会超过前人，但我们要力求做到今日之所"全"，这样，才无愧于我们所处的时代。

五是辨伪存真工作。这个问题与上述有关，因为是新编"全集"，往往编著者会在尽量搜集完备上下功夫，有时可能会忽略了辨伪工作，甚至有点为全而全，从而造成或伪作充于其中，或重复收书（文）的新问题。这就要求我们在做新编全集的过程中，严格甄别，去伪存真，剔除重复。古代伪作现象比较普遍，情况也比较复杂，另外，古书中同书异名的现象也很多，这都要求我们编纂整理与编辑出版时加以注意。例如我社编《冯梦龙全集》时，当初收了《古今谭概》《古今笑》《情史》《情天宝鉴》，后经确认，实为两种异名同书。另外，冯梦龙的《智囊》与《智囊补》，《广笑府》与《笑府》内容上都基本相同，所以在编全集时，都做了取舍工作。又如我社的《李伯元全集》，鲁迅在《中国小说史略》中认为《繁华梦》为李氏作品，但经今人魏绍昌考辨，认为是孙玉声《海上繁华梦》的简称，故未收入"全集"。而《南亭笔记》《南亭四话》，虽夹有他人的作品，但其中确有不少是李氏的作品，故从资料的完备角度出发，仍收录了这两种著作。

六是在广搜遗佚的基础上，经过辨别取舍，"全集"收录范围确定以后，下面就是古籍整理中的又一个难点：标点、校勘。从某种程度上讲，标点、校勘决定了所编全集学术质量的高低。标点古书，看似容易却艰难，鲁迅说过："标点古文真是一种试金石，只消几点几圈，就把真颜色显出来了。"（《点句的难》，《鲁迅全集》第五册，人民文学出版社 2005 年版）标点、校勘是一门糊弄不过去的学问，小看不得，是众多知识的积累，不懂是装不出来的。现在有的古籍整理著作，说是校了、改了，但又无校记，让人难以相信。编辑这类图书，这项工作最难，也最不能马虎。

七是吸取最新学术成果，增加学术含量。新编全集，理应要能吸取当今最新学术成果，"新编"的"新"字，就应具有这样的含义，这方面，除了可以体现在上面讲的收书、底本、标点、校勘、辨伪、辑佚等，还可以考虑相关内容，如作者年谱、传记资料、墓志铭、评论资料、轶事、他人的序跋，甚至主要的参考文献、相关索引等，都可编入全集中。另外，一篇具有学术意义的前言也十分重要，这要根据书的整理具体情况撰写，但大体可包括这样几个方面：作者生平、学术活动、学术成就、著述及版本刊刻情况、历代对其研究概况等。有了这几方面的内容，可以给研究者、读者提供一个全面、充分的资料，同时也能反映全集编纂中所具有的学术含量。

三、书稿编辑加工中的几项工作

上面讲的几个问题，有的主要是编纂整理中的工作，但作为古籍图书编辑，注意、了解了这些问题，或者提前参与书稿的编纂整理过程，这对后期书稿编辑加工，是很有益处的。下面再谈谈上述选题在编辑加工中还要做的几项具体工作。在编辑加工这类书稿时，既要遵从图书编辑的基本原则，又要注意到各类书稿本身所具有的特点。古籍整理书稿，有不同于一般著作书稿的特点，编辑的增、删、改，必须要有充分依据，但这也不是说，对这类书稿，编辑加工就无事可做了。首先，要认真审读前言、凡例，看是否具有上述所讲新编全集所应有的基本要素。其次，审看全书的编纂体例是否科学，是否符合古籍整理的特点与规范。再次，则是对书稿全面审阅，这是编辑工作中的重点所在，编辑的专业知识、基本技能，往往通过这项工作，得到充分的体现。虽然编辑不能像整理者一样，对书稿从头到尾进行详尽复校，但其中，可以运用各种校勘方法，对书稿中的疑问处进行核校。对书稿中引用他人文字，找到原文进行核对，以点带面，以此来判别书稿学术质量的基本情况，看是否达到发排要求。编辑虽说不是专门从事研究工作的学者，客观上也不允许或没有条件对所有编辑的古籍整理图书进行逐字逐句勘校，但还是有许多基本工作是必须要做的，这包括对书稿中的异体字、避讳字、通假字按照古籍整理图书出版要求，尽量规范统一。撰写详细初审意见（包括上述内容），供复审、终审决策参考。撰写书评，做好图书宣传。编辑这类图书不容易，做一次，就要有所得。通过撰写书评，既可为本书作宣传，有助于扩大销售，同时也是一种提高自己学术水平的方式。另外，编纂出版了某一作者的全集，并不就意味着这项工作的结束，编辑可以利用便利条件，对某一类选题作深度开发。如抽取精华，进行选题二度开发。一个作者的东西，必有价值大小或高低之分，包括学术、市场价值。编辑可以利用编全集的有利条件，二度开发，以适应更多的读者与市场。这样做的好处，既可以节约成本，使出版资源得以充分利用，同时又可使读者各取所需，使其价值得到更充分发挥。如我社《随园诗话》《随园食单》《十驾斋养新录》等，都是从"全集"中抽编的，从实际情况来看，效益都是不错的。

（原文为 2003 年在全国古籍编辑培训班的讲课稿，后经整理收录于《古籍整理出版漫谈》，上海古籍出版社 2004 年版）

他山之石　可以攻玉

——美国佩斯大学学习的几点体会

　　2007年9月8日至10月8日，凤凰出版传媒集团一行15人，赴美国佩斯大学出版系进行为期一个月学习，课程涉及美国出版业中教育、大众、学术、期刊、管理等五个方面，并考察了包括麦克劳·希尔、阿歇特美国分公司在内的美国著名出版企业。充实的教习内容，丰富的教学案例，不拘一格的学习形式，使大家近距离地感受了美国发达的出版产业，美国同行们不同的出版理念与管理方法，严谨的运作方式与成功的商业模式，以及面对挑战而表现出来的积极姿态，给我们留下了深刻印象。虽然中美两国的政治体制、国家制度、文化背景存在很大差异，但图书作为人类文明的产物，人们对真理、智慧与美的追求总是有着惊人的相似。美国作为出版大国的事实，我们无法否认，他山之石，可以攻玉，结合教学中美国同行的介绍，谈几点对美国出版业的粗浅印象。

　　一是市场化问题。美国的出版业，也有一个由小到大、由弱到强的过程。半个多世纪以前，美国出版业也是一个很小的产业，听授课老师介绍，1947 年，美国只有出版社 648 家，年出书 9 千余种，年销售 4.3 亿美元，图书也仅仅作为一种"文化保护神"的概念而被人们接受。今天，这样的看法已完全改变了，2006 年，美国已有出版社 8 万余家，年出书 22 万余种，年销售 270 亿美元。人们更愿意谈论图书是"物品"，业内人士则更多地称之为"产品"，这个行业也随之被人们称为出版产业。这一变化的由来，是随着 20 世纪 50 年代以后，美国经济复苏、商业发展、新技术涌现而形成的，特别是经济全球化将美国的出版业，从国内推向了国际经济舞台，高度市场化是推动这种变化的根本原因。市场化的结果，使得美国的出版业，无论是数量、规模还是实力，都出现了几何式增长。同时，也使得出版业出现了与其他产业相类似的垄断局面，规模化、集团化、跨国化的特征不断显现，产业的集中度越来越高，全美各类大型出版企业都相对集中在诸如纽约这样少数几个大城市，并且，不管是在教育、大众、专业三大出版领域，还是上述领域的某一方面，都出现了由少数几家大出版企业掌握着大部分的出版资源与图书市场。据美国同行介绍，2006 年，全美排名前 20 位的出版企业，占据了整个美国图书市场销售的 75%、利润的 50% 以上。这种在市场竞争中形成的垄断是商业化社会的普遍现象，虽然这种垄断也引起美国许多中小出版企业的强烈不满。

　　当然，即便如此，为什么到 2006 年，美国仍有 8 万余家各类出版企业在这个行业当中？其中很重要的一条，因为它们看到，市场化下的垄断永远是相对的，在出版垄断的局面下，仍有许多出版空间，市场公平与市场法则使许多人对这个行业产生兴趣或预期，众多小型出版企业，通过积极寻求自身的发展逻辑与采用不同的竞争策略，使美国出版业呈现出强劲的发展势头。这也就不难理解，为什么在一个人口仅有 3 亿左右的美国会有这么多各类出版企业的原因了。

　　美国出版业高度的市场化，使得图书出版每个环节实施都以市场为前提，例如，每一种图书出版前，出版者都会对市场、竞争对手、同类产品等影响图书生产与销售的市场因素，进行仔细分析，这种市场调查，大量采用的是第三方数据，确保了市场调查的可靠性。从这些做法中，我们可以看出，美国出版同行并不十分强调自己行业特征，相反，市场因素一般规律与特征，构成了美国出版业的基本特征，出版企业的战略、定位、组织、产品、销售等等，都会随市场变化而调整，但有一点是不会变的，即美国出版企业部门人员构成比例中，推广与销售人员占 60% 以上几乎是普遍的现象（大致为编辑 15%，设计和生产 10%，管理 15%，推广与销售 60%）。因此，美国出版企业，无论从宏观企业战略定位还是微观产品生产层面，都十分注重市场需求，尤其注重市场调研、市场评估、市场对象以及市场中的自我地位等等，也正因为如此，我们又看到了美国出版企业另外很重要的一面，即在这样一个完完全全市场经济中的计划性。美国出版企业都有很强的计划意识，虽然它不同于我国的出版社，必须每年做一个年度选题计划，并层层上报、审批，但对每个出版企业而言，它都有自己的战略规划，而在规划每一步的具体实施中，则有很强的计划性。如一般的杂志出版商，都会做一个五年计划，从投入预算到预期收益。在适当的时间、以适当的方式，出版计划中的书，是美国出版企业市场化中计划性的最好概括。

　　二是专业化的问题。在美国这样一个完全市场经济条件下的出版业，为什么会在三大出版领域（教育、大众、学术），都由少数几家大型出版公司控制着大部分市场，一个重要的原因，是在于这些出版企业都有一个明确的专业化发展目标，本着有所为有所不为的原则，寻找自身发展壮大的途径。专业化成为美国出版企业提升竞争力的有力武器，在行业间的并购风潮中，以专业化为核心的并购与重组，使得出版巨头们业务更加集中，专业品牌特色更加鲜明，在追求规模经济的同时，更加追求专业优势领域，把经营重点放在自身最具优势的领域，以此来强化企业竞争能力。我们在与麦克劳·希尔、阿歇特同行座谈中，都深切感受到这一点。当我们一提到这些出版巨头时，虽然它们的名称中可能并没有专业化色彩，但我们都可以很自然地把它们与某个专业出版领域联系起来。

美国的出版企业，在面对文化日益多元的今天，更加注意到了不同读者的阅读需求，并以专业化的生产方式加以应对，通过内容这个纽带，开辟出作者、出版者、读者紧密相关的专业化途径。专业化的发展目标，使美国的许多出版企业，无论在企业发展战略定位、内部组织结构组建、业务方式实施等方面，都会有一个比较长远的规划和预设的实施步骤。所以，我们今天看到的这些出版巨头，大多都没有将自己的触角伸到不属于自己专业目标的出版领域。它们的壮大，基本上走了一条由专业而强大的道路。

三是规模化问题。规模化是美国出版业发展的又一大特点。美国同行认为，通过规模经济可以降低出版成本，通过规模生产而获得的雄厚资金，可以率先进行业务流程创新、新技术平台建立以及出版内容整合。美国各大出版领域的领军者，无一不是大型出版集团，而且许多都呈现出全球化的发展趋势。美国出版业规模壮大，除了内部发展外，一个重要手段，即通过企业并购来完成。据美国的同行告诉我们，2006 年，美国图书出版整体规模并没有多少增长，但许多大出版集团通过并购实现了自身发展。2006 年美国排名前十位的出版集团，其收入占了美国图书出版总收入的 50% 以上。同时，并购作为美国出版企业的发展战略，不仅仅局限于美国本土。但麦克劳·希尔教育出版集团的负责人告诉我们，美国出版集团战略性并购，主要是业内并购，并以专业化为核心，一些出版集团甚至将与自身内容产业不相关的业务进行出售，通过并购、重组等资本市场的运作，把资源集中到专业优势产业方面，这样做的目的十分明确，就是通过企业产品销售额的增长来控制市场，达到企业快速壮大，他们把这样的企业并购所带来的利益，归纳为几个方面：首先是可以获得更好管理团队，其次是可以获得更大市场，再次是可以降低生产成本，最后是可以确立市场领导者的地位。由于企业内部发展的条件与因素很多，且有一定周期性，而并购可以形成规模化"速成"效果，故其在美国出版业有"风潮"之态。

四是数字化问题。数字化出版正在成为美国出版业发展的新方向。虽然数字化产品在美国的传统出版企业中，还未成为主导产品，但人们对其未来发展的前景十分看好。例如，依赖数字化技术的电子书销售，虽然仅占总销售的 1%，但其年增长率却达到 30% 以上。值得关注的是，美国出版数字化发展趋势中，IT 行业技术被出版业充分利用，诸如大型内容数据库建立、利用网络优势设立出版信息平台等等。美国出版同行认为，数字化的发展趋势，预示着未来的出版业将会有革命性发展，对此，他们深信不疑，并积极应对与推动。目前，数字信息化新技术，在美国出版产业中，大致发挥着这样几种作用：一是产业环节信息化，二是产业环节一体化，三是内容数据高效化。这些，都为数字出版搭建了很好的平台。

由上述几点印象，看凤凰集团出版工作，也有几点想法，权作口头上的"学以致用"。

从某种意义上来讲，美国出版的市场化、专业化、规模化、数字化发展特点，对目前中国大多新组建出版集团而言，或许可以借鉴。

一是要加快集团转企改制工作。企业化是促进中国出版业发展的前提。加快集团的转企改制工作，是集团每一个出版单位真正走向市场化的前提。出版业的企业化、市场化，能够促使我们转变观念，创新管理方式与商业模式，在市场中解决问题，在市场中确立品牌。但出版产业是内容产业，改企后的出版企业，应该既有与市场相适应，又具有自身产业特征的企业战略与定位，应该对在市场化、企业化中，如何发挥图书出版的文化传承与积累功能加以充分认识与理解。同时，集团改企后，要加强对以内容为核心的产品，进行集中研发，以增强集团的核心竞争力。因为，企业化、市场化的出版环境，将会使图书出版的竞争主体越来越多，图书出版企业作为内容供应商与创新者的地位，也就愈加显得重要，谁拥有更多内容资源，谁就会拥有更大的市场。加强集团化的产品开发，将会使凤凰出版从单一产品提供向具有更高附加值内容提供的转变。

二是要确立集团产业多元化与专业化发展战略。产业的多元，是美国出版业中十分普遍的现象，据美国同行讲，这主要是有利于出版企业快速发展以及降低风险，特别是集团化的出版企业，更应有自己的产业多元发展战略。多元化发展与专业化发展是两条并行不悖的发展路径，前者可以通过多领域投资降低经营风险，后者则可通过专业化追求，实现规模经济并增强核心竞争优势。多元的发展战略，应包括不同产业的多元与相关产业的融合，尤其是后者，它可以形成新的产业链与新的产业发展平台。例如，数字技术下的网络、电视、电影、音像、电信与出版产业的融合，将会开启一个真正的出版传媒时代。当然，更重要的一点，是集团的多元产业规划，应该是以集团下属各企业的专业化发展规划为基础的，没有这一点，企业将不可能确立自身的定位和可持续发展的战略规划。从这个角度讲，凤凰集团更应该紧紧围绕出版这个以内容为核心的主业，规划集团的多元发展，其中，我们如能调整主业结构，整合资源，集中各出版社优势，从选题结构到销售方式等，制定出专业发展战略与长远发展规划，将能够实现集约化和持续化的发展，大大提高效益，降低成本，避免无谓的内耗和浪费，甚至将有可能解决当前中国出版业普遍存在的诸多发展不平衡现象。因此，集团以经济与行政手段，推动各成员单位专业化发展战略制定与实施，或许可以作为下一阶段工作重点。

三是信息化平台建设与数字化出版已不是一句口号。从出版领域看，信息化平台建设与数字化出版，是引领未来出版业发展的关键。数字时代的来到，将推动出版业增长方式转变。对于此项工作，目前国内出版企业，大多尚处在有共识而少有行动的阶段，如果我们能够先走一步，将会使我们的编、印、发、供各个环节有一个高效的信息技术平台，能使集团多元产业一体化。内容数据库的建立，将更有利于提升我们作为内容提供商在市场中的地位。

四是要重视传统市场与资本市场并举。随着我国文化体制改革不断深化，出版产业跨地区兼并重组将得到支持，不久的将来，出版产业中资本的作用将愈加突显出来，跨地区资源整合，重要的一条，就是依赖于资本的力量，所以，大力开拓资本市场，必定会为发展中的出版业规模扩张起到助推作用。美国的大型出版集团很多都是通过资本市场运作，或兼并或重组，来达到迅速扩大规模、获得超强市场地位的，这一点值得借鉴。通过资本市场，我们可以规划出内容生产创新战略，创建更好的、富有发展想象力的主业出版平台。

（原文刊于《他山之石　可以攻玉——凤凰出版传媒集团首批美国佩斯大学出版研修班论文集》，凤凰出版社 2009 年 4 月版。最后"几点想法"，出版时作了删减，现补上）

古籍出版工作的几点思考

近来，通过学习党的十七届六中全会精神，以及参加中华书局百年局庆活动，触发了对古籍出版工作的一些思考。

有关古籍出版工作的话题，前辈学人从不同角度有许多精辟论述，杨牧之先生主编的《古籍整理与出版专家论古籍整理与出版》（凤凰出版社 2008 年版）便可见一斑，书中所收有些虽然是几十年前的文章，但如今读来，仍有现实意义。同时，新中国成立 60 多年来，在党和政府的关心下，经过几代古籍出版工作者努力，古籍出版工作取得了十分显著的成就，这一点，我们从由全国古籍整理出版规划领导小组办公室 2007 年编辑出版的《新中国古籍整理图书总目录》（岳麓书社 2007 年版），也能观其大概。已往的经验与成就，对于我们今天在从事古籍出版工作的同志而言，是一笔不可多得的财富，也是我们今天做好这项事业的动力。

当然，事业发展至今，古籍出版工作自身以及所面对的内、外部环境、条件都有了一些变化，大体有这样几个方面：从经济环境看，市场经济已经取代了计划经济，图书的商品属性更加突出，这对于古籍图书这样的"小众出版"，市场挑战性更大了。从文化环境看，党和政府对这项工作的重视程度越来越高，投入越来越多，据不完全统计，仅"十一五"期间，年度国家古籍整理出版资助经费就达 8 千多万元，但同时，对古籍出版物的精品化要求也越来越高，特别是提出了代表国家水平、时代水平的古籍整理出版物新要求。从学术环境看，一是新中国 60 多年来的古籍整理出版成就，给我们在下一个阶段如何使古籍出版工作做到后出转精，避免"炒冷饭"般的停滞不前，甚至出现今不如昔的现象，提出了新的课题；二是随着社科人文学术研究的多样性发展，学术评估体系也在不断创新，这对以传统校勘之学为基本方法的古籍整理与出版，如何适应发展变化的学术环境，提出了一个如何继承与创新的问题；三是数字技术的运用，不仅使古籍整理和研究方法、手段有了新变化，更重要的是，古籍数字化将改变古籍出版形态。从读者要求看，随着中国国力增强、传统文化影响力不断提升的同时，多元社会与多元文化中，读者对古籍图书不同层次需求，让我们不得不思考古籍专业出版如何面向大众的问题，这一点也是我们以往重视不够以至许多读者对古籍图书望而生畏的主要原因之一。从出版体制看，事转企完成、集团化改革与发展要求，也促使许多古籍出版单位在思想观念、内部机制、图书结构等方面有了一些新变化和调整，对于古籍出版企业，在保持原有专业特色的同时，做大规模又成为新的压力。总之，新的形势，对我们今天的古籍出版工作提出了新要求，如何面对，如何继承传统，又如何与时俱进，以下就此谈几点看法，就教同行。

一是专业定位的问题。

古籍出版社的专业定位，取决于出版社的历史积累、自身优势以及多年来的市场选择，是出版社在长期发展过程中逐渐形成的，即便在目前有诸多新压力的情况下，也不宜轻言放弃。相反，与一些近年来涉足古籍图书出版的高校和教育出版社不同，全国近20家专业古籍出版社，在出版社的定位上，应该更加注重专业化。我认为，走专业化的发展路径，恰恰是古籍出版社在目前出版环境中比较符合实际且有效的选择。综观成功的出版企业，一个重要原因，在于这些企业都有一个比较明确的专业化发展战略，本着有所为有所不为的原则，寻找自身发展壮大的路径。专业化成为这些出版企业提升竞争力的有力武器，通过追求在专业优势领域的发展，把生产、经营重点放在自身最具优势与竞争力的领域，以此来增强企业在市场中的竞争力。

古籍出版社的专业化发展，有得天独厚的条件：一是对"古籍"的界定相对比较容易；二是这类图书读者对象的指向性也比较明确；三是古籍整理作为一门学科，有较强的专业特点；四是从事这类图书编辑出版的人员，大多有相关学科专业训练和专业知识。如果我们的古籍出版社，能够在专业化发展战略思想引导下，充分认识和利用自身优势，从专业发展的长远角度出发，制定出符合自身实际的专业化发展规划，确立好切实可行的专业化发展目标，即在目前出版业普遍做大规模声浪中，更强调追求专业出版的专、特、精、尖、强，并由此规划出具有特色的专业化选题结构，建立起稳固的专业化市场渠道，培养一批既负有文化使命感、又具有市场意识与能力的专业化人才队伍，实施有效的专业化内部组织结构和业务方式，并通过内容这个纽带，满足不同读者的阅读需求，我们的古籍专业出版，是能够开辟出一条由作者、出版者、读者紧密相连的专业化发展途径的。被许多人认为是"小众"的古籍专业出版，在中国这样一个历史悠久、典籍众多、文化深厚、市场巨大的环境中，是会有一片广阔天地的。

在坚持古籍专业化发展思路中，应该着重把握好两点：一是坚定信念，立足当前，放眼未来，找准自身的位置和自身发展优势，并宏观把握国家文化和行业政策。二是找准发展路径。我认为，专业化的发展思路和企业化的发展路径相结合，是实现专业化发展目标的有效途径。通过转企后的内部机制完善，即建立起符合企业与市场化的内部机制，根据业务板块特点，进行内部生产组织调整，形成专业化的出版团队，使之更加适应企业化、市场化的业务分工、生产流程和绩效考核。同时，通过制定和实施古籍整理出版中长期选题规划，实现各古籍社的专业发展；通过不断出版具有重大文化传承价值的重点项目，实现古籍社的可持续发展；通过选题结构调整和体现时代精神的专业普及读物，实现古籍社的规模发展；通过体现内容优势的数字化出版转型，实现古籍社的创新发展。

二是专业规划的问题。

一个好的规划，能够反映出一个出版社指导思想和发展思路，是发挥专业优势和专业特色的基础，是产品生产的构想与设计。"'十二五'国家重点图书出版规划"和"2011—2020年国家古籍整理出版规划"的申报、论证、制定工作，给当下各古籍出版社提供了做好专业规划的良好契机，从已公布的国家重点图书出版规划项目来看，不少古籍出版社都规划了一批具有重大文化积累价值、能够在全国出版界产生影响力的扛鼎之作，更重要的是，这些重点规划项目，都能带动各社图书选题的专业板块建设。我认为，不管何种体制下的出版企业，图书选题仍是发展的基础，选题规划是出版企业思路的体现，更是对出版企业未来发展的一种长期追求与持续发展考量，因为我们最终呈现给社会与市场的，仍是图书形态的产品，它的核心，仍是内容和创意。当然，选题规划，我们认为，应做到坚持短期、中期、长期与专业、普及相结合，统筹兼顾，既要有前瞻性，又要有计划性，更要有操作性，不但要考虑规划项目的学术、思想、文化价值，还要考虑它的市场价值。因此，做好一个出版企业的选题规划，尤其是对以专业发展为主要目标的专业古籍出版社而言，更是专业化发展的基础性要求。具体而言，各古籍社应依据各自的历史积累和优势，围绕若干重点板块，做到既要有年度选题规划，又要有五年选题规划，甚至十年选题的长远规划；既要有各级重点的专业选题规划，也要有符合当代读者审美趣味和阅读习惯的专业普及性选题规划；既要有基础文献整理的选题规划，也要有传统精神当代诠释的选题规划。同时，我们在选题规划中，应注意动态调节，既立足长远、持之以恒，又与时俱进、讲求实效，并通过系列与板块，将规划项目落到实处，如此，古籍出版社的可持续发展是大有可为的。

三是专业重点的问题。

专业化发展的一个重要标志，就是专业品牌项目的建设，

"十二五"期间，我们的古籍出版社，应坚持通过具有"特色性""标志性"的专业重点项目，体现出版社的专业个性，形成具有自己专业特色与优势的图书内容生产板块，以此确立在国内同行中的领先地位，并通过这些重点项目出版，来增强各古籍社在相关专业学术领域的社会影响力和发展新优势。实践证明，诸如中华书局的"二十四史"和《清史稿》整理及修订出版工程、《琴曲集成》、《新编诸子集成》、《天一阁藏明钞本天圣令校证》、《新获吐鲁番出土文献》、《顾颉刚全集》等；上海古籍出版社的《清代诗文集汇编》、《续修四库全书》、《中国家谱总目》、"敦煌文献"系列等超大型出版工程；文物出版社的《新中国出土墓志》《郭店楚墓竹简》《吐鲁番出土文书》；中西书局的《清华大学藏战国竹简》《肩水金关汉简》等出土文献；国家图书馆出版社影印出版的"新编古籍"系列；以及凤凰出版社的《全元文》《册府元龟》《京剧历史文献汇编》等，这些项目中，大多数是国家各级重点规划项目，有很高的学术价值与创新价值，在出版界、学术界产生了重大影响。更重要的是，通过这些项目的实施，不仅有助于各古籍专业社的专业品牌建设，大大提升了出版社的专业出版能力，增强了出版企业的社会影响力（在近几年的国家各级图书大奖评审中，上述许多项目都是榜上有名），而且古籍出版社专业化发展的持续性，通过这些项目带动，得到很好体现。另外，由于这些专业重点图书选题的高学术价值，不仅大多数都获得了国家相关资金支持，而且由于选题的独占性，也占有了很好的市场份额，两个效益十分明显。

四是专业大众化的问题。

古籍专业出版大众化，对于古籍出版社来讲尤其重要，它是专业古籍社加快发展、做大规模的一条有效路径。每一个学科的专业出版，都有一个大众化的问题，因为文化消费人群的不同层次与需求，决定了图书的大众化市场。古籍专业出版大众化，恰恰符合出版产业规律中的市场化。以往我们对古籍专业出版有一点误解，将它理解为仅仅是图书内容的高、精、尖，而忽视了专业知识的多层次需求与多层次的呈现形态。要做到这一点，其中一个重要工作，就是要通过选题结构的合理调整，加强专业普及选题开发，并强调选题的市场定位，注重图书形态与市场渠道的多样性与针对性。对我们古籍专业出版而言，要走出"象牙之塔"，古籍图书要避免"曲高和寡"，要求出版社在出版理念的时代特征、内容题材的精神层面、选题结构的市场要求、图书形态的不同层次等方面，进行不懈的努力与追求，要努力通过市场针对性来调整选题与产品结构，使我们的古籍专业内容产品，体现出三个方面特征，即传统题材现代化、专业知识普及化、社会效益市场化，以能够体现当代精神的传统题材，规模化的产品系列，两个效益的相互支撑，来实现古籍专业出版工作事业新发展。

五是专业渠道的问题。

由于古籍专业图书的内容特点，决定了它的特定消费市场与消费人群，也决定了它特有的销售渠道，因此，古籍专业图书的渠道开发与建设，关系到古籍图书市场实现与市场效益，要做到这一点，关键在于我们古籍图书的市场针对性。以往，古籍图书市场比较小的一个重要原因，是出版社的图书市场针对性、消费者定位把握不准，即不少图书存在着重点不"重"、普及不"普"的现象，以及供求信息不对称，出现要买的买不到，要卖的卖不出去的现象，从而形成古籍图书销售渠道不畅通。所以，要开拓古籍图书的市场渠道，首先要做好产品定位、市场细分、产品多层次、市场多渠道的工作。其次，面对实体书店，尤其是专业古籍书店萎缩的不争事实，应该加强从传统单一图书销售渠道向市场多渠道开拓，包括网络销售、图书馆配书、政府采购、会员销售等。

六是专业人才的问题。

人才是企业发展的关键，也是企业工作的重中之重。对于专业古籍出版社来说，一支高素质专业人才队伍，关系到古籍专业出版能否可持续发展。专业古籍出版社人才队伍，应注意包括人才的专业学术背景、专业资源掌握、专业环境适应，以及与出版社的专业发展目标相适应，更重要的是，应更加注意着力培养一批既有文化理想、专业知识，又有市场意识和创新能力的领军人才。人才培养可以通过多种途径加以实施，例如，通过在岗和轮岗加强员工培训，在实践中提高员工的综合能力；通过与高校等古籍科研机构合作，进行专业培训、定向培养等，提高员工的专业水平；通过具体的项目实践，培养员工的实际工作与创新能力。

七是借助外力的问题。

古籍出版在练好内功的同时，也应该适当借助外力，通过资本、项目等方式，与民营出版机构合作，这也是专业古籍出版社做大规模的另一条途径。体制内的出版企业如果能够与民营书业进行跨所有制的合作，可以在内部机制、市场意识、渠道开发等方面有所学习和借鉴。从目前的实际看，许多古籍社都有与民营出版机构合作的情况，但我认为，在古籍专业领域的跨所有制的合作，应做到以我为主。一是体现古籍社的专业优势，包括品牌优势、内容优势、人才优势；二是选择好适合的对象，合作项目与内容应该是对出版社专业板块的补充与延伸，而不是在非专业领域为谋求所谓的做大而无所选择的合作。

八是数字化的问题。

数字化的浪潮势不可挡，事实上，数字技术已在古籍专

业出版领域有所突破，古籍数字产品已不为罕见，数字平台
的优势，将加速这种出版形态转变，当然，有一点是可以肯
定的，即内容永远是出版的核心，古籍专业出版的内容优势，
恰恰为数字出版提供了转型基础。所以，我们在古籍专业出
版的某些内容板块方面，应有所预见与谋划：一要做好优势
内容的数字产品规划，二要探求内容与技术优势的合作，将
所具有的内容优势与数字平台相结合，形成古籍专业出版新
优势。

　　古籍专业出版任重道远，从业者应有崇高的文化使命，
对出版工作要具有文化是目的、经济是手段、市场是行为的
基本认识，有甘于寂寞而无悔的心志，有不为喧嚣而诱惑的
定力，更应有做"小众"出版之"大家"的理想。

　　　　　　　　（原文刊于《古籍整理出版情况简报》2013 年第 2 期）

书比人寿

——写在"首届向全国推荐优秀古籍整理图书"公布之际

　　由国家新闻出版广电总局、全国古籍整理出版规划领导小组组织的"首届向全国推荐优秀古籍整理图书"活动，历时一年多，于 8 月 18 日正式公布。对于古籍出版工作者来说，这是一件值得大书特书的事情。

　　中国现存数十万种传统典籍，不但是中国历史文明的记录，更是中国对世界文明的贡献，保护和利用、开发其中的优秀传统文化遗产，不仅是一种文化传承，更是当代中国出版人，特别是古籍出版工作者的文化责任。就此而言，"推荐活动"所具有的总结、示范、引导性意义，是中华优秀传统文化体系建设在当代的重要标志，是社会主义核心价值体系中民族性的体现。现就个人对"推荐活动"认识与理解，以及凤凰出版社在"推荐活动"后将着力与进一步加强的工作，向大家汇报，并请教于同行。

一、"推荐活动"给从事古籍出版工作者的四点启示

一是图书的精品生产，是党和政府对出版工作的根本要求，也是出版企业自身发展的基本路径。"推荐书目"，既是一次新中国古籍整理与出版成就展示，是成功经验总结，更是一种倡导，一种要求。我个人认为，"推荐活动"的引领性意义，已远超出一个门类优秀书目评选的意义，它再一次让我们出版工作者，对精神产品的文化内涵有了更深认识，对所肩负的文化责任、文化担当有了更深的理解。同时，从入选"优秀书目"的出版单位看，出版社的品牌确立，都是建立在一部部精品力作的基础之上。

二是坚持不懈，持之以恒，是优秀古籍整理图书出版的基本前提。众所周知，由于古籍整理图书难度大，出版周期长，故而非急功近利者所能为，更非无文化使命者所能为，据我不完全统计，91 部书目中，仅出版周期超过 10 年的，就有 20 余部，特别如中华书局"二十四史"点校本等 9 部图书，出版时间的跨度达 30 年以上，最长的近 50 年。其中，有些图书是凝聚了几代整理者与出版者的辛劳。因此可以说，古籍整理出版事业，是信念、理想、追求者的事业，是需要长期付出的事业。

三是学术创新与学术规范，是优秀古籍出版物的生命。

长期以来，不少人有这么一个偏见，即古籍整理没有原创性，任何人都能从事这项工作。91部推荐书目，从不同角度，正面回答了这个问题，即优秀古籍整理作品，不但具有原创意义，更具有严格的学术规范。例如，陈尚君先生《旧五代史新辑会证》，对历史上辑佚史书的增、删、辨、辑、订等，无不是古籍整理中学术创新很好的例证。又如中华书局《陶渊明集笺注》，精定底本和校本，笺注言之有据，附录学术含量高，无不体现古籍整理的学术规范。再如古籍影印，上海古籍出版社的《唐钞文选集注汇存》，是将藏于日本的残本《文选集注》与新征辑散佚各处的"残本资料"汇辑而成，不但学术信息完备，而且对古籍影印有学术示范性作用。

四是出版优秀古籍整理图书，是广大读者的需要，是市场的需要。图书的社会效益与市场效益，在很大程度上是重合的，坚持古籍整理图书的精品生产，不但会得到各级政府资金支持，更会得到市场认可、读者认可。从"推荐书目"看，大多图书都有很好的市场表现，有些图书几十年中不断重印，使出版单位不但获得了良好的社会品牌形象，还获得了比较丰厚的市场回报，取得了较好的经济效益。仅凤凰社入选4种图书中，3种图书都重印过，有的是数次重印。

二、凤凰社在"推荐活动"后要着力加强的几项工作

一是要以本次"推荐活动"作为推动，提高本社古籍整理图书质量，并坚定一个出版信念，即坚持以书立社，追求出版的品牌化，着力提升在全国古籍出版领域的影响力。其中，将以"2011—2020年国家古籍整理出版规划"项目为出版基础，以"'十二五'国家重点图书出版规划"项目为重点抓手，使凤凰社精品图书生产在出版一批，发排一批，规划一批的良性机制中有新突破。

二是要将出版社精品图书出版与国家倡导、行业引导相结合，在体现国家意志、文化大局方面发挥中华优秀传统文化的作用，以及作为出版社基础性古籍整理图书的优势。在选题方面，要加强重要典籍、海外藏中国典籍、社会文书档案、碑志石刻、出土文献等方面的重点规划。在出版流程管理中，既要严格按照精品图书生产的基本要求，即三审三校、精审精校，又要突出古籍文献整理在版本、校勘等方面的学科要求，力求使我社优秀古籍图书出版工作，通过这次"推荐活动"的推动，形成规划长远、重点突出、机制有效，争取在下一届"推荐活动"中，有更多、更好的作品入选。

三是要加强古籍专业编辑人才队伍培养。由于古籍整理图书的学科特点，编辑专业化要求尤为重要，因此，专业编

辑人才队伍培养，关系到古籍出版社的可持续发展。凤凰社超过三分之二的编辑都是 2006 年以后从高校引进的硕、博士生，他们有一定的专业学习背景，但如何将课本知识转化为工作技能，成为合格、优秀的古籍专业编辑，任务还是相当艰巨。近几年，我们在这项工作上，主要从三个方面入手，一是在岗专业培训。我社安排编辑参加了由全国古籍整理出版规划领导小组办公室组织的历次培训。二是通过高校等科研机构培养。凡在我社工作满三年的编辑，经本人申请，单位同意，均可在职攻读博士研究生，费用的 90% 由出版社承担。三是通过参与重点项目实施，在实践中培养。实践证明，有文化理想、专业素养的高素质古籍编辑人才队伍，是出版优秀古籍图书重要保障前提之一。我们将力争通过这次"推荐活动"，拓宽人才队伍培养渠道，确保古籍出版事业在凤凰社后继有人。

四是要加强古籍数字化的学习、思考与探索。近年来，在总署（总局）、"古籍小组"历次有关古籍出版工作会议上，都将古籍数字化作为一项重点工作，在实际中，数字化的古籍文献，在学术研究领域也越来越多地被广泛运用。目前，虽然数字出版还存在模糊概念，也存在着不少出版乱象，但这些并不能否定数字技术对传统出版的推动作用，作为古籍出版工作者，应该认识到古籍数字化的未来方向，应该实事求是，既不盲目跟风，又追求切实可行、有实践性、高学术水准的古籍数字化实践。

明年是凤凰出版社建社三十周年，人立三十，而书比人寿，我们力争借"推荐活动"的大好机遇，出版更多优秀古籍整理精品力作，无愧于历史，无愧于时代，更无愧于子孙。

（原文刊于《古籍整理出版情况简报》2013年10—11期）

责任与使命

——写在"首届向全国推荐中华优秀传统文化
普及图书"公布之际

继 2013 年"首届向全国推荐优秀古籍整理图书"之后，"首届向全国推荐中华优秀传统文化普及图书"于近日公布。作为古籍出版工作者，倍受鼓舞，同时更感责任。

凤凰出版社在此次公布的 86 种图书中，有 3 种图书名列其中，总结这项工作，我们有这样三点基本认识：

一是坚定一个信念。即充分认识中华优秀传统文化的当代意义，它是中华民族精神之魂，更是中华民族未来生生不息的源泉。坚信中华优秀传统文化永恒魅力与当代价值，是我们做好这项出版工作的思想基础与精神动力。唯有坚定这样的信念，我们在实际出版工作中，才能担负起历史的责任。

二是坚守一块阵地。在出版业态的转型时期，各种观点、各样做法层出不穷，容易让人丧失定力或变得浮躁，加之社会价值观在某些方面的偏失，现实利益的诱惑也不在少数。面对这一切，作为古籍出版工作者，更应有自己的定力与坚守，在出版工作中，应承担起更多的文化责任与文化使命，紧紧围绕中华优秀传统文化这根主线、这块阵地，深耕精作，使中华优秀传统文化不但得以继承，更能发扬光大。

三是坚持一个标准。即普及读物的学术标准。打造中华优秀传统文化普及读物精品，学术标准尤为重要，普及不是无标准，不是天马行空的戏说或任意的迎合，而是更需要我们抱有对历史与未来负责的态度，来保证图书的质量与生命，要做到这一点，就离不开学养深厚的专家学者，从公布的86种图书看，足以证明这一点。凤凰社此次入选的3种图书，作者都是在各自研究领域卓有成就的著名学者，特别是总规模超1000万字、共计134种的《古代文史名著选译丛书》，在全国高等院校古籍整理研究工作委员会领导下，由著名学者章培恒、安平秋等先生主持，动员了全国18所高校古籍所100余位专家学者参与，历时7年多，召开数次专家集中审稿会，从选目确定到注释、翻译文字的推敲，无不体现学术的高标准、高要求，这也正是这套"丛书"具有长久生命力并受读者喜爱的重要原因之一。2012年，在安平秋先生主持下，"丛书"又进行了全面修订，吸收了学术研究的最新成果，确保了普及读物与时俱进的学术要求。

推荐书目虽然已经公布，作为项目入选的出版单位之一，我们没有丝毫的轻松，更感肩上的责任，如何宣传好、推广好推荐图书，如何让我们民族优秀传统文化走向大众、深入人心，如何在我们未来的出版工作中加强传统文化普及类选题，使这项工作持续性推进并不断扩大，这些问题，是我们下一阶段工作中必须认真思考与努力探索实践的，因为，弘扬中华优秀传统文化是中国出版人义不容辞的责任和使命。

（本文为 2016 年 1 月 11 日在国家新闻出版广电总局召开的"首届向全国推荐中华优秀传统文化普及图书"座谈会上的发言）

规划引导　专业实践

——凤凰出版社实施古籍出版规划的思考与实践

凤凰出版社作为一家地方古籍出版社，在近年来"国家古籍整理出版专项经费资助"项目评审中，一些项目得到了专家学者认可，近 5 年，共有 31 个项目入选，获专项资助经费 1200 多万元。在项目申报、编辑出版过程中，我们不断总结，虚心向同行学习，寻找自身差距。这里，简要介绍我们在实际工作中的一些思考与做法。

一、实施古籍整理出版规划是做好古籍专业出版的重要前提

我们认为，古籍出版社内容生产的一项基础性工作，就是要制定并实施好具有专业优势的选题规划。2014 年，凤凰社成立 30 年，我们没有搞任何庆典活动，只是编了一本纪念册和一本总书目，希望从走过来的路中，找出一点规律性的

东西。我们深深体会到，在一个出版社的发展过程中，凡是依据自身优势，坚持专业化出版方向与发展路径，出版社的文化影响力和市场竞争力就会更强，其中，专业化选题规划是出版社可持续发展的关键，也是各类项目申报的基础。

1. 制定和实施专业选题规划，可以使出版社定位更加明确，可以体现出版社的发展思路，更可以反映出版社长期发展追求。

2. 制定和实施专业选题规划，可以使出版社专业优势更加突出。就古籍社而言，各社在内容生产、人才结构、社会认可、市场接受等方面，都有不同程度历史积累与优势，扬长避短，可以让我们的内容生产更有特点，也更有综合竞争力。

3. 制定和实施专业选题规划，可以使我们工作更有抓手。实践证明，通过内容生产重点项目持续出版，有利于形成出版社内容生产重点板块与优势板块。

4. 制定和实施专业选题规划，可以使编辑专业人才培养更有手段。项目实践带动编辑专业人才培养，理论知识在专业项目编辑出版过程中运用，青年编辑可以从中知不足而学习到更多专业技能。

5. 制定和实施专业选题规划，可以使项目经费更有保障。凤凰出版社近十年来获得国家古籍整理出版专项经费资助 1600 多万元。另外，以凤凰社入选"十二五"国家重点图书出版规划项目为例，在已完成的 16 个项目中，5 项获得国家出版基金，9 项获得国家古籍整理出版专项经费资助。

二、古籍整理出版规划项目实施中的几点做法

1. 注重选题工作常态化。我们将传统的年度选题论证，调整为一季一次专业重点选题论证，并以"2011—2020 年国家古籍整理出版规划"为基础，建立起出版社自己的古籍整理选题库。

2. 注重选题规划专业化。我们的选题原则是不求面面俱到，但求精求专，强调既要有长期规划，又要有所舍弃。凤凰社依据自身实际，并结合国家行业政策方面的倡导，将选题的重点，主要落实在重要典籍整理、近代文献汇刊、传统经典普及以及相关学术研究几个类别。正是注重了选题规划专业化问题，凤凰出版社近几年在国家古籍整理出版专项经费资助、国家出版基金评审中，申报成功率相对较高。

3. 注重依靠专家搞选题。出版社在制定选题规划时，切忌闭门式"自说自话"，尤其是出版社的经营者，不要以个人好恶定选题方向，更不可"自以为是"，否则，不利于出版社形成优势内容生产板块，不利于出版社可持续发展，特别是古籍整理类选题，更需要依靠各专业领域的专家学者。近年

来，我们在确定各类专业重点选题时，都会以不同的方式，或当面请教、或书面函询，征求专家意见，特别是在申报各类项目前，更会请专家学者把关。为了做好这项工作，凤凰出版社鼓励每一位编辑结合自己的专业，并根据出版社选题重点板块，长期跟踪一两个相关学术领域，尽可能地参加相关学术会议，了解学术动态，结识更多学者。

4. 注重项目实施中的计划性。项目实施中的计划性，使凤凰出版社既能保持持续性内容生产能力，又充分尊重了内容生产规律。我们每年分两次制定重点图书出版计划表，从书稿发排到付印每个环节都落实到具体日期，其中还包括本年度拟申报各类项目、奖项的选题。这样做也可以使各类项目申报更有针对性。

5. 注重重点项目负责人制。凤凰社是一个仅四十几人的小社，两个古籍整理编辑室、一个古籍影印编辑室、一个文化综合编辑室，编辑人员相对偏少，针对有些古籍整理图书或专业套书规模较大的情况，出版社只能采取编辑室分工不分家的管理方式，每一个重点项目都实行项目负责人制，根据各人专业或选题来源，几乎所有编辑都会作为一个或多个项目负责人，所有编辑出版环节，一人统筹，多人合作，较好地保证了图书出版质量。更重要的是，通过这种方式，年轻编辑得到了很好的锻炼与成长。

6. 注重项目经费管理制度化。实践证明，制度化的项目经费管理，有利于项目出版规范，也有利于保障项目质量与进度。具体而言，一是建章立制，二是规范程序，三是严格标准，四是实事求是。

三、实施重点出版规划项目中应处理好的几对关系

1. 重点项目出版与重点板块形成的关系。重点项目是出版社内容生产的基础，重点板块则是出版社可持续发展与形成竞争优势的关键，因此，确定重点项目时，应考虑项目出版对板块形成的作用，否则可作适当放弃。

2. 重点项目与一般选题比例的关系。专业出版的选题应该是多层次立体结构，保持各级选题合理比例，有利于选题的优质实现与市场占有。

3. 内容质量与出版进度的关系。这是实际工作中常常遇到的一对矛盾，也是难题，特别是古籍整理选题专业性强、难度大，出版周期相对长，我们认为，应结合自身实际，从内部机制，特别是考核机制上探索解决问题的办法。

4. 项目出版与人才培养的关系。一方面我们要注重通过项目带动专业人才培养，另一方面也要提倡"适应就是人才"理念，合理的人才岗位配置，有利于调动多种积极因素，做

到人尽其才。

通过近年来的出版工作实践，我们越来越感到，只要出版社明确专业目标，立足专业优势，重视选题规划，突出重点项目，被许多人认为是"小众"的古籍专业出版，一定会有广阔天地。

（原文刊于《古籍整理出版情况简报》2017 年第 6 期）

三十而立　书比人寿

——写在凤凰出版社成立三十年之际

凤凰出版社原名江苏古籍出版社，1984年3月成立，2002年更名，2008年改制为江苏凤凰出版社有限公司，是一家以出版中国古代各类典籍及其相关研究著作为主的专业古籍出版社。三十年来，我们始终秉承"传承文明，传播文化，贡献学术，服务大众"的出版理念，致力于出版文献价值高、学术水平高、社会影响大的专业图书，追求出版物的学术质量与文化品位。经过三十年的努力，出版社已成为能够承担各类大型专业出版项目，并具有一定文化影响力的古籍专业出版机构。1992年被国家新闻出版署、人事部评为全国新闻出版系统先进单位，2012年荣获首届江苏省新闻出版政府奖先进新闻出版单位。在历届国家各类出版物评选中，有百种以上图书获奖或入选，2013年四种图书荣获国家新闻出版广电总局"首届向全国推荐优秀古籍整理图书"。

回望三十年，有创业之初的艰辛，有初尝成功的喜悦，有发展中的迷茫，更有对未来的希望。无论在哪个阶段，凤凰人的文化理想与对中华优秀传统文化的坚守，始终是我们几代出版人的共同追求。

一、筚路蓝缕，艰苦创业

江苏古籍出版社是 1984 年由江苏人民出版社文史编辑室独立出来组建的，一方面，出版社成立，使江苏古籍出版事业有了一个更大平台；另一方面，创建之初面临的重重困难与考验，让人难以想象，各类资源缺乏，甚至让初创者举步维艰。就是在这样的条件下，在首任社长高纪言先生带领下，仅凭七八个人，几万元开办经费，开始了艰苦创业，虽"蜗居"于印刷厂内，却心存高远，怀着弘扬中华优秀传统文化的理想，规划并追求着江苏古籍出版事业的未来。

江苏古籍出版社一成立，即确定了"立足江苏，面向全国"的办社方针，首先是充分挖掘和利用江苏地方出版资源，在丰富的江苏文化历史遗存中，最先规划、出版了一批具有明显江苏特色，又在中国学术史上具有重要历史地位与价值的选题。其中尤以"江苏学人文集"与"中华民国史系列"为重点，前者遴选江苏历史上的学术大家，对其著述进行系统收集与整理，以突出江苏在中国历史上学术重镇地位，如《金圣叹全集》《袁枚全集》《冯梦龙全集》《李伯元全集》《李审言文集》《高邮王氏四种》等。值得一提的是，这类文集的编纂出版，不仅遵循了古籍整理基本规范，使读者关注到江苏古籍版图书的学术质量，更在学术上大胆突破，如金圣叹、冯梦龙的著作，长期为所谓"正统文学观"所不容，被视为异端，《冯梦龙全集》除了在学术上肯定了俗文学在中国文学史上重要地位，而且对那些曾经一直被主流文学史认为是"低俗"，而实际上是反映百姓日常生活情趣的民间创作，进行了首次汇集整理，这在20世纪80年代末、90年代初，确实需要一定的学术自信与胆识。这类图书的出版，很快得到学术界、出版界、读书界高度评价与肯定，甚至有的学者主动提出，希望将自己的研究项目列入这一学人专集系列。同时，也使出版社在较短时间内，在全国古籍出版领域有了一席之地。其后又陆续出版了《范仲淹全集》《嘉定钱大昕全集》《赵翼全集》《缪荃孙全集》等，此类选题一直延续至今，成为出版社最重要选题系列与品牌之一，《惠栋全集》《孙星衍全集》《俞樾全集》《徐松全集》等十余种选题，亦已列入出版规划，并入选"2011—2020年国家古籍整理出版规划"。

"中华民国史系列"选题，是出版社又一大特色。南京作为中华民国政府所在地，是民国史上许多重要事件的发生地，保存了大量史料，也具有很强的学术科研力量，我们充分利用了这一得天独厚的便利，在相关史料挖掘与研究方面，一开始就形成了江苏古籍版图书的又一鲜明特色，《中华民国史档案资料汇编》（92 册，5000 余万字）至今仍是民国史研究不可缺少的基本史料集，《中华民国史大辞典》《民国名人日记丛书》《中央日报》《汪伪国民政府公报》《奉系军阀档案史料汇编》等大型民国历史文献的出版，更在出版界具有开先河之功，为推动学术研究提供了弥足珍贵的历史资料。特别是我们在全国最早出版了反映南京大屠杀系列图书：《侵华日军南京大屠杀史料》《侵华日军南京大屠杀史稿》《侵华日军南京大屠杀档案》《侵华日军南京大屠杀图集》，以翔实的史料、铁证的事实，揭露了日本军国主义在中国犯下的惨无人道罪行。

"立足江苏"的办社方针，首先得到了江苏学术界鼎力相助，一批知名学者从繁荣江苏古籍出版事业出发，为刚刚成立的出版社建言献策，谋划未来，并身体力行，将自己的著作交给成立不久的江苏古籍出版社，包括钱仲联、唐圭璋、徐复、程千帆、孙望、周勋初、洪诚、蒋赞初、张宪文、段熙仲、郁贤皓、吴文治等，特别是从 1987 年开始出版、由钱仲联先生主编的《清诗纪事》，凡 600 余万字，22 册之巨，是我们出版社成立之初，出版规模最大、影响最广的一部古籍整理著作，该书以资料全、整理精而广受学术界好评，并荣获第一届（1994）国家图书奖提名奖，2013 年又入选国家新闻出版广电总局"首届向全国推荐优秀古籍整理图书"。

在"立足江苏"的同时，出版社的创业者们怀有更大、更远的志向，把"面向全国"作为艰苦创业的更高目标，并为之不断追求。他们北上南下，走遍东西，以弘扬中华优秀传统文化的理想、艰苦创业的精神，真诚地打动了许多作者，打开了一扇通向全国的出版之窗。出版社很快获得了一大批高端出版资源，诸如周绍良主编的《敦煌文献分类录校丛刊》、任继愈主编的《佛教大辞典》、金开诚主编的《中国古文献研究丛书》、余冠英等著名学者编撰的《文苑丛书》、程千帆主编且全国数十位著名学者参与的《中华大典·文学典》、刘烈茂主编的《清车王府钞藏曲本·子弟书集》、李修生主编的《全元文》，以及《康有为大同书手稿》（上海博物馆等）、《雍正朝汉文朱批奏折汇编》（中国第一历史档案馆）、《版画纪程——鲁迅藏中国现代木刻全集》（上海鲁迅纪念馆）、《敦煌壁画摹本珍藏本》（敦煌研究院）等，这些图书的出版，让江苏古籍版图书一开始就以起点高、品位高、水准高被各界认同，为出版社后来的发展，打下了坚实的基础。

对于过往成就，我们除了自豪，更对创业者的理想、热情与追求深怀敬意，他们的艰苦创业精神，将永远激励后来者。

二、勇于探索，大胆创新

　　江苏古籍出版社的古籍出版工作，20世纪90年代初、中期，面临了新的环境与挑战，在市场经济地位逐渐得到确立的环境中，如何坚持古籍专业出版，如何保持出版社良好的古籍专业出版势头，这对自成立伊始就是事业单位，甚至在许多方面靠财政拨款或扶持的古籍出版社而言，有了众多不适应，也遇到了前所未有的困难，特别是在图书经营上，一时甚至茫然不知所措。这对刚刚接任社长的薛正兴先生及其领导班子而言，无疑是极大考验。在这种情况下，出版社首先确立坚定信念、解放思想、勇于探索、大胆创新的基本工作思路。坚定信念，就是要求在工作中，坚定弘扬中华优秀传统文化的决心与信心，把抓住中华优秀传统文化这根主线，作为出版社生存发展的基本方向；解放思想，就是要与时俱进，继承传统，但又不囿于固有，要根据不断出现与变化的条件与环境，适时应变，既要继承，又要调整；大胆探索，就是要勇于实践，探索出在市场条件下古籍出版有效路径，走出古籍专业出版生存困境。具体而言，这一阶段着重在内部机制、选题结构、人才选拔等方面，进行了改革与探索，使之更加适应外部市场环境和内部实际情况，出版社创业精神在新的历史条件下得以传承和发扬。一方面，坚持以书立社，延续办社十年的基本方向，抓精品图书，特别是加强高学术水平古籍整理图书的开发与出版，对已启动的项目，有再大的困难，也不放弃，从而进一步扩大出版社特色与优势。1997 年开始陆续出版的《全元文》就是一例，全书收有元一代文章约 35000 篇，凡 3000 余万字，计 61 册，至 2006 年出齐，至今仍是我社出版规模最大的古籍整理项目，也是全国高等院校古籍整理研究工作委员会"七全一海"中最早完成的项目之一。该书出版后得到了各方面肯定，荣获教育部第四届人文社会科学研究优秀成果一等奖、首届中华优秀出版物奖提名奖。又如 1998 年完成出版的《敦煌文献分类录校丛刊》，按不同类别从敦煌文献中录校了大量珍贵、特别是传世典籍中所缺佚的文献，对敦煌学研究，起到了有益帮助，得到了敦煌学界高度评价，季羡林先生称之"为斯学做出一大贡献"。"丛刊"出版后，荣获第四届国家图书奖提名奖。再如《江苏地方文献丛书》，是对江苏历代地方文献第一次进行了系统搜集、整理、编辑与出版，其中既有许多珍贵历史文献，又具有鲜明地方特色，体现出"立足江苏，面向全国"的办社基本宗旨。要知道，出版这些项目，出版社是顶着巨大压力的，因为其时，出版社经济上正面临较大亏损，对出版周期长、编辑难度大、投入成本高、短期收益少的古籍整理项目，不仅在出版社内部，甚至整个行业，都有不同看法。

江苏古籍出版人以崇高的文化责任，坚持了办社之初许下的"中华优秀传统文化就是江苏古籍出版社立社之本"的承诺，坚持在这个专业出版领域艰苦耕耘，正是在这种特殊条件下的坚守，我社图书社会影响力得以进一步扩大并持续性保持，专业出版能力与优势得以逐渐形成并不断巩固，有些专业内容板块，已成为全国性特色与优势，得到学术界与出版同行的广泛认同。回想这一过程，凡是与我们共同走过的同仁，都深感不易。

另一方面，面对市场环境，在保持专业特色同时，调整选题结构，强调专业与普及并重，力求古籍专业出版更加贴近大众、贴近现实，让中华优秀传统文化在当代现实生活中生生不息，为此，一大批中华传统文化普及性选题开发与实施，使我社古籍专业出版工作又有了新的亮点。更重要的是，图书选题结构调整，使我们对古籍出版如何适应市场环境，在观念上有了新的突破。《文史普及小丛书》《花香鸟语诗词集锦》《中国古代白话短篇小说精品丛书》《古典文学知识丛书》《新编民间传说故事》《名碑名帖实用临摹丛书》以及"古代文化知识""古典小说名著"系列等，都是在这一时期集中出版，取得了较好的社会效益与经济效益。特别是薛正兴先生策划、组织与实施的"语言文字规范手册"系列读本，配合国家"在各类学校，特别是中小学说好普通话，写好规范字"

的要求，以数百万册的印数，使出版社一举走出了多年经济上的困境。

探索与实践市场条件下古籍专业出版工作，不但使我们增强了坚定古籍专业出版的信心，也为后来进一步面向市场，甚至转企改制，在思想观念、内部机制、出版流程、产品结构等方面，都打下了良好基础。

三、守正创新，面向未来

2002年，经国家新闻出版总署批准，江苏古籍出版社更名为凤凰出版社，2008年转制为江苏凤凰出版社有限公司。在坚守、调整、改革、创新中，我们的古籍出版事业又站在了一个新的起点。面对更高的要求，我们在承继过往中又确立了新的目标与追求。

一是坚持专业发展，继续抓好重点项目。我们始终牢记自身所肩负的文化使命，坚持专业化的发展路径，在守正创新中确立传统文化现代化、专业知识大众化、社会效益市场化的企业定位与发展观念，坚持古籍专业出版的民族性、经典性、特色性与时代性，面对不断变化的出版环境，我们始终耕耘于中华优秀传统文化这块土壤之上，发挥出版社的特色与优势，通过追求专业出版的专、精、特、尖、强，实现出版社综合竞争力提升。工作中，坚持以国家各级重点出版规划项目及"2011—2020年国家古籍整理出版规划"项目为抓手，通过实施具有"特色性""标志性"的专业重点项目，体现凤凰社专业出版个性，追求出版社在全国古籍出版领域中专业品牌优势。其中包括《册府元龟》校订本（获首届中国出版政府奖）、《赵翼全集》（获第二届中国出版政府奖提名奖）、《陕西神德寺塔出土文献》（获第三届中国出版政府奖提名奖），以及《全元文》《陆士衡文集校注》《宋代文学编年史》等，分别获得中华优秀出版物奖或提名奖。同时，一大批重要历史文献的编辑出版，将凤凰社专业出版能力推到了一个较高平台，例如《二十世纪三十年代国情调查报告》《京剧历史文献汇编》《日本国立公文书馆藏宋元本汉籍选刊》《和刻本中国古逸书丛刊》《明清之际西方传教士汉籍丛刊》《中国珍稀家谱丛刊》《缪荃孙全集》等，以及历时二十余年的《中华大典·文学典》《中国地方志集成》等，都在很大程度上受到学术界、出版界关注与肯定，打消了因出版社更名而带来的一些疑惑。实践证明，"以书立社"从根本上抓住了内容产业基本特征，是出版企业发展基本途径。

二是坚持可持续发展，做好出版规划。在坚守文化理想的同时，我们始终脚踏实地，通过制定各级中长期出版规划，来实现出版社可持续发展。出版社列入"十一五""十二五"

国家重点图书出版规划共计 27 项，"2011—2020 年国家古籍整理出版规划"项目 40 余项，其中《二十世纪三十年代国情调查报告》、《台湾史稿》、《民国时期新疆档案汇编》、《清经解》（整理本）、《李太白全集校注》、《明清之际西方传教士汉籍丛刊》等具有重大文化传承价值的项目，不仅带动了出版社专业板块建设，更以其学术、思想、文化价值，在全国产生了一定影响。在出版规划制定中，我们坚持短、中、长期相结合，专业与普及相兼顾，既有年度规划，更有五年，甚至十年长远规划；既有各级专业重点规划，又有符合当代读者审美趣味和阅读习惯的大众选题规划，既有基础文献整理，又有传统经典当代诠释。

三是坚持面向市场，追求专业出版大众化。在新的历史条件下，我们更加强调以创新的理念从事当代视野中古籍专业出版，谋求古代经典当代转换，近年来，专业普及读物成为出版社一个重要出版板块，《历代名家精选集》《历代名著精选集》《近代学术名家大讲堂》，以及"中国古典小说名著"系列等，特别是 2011 年出版的《古代文史名著选译丛书》（修订本），是我国目前规模最大、品种最全、作者阵容最强的古籍今译丛书，在读者中引起了很大反响，并取得良好的经济效益，专业知识大众化的出版理念在实践中取得了初步成效。

四是坚持人才培养，着眼出版社未来发展。进入新世纪，出版社在更名、调整、充实过程中，一批有志于弘扬中华优秀传统文化的年轻人加入我们的出版队伍中，"芳林新叶催陈叶，流水前波让后波"（刘禹锡《乐天示伤微之敦诗晦叔三君子皆有深分因成是诗以寄》），他们给出版社未来发展带来了希望。同时，进一步完善人才培养机制，建立良好的平台，是出版社又一项新的任务，我们正在通过三种途径，探索人才培养机制：一是通过在岗与轮岗培训，二是通过与高校等古籍科研机构进行专业培训、定向培养，三是通过参与（或主持）具体项目，在理论与实践中培养青年员工的综合素质与能力。目前，出版社多名青年员工走上了中层领导岗位，有的已经成为省级以上各类人才培养对象。

五是坚持数字化方向，直面出版业态创新。数字化已成为出版业发展的一大趋势，我们无法回避，唯有直面新课题。作为传统出版人，我们将本着实事求是的精神，边学习、边研究、边实践：一是规划数字出版项目；二是从项目入手，解剖麻雀，在实践中探索，目前已有《台湾史稿》等多个项目进入数字化实施阶段；三是寻求合作，借助外力，在古籍专业数字出版转型中寻求突破口。我们深信，优秀的内容，通过数字技术这个推进器，古籍专业出版创新，一定大有可为。

回顾凤凰出版社三十年创业历程，更多的是平凡中的感动，在一本本书的背后，是已经逝去，或正在渐渐老去的奉献者。他们的默默无闻，成就了我们今天事业发展基础，更重要的是，他们留下的精神遗产，是我们实现未来希望的力量。因为我们懂得，人类文明历史与生命是永恒的：书比人寿。

今天的凤凰出版人，正以更加坚定的文化理想和文化自信，坚守中华优秀传统文化，因为它"积淀着中华民族最深层的精神追求，代表着中华民族独特的精神标识，为中华民族生生不息、发展壮大提供了丰厚滋养"（习近平2014年2月24日在中共中央政治局第十三次集体学习时的讲话）。历史与时代的呼唤，是我们不懈追求的动力。我们深信，被许多人认为是"小众"的古籍专业出版，在历史悠久、文化灿烂、典籍众多、前景光明的中国，一定会有一片广阔天地。故此，前贤"为往圣继绝学，为万世开太平"（《宋史·张载传》）的宏愿，理当是我们的追求目标。

［原文为《三十而立　书比人寿——凤凰出版社建社三十周年纪念（1984—2014）》前言］

"小众"与"大众"

  本次论坛的主题是"国学出版的现状与未来",这确实是可以有许多仁智之见并对未来展望的题目,作为地方古籍出版社的代表,是不敢在这里班门弄斧的,这里仅就我们实际工作中的一些思考,求教各位。

  毫无疑问,近年来,"国学"似乎成为了一个时髦用语,"国学出版"伴随着"国学热"也在不断增温,让本属于这一范畴的古籍出版,由"小众"搭上了"大众",让我们这些习惯了寂寞的古籍出版工作者多少还有些不适应。但不管怎么样,能有这么多同行关注并加入这个历来被视为"小众"出版的领域,总是一件令人高兴的事。当然,激动归激动,冷静思考一下,也不难发现,目前"国学出版"这四个字的概念热度,远超于脚踏实地的有效工作,这也是一些脱离了基础文献而肆意生发出来的义理,不时能够成为出版界热捧的原因,这样的"大众",并不是古籍出版工作者所要追求的。

因此，在热热闹闹的"国学出版"中，我认为，作为古籍出版工作者，更应该秉持静思与独立，真正追求中国出版人应有的品格，即文化理想与文化担当，以敬畏之心从事原本在行业中就属于"小众"，但却有重大意义的事业，因为唯有敬畏，方能认真对待，方知古籍出版之不易，也才能真正理解"国学出版"这四个字的分量。

目前，古籍出版工作所面临的内外环境、条件都较之以往有很大不同与变化，产业化、数字化、大众化的出版新形势，精品化、品牌化、时代化的出版新要求，都是我们如何继承传统和与时俱进方面的新课题。中国出版协会古籍出版工作委员会 30 余家成员单位，都在结合自身的实际，探索文化使命与产业发展相结合的古籍出版有效路径，并有以中华书局为代表的多家传统专业古籍出版社取得了令人注目的成就与经验。

我所在的凤凰出版社，作为江苏凤凰出版传媒集团所属的一家地方专业古籍出版社，成立于 1984 年，原名江苏古籍出版社，三十年来，我们始终秉承"传承文明，传播文化，贡献学术，服务大众"的出版理念，致力于出版文献价值高、学术水平高、社会影响大的专业图书，追求出版物的学术质量与文化品位，这次带来展示的图书，仅仅是一小部分。回望我们出版社三十年古籍专业出版工作，有创业之中的艰辛，有初尝成功的喜悦，有发展中的迷茫，更有对未来的希望。对于面向未来的古籍出版，我们有这样五个方面的思考：

一是坚持"以书立社"的基本理念。我们始终认为，出版企业的核心，仍是内容的文化影响力。近一百年前（1924年），中华书局的创办人陆费逵先生，在《书业商会二十周年纪念册》序中说："我们希望国家社会进步，不能不希望教育进步；我们希望教育进步，不能不希望书业进步。我书业虽然是较小的行业，但是与国家社会的关系，却比任何行业大些。"（《陆费逵文选》，中华书局2011年1月版）出版的积累与传播、教育与认识、审美与娱乐的基本功能，并不会因业态转型而丧失。基于这样的认识，在未来的古籍出版工作中，当我们面对中华优秀传统文化，应当认识这项工作的文化使命与历史责任；当我们面对众多传统典籍，应想到它们是中华文化与文明、民族智慧与精神的载体。因此，我们将更加在内容生产的精品化上下功夫，以"2011—2020年国家古籍整理出版规划"项目、"'十三五'国家重点出版物出版规划"项目为抓手，以此形成出版社未来发展中的专业内容生产优势，增强出版企业在专业出版领域中的文化影响力与市场竞争力。

二是坚持专业发展的基本路径。我们将坚持"以最专业做最优秀"。在总结以往的得失中，我们深有体会地感到，没有自己的专业，便没有自己的优势；没有自己的优势，便没有未来发展的前景。我们将坚持古籍专业出版的定位，发挥三十年来形成的专业优势，并不断强化我们在古籍专业出版方面的能力。具体而言，在坚持专业发展的民族性、经典性、系列性、时代性、特色性基础上，从专业发展的长远出发，力求制定出符合自身实际的专业化发展规划，确立好切实可行的专业化发展目标，规划出具有特色的专业化选题结构，建立起稳固的专业化市场渠道，培养一批既负有文化使命感又具有市场意识和能力的专业化人才队伍，实施有效的专业化内部组织结构和业务方式。

三是坚持数字化的发展方向。数字技术的广泛运用，使古籍整理方法、古籍出版形态、阅读使用方式都在发生着变化，虽然还有许多不确定因素，包括目前不少古籍数字产品质量堪忧，但人类科技进步史已经说明，我们将无法回避科学技术带来的方向性趋势。面对这些，我们或有一时的无策，但也大可不必惊慌，因为出版的本质与基本功能没有变，或许我们通过内容规划与实施、版权掌握与使用、产品自主与合作，是可以探索出符合各自实际且行之有效，并能持续发展的古籍出版数字化转型突破口的。

四是坚持内容生产创新。由于古籍专业出版在内容题材上的特殊性，天马行空式戏说，是对中国几千年一脉传承文化精神的亵渎，固然谈不上创新，但固守"六经注我"式的所谓传统之学，也是一种丧失自我与时代的迂腐，是对继承传统的误读。我们所理解的"继承中创新"，是思想与时代同步，是传统题材与时代精神结合；我们所追求的"继承中创新""古为今用"，是传统文化现代化的转换，是中华民族精神价值的发扬光大。因此，如果我们不能用时代精神、当代的文化视野，来谋求古代经典当代转换，传统的继承与创新也就会成为一句空话。传统文化出版工作，要走出"象牙之塔"，古籍图书要避免"曲高和寡"，创新内容生产是唯一有效途径。特别是如果我们将工作重点，落实在出版理念的时代特征、内容题材的精神层面、选题结构的市场要求、图书形态的不同层次等方面，在继承旧学，创立新知中，我们的传统题材出版一定会光景常新。

五是坚持改革发展的基本原则。预测未来是一件很难的事情，但可以肯定的是，随着出版新业态的不断出现，问题与矛盾也会随之而来，古籍出版又怎能身处之外。我们唯有通过改革，才能在新的出版环境、条件下，建立起既符合产业发展一般规律，又体现古籍专业出版自身特点；既体现行业发展总体要求，又符合古籍专业出版实际的企业内部组织结构、内容板块、生产流程、绩效考评与人才认定等机制。

在出版业态的转型期，各种观点，各样做法层出不穷，容易让人丧失定力而变得浮躁，加之社会价值观在某些方面的偏失，急功近利与好大喜功也不在少数。作为古籍出版工作者，我们理应有自己的坚守，这种坚守不是"遗民"心态，而是文化责任与历史使命。这一切都源于我们对中华民族数千年优秀传统文化的敬畏、自豪与责任，因为它"积淀着中华民族最深层的精神追求，代表着中华民族独特的精神标识，为中华民族生生不息、发展壮大提供了丰厚滋养"（习近平2014年2月24日在中共中央政治局第十三次集体学习时的讲话）。故此，前贤"为往圣继绝学，为万世开太平"的宏愿，理当是我们从事传统文化出版工作者的共同目标追求。当然，"功崇惟志，业广惟勤"，伟大的功业，更需要伟大志向与坚持不懈地勤奋努力。

　　回到会议的主题，"国学出版的现状与未来"，我个人以为，用什么称谓并不重要，重要的是，我们应该关注社会大众对传统文化需求问题，如此，我们才能打通历史、现实与未来，"小众"才有可能成为"大众"，传统文化当代出版才有意义。

　　（本文为2015年10月16日在贵阳孔学堂首届国学高层论坛上的演讲稿）

古籍编辑人才培养的思考与实践

　　本人十分敬佩出版理论家的深奥理论以及头头是道的高论，也对出版改革家们的轰轰烈烈一向怀有敬意，但自己更多的还是认为，潜心做实事、说实话也是必不可少的。当下的出版企业，不缺能说会道者，缺的是能够实实在在做点事的人才，所以这里更多的，只是以自己在古籍出版社编辑岗位上 26 年的经历，并结合在经营管理岗位上的一些工作思考，与大家交流，着重谈一谈自己对目前古籍编辑人才培养一些想法、思考以及工作中的一些实践，不一定正确或有用，供大家参考。

　　接到这次任务，就我本人来说，也是一个难得的机会，让自己静下心来思考一点问题，我们大家都有体会，现在出版工作压力越来越大，平时多忙于实务，真的很难有时间好好思考，所以要感谢"古籍办"给我这个机会。我个人体会，在不同的阶段，古籍出版工作会有不同的问题，我们的编辑工作也同样会遇到不同的问题，例如：凤凰社成立 30 年，主要经历了三个阶段：树品牌、抓效益、改企业，这三个阶段的客观环境、工作重点、工作难题各有不同，现在回过头来作一些思考与总结，对自己来说，对做好下一阶段工作很有帮助，于同行或也有所参考。另外，由于凤凰社经历更名，新进年轻人员较多，如何用好人、培养人，是我这几年工作中的一个重点，所以近期这个问题可能考虑得多一些，与在座的年轻编辑交流，也是一个学习的好机会，可以听到各位的想法。

先简单讲两个问题：

一是什么是古籍出版的"新常态"。

出版的产业化要求，数字出版的方兴未艾，网络带来的传播与接受方式的变化，传统文化价值观在当代社会的作用，都是我们当下乃至于今后一段时期所要面对的。

二是古籍出版人才的现状。

高校古籍整理人才培养与出版行业的要求，在某些方面是有脱节的，特别是一些专业偏窄，与编辑工作要求有距离。一方面，高校古典文献专业毕业生就业并不乐观（主要指专业对口），另一方面，出版社总为找不到理想的人才而苦恼。

出版企业生存压力，包括业绩增长的压力、控制成本增长的压力，客观上也造成出版社在人力方面，更多的是

"用"，而没有在"养"上留足空间，留住与培养好人才，也就成了有些出版单位不得不面对的难题。

在这样的出版环境下，作为一名刚从事古籍编辑出版工作的同志，应该具有怎样的专业基本素养，来面对各种各样的挑战呢？我觉得有几个方面值得我们思考。

古籍编辑，首先是编辑，编辑所应具有的基本素养，古籍编辑都应该拥有，谈这个话题，我显然是不适合的，应该是编辑出版大家、行业领导讲的。我要讲的是，我们做古籍编辑的，在实际工作中，要做好工作，应该在哪些方面要加强学习与修炼。注意到这几点，工作或许会顺利一些，成就感也会强一些。这里有这么几点供大家参考。

首先是要加强政策理论学习。这一点说起来容易，但在实际工作中恰恰是许多年轻编辑容易忽视的。有些同志或许要说，古籍编辑或古籍整理，与现实关系不大。我这里讲的，主要是提醒我们的年轻古籍编辑，要多关注时代要求，因为我们不但生活在一个自然时空，也生活在一个社会时空，谁都无法摆脱社会制约、做到绝对自我，这是常识。我们的编辑工作，一定不能游离国情、现实。所以，对于年轻编辑，学习、了解出版政策、法规，并在实际工作中运用好，特别重要。古籍整理出版的专业性比较强，古籍图书编辑大多又都有很好的专业学习背景，通常比较注重各自的专业学习，有的还在工作之余，坚持自己的专业学术研究，但有时会忽略了出版政策、法规方面的学习，总认为古籍出版不会有多大的政治性问题。这里举几个我自己工作中碰到的例子，都是我们出版社的书：一本是谢璿（璇）、陆钟谓的《详注阅微草堂笔记》，其中对台湾的注释与事实不符，是不正确的。由于我们工作不细，在送审相关国家资助项目时，并未按规定处理或作相关说明，被专家指出，受了批评，好在书还未出，影响和损失不大。另一本《中国古代文学史料学》，是一部老先生的著作，质量很好，只因我们编辑在处理涉台文献用语时，未按规定处理，好在书一出版即被发现，尚未流入市场，造成不良影响。但一本一百万字的精装书，全部作报废处理，造成不小的经济损失。从这两个例子可以看出，虽然我们是古籍编辑，但加强有关政策、法规学习还是必要的，特别是与编辑业务相关的政策法规，如重大选题备案、涉台用语规范问题等，有的就是编辑工作中的底线，不能突破的。比如，我还经手过一部书，其中需要使用我国台湾地区图书馆收藏的文献，本来是件好事，因为有些文献底本大陆没有，但对方坚持要在将来出版的图书上署馆藏机构，相关名称不得加引号，违反了我们国家出版相关规定，当然最终只能放弃，寻求别的办法，因为这是底线。再给大家讲一个由关注时政而获得商机的例子，我们出版社的老社长薛正兴先生，是语言文字专家，全国古籍整理出版规划领导小组成员，除了看书，别无爱好，但中央电视台新闻联播节目几乎是一天不落，有一天他看到全国召开"全国语言文字工作会议"新闻，马上意识到，在相隔上次会议 10 年后开这样的会，是释放一个信号，就是国家"在各类学校，特别是中小学说好普通话，写好规范字"的要求，随即策划了中、小学版《语言文字规范手册》，当年印数就达 600 余万册，一下子解决了出版社当时的经济难题。汉代王充说过"夫知古不知今，谓之陆沉"，"夫知今不知古，谓之盲瞽"（《论衡·谢短》），所以，从事古籍出版的人，不能仅仅躲在故纸堆中而两耳不闻窗外事。

其次是要有文化理想。古籍编辑面对的是古代典籍，其背后是几千年的文化，没有一点文化追求，是做不好一名合格的古籍编辑的。现实中诱惑太多，尤其是一些社会价值观的扭曲，对"成功""人才"认定的片面性，造成社会浮躁与对功名利禄过分追逐，这些都不利于我们从事古籍出版这项工作。面对优秀传统文化，我们应该自豪与敬畏，世界上没有哪个国家有我们这样几千年不断的文脉，唯有自豪，方能敬畏，唯有敬畏，方能认真对待，唯有认真对待，方知古籍整理与出版工作之不易。没有文化理想，往往会被物质需求所困扰。要认识中华传统优秀文化在人类社会发展进程中、在人类文明史上、在现代社会生活中的重要性；要认识中华优秀传统文化是社会主义核心价值观的重要基础。实际工作中，从事古籍出版的编辑，在现实切身利益方面，往往会有不少损失，出版社目前的考核，大多分为经济指标和工作量两种，而古籍图书编辑无论是何种考核办法都没有优势，因为古籍整理图书的出版周期长，工作难度大，投入大，印数少，直接经济收益周期长。2013 年 8 月，国家新闻出版广电总局公布了"首届向全国推荐优秀古籍整理图书"，在入选的91 部优秀古籍整理著作中，出版周期超过 10 年的就有 20 余部，超过 30 年的就有 9 部，例如：人民文学出版社去年出版的《杜甫全集校注》，1978 年启动，2014 年出版，历时 30 多年。由此，我认为，古籍整理与出版工作是理想追求的事业，没有这个思想准备与认识，既做不好工作，个人往往也比较痛苦。

再次是要具备一定的专业知识。古籍图书编辑，除了要求掌握图书编辑的基本知识外，还要有从事古籍图书编辑所需的专业知识，因为古籍整理是一门专业性特别强的学科，不但要有目录、版本、校勘等古典文献学理论知识，更要能在实际工作中加以运用，把专业理论知识转化为图书编辑工作能力，是要有一个过程的。编辑古籍整理图书，有时编辑需要"扮演"整理者的角色，这对我们编辑而言，专业知识要求更高。所以说，没有一定专业知识，很难做好古籍图书编辑工作。我这里特别想表述这样一个观点，产业化环境下做一名合格的古籍图书专业编辑，难度较之以往更大，它对我们的专业要求中，起码有这么两点，是以往较少注意的，一是处理好传统之学与当代接受的关系，二是处理好专业要求与行业要求的关系。所以，我们讲专业知识，不仅是一门学科专业，还包括编辑专业知识。编辑技能，也不仅是书稿编辑加工，现在特别强调出版全流程，包括选题报告、选题立项、书稿组织、编辑加工、成本核算、营销方案、市场预期、图书宣传等等。

最后是奉献精神。我们通常把编辑工作比作"为他人作嫁衣裳"，古籍图书编辑更是如此，·在现实中肯定要牺牲不少物质利益，大家既然选择了这个行业，就要有这个思想准备，在出版前辈中，有许许多多默默无闻的编辑大家，建议各位不妨看看他们的人生经历。在我们古籍出版社中也有许多学术水平很高的人，可以在学术上取得更高的成就，但他们把主要的精力都放在了编辑工作中。读者往往只记住了图书作者。

下面讲第二个问题：我们古籍新编辑在目前的出版环境下，能力要求应该是多方面的，这里仅讲两点：视野和实践。因为在实际工作中，我个人体会到，这两点，体现与决定着我们发现与解决问题的能力。

关于视野，即要求我们养成以一定的专业眼光发现问题的能力，对我们古籍图书编辑来说，也可以叫专业出版视野。

　　这关系到我们如何认识自己所从事的古籍出版工作的问题，也是我们做好这项工作的基础。我们都知道，古籍出版工作难度大、经济效益短期内不明显，特别是在目前出版业一片"做大"声浪中，我们如何站稳脚跟，保持定力，以自己的专业视野来看待古籍出版工作，这是一种能力，也体现一个人的格局，当然这也是行业发展要求。

　　所谓专业出版视野，首先就是要求我们从专业出版的角度，看待目前的古籍出版处在一个怎样的环境之中。今天的古籍图书编辑所面临的出版环境，显然不同于我们的前辈，概括起来说，至少有这么三点：

　　1. 虽然文化出版向商业出版转变的色彩愈来愈浓，但国有文化出版单位的文化使命并没有削弱，而且还在不断加强，但文化出版逻辑与商业出版逻辑毕竟有不同的内在要求，这就是出版产业化后所具有的新特征。

　　2. 传统出版创新转型的压力越来越突出，数字技术的产品形态、传播方式和阅读方式可以说是革命性的，对传统出版（或纸质出版）在内容上的要求越来越高，这就是数字化带来的新挑战。

　　3. 人们的文化需求从单一文化品种向多元文化消费转变的情况越来越普遍，消费群体的分流让我们必须考虑，如何使我们的出版物能够更加适应更多读者，这就是多元文化下的大众需求对出版行业的新要求，具体地讲，市场条件下的图书，商品属性被更突出与强调，再不像以前那样，只强调它的意识形态属性了，甚至我们都习惯以"产品"代替"作品"或"图书"了。对于古籍图书这样的"小众出版"，市场挑战性更大，要求我们首先考虑将"产品"（我更愿意用"图书"，甚至对"产品"一词反感，但有时也无法回避）卖出去了。

如果说上面讲的还带有一定的共性，我们再换个角度，单从古籍出版看：

1. 国家对古籍整理与出版工作重视的程度愈来愈高，如开展"2011—2020 年国家古籍整理出版规划"编制、"向全国推荐优秀古籍整理图书"等活动，另外，对古籍整理图书的资助力度越来越大，投入也越来越多，据我了解，仅 2015 年的古籍整理出版专项补贴就超过 3000 万元（近年来持续增加，2006 年凤凰社的《册府元龟》校订本，1500 万字，作为特别资助项目，才 40 万元，2015 年的《张岱全集》，700 万字，资助了 80 万元，字数正好少了一半，资助额翻了一倍）。但同时，国家对古籍出版精品生产要求也越来越高，特别是提出了要出版更多代表国家意志、时代水平的古籍出版物，2013 年公布的"首届向全国推荐优秀古籍整理图书"的活动，就是一个很好的导向。

2. 目前出版业的增长方式大多仍以规模增长为主，出版社的库存压力是普遍现象，无效库存情况也比较严重；同时，实体书店迫于生存压力，纷纷转型，图书上架面积与上架率一再压缩。但由于古籍图书的特殊性，如规模大、销售周期长等，在书店的上架率更是"目不能睹"，库存问题尤为严重，这就对我们选题、造货都提出了更大的挑战，经常在有些图书出与不出、印与不印、印多少之间纠结。

3. 目前出版社的编辑绩效考核，使古籍编辑工作量不断增加，客观上使图书编辑质量与数量之间存在一定矛盾，古籍整理图书编辑加工，不同于一般大众读物，难度相对较大，对与错、改与不改，都得有文献依据，都需要核查，就编辑工作量而言，很难上去，出版品种也就很难上去。

4. 在体制方面，企业化、集团化的改革与发展的要求，促使我们古籍出版单位以及从事古籍图书的编辑，不得不在思想观念、内部机制，特别是绩效考核机制、图书结构等方面，进行一些新的调整，特别是利润考核所带来的一系列问题，或使出版社更多元化，一些专业古籍出版社，在痛苦中，逐渐失去原有专业特色，使我们经常徘徊在保持专业特色与做大规模、做快效益之间，过去一些行之有效的办法在今天很难再延续了。

从古籍整理者所处的学术环境看，高校学术评价体系的创新，对以传统校勘之学为基础的古籍整理，也带来了一些新的问题，有些学校对古籍整理不计入科研成果，致使项目、人才等都出现短缺。在国家新修订的文字作品使用费中，很难看出古籍整理稿酬归于哪一类，也说明对古籍整理的原创性没有足够认识。

从阅读环境看，网络时代多元选择，对古籍图书选题如何吸引读者要求更高，传统古籍的阅读者越来越少，但同时，现代化反思中，传统文化的力量又在不断地呈现出来。

最后，从新技术对传统出版带来的冲击看，数字技术的运用，使古籍整理和研究的方法、出版形态、阅读方式都会发生变化，单从出版而言，主要表现在生产及管理以数字技术为支撑，产品形态以数字化为主，产品发行通过网络等渠道，读者阅读借助电子、网络等阅读终端。

归结起来说，我们目前是处在一个企业化、市场化、数字化的环境下做古籍出版工作，较之以往，出版的本质没有变，但要求显然不同了。

这里我们通过一个具体工作实例，来说明如果我们有一定的专业出版视野，可以在国家倡导、行业引导的要求中，获得更大的发展机遇。新中国成立 66 年来，古籍整理与出版取得了很大成就，离不开国家重视与支持。我们的工作，只有契合了国家文化发展要求，才会有大发展，也才会分得红利。对于我们从事具体古籍图书编辑工作的人来说，近几年有几项工作就特别值得关注与重视，因为它们都与我们编辑工作有密切相关：一是国家在古籍整理方面着重倡导的几类重点选题方向，包括重要典籍的深度整理、新近发掘的出土文献整理、社会文书与历史档案整理、海外所藏珍稀汉文典籍出版以及古籍数字化等。二是"2011—2020 年国家古籍整理出版规划"所体现出来的导向性，有利于我们在选题，特别是重点选题开发。"十年规划"首批公布 491 种，分九类（文学艺术、语言文字、历史、出土文献、哲学宗教、科技、综合、普及、数字），文学艺术类最多，123 项，其中又以诗文别集 38 项居首，其次是历史类 120 项，以史料汇编 33 项最多，另外，如综合类 57 项中，版本图录占 22 项，研究这些，对我们策划申报有针对性的选题或许有帮助。三是 2013 年公布的"优秀古籍整理图书"，对古籍整理精品图书、古籍图书编辑基本学术规范，有了坐标。四是每一年度的古籍资助项目，对选题的申报有了参照（近三年项目资助情况：2013 年 41 家出版社 104 个项目，2014 年 34 家出版社 91 个项目，2015 年 50 家出版社 96 个项目），资助经费的力度加大了，我们要坚信，在国家经济发展以及文化工作越来越受到重视的今天，好的选题，有价值的选题，不会再出现因经费原因而被搁置不能出版的情况。但同时，对图书内容质量要求也越来越高。另外，我们再具体看一下 2014、2015 两个年度国家古籍整理出版资助项目的情况，2014 年度古籍资助类别分别是：文学类 27 项（总、别集 20 项），历史类 11 项，出土文献 8 项，海外藏汉文古籍 7 项，艺术类（主要是戏曲类）9 项，古文字 5 项，档案类 4 项，中医古籍 5 项，书目类 4 项，哲学（经学）2 项。2015 年 96 个项目中，文学类 27 项，出土文献类 8 项，医学类 9 项，海外藏汉文古籍 4 项。而且近五年国家古籍整理出版专项经费资助项目出版后，大多取得了良好的社会效益与经济效益，据不完全统计，五年中，就有 30 多项古籍年度资助项目获中国出版政府奖和中华优秀出版物奖，凤凰出版社连续三届出版政府奖的获奖图书都是古籍资助项目。

所以说，作为一名古籍图书编辑，特别是一名刚刚入行的年轻编辑，如果能够把自己目光放到国家倡导、行业引导的大势、大局中，被不少人视为"小众"的古籍图书编辑工作，一定会有很多亮点，我们自身的编辑业务工作，也一定会有很大的发展空间。

当然光有视野还不够，更重要的是工作实践。

目前从事古籍出版的，大致有两类，一是以中华书局、上海古籍出版社为代表的全国约 20 余家专业古籍出版社，二是一些高校和其他综合类、教育类出版社。就前者而言，因其古籍专业化的历史积累、古籍专业化的出版优势，以及市场对它们古籍专业图书质量上的认可，专业化程度相对高于其他出版古籍图书的出版社。另外，据我了解，有些高校、综合性出版社，也成立了专门的古籍或文献编辑部，有的人员已经超过了10人。中国出版协会古籍出版工作委员会现有成员单位36家（按：现已增至40家），有10多家并不是专业古籍社，但它们也在古籍整理图书出版产品线和内容生产板块上不断探索，有的也取得了很好的出版成绩。无论是专业古籍出版单位，还是从事古籍整理图书出版的其他出版社，在古籍专业出版工作实践中，我认为，首先应该有一个基本认识，就是专业化是出版企业在市场竞争中能够发展的最有效途径，即通过追求专业优势领域的发展，本着有所为有所不为的原则，把生产、经营重点，放在自身最具优势与竞争力的领域，以此来增强我们古籍图书在市场中的竞争力。实践证明，世界上成功的出版企业，无不以专业化为战略发展基础。其实，任何一个行业都有一个专业化的问题。所以，我个人一直坚持这样的观点，即走专业化发展道路，才是我们古籍出版企业在市场竞争的有效途径。

我们古籍图书编辑，对专业化的问题，应该还是比较容易理解的，因为古籍出版专业化，有"得天独厚"的条件，一是对"古籍"的界定比较容易，主要指1911年以前在中国刊印的文献典籍以及出土文献等，当然，古籍整理与古籍出版的概念远不止这些。但相对于其他门类的出版定性，概念比较清晰。二是这类图书的读者对象相对比较容易明确。三是古籍整理作为一门学科，专业性较强。四是从事此项工作的编辑出版人员，都需要这方面的专门训练与专业知识。这些都是我们古籍图书编辑走专业化的有利条件，由此我认为，如果我们从事古籍图书编辑的同志，能够充分认识和利用自身优势，从专业发展长远出发，制定出符合自身实际的专业化发展规划，确立好切实可行的专业化发展目标，即在目前出版界普遍做大规模的声浪中，更专注古籍专业出版专、特、精、尖、强的特色化、专业化选题结构；在出版社内部，实施有效的专业化组织结构与生产管理方式；在图书销售渠道上，更加注重开拓专业渠道；当然更重要的，是要建立与培养一支既有文化理想，又具有专业素养的编辑人才队伍，我们有理由相信，在座的各位年轻同仁，一定会在古籍出版专业实践中大有作为。

对于这个认识问题，古籍出版企业经营管理者，更应该关注企业专业化发展战略，包括专业化的内部组织架构、专业化的生产管理流程、专业化的业务板块、专业化的团队、专业化的市场分工等，为古籍图书编辑搭建专业出版平台；

我们的编辑，在这样一个平台上的专业化出版实践，就更应该把重点放在专业化选题上，包括专业化重点项目和专业化普及读物。选题不可能一蹴而就，尤其像古籍整理选题，更需要长期谋划。在国家重点图书规划中，很少有像古籍整理出版规划，从1958年国务院科学规划委员会古籍整理出版规划小组成立开始，持续制定和颁布了七个古籍整理出版中长期规划，分别是:《三至八年（1960—1967）整理和出版古籍的重点规划（草案）》、《古籍整理出版规划（1982—1990）》(3119项)、《中国古籍整理出版十年规划和"八五"计划（1991年—1995年—2000年）》(其中"八五"1004项)、《中国古籍整理出版"九五"重点规划（1996—2000）》(393项，加上丛书子书目约2000种)、《国家古籍整理出版"十五"（2001—2005年）重点规划》(200项，加上丛书子项目约800种)、《国家古籍整理出版"十一五"（2006—2010年）重点规划》(196项，其中丛书子项目未计)、《2011—2020年国家古籍整理出版规划》(首批491项，经过五次增补，计676项)，这些规划，推动了我国各个时期古籍整理出版事业的发展。所以，要有专业化选题，首先要有长期规划。一个能够体现出版社优势的选题中长期规划，是古籍出版单位发挥专业优势和专业特色的基础，是其图书内容生产的基础，是培养和发挥编辑个人能力的重要条件，也是个人事业发展的基础。目前"'十三五'国家重点图书出版规划"和"2011—2020年国家古籍整理出版规划""国家古籍整理图书出版年度专项经费资助项目"的申报、论证、制定工作，给我们各古籍出版社的编辑做好专业选题规划提供了很好的平台，从"'十二五'国家重点图书出版规划"中的古籍类选题，以及"2011—2020年国家古籍整理出版规划"中的重点出版项目来看，不少古籍出版社都规划了一批具有重大文化积累价值、能够在全国有影响力的扛鼎之作；更重要的是，这些重点规划项目，都能带动各社图书选题专业优势板块建设。我们在实际工作中体会到，高质量的选题，不再会因为经费的原因而不能出版，而事实上恰恰相反，出版社之间竞争，更多的是在高质量内容和高水平作者资源方面。因此，我认为，不管何种体制下的出版单位，也不管传统出版业态，还是数字出版业态，图书选题仍是出版社发展的基础，选题规划是出版企业思路的体现，更是对出版企业未来发展长期追求与持续发展考量，因为，我们最终呈现给社会与市场的，仍是图书形态的产品，无论是纸质还是数字的，它的核心，仍是内容，所以，古籍编辑的专业实践，首先应该围绕着选题、选题规划这个重点。

当然，古籍整理选题规划，我认为应做到坚持短、中、长期兼顾，专业与普及相结合，质量与数量统一，既要有前瞻性，又要有计划性，更要有操作性；不但要考虑规划项目的学术、思想、文化价值，还要考虑它的市场价值。因此，作为古籍出版单位的编辑，我们在专业选题实践中，要把握住，既要做好年度选题规划，也要做好五年选题，甚至十年选题的长远规划；既要做好各级重点专业选题规划，也要做好符合当代读者审美趣味和阅读习惯的专业普及性选题规划；既要有基础文献的选题规划，也要有传统精神当代诠释的选题规划。同时，我们编辑在选题规划工作中，还应注意动态调节，既立足长远、持之以恒，又与时俱进、讲求实效，并通过板块与系列，将规划项目落到实处。归纳起来说，在我们古籍专业编辑出版实践中，做好选题规划工作，要把握好几个关键：一是体现优势，二是可持续发展，三是学术创新。在具体操作上，一是编辑可以将个人专业特长、兴趣爱好、人脉资源等，与出版社已有选题规划结合起来，重点关注出版社内容生产优势板块与产品线；二是抓两头，一手抓具有重大文化传承价值、热点等重点选题，一手抓有明显经济效益的选题，压缩中间层面；三是要关注国家、行业层面的要求，关注学术新领域与新动态；四是要对选题作提前设计；五是要针对不同选题类型，选择不同层面的作者；六是要有团队合作精神；七是要开门搞选题，多听专家、学者、同行的意见，要关注学术动态，从最新的学术成果中获得选题；八是通过市场调研形成选题；九是要重视选题的多重开发，即所谓的内容延伸；十是要大胆创新、突破，要在继承与创新中，锻炼与培养自己敏锐洞察与接受新事物的能力，特别是在时事热点与专业结合的主题出版选题方面；十一是要重视宣传、营销选题；十二是要重视版权问题（我个人认为，出版社最值钱的东西是两样，一是人才，二是版权）。

对于古籍图书编辑，在专业化选题实践中，我还有一点建议，就是要特别强调两个方面：一是专业重点选题项目。因为专业化发展的一个重要标志，就是专业品牌建设。在出版社发展中，只有坚持通过具有"特色性""标志性"的专业重点项目，才能形成具有自己专业特征与优势的图书内容生产板块，形成在同行中的领先地位；通过这些专业重点项目出版，可以增强出版社在相关专业领域社会影响力、市场竞争力和发展新优势。实践证明，诸如中华书局的"二十四史"及《清史稿》整理与修订工程、《琴曲集成》《新编诸子集成》《天一阁藏明钞本天圣令校证》《新获吐鲁番出土文献》《顾颉刚全集》等，上海古籍出版社的《清代诗文集汇编》《续修四库全书》《中国家谱总目》"敦煌文献系列"等超大型出版工程，文物出版社的《新中国出土墓志》《郭店楚墓竹简》《吐鲁番出土文书》，中西书局的《清华大学藏战国竹简》《肩水金关汉简》等出土文献，国家图书馆出版社影印出版的"新编古籍"系列，以及凤凰出版社的《全元文》《册府元龟》《京剧历史文献汇编》等；另外，近两年的还有华东师范大学出版社《朱子学文献大系》、齐鲁书社《孟府档案全编》、人民文学出版社《杜甫全集校注》、黄山书社《清代四川南部县衙门档案》等，都是国家各级重点图书规划项目，体现了很高的学术价值与学术创新价值，在出版界、学术界产生了重大影响。更重要的是，这些项目实施与出版，不仅有助于各出版社专业品牌建设，大大提升出版社的专业出版能力，增强出版企业社会影响力（在近几年的国家各级图书大奖评比中，上述许多项目都榜上有名），而且出版社专业化发展的可持续性，通过这些项目带动，得到很好体现。另外，由于这些专业重点图书选题高精尖的学术价值，不仅大多都获得了国家出版资助，且由于选题的独占性，市场上也占有不错的份额，两个效益都比较明显。多数古籍出版社的实践也说明，专业重点品牌项目，大多能成为长销产品，成为出版社销售、利润的主要来源。

另外一点，就是专业普及选题。古籍专业出版大众化，对于古籍出版社来讲尤其重要，它是专业古籍社加快发展、做大规模的一条有效路径，也是传统文化"创造性转化，创新性发展"的要求。每一学科的专业出版，都有一个大众化问题，因为不同文化消费人群的文化层次与需求，决定了图书的大众化市场，古籍专业出版大众化，恰恰符合出版产业规律中的市场化。以往我们对古籍专业出版总有一点误解，将它仅仅理解为图书内容的高、精、尖，而忽视了专业知识多层次需求与多层次的呈现形态。要实现专业知识大众化，其中一个重要方面，就是要通过选题结构合理调整，加强专业普及选题开发，并强调选题市场定位，注重图书形态与市场渠道多样性与针对性。从我们古籍专业出版而言，要走出"象牙之塔"，古籍图书要避免"曲高和寡"，必然要求我们在出版理念的时代特征、内容题材的精神层面、选题结构的市场要求、图书形态的不同层次等方面，不断探索与实践，要努力通过市场针对性，来调整选题与产品结构，使我们的专业内容产品体现三方面特征，即传统题材现代化、专业知识普及化、社会效益市场化，以能够体现当代精神的传统题材，规模化的系列产品，两个效益的相互支撑，来实现古籍专业出版工作事业新发展。市场环境下的古籍出版，选题、项目要与生产、经营相结合，尤其是普及类读物，以现代方式呈现传统文化非常重要，我们在实际工作中体会到，从某种程度上讲，这一类选题出版，比学术类选题更难，它不但对选题内容要求更高，而且要与市场结合得更紧，这就要求我们编辑，找准图书选题的市场定位，以"做"选题的专业与专注，从选题策划到编辑出版各个环节，都要融入市场意识与观念。经验和教训告诉我们，普及读物最忌闭门造车，最忌以自我的评判代替市场、读者的需求。专业重点与专业普及两类选题，对个人能力要求有不同侧重，前者更重学术判断、学术水准，后者除了要具有学术标准外，更重市场眼光、市场敏锐度以及一些机遇，所以说，难度更大。再者，专业普及选题实践中，一定要有市场渠道这个概念，这不仅是一个经营环节上的概念，因为有了渠道这个概念，就会倒逼我们的选题策划环节，有利于经营选题，真正实现专业普及读物市场化。由于古籍专业图书内容特点，决定了它特定消费市场与消费人群，也决定了它的特有销售渠道，因此，古籍专业图书渠道开发与建设，关系到古籍图书产品市场实现与市场效益，要做到这一点，关键在于我们图书产品的市场针对性。以往古籍图书市场比较小的一个重要原因，就是出版社的图书产品市场针对性、消费者定位不准，即不少图书产品存在着重点不"重"、普及不"普"的现象，以及供求信息不对称，要买的买不到、要卖的卖不出，致使专业古籍图书销售渠道不畅通。所以，要开拓专业古籍图书市场渠道，首先要做到产品定位，市场细分；产品多层次，市场多渠道。其次，面对实体书店，尤其是专业书店萎缩的不争事实，应该加强从传统单一的图书销售渠道向市场多渠道开拓，包括网络销售、图书馆配书、政府采购、会员或定向销售等。

最后，我们回到古籍编辑专业人才的问题，总结一下，人才是企业发展的关键，也是企业工作的重中之重。对于专业古籍出版社来说，一支高素质专业人才队伍，关系到古籍专业出版能否可持续发展。专业古籍出版社的人才队伍，应注意包括人才的专业学术背景、专业资源掌握、专业环境适应，以及与出版社专业发展目标相匹配，更重要的是，应该注意着力培养一批既有文化理想、专业知识，又有市场意识和创新能力的领军人才。

我想讲，新形势下的古籍图书编辑人才，应该有充分自信，这种自信来源于我们对国家发展有信心，对国家文化战略和政策有信心，对中华优秀传统文化有信心，对行业发展有信心，对自身能力有信心。通过坚持理想与信念、专业与专注、坚守与创新、做人与做事的不断追求，新时期古籍出版编辑人才一定会不断涌现。

（本文根据 2015 年全国古籍编辑培训班讲稿整理）

对地方专业古籍出版社发展的几点思考

一、缘　起

　　笔者作为一名地方古籍出版社工作者，从事古籍出版工作近30年，经历了从普通编辑到出版社管理者多个岗位，同时因近年来承担了一点中国出版协会古籍出版工作委员会的工作，有机会与各地方古籍社同行交流，彼此有着大致相同的发展经历，在发展中也常遇到相似问题。但笔者更多的还是感受到古籍出版人对事业的情怀和执着。2013年，笔者曾撰《古籍出版工作的几点思考》(《古籍整理出版情况简报》2013年第2期)，现再就近几年对地方古籍出版社发展问题的思考，不揣浅陋，求教同行。

二、地方专业古籍出版社的历史

业内一般认为，所谓地方古籍出版社，是约定俗成，大体指 20 世纪 70 年代末，即改革开放后各地陆续成立的专业古籍出版社，所以不包括"文革"前已有的中华书局和上海古籍出版社这两家老牌专业古籍出版社。这些地方古籍社成立时间最长的在四十年左右，如山东的齐鲁书社（1979 年）等，最短的还不到二十年，如江苏的广陵书社（2002 年）。他们的出版专业范围，一般都有出版"当地所藏古籍"或"承担国家交办的古籍出版任务"以及地方志、文史工具书等出版范围，除了上述两家地方古籍社，另外还有湖南的岳麓书社（1982 年）、四川的巴蜀书社（1983 年）、安徽的黄山书社（1984 年）、陕西的三秦出版社（1985 年）、山西的三晋出版社（原名山西古籍出版社，1992 年）、江苏的凤凰出版社（原名江苏古籍出版社，1984 年）、河南的中州古籍出版社（1983 年）、天津古籍出版社（1983 年）、浙江古籍出版社（1983 年）、吉林文史出版社（1985 年）、北京古籍出版社（1979 年）、辽宁的辽沈书社（1982 年）等。这些出版社为什么会集中在同一时间段成立，笔者认为，主要得益于中国出版史上三件大事，一是 1979 年 12 月在湖南长沙召开的全国出版工作座谈会，这次会上，提出了地方出版社要"立足本省，面向全国"，对全国出版结构的布局和调整，具有重要意义（参见肖东发、杨虎主编《中国出版史》第 485 页，北京大学出版社 2017 年 4 月版）。二是 1981 年 9 月 17 日，中共中央颁发了《关于整理我国古籍的指示》的 37 号文件，恢复了成立于 1958 年、"文革"中停滞工作的国务院古籍整理出版规划小组，并于第二年 3 月，召开了全国古籍整理出版规划会议。1983 年 9 月，又成立了全国高等院校古籍整理研究工作委员会。杨牧之先生说："事实证明，中共中央《关于整理我国古籍的指示》带来了古籍整理出版二十多年大发展的局面，这个文件，在我国古籍整理出版发展史上树立了一座光辉的里程碑。"（《新中国古籍整理出版工作的回顾与展望》，见《功在千秋的事业——新中国古籍整理出版成就》，全国古籍整理出版规划领导小组办公室编，中华书局 2003 年 9 月版）三是 1983 年，中共中央颁布了《关于加强出版工作的决定》，将出版工作重要性提到了一个前所未有的高度，"对出版事业发展的重要和紧迫问题给予高度重视"，"成为指导 20 世纪八九十年代出版工作并对这以后出版事业发展有重要影响的纲领性文献"［见宋木文《〈关于加强出版工作的决定〉（1983）的历史地位》，《中国出版》2008 年第 3 期］。正是在这个背景下，全国出版社数量增加迅速。1978 年，全国仅有出版社 105 家，而到了 1988 年，已发展到 502 家，其中地方社 305 家（参见马静、黄曼丽《改革开放以来我国图书出版业的发展与变迁》,《武汉大学学报》哲学社会科学版 2008 年第 6 期), 全国专业古籍出版单位, 也是在这期间, 由 "两个半" (中华书局、上海古籍出版社、人民文学出版社古典编辑部), 扩大到十多家, 尤其是各省成立了上述一批地方古籍出版社。这些新成立的地方古籍出版社, 大多是从当地的人民出版社或相关出版社的文史编辑部独立出来的, 虽然刚开始规模很小, 但对我国古籍出版事业发展, 有至关重要的作用。

三、地方专业古籍出版社的发展

随着地方古籍出版社的陆续成立, 我国古籍出版事业有了明显发展, 不仅古籍专业出版机构区域扩大, 从业人数增加, 而且由此带来了新版古籍图书品种增多, 一批高质量古籍整理图书不断出版。改革开放前 (1978 年), 不仅古籍专业出版机构只有 "两个半", 出版的古籍整理图书数量也相对较少。全国古籍整理出版规划领导小组办公室编有《新中国古籍整理图书总目录》(岳麓书社 2007 年 1 月版), 收录上起 1949 年 10 月, 下迄 2003 年 12 月共计 54 年出版的 "古籍整理图书"(很遗憾, 其后的 15 年没有统计数据, 笔者曾多次动议续编)。对于什么是 "古籍整理图书", 界定为:

"本书是新中国古籍整理图书的总目录。我们对于'古籍'定义是：（1）1911 年辛亥革命以前编撰出版的图书皆为古籍；（2）1911 年以后至 1919 年'五四'运动以前或稍后一个时期编撰出版的图书，凡内容属于传统学术文化，采用传统著述方式，并具有古典装帧形式（一般为线装）的图书，亦视为古籍。据此，'古籍整理图书'即是对上述范围内的图书进行整理后推出的新版本，故亦称'新版古籍'。"（见该书《凡例》）笔者据此《总目录》，对其中"文学类"中的"别集"书目进行了统计（"别集"一向是古籍出版选题中比较多的类别），共计 845 种，1979 年上述地方古籍出版社成立前（含 1979 年）的 30 年共出版的 157 种，约占 18%，其余 688 种均是其后 24 年中出版，涉及出版社约 90 家，其中有 208 种，是上述十几家地方古籍出版社成立以后出版的，超过了 30%，其中有相当一批优秀古籍整理图书。2013 年，国家新闻出版广电总局、全国古籍整理出版规划领导小组公布了"首届向全国推荐优秀古籍整理图书目录"，这项推荐，是从 1949 年至 2010 年出版的万余种古籍整理图书中，经过层层推荐、多轮评审、优中选优，遴选出 91 部，其中，中华书局、上海古籍出版社、人民文学出版社合计 62 部，另有 25 家出版单位 29 部图书入选，上述地方古籍出版社中有 4 家 8 部入选。2015 年 12 月，国家新闻出版广电总局又公布了"首届向全国推荐中华优秀传统文化普及图书名单"，在全国 312 家出版单位报送的 1072 种图书中，经专家评审，共 86 部图书入选，涉及 68 家出版社，其中有 5 家地方古籍社 7 部图书入选，这些地方古籍出版社都是成立于 20 世纪 80 年代以后，是所有入选出版社中成立时间最短的。更可称道的是，这些地方古籍出版社，在不断探索中，走过了初创的艰辛与初入市场的不适应，在其后的发展中，不断探索符合自身实际的专业内容生产板块，并逐渐形成了各自的出版特色与优势，成为国内古籍出版的重要力量。近 10 年来，国内古籍出版队伍不断扩大，不少综合性出版单位、大学出版单位、教育出版单位等，都增加了古籍出版内容板块，中国出版协会古籍出版工作委员会成员单位，也从原有 20 家左右的专业古籍社，发展到 40 家，一半是非专业古籍社了，这些非专业古籍出版单位在经济上大多优于专业古籍社，从某种角度讲，在项目竞争上有自己的优势。但即便如此，地方古籍社，凭借自己专业上优势，仍保持全国古籍出版主力军地位。十几家地方古籍出版社在承担本地历史文献整理出版的同时，更承担了近三分之一的国家古籍整理出版规划项目。在"2011—2020 年国家古籍整理出版规划"中，经过五次增补调整（其中 2013 年由 491 增至 525，2014 年由 525 增至 554，2016 年由 554 增至 610，2017 年由 610 增至 637，2018 年与"十三五"国家重点图书出版规划并轨，新增 63 项），约计 700 项（按：后有几十项因各种原因撤销），据不完全统计，超过三分之一项目是由地方专业古籍出版社承担。以新增项目为例，在五次新增补的 209 个项目中，有 69 个项目是地方古籍社申报，约占 33%。另外，各地方古籍社除了出版地域文献外，都出版了一批有较大学术影响的古籍整理项目，包括一些大型项目，在某些内容板块方面，具有明显特色与优势，例如：齐鲁书社《孟府档案全编》、岳麓书社《走向世界丛书》、巴蜀书社《道藏辑要》、广陵书社《中国历代僧诗总集》、黄山书社《清代四川南部县衙门档案》、三秦出版社《陕西金文集成》、凤凰出版社《全元文》《册府元龟》、山西古籍出版社《全辽金文》《全辽金诗》、中州古籍出版社《中国茶书全集校证》、天津古籍出版社《隋唐五代墓志汇编》、浙江古籍出版社《围棋文献集成》等。经过不断发展，地方古籍社已真正实现了"立足本省，面向全国"。

据上而言，地方专业古籍出版社的发展，有几个明显特征，一是专业定位比较明确。大多出版社坚守创社之初的宗旨，始终围绕着中华优秀传统文化这根主线，结合自身实际，明确定位，在不同的发展路径中，深耕精作，不断扩大了出版社的文化影响力与市场竞争力。如：岳麓书社建社之初就提出了"以最少的钱，买最好的书"，将传统文化大众普及的理念落实在一大批古代典籍上，并在不同时期赋予不同内涵，长期保持全国市场领先地位。广陵书社古典形式现代呈现的线装新印古籍，因其特色，深受读者喜爱。二是专业规划优势明显。虽如前面所述，目前国内有古籍出版选题的出版社多达百家以上，但能够有系统规划的仍是专业古籍社，其中，地方古籍社是一支重要队伍。三是专业出版能力不断提升。经过发展，各地方古籍社都已成为能够出版大型甚至超大型古籍整理项目的出版单位，受到学术界、出版界的肯定。仅以前四届中国出版政府奖评选结果为例，地方古籍社共获正奖8项，提名奖19项，在一个很小的出版门类中，有如此结果，也说明了他们的专业出版能力。四是编辑人才专业素养较高。由于学科特点，古籍整理需要较高的专业素养，从事此项工作的编辑，大多需要较长时间的专业培养，一般而言，古籍编辑的学历比较高，以凤凰社为例，25位文字编辑中就有7位博士15位硕士。地方古籍社较高专业素养的人才结构，成了国内古籍出版的基本人才队伍，也是这项事业不断发展的根本保证。

四、地方专业古籍出版社的困境

地方古籍社发展并不是一帆风顺，不同历史时期面临着不同的困境和问题，特别是随着出版改革不断深入，一些深层次的矛盾更加显现出来。稍加归纳，大约有这样几个方面：一是"小众"出版如何走进"大众"市场。随着出版体制改革，图书的商品属性愈加受到重视，作为"小众"的古籍整理图书也不例外。但由于古籍整理学科专业性强，从业者少，图书受众面小，市场需求有限，据笔者了解，各地方古籍社的古籍整理图书，首印一般都在 1000 册左右，以至于在各类图书市场份额统计中，从未有"古籍图书"一项。正因为如此，再加上古籍整理图书编辑难度相对较大，出版周期也相对较长，这类图书出版，从直接成本看，大都处于亏损状态。少数地方古籍社因经济原因，或被撤销或被合并。二是集团化以后的尴尬地位。集团化是中国出版体制改革的重要举措，有利于出版集约化发展。上述地方古籍社都先后进入所在地的出版集团，但同一集团内不同专业的出版，实际中很难在绩效考核上，有一个相对合理并能顾及各个不同出版单位特殊性的统一绩效量化标准。但相对而言，经济效益绩效量化指标容易划一（虽然也有许多不合理），其中，经营规模中的销售、利润等因素，往往更容易成为考核出版单位的指标，有的甚至直接将其视为对集团的贡献率，如此等等，古籍出版社在这个方面面临很大压力，由此带来的一系列考核结果，包括企业工资总额、经营者绩效认定、员工工资收入标准，大多低于同一集团下的其他出版单位。笔者曾主持凤凰出版社工作15年，对此有切身感受。但同时，不少古籍整理图书又因其学术含量高，往往是国家级图书奖项、国家重点图书规划等入选项目，时常会被拿出来作为集团出版的"脸面"，这种情况常被业内戏为"口惠实不至"的尴尬。三是专业编辑出版人才缺乏。虽然是专业古籍出版社，但人才缺乏已是普遍现象，大致有这样几个原因：（1）由于古籍整理学科以及古籍出版的小众特点，人才来源渠道相对较窄，出版社选择余地小。（2）目前古籍社新进人员大多有研究生学历，但由于国内研究生的专业方向设置过细，与编辑工作需求脱节。（3）古籍整理是一门专业性很强的学科，更有一些属于抢救性的，甚至可以称得上是冷门绝学的文献整理，对编辑的要求高。（4）地方古籍社也似其他大多数出版社一样，生产经营压力大，图书出版节奏远快于过去，因为规模增长目前仍是大多数出版社发展的主要手段之一，造成对年轻编辑"用"多于"养"，而古籍编辑培养周期本身就比较长，这势必形成专业人才短缺。（5）正如上述，各地方古籍社的经济效益大多不如集团内的其他出版社，更不能和有教材教辅的出版单位相比，使专业编辑人才的付出与获得不成正比，留住人才比较困难。笔者所在的原江苏古籍出版社在2002年更名为凤凰出版社，根据当时集团规定，仅留18人从事古籍编辑工作，在自愿选择过程中，原60人左右的员工，90%以上选择了离开古籍社，甚至发生以哭闹要求离开的现象。四是古籍专业选题比例下降。据笔者了解，由于上述一些原因，有些地方古籍社目前的图书选题结构，与建社之初相比，有不同程度的调整，除了原有古籍选题外，也在不断拓展新的内容生产板块，一方面，这是古籍出版社顺应出版业发展的探索，有的出版社取得了非常好的经营业绩，从而保证了古籍图书出版所需要的经费投入；另一方面，也使得作为专业古籍社的非专业图书选题占比越来越大，古籍专业图书选题比例逐年下降，古籍整理选题有的不到全年选题总数的十分之一，有的甚至更少。有少数地方古籍社已成为本省教育出版大社，古籍出版已成为出版社一个很小的门类和板块，有的甚至成了"点缀"。这些可由各地方古籍社每年新书书目窥其一斑。早在2006年，杨牧之先生就注意到这个问题，他在《在第六期全国古籍出版社编辑培训班开学典礼上的讲话》中有一个统计："去年（2005年）古籍出版社共出书4481种，其中古籍整理图书占29%，学术类著作占22%，这两类图书共占51%。专业古籍类图书比例比较低。"（《古籍整理出版情况简报》2006年第10期）这还包括了中华书局、上海古籍出版社两个古籍出版大社，否则比例可能更低。对古籍专业出版单位图书选题结构调整，虽不可轻易定是非，但在实际中，少数古籍社的绝大多数选题确实不姓"古"了。据微信公众号"善读书"《数据说话：2019年古籍资助数据简析（公示数据）》，2013年至2019年7年间，在每年90个左右的国家古籍整理出版专项资助中，都有前列若干地方古籍专业社无项目入选（2013年6个社，2014年5个社，2015年4个社，2016年7个社，2017年3个社，2018年8个社，2019年6个社），其中有七家出版社连续两年无项目入选，甚至有一家出版社连续四年没有项目入选。虽然这只是一个数据，并不能完全说明问题，但至少可以让我们思考，企业化、集团化后的古籍出版社，如何在规模经营、市场化道路上，坚持"小众"出版的特色与优势。

五、对地方专业古籍出版社工作的思考

地方专业古籍出版社如何在新的历史条件下发展，如何在特色与优势中发展壮大，各有各的路径，大家都在不断探索，也有一些成功经验，但不会有一个统一的答案，笔者只能提出几点思考。

首先是思想认识问题。对出版文化本质和内容产业特征的认识，是我们做好古籍出版事业思想认识前提。出版的积累与传承、教育与认识、审美与娱乐的基本功能，并不会因

市场经济、业态转型而丧失。文化传承是古籍整理与出版的基本任务，历史文献作为观念文化的载体，对中华文化数千年不辍至关重要，从这点而言，古籍出版应首先立足于此。古籍出版工作者对如何看待出版产业发展，如何在上述出版条件下定位古籍出版，出版的文化属性是我们要首先考虑的。中华书局创始人陆费逵说过"我们希望国家社会进步，不能不希望教育进步；我们希望教育进步，不能不希望书业进步。我书业虽然是较小的行业，但是与国家社会关系，却比任何行业大些。"（《书业商会二十周年纪念册序》，《陆费逵文选》，中华书局 2011 年版，第 152 页）文化影响力才是出版企业最终目标。若有此认同，一个古籍出版社经营者，或许会增加一些做好古籍出版的定力，在专业追求与经营要求发生矛盾时，会毫不犹豫作出自己的选择。

其次是发展路径问题。我们必须面对现实，改企后的地方古籍出版社，在市场面前不会得到特殊优待，选择何种发展路径，取决于企业自身实际，但有一点不可忘，即古籍出版事业所承担的文化与历史责任，由此，我们在选择发展路径时，便会把古籍专业出版放在重要地位考量。以笔者亲身经历为例，一个地方古籍社如果没有专业出版优势，其是否有存在的必要都会成为问题。2002 年底，江苏古籍出版社更名为凤凰出版社，四分之三人员分流到其他出版社，仅

18 人留社，更名后的凤凰出版社选择怎样的发展路径，是坚持原先的古籍出版，还是另辟蹊径，转走大众出版甚至以中小学教辅为主的教育出版，在当时是有不同看法的，若是前者，解决不好经营上的生存问题，古籍专业出版也恐难坚持（江苏古籍出版社更名有多种原因，其中经营困难是很重要一条），如果是后者，在一个出版门类比较齐全的集团内，也很难有生存与发展空间。最终，我们选择了比以往更加专业化的古籍出版方向，古籍整理及相关学术研究选题高达85% 以上，这在全国地方古籍社中是少有的。我们当时的想法，一是"以最专业做出最优秀产品"，何愁在中国这么大的图书市场中没有一席之地，二是"在集团内以最专业求生存"，甚至提出做集团内任何一家出版社所不能做、做不好的选题。实践证明，有了这两点，凤凰社反而有了作为古籍出版单位的发展空间与生存价值。出版社更名后的 15 年来，出版了一大批特色鲜明的古籍整理图书，"十二五""十三五"国家重点图书出版规划项目持续名列江苏省第一，入选国家古籍整理出版十年规划 50 项，列全国第三（前两位分别是中华书局、上海古籍出版社），同时获国家出版基金 19 项，国家古籍整理出版年度专项资助 83 项，并连续四届获中国出版政府奖图书奖（按：第五届又有一项获古籍类正奖）。经过强化古籍专业出版，更名后的凤凰社已成为国内为数不多、能够持续出版大型古籍整理项目的地方古籍出版社，一个仅 40 多人出版社，每年都会有一两项 500 万字以上的大型古籍整理项目出版，并以产品的专精特尖，获得市场认可。以亲身经历为例，主要想说明，一个地方古籍出版单位，只要坚定文化信念，明确专业定位，保持出版定力，选择具有优势与特色的发展路径，在中华优秀传统文化这块阵地上精耕深作，并不断强化专业出版能力，在专业规划、专业重点、专业渠道、专业人才等方面形成和体现优势，"小众"出版必可大有作为。

第三是选题规划问题。重视选题规划，是尊重出版规律。没有选题规划观念，一个出版单位不可能有可持续发展能力，这也是我们经常看到某些出版社，所谓"热热闹闹"几年后又回到了原点，特别是主事者更替后，一切"从头再来"。因此，对于一个地方古籍社而言，如果能制定和实施中长期的专业选题规划，笔者据个人体会，至少可以使我们的工作，体现五个方面的优势：一是可以使出版社的定位会更加准确，发展思路会更加清晰，追求目标会更加明确。二是可以使出版社的专业优势更加突出，内容生产更有特点，市场竞争更有优势。三是可以使经营者的工作更有抓手，通过落实选题规划，来形成一个出版企业内容生产重点板块，从而形成富有市场竞争力的优势板块。四是专业人才培养更有手段。古籍专业编辑人才缺乏，重点不在其是否具备专业理论知识，更主要的，是理论知识如何在编辑出版实践中得到运用，而专业选题规划可以提供这样条件，使有志于从事古籍专业出版的年轻人，在专业选题编辑出版过程中，理论与实践相结合，在实践中知所学之不足，从而得到锻炼和成长。五是出版经费可以得到保障。随着国家文化投入越来越多，只要我们把选题放在国家文化战略、国家需求层面，并立足图书的精品生产，"小众"出版的经费渠道会越来越多。这个方面，古籍出版选题规划有独特的优势，国家设有专门的古籍整理出版十年规划，并有年度古籍出版专项资助。

第四是重点项目问题。出版专业化确立的一个重要标志，就是专业重点项目，如中华书局的"二十四史"、上海古籍出版社的《续修四库全书》等等。一个地方古籍社，如果选择了专业出版发展路径，就要通过持续不断地出版具有"特色性""标志性"的专业重点项目，以此来形成自己的专业出版优势与市场竞争优势。我们在考虑重点项目问题时，五个方面应特别关注，一是要放在国家需求的层面，二是紧盯学术研究前沿，三是利用各社历史积累，四是体现自身的专业出版能力（前一段时间，全国哲学社会科学工作办公室关于撤销"广西石刻总集整理"项目一事，网络上吵得沸沸扬扬，大家在谈论整理者差误的同时，有没有想一想，出版社在石刻文献编辑出版方面的专业出版能力，也是导致问题的一个方面），五是创新拓展，形成新的重点内容生产板块，例如：上海的中西书局是从原上海百家出版社更名而来，近年来以出土文献这样细小专业门类选题作为新拓展方向，精耕细作，已成绩斐然，小而专、小而美的特色深得学术界好评。总之，专业重点项目可以使古籍出版单位体现个性、形成特色、发挥优势。

　　第五是如何看待"小众"的问题。首先，我们不能狭隘地理解古籍专业出版的"小众"问题。这涉及我们怎样正确看待古籍专业出版的"小"，就专业性而言，其直接受众可能是小的，但其文化意义、间接受众又是大的。作为古籍出版工作者，在"大"与"小"的问题上，应该有跳出局部的境界，因为我们选择的是一份需要理想与情怀的事业。其次，我们也应该看到，中国的图书市场与购买力超过世界上任何一个国家，再小的出版门类也会有自己的大市场。再次，"小众"出版也可以向"大众"转化。古籍出版面对的历史文献是小众的，但其中蕴含的文化观念则是大众的，这为我们拓展、挖掘"小众"选题内涵，创新、开拓"大众"出版市场，提供了多种选择与较多可能。岳麓书社在这个方面有成功的探索，例如，从古籍文献整理的《曾国藩全集》到纸本《唐浩明评点曾国藩系列》，再到纸本、视听同步的《曾国藩（唐浩明讲解版）》等。

全国地方古籍出版社在各自的未来发展中，都会有自己的思考与实践，本文只是个人的粗浅之见。

（原文刊于《出版人》2019年第10期，题目为《专业古籍出版的"地方军"》，因版面原因，内容略有删节，现完整收录）

对制定和实施古籍整理出版中长期规划的几点认识

今年是"2011—2020年国家古籍整理出版规划"收官之年，也是"2021—2030年国家古籍整理出版规划"谋划之年，对于古籍出版同行来说，这是一项十分重要的工作，关乎出版社未来一个时期的发展。由此，笔者想结合近期参加全国古籍整理出版规划领导小组办公室（简称"古籍办"）关于制定"2021—2030年国家古籍整理出版规划"调研工作，以及自己主持凤凰出版社制定和实施前一个"国家古籍整理出版十年规划（2011—2020）"实践，就其体会与认识，从出版的角度，谈点看法，供同行指教。

2009年8月，"古籍办"下发《关于申报2010—2020年国家古籍整理出版重点项目的通知》，开始编制新一轮国家古籍整理出版中长期规划。项目申报采用出版单位、高校古籍整理研究机构、有关古籍整理专家自下而上和自上而下结合办法，经"古籍办"组织专家反复论证，新闻出版总署、全国古籍整理出版规划领导小组于 2012 年 7 月，正式下发《关于印发实施〈2011—2020 年国家古籍整理出版规划〉的通知》，共计 491 个项目入选。其后，经过 2013、2014、2015、2017、2018 年五次调整、增补、撤消，共计 676 项。这其中，中国出版协会古籍出版工作委员会（简称"古工委"）40 家成员单位承担了 510 项，约占 75% 以上，其中超过 20 项的有六家出版社，都是专业古籍社，分别是中华书局 115 项、上海古籍出版社 86 项、凤凰出版社 50 项、国家图书馆出版社 25 项、黄山书社 24 项、齐鲁书社 23 项，可以说，"古工委"是这项规划实施的"主力军"。据不完全统计，至 2020 年底，也就是"2011—2020 年国家古籍整理出版规划"期末，"古工委"成员单位可完成 300 项左右，占其全部的 45% 左右（上述数据来源于 2019 年全国古籍出版社社长会各社提交的书面发言统计）。可以预期，下一个"国家古籍整理出版十年（2021—2030）规划"，仍将是这些出版单位，特别是其中的专业古籍出版社，成为规划项目出版的基本队伍与主要力量。

新中国成立 70 多年来，我国古籍出版行业在不同历史时期，都出版过一批能够传之久远古籍整理图书，可以称之为"新版经典古籍"，这些新整理出版的古籍图书，都与不同时期国家层面的古籍整理出版规划有密切关系。新中国成立以来，国家共制定和颁布了七个古籍整理出版规划，分别是：（1）1958 年，国务院科学规划委员会古籍整理出版规划小组成立，制定了《三至八年（1960—1967）整理和出版古籍的重点规划（草案）》；（2）1981 年，国务院古籍整理出版规划小组恢复，制定了《古籍整理出版规划（1982—1990）》，共计 7 类 3119 项；（3）1992 年制定了《中国古籍整理出版十年规划和"八五"计划（1991 年—1995 年—2000 年）》，共计 8 类 1004 项；（4）1996 年又制定了《中国古籍整理出版"九五"重点规划（1996—2000）》，共计 9 类 393 项（加上丛书子项目在 2000 余项）；（5）2001 年，"国务院古籍整理出版规划小组"调整为"全国古籍整理出版规划领导小组"，制定了《国家古籍整理出版"十五"（2001—2005 年）重点规划》，共计 8 类 200 项（加上丛书子项目在 800 余项）；（6）2006 年，制定了《国家古籍整理出版"十一五"（2006—2010年）重点规划》，共计 8 类 196 项（不含未统计的丛书子项目）；（7）2012 年，制定了《2011—2020 年国家古籍整理出版规划》。同时，1983 年，教育部全国高等院校古籍整理研究工作委员会成立，也制定和设施了若干古籍整理规划，虽说高校和出版社分属不同系统，但在项目上大多是衔接的，主要是整理与出版的"上下游"关系。上述诸规划，对推动我国古籍整理出版事业起了极大作用，催生了一大批优秀古籍整理图书。以 2013 年由国家新闻出版总署公布的"首届向全国推荐优秀古籍整理图书目录"为例，共计 91 部，其中有 55 部列入了上述 6 个古籍整理出版规划（不包括第一个"草案"），如再加上五年一次的国家重点图书出版规划、教育部高校古籍整理规划（可参见杨忠主编、江西高校出版社 1991 年出版的《高校古籍整理十年》第 334 页"重点规划项目"一节），入选图书基本都是国家层面上各级规划项目。因此，对于古籍出版单位来说，制定和实施古籍整理出版中长期规划，既是初衷和使命，也是企业可持续发展之关键。

一、实践中的几点体会

笔者所在的凤凰出版社，原名江苏古籍出版社，2002 年更名。刚更名时，出版社只有 18 人，至今也就 50 余位员工，是一个生产和经营规模都很小的出版社，但我们选择了更名不变初心，坚持古籍专业出版，首先抓的就是古籍整理出版中长期规划，特别是利用申报"2011—2020 年国家古籍整理出版规划"的契机，逐渐形成了自己的选题特色与出版优势，并获得同行认可。列举十年间（2011—2020 年）几项数据为例："十二五""十三五"国家重点图书出版规划，分别为 20 项、19 项；"2011—2020 年国家古籍整理出版规划"50 项、

国家古籍整理出版年度专项经费资助 70 项、国家出版基金 23
项、中国出版政府奖（古籍类）4 项。由此，笔者在实践中体
会到，对于中小古籍出版单位，中长期专业选题规划所具有
的引领作用尤其重要。归纳而言，大致有这样几个方面：

　　一是有利于出版社明确定位。所有出版企业经营者都
强调企业发展定位问题，在出版单位由事业身份改成企业性
质后，貌似站在同一起跑线，但由于出版社成立时间有先
后、规模有大小、分工有差异、隶属有不同、资源有多寡等
历史客观因素，实际上不可能有统一的出版企业定位，都是
依据各自实际确定。笔者认为，对于中小出版企业，特别是
古籍出版单位，由于受制于多种因素，尤其是各地集团化以
后，内容生产多元化路径并不适合大多数古籍出版单位，反
而专业出版定位，可以使这样的出版企业有自己的发展空间，
"小而美"或许可以成为这类出版企业的追求目标。以古籍
出版为例，除中华书局、上海古籍出版社外，地方古籍社大
多属于中小型出版企业，经营者都会碰到在"做大"与"做
专"之间的艰难选择，面临两重压力。笔者曾经历过一件事，
2007 年，首届中国出版政府奖公布，凤凰社《册府元龟》获
古籍类正式奖（共 4 项），有上级主事者来询"册府元龟"四
字意思。笔者由此说过一句极端的话："凤凰社的选题，要做
全集团任何一家出版社都做不了，甚至连书名都不知道什么

意思的，就有存在的价值与发展空间。"至今笔者仍坚持，与其追求无实之"大"，不如追求有名之"专"。制定和实施古籍整理出版中长期规划，恰恰可以解决古籍出版企业发展定位问题。图书出版是以内容生产为主要特征，选题规划是定位的前提，从选题规划入手，在选题规划中体现企业定位，明确出版社的发展方向与追求目标，对古籍出版社，特别是地方古籍社来说，不失为一种可为的选择。

二是有利于出版社发挥专业出版优势。古籍出版社的人才结构，大多偏向专业型，尤其编辑，都受过严格专业学术训练，有各自专业学术背景且学历较高，了解古籍整理图书基本特点与学术规范。制定和实施古籍整理出版中长期规划，可以把他们的专业知识与工作实践结合起来，有利于发挥其专业优势。理论上所谓"复合型人才"毕竟是少数，学有专攻，志有各向，面对现今各种诱惑，选择古籍出版的从业者，大多专业思想牢固，学术出版是其追求。古籍整理出版中长期规划恰好与他们理想追求合拍，一方面可以人尽其才，使出版社古籍整理图书编辑质量优势显现出来，将编辑人才优势体现在选题优势、出版成果上；另一方面，编辑通过规划项目实践，将专业学术理论知识转化为专业出版能力，形成古籍出版社特有的人才结构。当我们至今仍对中华书局、上海古籍出版社老一辈"学者型编辑"怀有敬仰的同时，有没有想过，这样的编辑人才，在各方面条件都好于以往不知多少倍的如今，为什么会少之又少？

　　三是有利于出版社突出工作重点。作为一个曾经主事地方古籍社15年的过来人，对此深有感触。一个出版单位，工作千头万绪，尤其身为集团内的中小专业出版社，压力更大，领导有要求，员工有诉求，谁都知道"走自己的路"的道理，但在如今的现实出版环境中，要真正做到淡定和从容又谈何容易。当然，如果撇开这些，中小古籍出版单位，以中长期古籍出版规划为抓手，作为工作重点，或许可以走出属于自己的路。凤凰社对此也有一个摸索的过程，同样有上述困扰与彷徨，最终通过制定和实施中长期古籍出版规划，至少解决了两个问题，一是通过"规划"这项重点工作，将古籍专业出版定位加以落实；二是通过"规划"，一批年轻编辑，在古籍出版专业领域有了很快成长。出版定位，需具体项目支撑，并通过不同路径加以实现，凤凰社近十年间（2011—2020年），出版了包括《文选旧注辑存》、《李太白全集校注》、《历代赋汇》（整理本）、《江南通志》（整理本）、《京剧历史文献汇编》等数十种大型古籍整理图书，逐渐形成了凤凰社内容生产重点板块和优势板块，在古籍出版领域获得了学术界和同行认可。至于第二点，一般而言，列入国家古籍整理中长期出版规划的项目，学术性强，难度大，编辑出版要求高，对于年轻编辑来说，高起点有利于成长，因此，我们实行规划项目负责人制，根据各人专业或选题来源，几乎所有年轻编辑都作为一个或多个项目负责人，所有编辑出版环节，均由项目负责人统筹，通过这种形式，年轻编辑得到了很好的锻炼与成长。目前，凤凰社古籍整理专业重点项目，几乎都由 80 后编辑策划、组织和实施，他们中的许多人，在全国同行中也逐渐崭露头角，或入选国家、省级人才培养工程，或晋升正高职称（按：2006 年至 2009 年招聘的 6 位编辑全部被评为编审职称）。

四是有利于保障出版经费。不少人对于实施"规划"项目的经费投入有所顾虑，这是可以理解的，毕竟对于古籍整理这类"小众"图书，在短期内，投入和产出未必成正比，所谓"叫座不叫卖"。如何看待这个问题？以笔者个人实践中的体会，有这么几点认识：一是如今的出版社，包括中小型规模的专业古籍社，经济状况较之二十世纪八九十年代要好很多，就以专业古籍社为例，单从经营上来说，虽然不能和教育、少儿或综合性的大学出版社相比，但年利润多则在数千万元，少则也有百万元，不存在过去"没钱出书"的窘境。出版社经营者的压力，并不是有无经费出书的问题，更多的主要来自作为企业每年不断增长的销售和利润考核指标，客观上造成一些古籍社在专业出版，特别是在实施中长期规划上有所顾虑。二是对于图书这样的"小成本"投入的商品，中国市场足以解决其产出问题，有内容质量精品化作为前提，"小众"专业图书的"大市场"，在现实中也非个例。三是国家在相关政策导向上，明确对"规划"项目扶持。例如，在全国古籍整理出版规划领导小组办公室 2009 年下发《关于申报 2010—2020 年国家古籍整理出版重点项目的通知》中，明确列有"今后每年古籍整理出版补贴，主要资助列入'2010—2020 年国家古籍整理出版规划'的项目"，在国家新闻出版署 2019 年下发的《关于申报 2020 年度国家古籍整理出版资助项目的通知》"申报重点"中，也明确"已列入《2011—2020 年国家古籍整理出版规划》的项目"，这些政策和措施，很好地帮助了古籍出版单位解决了在"规划"项目上的投入问题。笔者所在的凤凰出版社，凡列入"规划"项目的，几乎都获得国家出版资助。

二、工作中的几个难题

一是现行出版企业绩效评价体系，很大程度上不利于古籍整理出版长远规划。目前国有出版企业绩效考核都是年度的，对经营者实行所谓任期制（大多是三年一个任期），经营者的绩效都要在任期内认定，即便有长期激励，也大多是经济指标上，这就给需要较长时间整理与出版的古籍整理选题，特别是需要提前规划、长期实施的项目，在客观上都造成很大难度。

二是由于古籍整理图书的特殊性，整理与出版周期相对比较长，有些古籍整理图书，从整理到出版，少则几年，多则十几年甚至几十年。笔者曾对国家新闻出版广电总局2013年公布的"首届向全国推荐优秀古籍整理图书目录"进行了统计，在91部入选图书中，有超过20部的出版时间在10年以上，有9部图书的出版时间跨度在30年以上，最长的近50年。对于这些前期需要投入大量人力、物力的古籍整理项目，对每一位古籍出版企业经营者来说，都是不小的难题。企业经营者在自己任期内，对只有前期投入而不能出版的项目，有所顾虑是可以理解的，但会对制定与实施中长期古籍整理出版规划产生一定不利影响，也是客观存在的。

三是在出版企业"做大"与"做专"之间的艰难选择。两者在理论上并不矛盾，实践中也有成功的案例，但以笔者观察，行业中所谓成功者，大多并非来自专业古籍出版企业。目前对于出版企业，"做大"远甚于"做专"受人待见。古籍整理图书小众化特点，使从业者在二者之间面临更难选择，所谓"事非经过不知难"，非古籍出版同行，很难体会这种选择的艰难。但有一点可以肯定，坚持古籍专业出版是制定和实施好古籍整理出版中长期规划的重要前提。

四是数量与完成率的问题。对一个古籍出版单位来说，在这个问题上会出现两种情况，一是古籍整理出版中长期规划项目过多，或有些专业学术领域，超出了自己的实现能力，影响企业发展；一是不够重视，项目过少，体现不出专业出版特点，出版内容板块重点他移，看似企业规模做大了，但空有"古籍出版"之名，有违读者期待。如何平衡二者关系、如何选择企业发展路径，做到"两全其美"，确实是一大难题。

三、思考中的几点认识

首先，我们认为，自人类有出版活动以来，几千年过去了，简帛纸电、抄写刻印，出版发展都是革命性的，但人们对其需求，基本保留了从中感知历史、获取新知、享受快乐，由此而言，出版的积累与传播、教育与认识、审美与娱乐三大基本功能，并没有也不会因业态发展、转型而丧失，因此，出版本质中的内容特征，要求我们认识、重视和做好出版规划。

其次，出版的内容生产过程，也是一种"选择"活动。什么样的内容将成为出版需要，显然不是一件容易做到的事。近一百年前，中华书局创办人陆费逵说过一段话："书业商的人格，可以算是最高尚最宝贵的，也可以算是最卑鄙龌龊的。

此两者之判别，惟在良心上一念之差；譬如，吾人如用尽头脑和心血，出一部有价值的书，贡献于社会，则社会上的人们，读了此书之后，在无形中所获的利益，定非浅鲜；反是，如以诲淫诲盗的书籍，贡献于世，则其比提刀杀人，还要厉害，盖杀人不过一人，恶书之害，甚于洪水猛兽，不知要害多少人。所以我们当刊行一种书的时候，心地必须纯洁，思想必须高尚，然后才可以将最有价值的结晶品，贡献于世；否则，不但于道德方面要抱缺憾，即自己良心方面亦受责罚。"（陆费逵《书业商之修养》，《陆费逵文选》第 115 页，中华书局 2011 年 1 月版）"出一部有价值的书"，需"用尽头脑和心血"，足见"选择"在出版中之艰难。出版在人类文明史上有其自身发展规律，其中有一条，即对出版物内容慎重精心选择，是其生命力长久保证。由此来看，"出版规划"，就是一种选择。

再次，古籍整理与出版的特殊性，也要求我们从事这项工作，首先要从"规划"入手。中国古代典籍遗存众多，目前尚未有一个准确的数字，据《中国古籍总目》，著录了 20 万种左右，这些典籍形成于不同的历史时期，形态也各有不同，内容更是包罗万象，所反映出来的思想观念并非都是现今社会之需求，选择就成为必然，有所选择，即有所规划。由于古代典籍生成的时代离我们越来越远，社会与生活、语言与文字、观念与制度等都发生了很大的变化与不同，哪些古代典籍具有当代社会价值与文化观念，哪些又是具有学术文献价值与传承意义，这在古籍整理与出版中必然是会首先碰到的问题。另外，古籍整理专业性强，许多典籍整理难度大，但从出版角度而言，它又属于相对小众的阅读需求，出版与需求之间也存在一个如何规划的环节。上面谈到，新中国成立以来，国有出版单位是古籍整理图书出版的绝对主力军，其中专业古籍出版单位更是发挥了专业优势，随着现代出版的专业化程度越来越高，这些古籍出版社，不但有充分发挥自身专业优势更大的空间，更理所应当将自己的工作重点与国家文化战略、出版政策导向相衔接，否则，作为古籍出版单位，我们的工作将失去重点、意义和价值。

第四，要有长远发展的出版观。"规划"本身就是有一定时间长度的概念，加之"出版"本身也不是一件急功近利的事情，特别是古籍出版规划，更要有长远考虑。匡亚明先生曾经说，要做好古籍整理出版，必须要有"三心"，即信心、决心和恒心，即说明这项事业不能是短期行为，"古籍整理出版事业对国家来讲，是需要几代人为之奋斗的事业；对每一个有志于从事这一工作的人来讲，是终生的事业"（转自李国章《古籍整理出版工作概述》，见《古籍整理出版十讲》第42—43页，岳麓书社2002年10月版），可见由于古籍整理出版自身特殊性，要求从业者必须要有长远眼光与长期坚持，要有古籍出版"功成不必在我""功成一定有我"事业情怀。

明年是中共中央颁布《关于整理我国古籍的指示》40周年，目前，全国古籍整理出版规划领导小组办公室正在以多种形式，广泛听取对编制"2021—2030年国家古籍整理出版规划"的建议和意见。这些对于古籍出版单位来说，都是莫大的机遇，古籍出版人应该以更多的智慧、更强烈的事业情怀与奉献精神做好这项工作，以不负我们这一代古籍出版人的历史使命。

（原文刊于《古籍整理出版情况简报》2020年第10期）

附：就古籍出版相关问题答友人

近日，友人来函，就近期古籍整理出版工作，列出若干问题，不耻下问，因无系统思考，仅就平日一点碎思，略加整理。

问题一：对编制"2021—2030年国家古籍整理出版规划"有什么建议。

答：新中国成立以来，从1958年国务院科学规划委员会古籍整理出版规划小组成立开始，陆续制定和颁布了《三

至八年（1960—1967）整理和出版古籍的重点规划》、《古
籍整理出版规划（1982—1990）》（3119项）、《中国古籍整
理出版十年规划和"八五"计划（1991年—1995年—2000
年）》（其中"八五"1004项）、《中国古籍整理出版"九五"
重点规划（1996—2000）》（393项，加上丛书子书目约2000
种）、《国家古籍整理出版"十五"（2001—2005年）重点规
划》（200项，加上丛书子项目约800种）、《国家古籍整理出
版"十一五"（2006—2010年）重点规划》（196项，其中丛书
子项目未计）、《2011—2020年国家古籍整理出版规划》（首批
491项，经过五次增补，计676项）等7个国家层面上的古籍
整理出版规划，这些规划，推动了我国各个时期古籍整理出
版事业，并取得众多成就。

　　因此，制定下一个古籍整理出版十年规划，首先建议做
两项梳理工作：一是对上述若干古籍规划进行梳理，二是对
新中国成立以来，古籍整理出版成果进行梳理。通过这两项
工作，一方面可以从完成率数据，来对新规划项目在总体数
量上，有一个比较切合实际的科学把握，更重要的是，可以
总结已有出版成果的得失、经验和教训，避免低水平重复和
曾经走过的弯路，这样有利于对新规划项目提出与时代、学
术发展相适应的整理出版要求。

　　其次，实施古籍整理出版规划，是一件长期性工作，规

划编制，具有引领与导向性，代表着国家在这方面的工作要
求，所以，在规划编制原则上，建议强调系统性与突出重点
相结合。系统性就是需要明确在未来十年，甚至更长时间，
有哪些文献典籍需要整理出版；突出重点就是体现这项工作
的轻重缓急，使规划编制具有短、中、长相结合的特点。分
析一下上述七个古籍规划［因手边没有《三至八年（1960—
1967）整理和出版古籍的重点规划》，故不知具体情况］，个
人认为，其中系统性最强的是"1982—1990"规划，列出了
当时认为需要整理（包括影印）的传统典籍，可能是由于当
时全国大多数省尚未成立古籍出版社，这个规划主要是古籍
小组组织专家自上而下制定的，但由于项目规划多达3119
项，比较庞大，即便到今天，30年过去了，很多项目仍作为
选题停留在纸上（原因当然是多种多样）。其余若干个规划，
基本采取出版社申报，古籍小组征求专家意见、组织专家评
审的方式产生，可行性和实现率较高，但由于大多数古籍出
版单位在古籍整理选题上存在比较分散的情况（更不要说非
专业古籍出版单位了），容易造成规划项目缺乏系统性。针对
上述情况，建议在编制规划时，可否采用上下结合的方式，
先由专家在规划编制基本原则、要求等方面，提出一个各类
选题基本方向或框架性参考目录，再由出版单位结合自身选
题实际与内容产品优势板块开展申报，最终再进行严格评审。

我个人认为，国家古籍规划，应该要有计划性色彩。当然，上述方式，严格评审至关重要，其中应考虑实施出版社的古籍专业化程度、专业编辑队伍、出版社选题规划及构成、以往出版成果等因素，因为这些关系到规划项目最终能否达到预期目标。

第三，编制和实施国家古籍整理出版规划，建议要加强统筹工作，形成全国"一盘棋"。古籍整理与古籍出版，是一项工作的两个不同阶段，关联性很大，但同时，两项工作的实施主体又不同，分属于不同系统，整理工作主要由高校与科研单位完成，成果转化主要由出版单位完成，同时，前者的个体性比较强，做什么样的整理工作，整理哪些典籍，大多与研究者个人学术有关，而后者取决于出版单位对项目选题的认识，这就容易造成信息不对称，一方面，不少学者的研究成果得不到及时出版，或者是一些具有较高学术价值的整理成果还需要向出版单位支付出版资助，客观上既不尊重整理者，也影响整个古籍整理学术发展；另一方面，出版单位被没有适合的选题而困扰，到了一些项目申报时，往往急就章，缺乏系统规划与长远考虑。如果在编制下一个古籍整理出版十年规划伊始，就提前把前端的整理工作与后端的出版工作统筹起来，或许有利于调动两方面的积极性。所以建议，在本次申报中，除了以往的出版单位外，还要组织高校、科研机构申报，对入选的项目，采取出版社与整理者自愿合作的原则，或由"古籍办"、专家，根据各社特点、出版能力与优势，推荐给出版单位，这样做，便于在项目上统一规划，统筹实施。比如，近些年不同出版单位影印出版了不少大型丛书，但其中有相当重复，特别是各种别集类、方志类重复率已经成为销售商首先关注的问题，对拟采购图书都要进行"查重"，对高达一定重复比例的都不采购。再如"域外汉籍"的选题，多头出击，也容易造成重复，浪费人力与物力。造成上述问题的原因，主要是在整理与出版两方面缺少统筹与统一规划。

第四，在未来规划的古籍整理与出版重点方向方面，建议加强重大出版工程，如大型集成性新编古籍。正如在许多科学领域一样，在古籍整理出版方面实施重大出版工程，也是这个学科在当代发展的重要标志。新中国成立70多年来，如"二十四史"整理本、《续修四库全书》等重大出版工程，都代表了新中国古籍整理最高水平。例如，20世纪80年代，高校"古委会"立项的"七全一海"，尚有部分项目因故停滞，建议可以考虑重新启动。实施古籍整理重大出版工程，同时有利于专业人才培养，例如杜泽逊先生说过，由于参加编纂《四库全书存目丛书》，经眼了五六千种古籍，对他在版本知识上的提高很有帮助。对于出版社而言，同样有利于专业出版能力提高与古籍专业编辑人才培养。当然，对于实施重大出版工程，要实事求是，量力而行，不贪多求大，同时也要做好前期的基础工作。我个人感觉，无论从哪个方面讲，目前我们的学术条件比以往要好得多，但国家级的重大出版工程似乎反而比以前少了，如《辞海》《汉语大词典》等这样的项目。

第五，对入选规划项目，要严格评审标准，对各类整理出版项目要提出明确质量要求。例如，对未整理出版过的典籍应该达到某种基本要求，对已有整理成果的项目，要达到怎样更高要求，对影印项目应该有怎样要求等等。

问题二：关于古籍出版工作如何适应新时代。

答：（一）目前古籍整理与出版存在的几个问题。

1. 重视不够。这个问题的根源来自对古籍整理的认识，不少人认为，古籍整理没有学术原创性，主要是对历史文献的还原，因而不少学校在学术评价体系中，对古籍整理成果重视不够，在绩效考评中，或完全没有分值，或分值远低于论文和论著，由于考评与学者的切身利益相关，故严重影响古籍整理者积极性，也不利于后备人才培养。从出版来讲，企业化、集团化以后的古籍出版单位，面临的市场与经济指标考核压力更大，造成像古籍整理这样相对"小众"的图书，在专业古籍出版单位的选题比例中，有逐年下降的现象，据我观察，除中华书局、上海古籍出版社等出版社外，全国尚有的近20家专业古籍出版社，大多古籍整理选题在年度选题中占比不超过10%，甚至更少（从各社每年新书目录可以得出此结论），这也与集团化以后对古籍出版社没有特殊政策、没有考虑其出版的特殊规律有关（虽然各地出版集团对古籍社都会有一些所谓的扶持政策，但并没有从根本上解决问题）。

2. 规划不够。这个问题主要是由于出版单位在古籍整理选题策划上用力不够造成的，缺乏对选题及内容生产优势产品线、优势板块的长期考虑，选题来源的随意性比较大，编辑也是多头出击"找"选题，如果我们把同一个出版单位在上述所列的几个国家古籍整理出版规划中的项目排列在一起，有些出版单位的选题很难看出内在关联性，也很难看出长期规划与优势领域。

3. 门槛不高。由于目前对古籍整理与出版没有硬性门槛，形成一种误解：凡是有一点古籍知识的人，都可以从事古籍整理，凡是出版单位，都可以出版古籍图书。表面上看，出版单位有专业分工，但实际上，古籍整理选题与出版，几乎没有硬性门槛。这种现象容易造成不必要的重复出版，特别是低水平重复出版。

4. 人才缺乏。正如上述，目前高校实行的学术评价体系，不利于古籍整理学科，致使长期专门从事古籍整理的研究人员相对偏少，特别是需多人参与的大型古籍整理集体项目，组织与实施的难度比以往更大，其中并不全是经费问题（现在经费比以往多得多），关键还是与科研成果考核认定有关；从古籍出版单位来讲，由于企业化以后，经济效益成为衡量一个出版单位发展重要指标，涉及员工切身利益，而由于古籍整理图书客观上的市场小众化特点，大多数古籍出版单位的经济效益较之其他出版社，特别是有中小学教材教辅的出版单位，会有很大差距，因此，员工在收入、福利等方面与身边同行（同一集团内出版社）相比，会有差距，容易影响古籍社员工积极性和队伍稳定。同时，就古籍出版单位自身来讲，由于都要实行考核（各个单位考核方式各有不同），大多数编辑人员处于超负荷工作状态，没有时间在专业上进修、钻研与提高，客观上也不利于古籍编辑大家形成。

5. 创新不足。虽说古籍整理与出版工作有自身学科特点、学术传统与学术规范，不可刻意求新求变，但不可否认，也许受包括上述学术体制等影响，专业知识大众化问题并没有能够引起古籍整理研究者足够重视，在注重专、精、特、尖的同时，容易忽视"众"，即大众读者如何接受的问题。但如果没有更多的读者，不能引导当代读者去阅读，对于古籍整理学科发展也是不利的。近日看到相关出版社新近出版的一些近代学术名著，采用繁体横排加专名线的出版形式，个人感觉，这或许会让一部分年轻读者望而却步。

（二）因上述，故有几点建议。

1. 建议加强规划统筹，形成整理与出版一盘棋。充分发挥"古籍小组"领导力，整合全国古籍整理与出版资源，变目前各条、各块分散规划为一个规划（如高校系统、图书馆系统），并制定标准，提高门槛，同时明确古籍整理成果认定原则。

2. 建议加强人才培养，形成古籍出版基本队伍。目前国内古籍出版主要还是集中在近 20 家的专业古籍出版社，建议采用与相关高校联合培养、定向培养、委托培养等方式，加强古籍出版人才队伍源头建设，并形成基本队伍。

3. 建议加强出版联合，以项目带动，促进古籍出版单位走专业化发展路径。对未来古籍规划中的一些大型项目，可以采用相关出版社联合出版的形式，分工合作，让更多的专业古籍出版社把重点放在古籍专业出版方面。这方面有成功的例子，即由上海书店出版社、巴蜀书社、凤凰出版社联合出版的《中国地方志集成》等。

4. 建议加大资助力度，调动各方面积极性。目前，古籍整理图书的出版资助，除各地、各集团的重点图书相关资助外，在国家层面上，主要是年度的专项资助与出版基金资助。个人认为，年度专项资助项目在学术水准上，总体高于基金中的古籍资助项目，这是由于基金评审中，一个组的专家所评项目中存在多门学科，造成评委在某一类学科方面的专业性不强，比如一位研究现代文学的专家有可能要评古籍整理项目（本人遇见过此种情况），而古籍年度资助，在经费上少于国家出版基金项目，如果能将两者归并，从基金中把古籍项目、经费剥离出来，全部归入古籍年度评审及资助，或许可以既提高项目学术水准，又增加资助经费。另外，建议对获得上述两项国家级项目资助的，要明确各省、集团在经费上予以配套（目前有的地方恰恰相反，凡入选国家资助项目，一律不得再申报省、集团重点项目资助），这样可以使从事古籍整理出版无经济上的后顾之忧，专心古籍专业出版。

问题三：关于古籍出版普及工作。

古籍整理与出版的普及工作确实十分重要，由于学科特点，大多数受众对其存在一定的阅读障碍与隔阂，所以需要我们重视专业知识大众化的问题，否则古籍整理与出版不会得到更多当代读者的关注。对于古籍普及工作，本人有这样三点不成熟看法：

一是客观上的"小众化"问题。

不可否认，众多古代文献典籍，由于时间的关系，随着社会、文化发展变迁，从文本形态本身而言，对于今天的人们来说，其现实实际功用并不那么直接了，所以我们首先应该承认，并不是所有的古代典籍都需要普及的，其中大量的古代典籍在当代就是"小众化"的东西，它们已不具备向当代大众普及的条件，也没有可能和必要向大众进行普及。

二是内容选择经典化与形式呈现时代性是古籍普及的关键。

传统典籍普及工作，应着眼于几千年来对中国人思想观念、价值取向、人生态度等产生积极影响等经典文献，特别是要注意挖掘其当代价值与现实意义。其实也可以这么说，古人也在一直做古籍普及工作，过去各种形式的"注""疏"都是要让更多的人读懂文献。

当代做古籍普及工作，除了上述经典性外，更应在呈现形式上如何具有时代性，加以思考与研究的。新中国成立70多年来，传统文化普及工作一直没停并且取得了很大的成就，产生了不少当代经典，如杨伯峻《论语译注》等。但我们回过头来看一下，对古代典籍普及的形式，是不是70年没有太大变化，基本上就是注、译等几项工作，这固然受制于文献本身，但20世纪90年代，上海古籍出版社一本彩色插图本《唐诗三百首》，在数百种同类出版物中，开了一时出版新风尚，很受读者欢迎，并被许多出版社跟风。所以，古籍普及，在形式上要时代化、大众化，读者群在不断新生，以不变应万变是做不好这项工作的。普及的目的是要让更多的读者能够阅读，特别是年轻读者，因此，唯有研究、适应当代读者阅读需求与方式，才能做好这项工作。

同时，数字化的网络时代，传播有了新途径，而且具有传统渠道所无法相比的优势，特别适应现代生活需求，今年疫情期间，网络经济优势足以证明这一点，所以，传统文化普及，应该充分利用网络渠道，并在利用网络传播的同时，更应该适应网络传播特点，在出版形态上加以创新，以适应与满足现代、特别是年轻读者需求。例如，现在"抖音""B站"里，一些古典诗词讲解，很受年轻人喜爱，值得思考与研究。疫情期间，不少出版社也都在"抖音""B站"里进行宣传营销活动，这些都是可以作为古籍普及工作来研究和总结的。

三是文本"小众化"与观念"大众化"的问题。

古籍普及工作，除了文献文本作为对象外，还有文本以外的观念普及。文献是观念的载体，古代典籍的"小众"并不代表其包含的"观念"也小众。目前我们的古籍普及工作，大多停留在文本层面，故内容雷同、形式单一，相同的文本重复出版，一些经典作品甚至有数百个品种，关键是读者并不认可，因而也没有产生多少经济效益。现在社会多元化与生活快节奏，并不是所有人都需要（也不可能）从文本文献入手，去了解和认识传统文化，因此，古籍普及是不是也可以考虑，把优秀传统文化观念普及的著作包含其中。如楼宇烈《中国文化的根本精神》（中华书局）、陈来《中华文明的核心价值》(三联书店)、莫砺锋《诗意人生》(江苏人民出版社)等,个人以为,都是这方面很好的著作。所以建议鼓励学者和出版社,在这个方面做更多探索与尝试,并把这类著作纳入古籍普及读物范围。

问题四:对古籍数字化工作的建议。

古籍数字化需要三大基本条件:内容资源、数字平台、网络渠道。基于这三点,大多数的单体出版单位,完全靠自身条件实行所谓数字化出版转型,是有一定难度的,不仅仅是投入的问题,更是从事传统出版行业的人面对新兴行业的问题,这就是我们今天看到的,虽然数字技术已经普遍被运用于各行各业,但传统出版社似乎并没有一个完全转型为数字型出版企业,当然也说明传统出版企业在数字时代,也有自身的优势,即掌握内容资源的优势,而这个优势也不是新型数字技术企业能够取代的。目前市场上确有不少古籍数字产品,优劣不等,记得有学者在《古籍整理出版情况简报》上,对一些古籍数字产品"以劣代优"的现象,提出过批评。即便目前使用比较多的一些古籍数据库,其主要功能是在文献提供方面,个人认为,这仅是数字化的一个方面,是古籍数字化的初级阶段。古籍出版数字化,应该具备内容提供、内容制作、内容传播全流程新型出版形态,且具有大众化与个性化使用特点。有鉴于此:

一是建议建立国家统一古籍数字平台，既有利于古籍数字标准制定，又有利于古籍数字产品规划、制作、传播。

二是建议要像重视传统出版选题规划一样重视数字出版规划，专门制定国家古籍数字出版规划。

三是建议采用合作、委托的方式，由专业技术公司与网络渠道负责产品制作与传播。数字新型企业的创新能力与技术能力，足以满足古籍数字化需求。

四是建议要加强统筹，把传统出版企业内容资源优势集中起来。目前由于内容资源相对分散在各个出版社，如果不统筹、不合作，很难体现数字化中的古籍整理内容资源优势。例如，新中国成立以来，在出土文献、敦煌文献出版方面取得了很多成果，是数字化内容非常好的资源，但正是由于分散所有，至今也没有真正形成能够代表国家水准的数字产品，显然问题并不出在技术上。

五是建议以《中国古籍总目》为基础，开发《中国古籍总库》数字产品。《中国古籍总目》出版若干年了，纸本使用不方便，但至今也没有开发数字化的产品（网上有一个具有简单检索功能的），不能不说是一个遗憾。

以上是个人对目前古籍出版工作一点非常肤浅的看法，仅供参考。

（2020 年 4 月 28 日）

新中国古籍整理出版规划概览

　　新中国成立以来，在党和国家的领导与关心下，古籍整理出版事业，取得令人瞩目的成就，一大批古籍文献，得以整理出版，例如，"二十四史"及《清史稿》整理与修订工程、"敦煌""甲骨"文献整理、《全宋文》等大型文献总集，以及众多名家文集整理等；从数量看，各类古籍文献的不同方式整理与出版，更是呈几何级增加。笔者承担了中宣部2020年委托课题"1912年以来古籍整理书目数据库分析研究"，有一个数据统计：1949—2003年，全国共出版古籍整理图书14338种，平均每年265种［数据来源：全国古籍整理出版规划领导小组办公室编、岳麓书社2007年版《新中国古籍整理图书总书目（1949—2003）》，包括笔者增补267种］；2004—2011年，全国共出版古籍整理图书12880种，平均每年出版1610种（数据来源：《全国总书目》）；2012—2019年，仅采集中国出版协会古籍出版工作委员会40家成员单位，共计出版古籍整理图书 10755 种，平均每年 1344 种。这些成就的取得，有许多因素，其中，不同时期国家层面的"古籍整理出版中长期规划"，起到了很好的引导作用。

新中国成立 70 多年，国家层面共颁布了七个古籍整理出版规划：《三年至八年（1960—1967）整理和出版古籍的重点规划（草案）》（1960 年 10 月，国家古籍整理小组。下简称"规划一"）、《古籍整理出版规划（1982—1990）》（1982 年 8 月，国务院古籍整理出版规划小组。下简称"规划二"）、《中国古籍整理出版十年规划和"八五"计划（1991 年—1995 年—2000 年）》（1992 年 6 月，国务院古籍整理出版规划小组。下简称"规划三"）、《中国古籍整理出版"九五"重点规划（1996—2000 年）》（1996 年 8 月，国家古籍整理出版规划小组。下简称"规划四"）、《国家古籍整理出版"十五"（2001—2005 年）重点规划》（2001 年 12 月，全国古籍整理出版规划领导小组办公室。下简称"规划五"）、《国家古籍整理出版"十一五"（2006—2010 年）重点规划》（2006 年 2 月，全国古籍整理出版规划领导小组。下简称"规划六"）、《2011—2020 年国家古籍整理出版规划》（2012 年 7 月，新闻出版总署、全国古籍整理出版规划领导小组。下简称"规划七"）。

一、类别与数量

"规划一"（1960—1967 年）：分甲"干部和学生的读物选题"与乙"科学研究工作者和教学工作者的参考书选题"两大类，前者列 104 种，分别为"文学"54 种、"哲学"（包括政治思想、经济思想）36 种、"历史"14 种；后者又分"历代名著"与"专题史料汇编和工具书"两类，其中，"历代名著"200 种，分别为"文学"65 种、"哲学"（包括政治思想、经济思想）51 种、"历史"67 种、"科学技术"17 种；"专题史料汇编和工具书"中，计划出版"专题史料汇编"约100 种，举例 23 种，分别为"文学"8 种、"哲学"7 种、"历史"8 种；"工具书"计划出版约 30 种，举例 9 种。上述甲乙两类，在书目上有不少重复，但针对不同读者对象，在整理要求、方式上有所区别，甲类主要对象是"中等以上文化水平的干部和学生"，在整理方式上主要是选编、标点、注释、翻译、改写等；乙类"主要是供科学研究工作者和教学工作者参考用"，整理方式上要求除标点外，还要校注、集解、新编等。

"规划二"（1982—1990 年）：共计七类 3119 种，分别为"文学"（诗文、小说、戏曲、民间文学和说唱文学、文学评论、工具书）924 种，"语言"（音韵、文字、训诂、音义、语法、专题资料、工具书）219 种，"历史"（"二十四史"研究参考书、先秦至清各体史书和史料、文集、地理、历代史料笔记、近代人物日记、金石考古、工具书）814 种、"哲学"（诸子、佛藏和道藏、宋元明清哲学论著、工具书）400 种，"综合参考"（十三经旧注、读书札记、类书、目录和版本丛书、年谱丛刊、别集丛书、综合性丛书、综合性工具书）677 种，"今译" 20 种、"专著" 65 种，另附"《古逸丛书三编》书目"。此规划分为两个阶段（即 1982—1985，1986—1990），两阶段选题具体数目又分别为："文学" 704、220 种，"语言" 100、119 种，"历史" 367、453 种（按：包括合印书若干种）"哲学" 98、302 种，"综合参考" 276、401 种，"今译" 8、12 种、"专著" 25、40 种，另附"《古逸丛书三编》书目"。在分类开列选题中，有些类别所列选题是举例性的，未有具体细目，如"文学类"之"戏曲"中，《古本戏曲丛刊》计划"每集约一百种。1985 年前拟出五集"（2021 年，该丛刊第十集出版，历时 68 年）。

前两个规划，没有标明项目等出版单位，从"规划三"开始，大多标明了项目出版单位，在 1004 个项目中，共有约 50 家出版社承担。

"规划三"（1991—1995 年）：共八类 1004 个项目，分别为"文学"（总集、别集、文学评论、专题资料、普及读物）

196 种，"历史"（分期史书与史料、近代人物文集和日记、中外关系史、历史地理、普及读物）245 种，"出土文献" 20 种，"哲学"（先秦至隋唐哲学论著、宋元明清哲学论著、古典哲学名著注译）118 种，"宗教"（佛教典籍、道教典籍）23 种，"语言文字"（文字、音韵、训诂）59 种，"科技"（综合、天算、地学、技术、农学、医学）289 种，"综合"（丛书，书目、提要、索引，辞典）54 种。

　　"规划四"（1996—2000 年）：共九类 393 个项目（不含丛书子项目），分别为"文学"（总集、别集、文学评论、戏曲与小说、专题资料）119 种，"语言文字"（文字、音韵、训诂）15 种，"历史"（通史与断代史及专史、史料汇编、文集、历史地理）79 种，"出土文献"（文献、金石）36 种，"哲学"（群经与诸子、文集、资料汇编）37 种，"宗教"（佛教典籍、道教典籍、资料汇编）14 种，"科技"（医学、农学、工艺科技）27 种，"综合"（丛书，书目、提要与图录、字典与辞典、索引）54 种，"普及读物" 12 种。

　　"规划五"（2001—2005 年）：共八类 200 个项目（不含丛书子项目），分别为"文学艺术"（总集、别集、诗文评、戏曲与小说、艺术、专题资料）54 种，"语言文字"（文字、音韵、训诂）7 种，"历史"（通史与断代史及专史、文集、专题史料、历史地理、研究著述）49 种，"出土文献"（文献、金石）21种，"哲学宗教"（群经与诸子、文集、宗教）19种，"科技"（医学、农学、水利与荒政、园艺、天文）18种，"综合"（丛书、目录与版本、提要、辞典、索引、研究著述）26种，"普及读物"6种。撇开丛书子目（所有规划都未具体开列），本规划与前面规划相比，项目少了一些。从类别看，除了一些小类别微调外，就是把"规划三""规划四"在大类中单列的"宗教"与哲学类合并，后面两个规划也延续了此法。

"规划六"（2006—2010年）：共八类196个项目（不含丛书子项目），分别为"文学艺术"（总集、别集、文学评论、戏曲与小说、艺术、研究著述）47种，"语言文字"（文字、音韵、训诂）6种，"历史"（通史与断代史及杂史、典章制度、文集、史料汇编、传记资料、历史地理、笔记）53种，"出土文献"（文献、金石）12种，"哲学宗教"（群经与诸子、文集、宗教）14种，"科技"（医学、农学与园艺及荒政、水利、算学）18种，"综合"（丛书、类书、目录、版本与图录、提要、辞典、索引）42种，"普及读物"4种。本规划与前面规划相比，项目最少。从类别看，除了一些小类别微调外，在大的类别上，与"规划五"完全相同。

"规划七"（2011—2020年）：共九类491个项目（不含丛书子项目），分别为"文学艺术"（诗文总集、诗文别集、诗文评、词、戏曲、小说、资料汇编、文化艺术）123种，"语言文字"（文字、音韵、训诂、资料汇编）23种，"历史"（纪传、编年、杂史与野史、典章制度与诏令奏议及军政、文集、史料汇编、传记资料、历史地理、史料笔记）120种，"出土文献"（文献、金石）61种，"哲学宗教"（群经、诸子、文集、学术史、学术笔记、资料汇编、宗教）61种，"科技"（医学、农学与农艺及园艺、天文与水利、工艺、资料汇编）23种，"综合"（类书、丛书、目录、提要、版本与图录、索引）57种，"普及读物"3种，"古籍数字化"20个。从大的类别看，此规划除了增加"古籍数字化"外，与"规划五""规划六"相同，但在小的类别上，较之前两个规划更细了，也是所有规划中最多的，共43类。此规划中，除30个图书项目、9个数字化项目出版单位未确定外，共有74家出版社承担，也是所有规划中最多的。

二、特点与重点

从大的类别看，除第一个草案外，其他六个规划变化不大，有一定的延续性；从各类别项目数量看，文学（艺术）、历史、哲学类排在前三位，比较符合中国古代文献及整理出版需求实际；从总的数量看，七个规划共涉及古代典籍近六千种，如果加上丛书、丛编子项目，肯定要超过万种，如

"规划四""规划五"前"说明"文字中，分别讲到所涉及文献有八百和两千种。但每一个规划，因时代、学术等因素，又各有特点。

"规划一"虽然是份草案，因其是"自上而下"设计，即"规划"中所讲："1958年初，在国务院科学规划委员会的直接领导下，建立了古籍整理出版规划小组（现在划归中国科学院领导），加强了对这一工作的具体领导，这样就开始了有计划、有系统地整理和出版古籍工作。"所以，在当时看，这个规划具有比较强的指导性特点，包括明确了古籍整理与出版方针（即普及与研究并重）、不同读者对象的选题重点与具体整理方式，以及提出解决"颇为艰巨"任务的三个办法，"第一，培养、提高和适当补充古籍整理工作的干部"；"第二，要完成这个规划所提出的项目，必须在党的领导下，紧紧依靠国内科学研究机关和高等学校的集体力量"；"第三，汇编各类资料书和编辑工具书，工程浩大，工作又必须精密细致，决不是少数人在短时期内所能完成，必须统一规划，合理安排，发动群众，大搞协作……同时，负责古籍整理和出版的单位应该把这类书籍的编辑和出版作为自己的一项重点任务，逐步增强和调整人力，集中和培养一批专门从事这项工作的人才"。即便六十多年后看，这个规划的科学性、规律性还是很强的，许多设想在现今仍有借鉴意义。

"规划二"的数量是七个规划中最多的，大多类别有三级，如"历史"类中"地理"，又再分"古代地理总志""古代都城资料""宋元明方志""中外交通史籍""水道水利""少数民族地区见闻""游记、风土记"七类。这个规划与第一个规划一样，自上而下的特点比较明显，在内容设置、整理方式、出版形式等方面，都提出一些具体意见，如对"历史"类中"文集"整理，提出"整理方法一般为点校，并辑集佚文，收集有关作者的事迹材料，或附简明年表。书名不一定依照原来的名称，如《陆宣公集》可改为《陆贽集》"。虽然这个规划没有标明出版社，但从当时古籍出版单位及后来出版的书来看，很显然，这个规划主要承担单位是中华书局（也提到如上海人民出版社等少数其他出版社）。

比较上述两个规划，除了数量上有所差异，还有一点，即在古籍整理的研究与普及方面，强调的次序不同，"规划一"，强调古籍整理的方针，首先是普及，其次是学术研究，"把这一方针具体贯彻到整理和出版古籍的工作中，应当分两个方面：一个方面，从古籍中选出一部分对广大干部和学生有益无害或益多害少的东西，进行注释或翻译、改写的工作，并进行必要的分析批判。这是普及的工作"；"另一方面，从古籍中选出一批对科学研究工作和教学工作有参考价值的东西，进行整理、编纂，使成为有系统的便于使用的资料"。所以，这个规划的第一部分选题（甲）104 种，在方式上，全部是选注、选译，而且占比是全部规划项目的三分之一。"规划二"则在"说明"中写道："古籍整理，一方面要逐步满足专业人员的基本需求；另一方面也要做好向社会广大读者和青年的普及工作。"除了在"今译"一类中列 20 种选题，对选注、选译，未作明确规划，"由研究、教学人员视当前需要并结合个人专长进行工作，与有关出版社联系出版"。究其所以然，"规划二"的"说明"中，其实讲得很清楚："'文化大革命'期间，古籍整理出版工作完全遭到破坏，并且大量古籍当时被抄被焚，或者低价卖作废纸，书籍遭到很大损失。现在教学人员和研究人员，普遍感到古籍资料极端缺乏。"古籍普及工作的基础，确实应该是整理和研究，没有深入的整理工作，做不好普及。由此可见，上述两个规划，既有认识因素，又有时代因素。

"规划三"有一个特点，即基本思想、原则和重点，涵盖了十年，具体项目分"八五""九五"两个阶段实施。在大的类别上，与"规划二"相比，新列"出土文献""宗教""科技"三类，尤其"科技"类，是六个规划中，数量最多（"规划二"没有"科技"类）。

与前两个规划相比，"规划三"中大多项目不但标明了出版单位，而且也表明了整理者（编纂单位）和具体出版时间，

其中约 80 个项目，在整理者、整理方式或出版单位上，标为
"待定"，有个别项目只有选题名称和出版单位，其他都未确
定。可以看出，这个规划编制，除了延续了前两个规划"自上
而下"外，也体现了"充分发挥各部门、各地区、各单位的主
动性和积极性"，在此规划第一部分《建国以来古籍整理出版
的成就和制订本规划应说明的若干问题》中，特别强调："在
广泛深入宣传解释古籍整理出版研究的深刻历史意义的基础
上，采取恰当办法和政策措施，充分调动和发挥这些力量的主
动性和积极性，是顺利进行和完成这一历史工程的关键。"

　　在大的类别上，"规划四"基本延续了"规划三"，但第
一次单列了"普及读物"类，此后的规划，都延续单列此类。

　　在《关于制订"九五"重点规划的说明》中，对规划编
制程序，进行了详细说明："我们这次制订'九五'规划，与
全国各地的出版社进行了广泛的联系，除了现有的十八家专
业古籍出版社以外，还征求了其他综合出版社及高等学校出
版社的意见。在初步汇总出版社申报的项目后，曾采取不同
方式，分别征求专家的意见，并经古籍小组学术委员会数次
讨论，始拟定初稿，再经过几次修订，最后报小组领导批
准。"从中可以看出，此规划编制，更加注重出版社参与，
"自下而上"的特点更加明显。这种做法，比较好地解决了
整理与出版两个环节衔接问题，也成为后来规划编制的基本

做法，出版社申报项目一直成为规划编制的主要部分。"规划四"与"规划三"比较，除《中国古籍总目》《中国古籍提要》两项外，所有项目都落实了出版单位，没有了"规划三"中的"待定"。同时，有约50余项是从"规划三"顺延下来。"规划四"约有45家出版社承担392个项目，其中，18家专业古籍出版社承担了325个项目，专业性特点非常突出，如"出土文献"类的36个项目全部由专业古籍社承担，即便是非专业古籍社，也大多是相关领域的专业出版社，如承担"科技"类项目的主要是人民卫生出版社、中国农业出版社、中国中医药出版社等。

规划三、四，中华书局、上海古籍出版社仍是项目主要承担单位。"上古"以"文学"类居多，"中华"以历史、哲学居多。例如："规划三"中"文学"类，25家出版社共承担188个项目，其中"上古"35项，"中华"27项；"历史"类13家出版社共承担238个项目中，"中华"44项，"上古"18项；"哲学类"有7家出版社承担了33个项目，其中"中华"15项，"上古"9项。

规划三、四中，其他出版社参与比较多的门类是"文学"，除了上面说到的，"规划三"中文学类，除去"中华""上古"，还有23家出版社承担126个项目，"规划四"中文学类，除"中华""上古"，还有29家出版社承担65个项目。

"规划五"的说明文字中，第一次列出了出版社及申报项目具体数字，共84家出版社申报343个项目，与"规划四"的"除了现有的十八家专业古籍出版社以外，还征求了其他综合出版社及高等学校出版社的意见"对照，参与的出版社应该更多了，"规划四"约有45家出版社承担393个项目，"规划五"约有70家出版社承担200个项目。"规划五"在入选项目的内容上，除了对前面几个规划有所延续外，还有几个特点，一是与研究热点相结合，"规划在2000年下半年酝酿时，适逢敦煌文献发现百年纪念。这个研究的热点在'十五'规划中自然会有所反映，这就是对英藏、法藏、俄藏以及国内各大图书馆所藏敦煌文献的有计划大规模的整理和出版"，在"出土文献"类列入8个相关项目，在前面规划相关选题的基础上，又有新拓展，"在强调敦煌文献回归的同时，也强调了对流散海外的孤本、善本的影印"。如"综合"类的《中国古籍海外珍本丛刊》（季羡林主编，杜维明、严绍璗副主编，商务印书馆）、《国内失存的宋元版珍本书》（全国高校古委会编，线装书局），这在前面的规划是没有的。二是第一次在规划中，列入古籍数字化项目（当时称电子化），即《中国基本古籍库》（季羡林、任继愈主编，黄山书社）。

从"规划六"前面的说明文字中可知，共有86家出版社申报了412个项目，同时，"古籍办"还向四十多位古籍整理专家和三十余家古籍整理机构征求了意见和建议，最终共有 63 家出版社承担规划项目，"专业古籍社为 21 家，其所承担的项目种数已超过总数的三分之二，比'十五'规划时有所提高。这说明国家古籍整理出版规划的实施，主要是依靠专业古籍社来进行的，并已呈现进一步增强的良好的态势"。"规划五"197 个项目（另有 3 个项目未确定出版社）中，古籍社承担了 124 个，占比 63%，"规划六"183 个项目（另有 13 个项目未确定出版社）中，古籍社承担了 134 个，占比 73%（两个出版社统计口径完全相同）。另外，"待定"项目比"规划五"略增，也说明"有关专家和机构寄回了反馈意见，并提出了一些选题推荐列入规划中"。

　　"规划六"在"普及读物类"列了《大中华文库》，1.5 亿字，首次以汉英对照形式，"系统全面向世界推出的中国古籍整理和翻译的巨大文化工程"。据悉至今已翻译出版近百种。

　　从"规划六"的"说明"看，其编制的基本思路，有许多延续了"规划五"，甚至有的文字表述完全相同。另外，从"规划四"到"规划六"，都对地方文献整理出版有所重视，"各地出版社着重整理地方文献，有利于文献保存，有利于开拓研究领域，应该大力支持"（"规划四"前的说明）；"古籍小组对地方文献的整理出版工作一贯较为重视和支持，强调充分调动和发挥地方的主动性和积极性，认为这项工作的开展既可以动员和调动各种力量来从事古籍整理出版工作，也可以通过地方文献的整理出版成果繁荣和促进学术研究，传承文化"（"规划六"前的说明），故如《江苏地方文献丛书》《湖北地方古籍文献丛书》《云南丛书》《绍兴丛书》等被列入相关规划。

"规划七"是七个规划中第一个真正意义上以十年为一个周期的古籍整理出版规划（"规划三"虽说名义上也是十年规划，但项目实施是分了两个五年阶段进行的）。说明了古籍整理与出版的特点，不同于其他图书选题规划，古籍整理图书需要更长的实施周期。这个规划较之上述六个规划有一个很大发展，就是在类别上新增"古籍数字化"，共 20 个项目，预判到了古籍整理与出版的未来方向。同时，也是第一次在规划中，以星号标注重点项目，共 121 个，其中图书项目 107 个（包括 26 个未确定出版单位的项目），数字化项目 14 个（包括 9 个未确定出版单位的项目）。另外，"出土文献类"多达 61 项，是历次规划中该类项目占比最高的。"规划七"也是历次规划中增补调整次数最多的，共进行了五次。

三、作用与意义

上述各个时期的规划，对我国古籍整理出版事业，起到了极大的推动作用，无论是数量还是质量，众多整理与出版成果，都与规划有直接关系，这一点毋庸置疑。从理论上，我们并不难理解为什么要制定古籍整理出版中长期规划，笔者曾撰《对制定和实施古籍整理出版中长期规划的几点认识》(参见全国古籍整理出版规划领导小组办公室编《古籍整理出版情况简报》2020 年第 10 期)，这里不赘述；从成果看，更是丰硕多样，不胜枚举，2013 年、2016 年，原国家新闻出版广电总局分别公布了《首届向全国推荐优秀古籍整理图书目录》、《首届向全国推荐中华优秀传统文化普及图书》，2021 年，全国古籍整理出版规划领导小组办公室公布《首批向全国推荐经典古籍及其整理版本》，其中入选书目，很具有代表性，但也只能作一斑之窥。所以，要全面列数各个时期古籍整理出版成果，并不是一件容易的事，但有一点可以肯定，新中国七十多年来的古籍整理出版成果，都离不开上述规划引导与引领。

"规划一"编制于 20 世纪 60 年代，不免有比较明显的时代印记，例如，谈到古籍时说："古籍是封建社会的文化，即使经过整理加工，分析批判，对于今天来说，也只有借鉴和参考研究的价值。因此，在发行方法上，除少数可供广大干部和学生阅读的优秀作品外，要适当地控制。那些含有严重的消极因素甚至反动毒素但是确有参考研究价值的东西，应该内部发行。"这个规划，是"古籍小组"成立不久编制的我国第一个古籍整理出版的中长期规划。1958 年 2 月，国务院古籍整理出版规划小组成立，6 月，由"古籍小组"文学、历史、哲学三个分组分头起草了《整理和出版古籍计划草案》，其中文学 3383 种，历史 2095 种，哲学 1313 种。1960 年 10 月，"草案"调整为《三年至八年（1960—1967）整理和出版古籍的重点规划（草案）》，并经中共中央宣传部批准，向全国综合性大学和有关研究机构寄发（参见《全国古籍整理出版规划领导小组大事记》，《古籍整理出版情况简报》2019 年第 10 期、总 584 期）。"规划一"虽然有明显的时代印记，但对这个时期的古籍整理与出版，还是起到了积极的推动作用，一些规划项目至今仍受读者欢迎，有的已经成为古籍整理新经典。例如，"二十四史"及《清史稿》点校整理，包括规划期内完成的"前四史"，为这项古籍整理出版工程后续成果（包括"修订工程"），打下了坚实基础。又如，规划中"干部和学生的读物选题"（甲）所列《论语译注》《孟子译注》等，以杨伯峻本（前者 1958 年由古籍出版社出版，1962 年由中华书局出版，后者 1960 年由中华书局出版）至今仍是最受读者欢迎的读本，2021 年被全国古籍整理出版规划领导小组办公室列入《首批向全国推荐经典古籍及其整理版本》。这个规划中的许多选题，有的是在规划期内出版，有的是后续陆续出版。据古籍整理出版规划小组编、中华书局 1981 年印《古籍整理编目》（1949—1981），"规划一"期内的八年，共出版

350 种古籍整理图书（其中 1966 年、1967 年无），除了上海古籍书店刊印的《天一阁藏明代方志选刊》（线装本）100 种左右外，主要是中华书局、中华书局上海编辑所、人民文学出版社出版，其中不少都是这个"规划一"中列入的项目。笔者以为，这个规划，虽然有时代的局限，但它奠定了后来几十年若干古籍出版规划的基础，也是新中国出版史上最早的国家级图书选题出版规划，其后六个规划，虽在不同时期，并各有特点，但它们之间的继承和延续性，仍然十分明显，有些项目，延续到后面几个规划。

　　所以说，新中国 70 多年来的古籍整理出版主要成就，都离不开上述七个规划，对照上述《首届向全国推荐优秀古籍整理图书目录》，入选的 91 部图书，其中有 60 部被列入不同时期的规划；对照《首批向全国推荐经典古籍及其整理版本》，不但四十种经典古籍都被列入整理规划，且每一种都有整理本入选。当然，这还是微观的一个方面。宏观看七个古籍规划的重要性，显然更有意义。笔者以为，大体可以从这样几个方面来认识这个问题。首先是中国古代典籍的特殊性，决定了国家层面古籍整理与出版规划的必要性。直至今天，我们也很难说出现存中国古代典籍的确切数字，以"十万"为基本计数单位是肯定的，不但形态多样，除了传世典籍，还有大量不断被发现或发掘的出土文献。这么多的典籍，哪些具有当代意义和学术价值，哪些需要整理或出版，显然需要一个统筹规划，需要顶层设计。所以，这项工作自 1958 年古籍小组成立，就成为一项重要任务，第一任组长齐燕铭说："几年来，各方面对中国古籍的整理出版，已经做出一些成绩，但也存在着出版重复、质量不高和与读者需要不符合的缺点。因此，亟须加强领导，根据党的继承和发扬民族文化遗产的政策，按照学术研究、教学工作以及社会读者的需要，制定比较长远的规划。"（转引自杨牧之主编《古籍整理与出版专家论古籍整理与出版》"前言"第 2 页，凤凰出版社 2008 年 2 月第 1 版）1981 年，中共中央颁布了对新中国古籍整理出版事业发展产生重大影响的纲领性文件《关于整理我国古籍的指示》，明确指出："要由规划小组提出一个为期三十年的古籍整理出版规划"，"古籍整理出版规划，可以像国民经济计划那样，搞滚动计划，前十年分为两个五年规划，在第一个五年规划的基础上，经过充实，搞出第二个五年规划"，"整理古籍是件大事，得搞上百年。当前要认真抓一下，先把领导班子组织起来，把规划搞出来，把措施落实下来"。几十年来，我国的古籍整理出版，就是通过"组织""规划""措施"，不断发展，每一个阶段，都取得不同成就。梳理七个规划，虽然编制于不同时期，各有特点或侧重，但我们也不难发现，它们之间的前后关联，诸如从基础文献到出土文献再到冷门绝学，从整理单种文献到新编集成性文献，从简单标点到深度整理。七个规划六千种左右项目，基本上反映出了我国古籍整理与出版在各个阶段的基本需求，比较好地解决了我国古籍整理与出版轻重缓急的问题，体现了国家层面在这个问题上的计划性。如果把上述七个规划项目按时段分类排列，这个问题或许可以看得更清楚。

其次是规划的方向性。编制古籍规划，除了项目本身学术、出版价值外，更重要的是，每一个规划要体现古籍整理与出版的时代方向性，具有一定的引领作用。相对于我国古籍文献存世数量，每一个规划的项目数都是有限的，所以说，几十年来，我国古籍整理与出版所取得的成就，一个重要原因，就是得益于各个时期规划的方向性引领。例如，前两个规划，主要解决古籍整理的"书荒"问题，故其方向主要在急需的基本典籍整理。"规划二"的九年间，整理出版了四千多种基本典籍，其中列入规划的约占四分之一，"其中文史典籍的出版，逐步理出了学科或门类发展的脉络和体系，反映出古籍整理出版工作逐步具有计划性和系统性"（参见"规划三"之《建国以来古籍整理出版的成就和制订本规划应说明的若干问题》），这些都说明规划的引领作用，"规划要对今后古籍整理出版的方向起到指导的作用，力求把古籍整理出版工作提高到一个新的水平"（同上）。在"规划三"的第二部分《古籍整理出版十年规划要点和"八五"计划重点书目》中，归列了古籍整理出版若干重点方向，包括今人新编总集、善孤本、古代文论著作、古代科技典籍、少数民族古籍、出土文献整理，以及出版"满足多方面、多层次读者"需求的古籍普及读物等。可以说，规划的具体项目是"点"，方向性是"线"，"点"沿着"线"延伸并拓展，形成不同时期古籍整理出版的"面"。实践证明，在规划的方向性引导下，新中国古籍整理与出版众多方面，都取得了不胜枚举的成果。例如，"规划四"提倡的"有利于文献保存，有利于开拓研究领域"的地方文献方向，如今已势成大观；二十年前的"规划五"提出"提倡出版古籍的电子版，并大力促进古籍信息在网络上流通"，不可不谓"先见之明"；另外，多个规划中提到的"海外藏中国古代文献回归和整理出版"，近二十年来，成就斐然，出版了数十部海外存藏机构的中文古籍书目（书录、书志、图录等）与丛刊，如《美国哈佛大学哈佛燕京图书馆中文善本书志》（1999年，上海辞书出版社）、《美国国会图书馆藏中国善本书录》（2014年，广西师范大学出版社）、《美国图书馆藏宋元版汉籍图录》（2015年，中华书局）、《日本宫内厅书陵部藏宋元版汉籍选刊》（2012年，上海古籍出版社）等，不但拓宽了古典文献研究的视野，更拓展了研究的空间，如果没有连续几个古籍规划在这方面的方向性引领，很难有今天的成果。

第三是规划的现实性。古籍规划的落脚点是现实需求。所以说，上述规划的现实性，也是我们认识其意义的出发点。七个规划的现实性，主要体现在不同历史阶段的古籍整理出版对现实需求的回应，既有对学术发展需求的回应，也有对读者需求的回应，例如，"规划三"文学类总集 32 个项目，新编"全"字头项目达 14 项，如《新编全唐五代诗》《全宋诗》《全宋文》《全元文》等，都是"一批具有重要价值的、过去相对薄弱领域或社会急需的新项目"；"规划四"也明确提到"列入那些真正能为教学、研究工作者和广大读者所需要的项目"，如《中国古籍总目》《续修四库全书》等，都具有填补学术空白意义；"规划五"直接回应了敦煌文献发现百年的学术热点，列入了"对英藏、法藏、俄藏以及国内各大图书馆所藏敦煌文献"项目，"就整理出版的方式来说也是多种多样的，不仅有旨在保存原貌的影印项目，而且还有努力总结一代研究成果、集其大成的解题、校释性项目。这无疑标志着我国敦煌学研究正在向着更高的层次发展"。现在回过头看一看当时列入的 8 个项目，其中已出版的（有的出版时与规划项目名称稍有调整），包括《俄藏敦煌文献》《法藏敦煌西域文献》《敦煌文献合集》等，被称作当代学术出版的里程碑；"规划六"中的《长城丛书》《大中华文库》，更是直接响应了国家"对未成年人进行以爱国主义为核心的伟大民族精神教育的战略决策"和"通过文化传播提高中华文化的国际影响力"的文化战略;"规划七"则前所未有地列入20项古籍数字化项目,顺应时代发展趋势。上述举例,挂一漏万,但我们不难看出,历次规划的现实性意义,在于力求与时俱进,通过古籍文献规划、整理与出版,回应现实需要与关切。

所以说,新中国七个古籍整理出版规划所具有的计划性、方向性和现实性,促进和推动了古籍整理出版事业发展,取得丰硕成果。

新一轮的古籍规划已经开始编制,在总结以往古籍规划经验和古籍整理出版成就基础上,一定会更具时代特征。作为一名古籍出版从业人员,单从规划项目而言,有这么几点期待:一是思想性。规划项目的重点要能够体现文化传承价值,特别是其中所蕴含的中华民族思想精髓,重点整理和出版那些蕴含中华民族优秀思想、道德观念的文献典籍,体现中华文明对世界文明的贡献。二是高标准。规划项目要具有较高学术、文献、出版价值,要充分体现当代最高古籍整理水平,反映当代最新古籍整理研究成果,显示新时代学术发展新高度。三是标志性。期待具有原创性的古籍整理重大出版工程,以此带动和推动古籍整理出版事业向更高层面发展。四是现实性。规划项目要具有现实意义,着眼于几千年来对中国人思想观念、价值取向、人生态度等产生积极影响的经典文献，挖掘其当代价值与现实意义，回应和满足当代读者精神需求。五是普及性。在尊重古籍整理学科特点与出版规律的同时，要充分考虑规划项目的大众化问题，要让经典文献走出"象牙之塔"，让更多人能够看得到、看得懂、用得上。六是专业性。古籍整理与出版专业性强，制定和实施古籍整理出版中长期规划，一定要注重专业化，整理者要具有相关学术领域研究能力，出版单位要具有古籍专业出版资质或编辑力量。七是新机制。制定和实施古籍整理出版中长期规划，应该加强高等院校、科研机构、古籍收藏机构和出版单位相互合作，避免条块分割，造成重复出版。八是新技术。规划项目及其整理方式，要体现出现代科技手段，特别是数字技术在古籍整理与出版中的运用，在古籍整理数字出版、融合出版方面有更多创新与突破。九是实现率。要考量规划项目完成率，既要有超前意识，也要实事求是，不贪大求全、贪大求多，数量服从质量。十是开放式。规划项目应该实行动态、开放式管理，在一定时期内，视社会、学术发展等需要，与时俱进，进行调整与补充。

（原文刊于《中国出版史研究》2022 年第 1 期）

功崇惟德　业广惟勤

——学习《关于推进新时代古籍工作的意见》几点体会

2022 年 4 月 11 日，中共中央办公厅、国务院办公厅印发了《关于推进新时代古籍工作的意见》，以习近平新时代中国特色社会主义思想为指导，站在实现中华民族伟大复兴的战略高度，对传承和弘扬中华优秀传统文化，作出了一系列重大决策部署，是新时代古籍工作纲领性文件。作为古籍出版工作者，振奋之余，更应思考将《意见》精神和要求，如何落实在实际工作中，以不负时代责任和历史使命。应《出版广角》编辑之约，谈点学习体会。

回顾新中国成立 70 多年来我国出版事业，不难发现，不同阶段国家层面的一次重要会议、一份重要文件或一件重要事情，对推动其发展，影响极大。例如，1979 年 12 月，在湖南长沙召开全国出版工作座谈会，会上，提出了地方出版社要"立足本省，面向全国"，从而对全国出版结构布局和调整，起到了至关重要的作用（参见肖东发、杨虎主编《中国出版史》第 485 页，北京大学出版社 2017 年 4 月版）。再者，1983 年，中共中央颁布了《关于加强出版工作的决定》，"对出版事业发展的重要和紧迫问题，给予高度重视"，"成为指导 20 世纪八九十年代出版工作并对这以后出版事业发展有重要影响的纲领性文献"［见宋木文《关于〈加强出版工作的决定〉（1983）的历史地位》，《中国出版》2008 年第 3 期］。全国出版社数量随之迅速增加，从 1978 年的 105 家，到 1988 年，已发展到 502 家（参见马静、黄曼丽《改革开放以来我国图书出版业的发展与变迁》，《武汉大学学报》哲学社会科学版 2008 年第 6 期）。对于古籍整理出版来说，有两件大事，影响深远。一是 1958 年 2 月，国务院科学规划委员会古籍整理出版规划小组（简称"古籍小组"）成立，确定古籍整理出版六项重点任务：整理出版中国古代名著基本读物、出版重要的古籍集解、整理出版总集和丛书、出版古籍的今译本、重印影印古籍、整理出版阅读和研究古籍的工具书（参见《中华书局百年大事记》，中华书局 2012 年版），并为此制定了国家层面上第一个古籍整理出版规划：《三至八年（1960—1967）整理和出版古籍的重点规划（草案）》，计划整理出版 1450 种古籍，《规划》中列举了 336 个项目具体名称及整理方式。同时，为统筹规划项目的组织实施，在出版机构上也作了相应调整，这一年 4 月，将与财政经济出版社合署办公的中华书局独立建制，定位为古籍整理出版专业出版社，并指定为"古籍小组"办事机构，同年6月，上海的古典文学出版社（今上海古籍出版社）与中华书局上海办事处合并，改组为中华书局上海编辑所，并与北京的总公司在古代文学、历史、哲学典籍整理出版业务范围，进行了具体分工。从此，新中国古籍整理出版工作，有了统一领导、部署和规划，也因此使一大批重要古代典籍得以整理出版，例如"二十四史"及《清史稿》点校本、《资治通鉴》、《全唐诗》、《全宋词》、《全元散曲》、《永乐大典》、《中国丛书综录》等。第二件大事，即1981年9月17日，中共中央印发《关于整理我国古籍的指示》（中发〔1981〕37号），明确指出："整理古籍，把祖国宝贵的文化遗产继承下来，是一项十分重要的、关系到子孙后代的工作。""古籍整理是一件大事，得搞上百年。"《指示》对整理古籍的意义、目标、机构、人才等提出明确要求，直接推动我国古籍整理出版事业迈入全新阶段，杨牧之先生说："这个文件，在我国古籍整理出版发展史上树立了一座光辉的里程碑。"（《新中国古籍整理出版工作回顾与展望》，见《中国出版史研究》2018年第1期）具体体现在这样几个方面：一是全国或地方古籍整理出版领导机构相继恢复或成立。1981年12月10日，国务院印发《关于恢复古籍整理出版规划小组的通知》，恢复了因"文革"而停顿的

"古籍小组"建制，并于次年3月，召开了全国古籍整理出版规划会议。1983年9月27日，为贯彻中共中央《指示》，教育部批准成立"全国高等院校古籍整理研究工作委员会"（简称"古委会"）。此后，部分省份，如安徽、山东、陕西、上海等，也陆续组建了古籍整理出版规划领导机构。二是一批专业古籍整理研究与出版机构相继成立。在高校系统，自20世纪80年代以后，相继成立并由"古委会"直接联系和指导的专业古籍整理科研和教学机构达27家，其中研究所19家、研究中心2个、研究室1个、古典文献专业5个（参见高暇伟《高校古籍整理卅五年》，《中国出版史研究》2018年第1期）。在出版系统，仅1982年至1990年不到十年间，相继成立了岳麓书社、巴蜀书社、黄山书社、三秦出版社、江苏古籍出版社（现名凤凰出版社）、中州古籍出版社、天津古籍出版社、浙江古籍出版社、吉林文史出版社、辽沈书社，其后又陆续成立了山西古籍出版社（现名三晋出版社）、广陵书社等专业古籍出版机构（参见拙文《专业古籍出版的"地方军"》，《出版人》2019年第10期）。目前，中国出版协会古籍出版工作委员会有成员单位40家。三是国家古籍整理出版中长期规划得以持续实施。新中国成立70多年，国家层面共颁布了七个古籍整理出版规划，1958年颁布了第一个规划后，因"文革"，此项工作中断。1981年"古籍小组"恢复，自此，国家古籍整理出版规划一直延续至今，包括：《古籍整理出版规划（1982—1990）》《中国古籍整理出版十年规划和"八五"计划（1991年—1995年—2000年）》《中国古籍整理出版"九五"重点规划（1996—2000年）》《国家古籍整理出版"十五"（2001—2005年）重点规划》《国家古籍整理出版"十一五"（2006—2010年）重点规划》《2011—2020年国家古籍规划》。另外，《2021—2030年国家古籍规划》也在编制之中，据悉不久将公布。四是一大批重大和重要古籍整理成果持续出版。诸如古籍书目《中国古籍总目》、大型文献《续修四库全书》、海外藏中国古籍《日本宫内厅书陵部藏宋元版汉籍选刊》、新编文献总集《全宋诗》、出土文献《新中国出土墓志》、敦煌文献《敦煌文献合集》、宗教文献《中华大藏经》、古籍数字化《中国基本古籍库》，以及"二十四史"点校和修订工程等等。

简单回顾这段历史，我们有理由相信，随着《关于推进新时代古籍工作的意见》（简称《意见》）颁布，我国古籍事业定会向更高层次、更高质量发展。首先，《意见》将新时代古籍工作的重要意义，提到一个前所未有的高度，即"做好古籍工作，把祖国宝贵的文化遗产保护好、传承好、发展好，对赓续中华文脉、弘扬民族精神、增强国家文化软实力、建设社会主义文化强国具有重要意义"。其次，《意见》为新时代古籍工作，指明了方向，即"把马克思主义基本原理同中国具体实际相结合、同中华优秀传统文化相结合，深入推进中华优秀传统文化创造性转化、创新性发展"。再次，《意见》对新时代古籍工作提出了明确要求，即"加强古籍抢救保护、整理研究和出版利用，促进古籍事业发展，为实现中华民族伟大复兴提供精神力量"。

古籍出版是古籍工作的重要组成部分，《意见》肯定了专业古籍出版单位"古籍工作主阵地作用"，古籍出版工作者，应承担起这份历史赋予的时代责任，将《意见》精神和要求，落实在实际工作之中，交出一份经得起历史检验、能让后人满意的答卷。

从思想层面，我们应该充分认识到，新时代的古籍整理出版，已经不是仅局限于学科或出版门类发展的问题，而是上升到了文化自信和民族复兴的时代课题。世界上没有哪个国家像中国一样，现存数十万种古代典籍，仅《中国古籍总目》著录，就有约20万种，这些典籍，是中华优秀传统文化的传承载体，作为中国传统文化形态之一的观念文化，都蕴含在这些典籍之中。因此，我们在认识上，必须把古籍出版工作，与党和国家的文化战略与发展要求相结合，与民族文化传承与创新相结合，把握时代脉搏，反映现实需求。

从工作层面，古籍出版单位，应该对照《意见》对古籍出版工作的新要求，在发展战略、出版定位、工作机制、管理流程、项目规划、人才培养等方面，提出高标准，追求新目标；要通过总结新中国成立 70 多年来，尤其是改革开放 40 多年来古籍整理出版成就、经验和问题，不断探索，大胆创新，在工作机制、项目规划、生产流程、人才培养、绩效考核等方面，形成与新时代古籍出版要求相适应的工作新机制，谋划出行之有效的新举措，并以专业化、新技术为支撑，在选题、项目中，突出思想性、现实性、标志性的时代特点，挖掘传统典籍所蕴含的思想精髓、文明观念，以此来赋予传统文化时代新内涵，并创造出更具生命力的新形式，从而体现新时代古籍出版创新发展的新风貌。具体来说，笔者以为，可以着力这样几个重点方面：

首先是通过项目规划，提升《意见》要求的"编辑出版能力"。实践证明，新中国古籍出版成就，都与不同阶段的国家层面古籍整理出版规划密切相关，站在新起点，古籍出版单位，应该有更高站位、更宏大视野、更系统思维和更长久谋划，来规划古籍整理出版项目，笔者在《引领与推进：新中国古籍整理出版规划概览》(《中国出版史研究》2022 年第 1 期）一文中，对未来古籍整理出版项目规划，表达过这样几点期许：一是思想性。期待规划项目能够体现文化传承价值，特别是其中所蕴含的中华民族思想精髓，重点整理和出版那些蕴含中华民族优秀思想、道德观念的文献典籍，体现中华文明对世界文明的贡献。二是高标准。期待规划项目具有更高的学术、文献、出版价值，能够体现当代古籍整理最高水平，反映当代最新古籍整理研究成果，显示新时代学术发展新高度。三是标志性。期待具有原创性的古籍整理重大出版工程，以此推动古籍整理出版事业向更高层面发展。四是现实性。期待规划项目具有更多的现实意义，着眼于几千年来对中国人思想观念、价值取向、人生态度等产生积极影响的经典文献，挖掘其当代价值与现实意义，回应和满足当代读者精神需求。五是普及性。在尊重古籍整理学科特点与出版规律的同时，期待规划项目对大众化问题有所关切，让经典文献走出"象牙之塔"，让更多人能够看得到、看得懂、用得上。我认为，如果每一个古籍出版单位，能够对照《意见》要求，结合"'十四五'国家重点图书出版规划"以及即将公布的《2021—2030国家古籍规划》，在保有自身特色的项目规划中，着力于优势内容板块系统性规划，坚持当代学术水准深度整理，狠抓具有重大意义标志性项目出版，我们的古籍编辑出版能力，一定会得到有效提升。

其次是通过古籍整理大众普及出版，实现中华优秀传统文化当代传播。《意见》提出的"挖掘古籍时代价值""做好古籍普及传播"，以及"把中华优秀传统文化的精神标识和具有当代价值、世界意义的文化精髓提炼出来、展示出来"，很好地诠释了中华优秀传统文化"创造性转化"和"创新性发展"，既是党和国家对古籍出版工作在实现文化强国战略中的新要求，是新时代古籍出版工作必须有的新站位，也是实现新时代古籍出版面向未来的新路径。因此，从某种程度上讲，古籍出版在传统文化现代化、专业知识大众化方面的贡献，将是衡量我们这个时代的古籍出版新高度。客观地讲，相较于几十年来古籍文献整理成就，古籍普及显然不够。原因是多方面的，既有认识问题，也有导向问题，例如，现有高校学术评价体系中，对古籍整理尚有偏颇，更遑论普及。但正如前述，时至今日，古籍工作的意义，已超出一门学科自身发展范畴，成了国家文化自信与民族复兴的时代课题，《意见》在"加快古籍资源转化利用"中，明确指出："将古籍工作融入国家发展大局，注重国家重大战略实施中的古籍保护传承和转化利用。系统整理蕴含中华优秀传统文化核心思想理念、中华传统美德、中华人文精神的古籍文献，为治国理政提供有益借鉴。围绕铸牢中华民族共同体意识，深入整理反映各民族交往交流交融历史的古籍文献，挖掘弘扬蕴含其中的民族团结进步思想，引导各族群众树立正确的中华民族历史观。深度整理研究古代科技典籍，传承科学文化，服务科技创新。梳理挖掘古典医籍精华，推动中医药传承创新发展，增进人民健康福祉。传承中华农耕文明优秀成果，服务乡村振兴。"这也是对古籍出版、古籍出版人提出的时代新要求。新的历史条件下，古籍出版能否实现学术研究与现实需求相结合，如何从"小众"走向"大众"，是高层次、高质量发展的重要体现。不可否认，有些古代文献典籍，随着社会、文化发展变迁，从文本形态本身而言，对于今天的人来说，其现实实际功用并不那么直接了，甚至不具备向当代大众普及的条件，也没有可能和必要向大众进行普及；但同时，我们也应该认识到，古籍普及，除了文献文本作为对象外，更要重视对文献文本所包含的观念进行普及。文献是观念的载体，古代典籍的"小众"，并不代表其包含的"观念"也是小众。目前，我们古籍出版普及工作，大多停留在文本层面，故容易存在内容雷同、形式单一、重复出版的现象，关键是读者还不认可，使得这种所谓普及，大多未能摆脱"小众"的局面。为此，笔者以为，古籍出版普及工作，可以从四个方面进行探索：一是着力于经典文献系统梳理。所谓"经典文献"，是指那些几千年来对中国人思想观念、价值取向、人生态度等产生积极影响、并经历史和时间检验的文献；所谓"系统梳理"，是要在我们的出版物中，体现"经典文献"的时代性，即其所具有的当代价值与现实意义。只有如此，我们的普及工作，才能找准对象。二是着力于中华优秀传统文化观念普及。从以往来看，古籍普及多侧重于原典文本解读，这当然没错，但对于当代读者大众而言，多元化社会结构与社会分工，决定了不是所有人都需要或可能从古典文献文本入手，去了解和认识传统文化。古人过去做的"注""疏""解"等工作，就是普及，目的是让人看得懂，但几千年之后，我们仍以这样的方式来做古籍普及工作，显然不能满足当代读者需求，这也是我们许多古籍出版单位的所谓普及图书，无法走向大众的重要原因。因此，这就要求包括古籍出版在内的古籍工作者，把古代典籍中所蕴含的人类文明观念挖掘和提炼出来，并探索传统文化观念普及和传播的多种途径。近年来，已有不少出版社在不断实践，推出了诸如《中华传统价值观丛书》《中华传统优秀道德文化丛书》等。三是着力于符合时代需求的普及形式。当代做古籍普及工作，除了上述外，还应在呈现形式上如何体现时代要求，加以思考与研究。新中国成立 70 年多年来，传统文化普及工作一直没停，并且取得了很大成就，产生了不少当代经典，如杨伯峻《论语译注》等。但我们现在回过头来看，古籍普及形式，几十年来基本没有太大变化。《意见》对新时代古籍普及，提出了更具时代性的要求，这就要求我们，除了首先考虑内容因素外，还要在形式上的时代性、大众化方面，进行不断创新，所谓"以古人之规矩，开自己之生面"，面对不断新生的读者群，唯有适应他们的阅读需求与方式，才能做好这项工作。四是着力于数字传播的新路径。数字化时代的网络传播，具有传统渠道所无法相比的优势，传统文化普及，应该充分利用网络渠道，并在利用网络传播的同时，适应其特点，在出版形态上加以创新，以适应与满足当代，特别是年轻读者需求。例如，现在"抖音""B站"里，一些古典诗词讲解，很受年轻人喜爱，虽然内容质量上还存在良莠不齐的问题，但这种现象值得思考与研究。疫情期间，一些专业古籍出版单位，也尝试通过短视频、网络传播等形式，进行宣传营销活动。

再次是利用新技术，实现古籍出版数字化新突破。对于古籍出版单位而言，古籍数字化问题至少谈了也有20多年，在前述七个国家古籍规划中，"规划五"（2001—2005），已经在"综合参考类"列了一项数字化项目《中国基本古籍库》，到了"规划七"（2011—2020），则首次在类别上增加了"古籍数字化类"，并列入20个项目。但或许因为单体古籍出版单位，受古籍数字化所需的内容资源、数字平台、网络渠道、技术人才等条件限制，真正有突破性进展的并不多，一些已经普遍运用于其他行业的成熟数字技术，在传统古籍出版社似乎并没有得到充分利用，一些被学术界接受的古籍数字产品，大多也非古籍出版单位制作。本次《意见》关于"推进古籍数字化"的论述，无疑对推动古籍出版单位数字化进程，加注了强劲的助推剂，让我们每个出版单位，有了在国家古籍数字平台和资源共享中，实现古籍出版数字化新突破的条件。为此，古籍出版单位首先应自觉按照《意见》精神，主动"对接国家文化大数据体系"，把"小我"放在"大我"之中，利用国家对古籍资源统筹与共享的有利条件，以及自身内容生产的专业优势，找准切入点，实现新突破。二是要像重视传统古籍出版选题规划一样，重视古籍数字出版中长期规划，特别要根据数字技术发展，在古籍数字产品专业化、大众化和个性化需求方面，做好内容提供、内容制作和内容传播全新出版形态的综合性规划，满足读者用户对古籍数字产品的多样需求。三是不同古籍出版单位有着各自的内容生产优势，古籍数字化工作，可以由此着手，由点成线，由线成面，逐渐形成古籍数字产品优势板块，并以此为基础，向"文本结构化、知识体系化、利用智能化"的更高层次提升。四是探索多种方式的数字化出版转型。社会化分工，决定了专业的人做专业的事，目前，专业古籍出版单位的优势仍在内容方面，而新型数字企业的创新能力与技术能力，足以满足古籍数字化制作与传播的技术需求，相互间的合作，不失为一种途径。可以预测，未来若干年后，检验古籍出版单位落实《意见》成效，其数字化实施程度，一定是重要指标。

近日，中共中央办公厅又印发了《关于推进实施国家文化数字化战略的意见》，古籍出版更要顺应时代发展要求，加速数字化进程。虽道远，必前行。

第四是通过人才机制创新，保持古籍出版可持续发展。古籍图书有专业性强、编辑难度大、出版周期长、短期效益少等特点，非有与之特点相适应的人才机制，很难将这项事业坚持下去。古籍出版专业人才，一直是困扰古籍出版单位的难题，特别是企业化后，经济效益成为衡量出版单位发展的一个重要指标，由于古籍整理图书客观上的市场小众化，大多数古籍出版单位的经济效益，较之其他出版社、特别是有中小学教材教辅的出版单位，会有较大差距，客观上影响了古籍出版单位队伍保持长期稳定和留住人才。同时，一些古籍出版单位，为应对企业逐年增长的经营指标，不得已，在编辑绩效考核中，过多强调短期直接经济效益，致使古籍专业图书比例下降，特别是需要长时间实施的大型古籍整理项目难以开展，从而使一些古籍社的编辑，一方面为完成经济考核指标，长期处于超负荷工作状态，没有时间在专业上进修和提高；另一方面，又得不到将所学的古籍整理专业知识转化为古籍出版专业能力的实践机会，造成人才浪费。《意见》第16条"强化人才队伍建设"中，专门就"加强古籍专业出版队伍建设"，"完善用人机制"和"健全评价机制"，提出极具针对性明确要求，可谓高屋建瓴、抓住关键，在政策和制度层面，保障了古籍出版专业人才机制，特别提出，"对主要承担古籍工作的国有文化企业加大社会效益考核占比，对国有文化企事业单位主要承担古籍重点项目的业务部门可不考核经济效益"，为古籍出版单位创新人才机制，创造了优良环境和条件。为此，古籍出版单位应抓住机遇，在人才培养上，首先要注重出版专业定位，从源头上重视古籍出版专业人才。二是要注重政策落实，避免"口惠实不至"。三是要注重专业培训，特别是要注重专业知识向专业能力转化，避免"眼高手低"。四是要注重与高校、研究机构有针对性联合培养，确保古籍出版专业人才源源不断。五是要注重在实践中培养古籍出版专业人才，凡称得上出版专业人才的，无不有长期实践积累。

古籍出版是一项功在当代、利在千秋的事业，也是一项需要一代又一代人坚持不懈、脚踏实地做下去的事业，所谓"功崇惟德，业广惟勤"。

《关于推进新时代古籍工作的意见》，让我们这一代古籍出版人，更清楚了自己肩上的使命和责任。

（原文刊于《出版广角》2022 年第 10 期）

第二辑

新编大型地方历史文献丛刊出版中的几个问题

——以《江苏文库》为例

《江苏文库》自2016年初启动，受到学术界、出版界关注，凤凰出版社作为江苏省属古籍专业出版单位，承担项目主体部分（即文献）编纂组织与出版工作，一些出版同行也经常问起项目情况，故现就相关情况、主要做法、工作体会等略述如下，与正在从事或准备开展类似工作的同行交流，并就工作中的问题与困难请教大家。

一、相关情况

新编大型地方历史文献丛书或总集，自20世纪90年代，已有一些省开始动议，至21世纪，有多个省进入实质性编纂出版，并形成一批成果，据笔者了解，目前除湖南省《湖湘文库》已完成编纂出版，共计700余册，山东省《山东文献集成》完成编纂出版200册，另有广东省《岭南文库》、湖北省《荆楚文库》、四川省《巴蜀全书》、山西省《山西文华》、浙江省《浙江文丛》等，也正在陆续出版；另外还有一些省也正在筹划之中，如福建省《八闽文库》等。不但有以省一级行政区划新编大型地方历史文献丛书，还有以地市一级的，如江苏的《金陵全书》《无锡文库》《扬州文库》《泰州文献》，以及贵州的《遵义文库》、浙江的《绍兴文库》等（按：新近所见并统计，新编大型地方历史文献丛书或总集有：《湖湘文库》《荆楚文库》《浙江文丛》《八闽文库》《贵州文库》《巴蜀全书》《安徽文库》《山西文华》《燕赵文库》《中原文献》《山东文献集成》《陕西古代文献集成》《朔方文库》《岭南文库》《江右文库》《山右丛书》《齐鲁文库》《新疆文库》《江苏文库》《安徽古籍丛书》《广州大典》《杭州全书》《金陵全书》《无锡文库》《扬州文库》《镇江文库》《泰州文献》《常熟文库》《遵义丛书》《绍兴丛书》《嘉兴文献丛书》《四明文库》《滨湖文库》《温州大典》《浦江文献集成》《韶关历史文献丛书》《茂名历史文献丛书》等）。这些新编大型地方历史文献丛书，从内容上看，大多是以收录本地籍或长期寓居此地学人的代表性著作，时限也多上起先秦下至近代（1911年或1949年），并结合本地文化特征，在丛书设置上，从实际出发，各有特点，有的以著者全集或文集为主，有的以专书为主，如《山西文华》还设收录壁画等"图录编"，另外还有设"研究编"的，收录包括现当代学者的地方文化专题研究著作。从出版形式看，主要分两种，或对历史文献进行整理后排印出版，或对文献扫描复制后撰写提要影印出版。

盛世修典，是我国历史、文化、学术传统，历史上以《永乐大典》《四库全书》编修最著名。编刻地方文献丛书，在清中后期以后，就有不少，如《畿辅丛书》《豫章丛书》《山右丛书初编》《湖北先正遗书》以及《常州先哲遗书》等，各种丛书收录规模不等，如清人王灏所辑《畿辅丛书》，收乡邦文献 170 余种，民国山西省文献委员会编印《山右丛书初编》，收晋人文献 38 种。这些丛书编印出发点，虽各有其意义侧重点，但都有表明一地文化兴盛之初衷。也正因为如此，上述乃至于今后会有更多省或地方组织编纂出版大型地方文献丛书，是可以理解的。

文化兴盛的标志，有多种形态，具有代表性意义的文献，是一个重要方面。江苏自古人文荟萃，典籍众多，是名副其实的文化大省，尤其明清以降，更是学人著述达到高潮。江苏学术界、出版界在挖掘、整理、研究、出版地方文献方面，一直持续不断努力，形成一大批成果，并有不少学者多次提议，希望能够编纂出版一部比较完整的江苏地方文献丛刊（按：笔者 2007 年曾代表出版社，给有关部门写过一封建议信，后附）。仅笔者供职的凤凰出版社（原名江苏古籍出版社），自 20 世纪 80 年代，就有两项相关选题一直延续至今，即"江苏学人文集"和"江苏地方文献丛书"，前者已出版了包括《金圣叹全集》、《袁枚全集》、《冯梦龙全集》、《范仲淹全集》、《刘熙载文集》、《赵翼全集》、《嘉定钱大昕全集》、《缪荃孙全集》、《冒辟疆全集》、《段玉裁全集》（部分）、《焦循著作集》、《陆士龙文集校注》、《陆士衡文集校注》以及影印《高邮王氏四种》《刘申叔遗书》等，同时列入出版计划的还有《惠栋全集》《孙星衍全集》《曾朴全集》《徐松全集》《冯舒冯班全集》等。后者则有江苏省人民政府 1998 年拨专款 100 万元资助整理出版的《江苏地方文献丛书》第一辑，包括《太湖备考》《至顺镇江志》《过云楼书画记》等 20 种。进入 21 世纪，特别是党的十八大以来，在习近平总书记关于大力弘扬中华优秀传统文化系列讲话精神引领和感召下，如何把江苏历史文化放在中华文化中考察，如何更加全面挖掘江苏历史文化底蕴，如何站在文化自信与文化自觉高度系统梳理江苏历史文脉，如何在总结历史经验中构建江苏当代文化新高地，成为江苏文化界、学术界、出版界共同面对、关注和思考的问题。

　　由此，在江苏省委省政府领导与关心下，由江苏省委宣传部直接牵头，在征求多方面意见并召开多次专家座谈会基础上，于 2016 年 2 月，正式出台《江苏文脉整理与研究工程

实施方案》（下简称《方案》）。《方案》的一项重要内容，即
"成果呈现"，计划用 10 年时间，编纂出版总规模在 3000 册
左右的大型江苏地方历史文献丛书：《江苏文库》（下简称《文
库》）。《文库》由"书目编""文献编""精华编""史料编""方
志编""研究编"六个部分构成。"书目编"，旨在厘清江苏籍
学人历史上（1911 年前）的著述家底，以及历史上记述江苏
相关内容的著述，同时对江苏目前所藏（主要指公藏）古籍
文献进行全面普查，并分别编纂出版《江苏艺文志》（增订
本）、《江苏地方文献书目》、《江苏典藏书目》（按：出版时，
书名为《江苏地方文献志》《江苏典藏志》）。"文献编"，拟收
录历史上江苏籍学人代表性著作 5600 种左右，采用传统四部
分类法编排，每种书撰写提要置书前，以影印方式出版。"精
华编"，在"文献编"收录基础上，拟精选江苏籍学人在中
国各种文化形态中具有代表性意义、产生较大文化影响的著
作 200 部左右，以当代学术标准加以整理。"史料编"，以现
有行政区划为主，拟收录反映江苏各地历史地理、政治经济、
文化教育、社会生活、风土人情等相关地方史料类文献 2000
种左右（时间下限 1949 年前），分类编排，影印出版，撰写
书前提要。"方志编"，拟收录江苏历代古旧方志 600 种左右
（按：由于考虑到已出版《江苏历代方志全书》，后调整为 250
种左右），以省通志、府县志及专志分类编排，影印出版，撰

写书前提要。"研究编",则收录当代学者江苏历史文化等相关研究性著作(此编由其他出版社承担,不在此文所述之列)。如此设置,是希望对江苏历史文献进行一次全面梳理,溯源文化脉络,在中国文化、学术谱系中定位江苏文化。

经过专家学者努力,《江苏文库》编纂已基本完成前期文献书目普查,编印了8册《江苏作家现存著述目录》,作为编纂基础性资料,同时,经过十多次反复论证,确定"文献""精华""史料""方志"四编拟收书目,并确定了"提要"撰写、文献整理体例,对出版体例、出版节奏、工作机制等,进行了整体规划。

二、几点体会

《江苏文库》编纂,之所以能在两年多时间里,有一个比较高的起点,取得预期的阶段性成果,我们有这样几点体会。

一是江苏省委省政府高度重视,是项目实施的重要保证。作为政府主导的地方文化工程,此类大型地方文献丛书编纂出版,因涉及单位、部门多,实施周期长,经费投入大,统筹、组织、协调、保障工作尤其重要。"江苏文脉整理与研究工程"设"工作委员会""学术指导委员会""编辑出版委员

会"，其中"工作委员会"主任由省委、省政府分管领导共同
担任，全省各有关部门主要负责人任委员，并设"工程"办
公室（设在省哲学社会科学规划办公室），负责日常统筹协
调事务。仅举一例，《江苏文库》各编主编、副主编及参编人
员，都是高校或科研机构的专家学者，他们有繁重教学科研
任务，如果承担的项目，不能与各自学校绩效考核对接，难
免在工作安排、人员留用、经费使用等方面会有后顾之忧，
影响工作进展。为此，江苏对承担项目的主编单位，以省级
社科重大项目委托的立项方式，并滚动资助，将《文库》项
目纳入各单位考核范围，从而解决了编纂人员上述后顾之忧。
南京大学、凤凰出版社为此都成立了专门编纂、出版部门，
安排了专门办公场所，配备了专职研究、编辑人员。

　　二是依靠专家学者、遵循学术规律，是项目实施的重要
前提。编纂出版大型地方文献丛书，作为地方文化工程，各
方参与积极性很高，特别是许多地方文史工作者，更会从各
自熟悉领域建言，这是丛书编纂非常有利的条件。但同时，
编纂大型地方历史文献丛书，本身也是一项要求很高的学术
工程，关系到是否能够立得住，传得久，这就要求更宽的学
术视野、更强的学术能力以及更多的学术资源；另外，文献
编纂，还必须严格遵循文献学基本要求与规范。由于工作性
质，大多数地方文史工作者的研究，地域性特征明显，但领

域相对较窄。因此,《江苏文库》在最初组建各编学术团队时,首先明确,文献编纂,必须由学养深厚的文献学专家主持,故形成以南京大学、南京师范大学相关学科带头人领衔、全国众多高校专家学者参与的学术团队,同时将地方文史工作者研究"细微",与专家研究"精深"相结合,在能够比较好地保证《文库》学术性的同时,兼顾到各个方面积极性,利用好各种有利因素。以《文库》"文献""精华""史料"三编"拟收书目""提要样稿"论证为例,不但编纂团队数易其稿,还以三级论证的方式,一是分别在南京、徐州召开了包括北京大学、中山大学、山东大学、浙江大学、清华大学、国家图书馆等著名专家学者参加的论证会,二是在南京召开了十余次由省内高校专家学者参加的论证会,三是分别在扬州、镇江、常熟召开以地方文史研究工作者为主的论证会。其间,我们出版社还将"拟收书目"连同意见反馈表,分寄江苏所属 13 个地级市相关部门听取意见(不少意见后来被采纳)。这样做,学术上有保证,众多资源得到利用,各方积极性被调动,为《文库》编纂打下较好基础。正是有这样的认识,《文库》编纂完全遵循学术工作基本规范,从组建学术团队、开展文献普查、确定拟收书目、制定编纂体例、论证提要样稿、确立整理原则、印制图书样本等基础工作做起,看起来花了两年多时间,也投入了一些经费,但项目质量基础可以打得牢固一些。

三是学习、借鉴前人经验，是项目实施的有利条件。我们今天新编大型地方历史文献丛书，应该充分借鉴、利用、吸收前人在这个方面的经验与成果。我们做这项工作，既有开创性，也是在前人肩膀上的一种历史延续，是一种文脉传承。故此，编纂工作开始之前，首先应该梳理本地有哪些与将要实施项目有关的历史积累，可以使我们少走弯路。江苏不仅有《文选》《全唐诗》这样大型文献编刻历史，当代更有匡亚明先生主持的《中国思想家评传》、程千帆先生主持的《中华大典·文学典》、周勋初先生主持的新编《全唐五代诗》等大型项目组织、编纂经验和出版成果，为我们《文库》编纂出版工作，确实提供了许多非常宝贵的经验。例如，《文库》采用主编负责制、编纂三级审稿制（撰稿人、副主编、主编，主编签字后交出版社），都可以说借鉴了上述项目一些实施经验。又如，《文库》"精华编"，采取了与多数省"以人立目"不同的"以书立目"编纂原则，不以"全集"或"文集"为主，而是按传统四部分类，着眼在中国文化史、学术史上有重要意义和影响的名著，之所以如此，一方面是结合江苏历史文献存续实际，另一方面也是对已有出版项目进行总结后确定的编选原则。上面提到，我们出版社从 20 世纪 80 年代，就开始了"江苏学人文集"出版规划，一直延续至今，已有一批成果，如果沿这个思路设计"精华编"，相对而言比较省事，不仅有较多现成成果可以利用，还有不少选题正在实施，可以在较短时间内，使《文库》出版有一定规模，减轻编纂、出版压力；但这样做，带来的问题是，采用"全集"或"文集"编纂整理方式，规模较大，少则几册，多则几十册，根据《文库》总册数规定，"精华编"最终只能在 600 册左右，这样一来，入选人数相对就会比较少，初步估计，只能在 70—80 人左右，这对历史上的文献大省，不但存在取舍难题，而且代表性问题也难以解决。据本次文献普查成果《江苏艺文志》（增订本）统计，江苏历史上（1911 年前）有著述记录的作家达 29617 人、85309 种著作，现存世著作达 50000 余种。因此，我们借鉴《中华大典·文学典》"大家求精，小家求全"编选原则，并结合实际，采取"用弘取精"，专注于名著，专注于在中华优秀传统文化中具有典范意义和价值的江苏文献，不搞地区平衡，按照这样编选原则，大约有 200 多位学者的重要著作入选，较好地解决了选目"量"与"质"关系问题，也突出了"文脉"要义。再者如"书目编"中《江苏艺文志》增订本，也是在 20 世纪 90 年代江苏出版成果基础上进行的。如果没有一定积累，或不注意学习、总结、借鉴和利用前人经验和成果，工作难度会更大，我们应该要有这样的思想认识。

　　四是做好基础性工作，是项目实施的基本要求。按照学术规律，文献编纂，特别是实施周期长、规模大、涉及面广，甚至还有许多不确定因素的地方文献编纂，基础性工作不能马虎，切忌只有大框架，基础工作没有做好就匆匆上马，这样容易造成编纂中的随意性，也不可持续。《江苏文库》编纂，从文献普查开始，首先对上世纪 90 年代出版的《江苏艺文志》进行增订（这项工作从 2014 年先行启动），要求所有书目标注著者、版本、存藏信息，不但订正原有讹误，还新增辑著者 2088 余人，共达 29617 人，著录著作 85309 部，这是江苏历史上著述情况最新最全一次摸底，为《文库》编纂打下了良好基础。其次，在上述基础上，于 2016 年辑录、编印出 8 册《江苏作家现存著述目录》，作为《文库》编纂资料。再者，在 5 万多种存世书目中，"文献编""精华编"以传统四部分类法遴选、论证拟收书目，并对所涉书目基本做到目验。虽然这项工作花了两年多时间，但为后面编纂打下了基础。

　　五是务实的工作机制，是项目实施的重要保障。新编大型地方历史文献，由于周期长，涉及单位、部门、人员较多，同时还有经费分配、使用等问题，如果没有一个好的工作机制，最终只能"事倍功半"。《文库》采取"工委会"领导下的主编负责制，首先由省社科规划办将《文库》立项为省级社科重大委托项目，委托南京大学、南京师范大学等单位分别编纂，并由"工程办"与凤凰集团、凤凰出版社签订委托组织编纂三方协议，由凤凰出版社具体组织实施，凤凰社再与各编主编签订以年度编纂工作为目标的出版协议，按"实施方案"，明确每一年任务、目标及完成时间；经费采用年度预算制，即每年初根据编纂出版任务，编制所需经费预算，报"工程办"批准后，统一拨付到出版社（按：2018年起，采用财政招标方式），再由出版社根据各编任务完成情况，依编纂出版协议分批拨付，同时制定专项经费管理办法，专款专用。这样既便于层级管理，又有较大自主，各方面积极性容易调动，每年任务目标十分明确，便于落实，便于检查。这样的工程，如果没有一个务实的工作机制，很容易走向两极，要么好大喜功，图"量"不求"质"，成为没有学术意义的"面子"工程，要么有头无尾，久拖无果，成为"烂尾"工程。

三、几个问题

作为《江苏文库》具体组织实施的出版单位，我们在实际工作中，遇到不少问题甚至困难，如何避免或解决，希望大家一起探讨。

一是如何处理好集体项目实施过程中统一性的问题。新编大型地方历史文献丛书，作为集体项目，不同于自主研究课题，有一个大家统一遵循的基本原则是必要的，但由于这类项目规模相对较大，实施周期长，涉及单位、人员多，进度不好把控，质量也会参差不齐，完稿时间很难统一，文献获取需要收藏单位配合，特别是同类文献分藏不同机构等，更难以"步调一致"。如何保证项目在较长出版周期中保持相对统一，不至于出现"五花八门"现象，如何在分年、分批、分辑出版要求中，解决文献分类、分册、编号、方便查找等问题，如何对一些在学术上有分歧的问题，包括收录原则、收录标准、时间下限、作者界定、行政区划、整理方式、出版形式等，进行统一规定，都是我们在实际工作中遇到的问题，有的属于学术问题，有的是工作方法问题。

二是如何处理已有出版成果的问题。现有大型地方历史文献丛书编纂中，都会碰到如何处理拟收书目中，已经有整理本的问题。据笔者观察，目前正在编纂的此类丛书，大多数采用出版社之间版权转让或与整理者直接签约获取，这种方式确实可以避免不必要重复，但也存在一些问题，有的整理本已出版很长时间，没能吸收新的研究成果加以修订，甚至原有的差错也没有改正，就直接编到"丛书"中，有的或因版权转让困难，不能取得高质量整理本，只能退而求其次，这些问题都会影响到项目的学术质量。《江苏文库》"精华编"

涉及数百部文献整理，也存在同样问题，我们要求主编在确
定拟收书目时，需标注有无整理本，如有，需再标注三项：
建议进行版权转让、需在哪些方面修订后再版、需重新整理。
由于这项工作刚刚开始，还会有许多困难和不确定因素，如
通过版权转让的整理本，在整理方式、体例上不统一等，如
何处理。

三是如何解决好出版质量与进度的问题。这是此类项目
普遍存在的一对矛盾，从出版社来讲，做这样项目需要政府
经费资助，按财政经费管理规定，大多要求当年资助当年出
版，一般来说，经费越多，出版要求，包括数量也越高，这
对大多数出版社来说，一年出版几十种都能保证质量的古籍
整理著作，难免压力过大，质量也很难保证。有些省以省内
多家出版社共同参与编辑出版，看似解决了进度、数量上的
问题，但由于古籍整理专业性特点，一些非专业古籍出版社
或责任编辑，在书稿编辑过程中，大多缺乏专业古籍编辑素
养和技能，质量上很难保证。达不到一定学术水准的古籍整
理著作，既不会有文化影响力，也不会有市场竞争力，最终
也失去了编纂"丛书"的意义。如何解决上述难题，需要做
这项工作的同仁共同探讨。

四是如何看待学术性与普及性的问题。目前这类项目
大多还是以学术性为主，或文献汇编，或文献整理，再者专

题研究。但越来越多的人提出它的普及功能，不能仅仅满足"将散藏变成集中存放"，或仅仅满足于供少数人学术研究使用。如何在遵循古典文献学术传统的同时，满足更多读者需求，如何挖掘历史文献的当代意义，让更多的人了解家乡、热爱家乡，进而更加热爱中华优秀传统文化，也是我们所要面对的问题。

五是如何统筹"丛书"出版与出版社选题规划的问题。出版社内容生产以选题规划为基础，选题规划也是出版社可持续发展的关键所在。出版社承担地方历史文献出版，经费有一定保障，经营压力与风险相对小，有的出版社受编辑人员、出版能力等客观条件所限，可能所有编辑都只能去做这项工作，从而可能忽视或顾不上多年积累起来的一些优势选题板块，而且容易造成出版社选题相对单一，没有层级，特别在具有重大传承价值、重要文化意义、重点一流作者的国家级选题规划上无暇顾及。所以，如何在编辑出版大型地方历史文献丛书的同时，坚持各级重点选题统筹规划，将"丛书"选题放到一个更高层级上谋划，加强优势选题板块，突出内容生产特色产品线，也是我们在上马地方历史文献项目，特别是规模较大项目时，不能不考虑的。

六是如何将项目实施与人才培养相结合的问题。我们都希望通过项目带动，起到培养年轻专业编辑人才作用。但实际工作中，包括目前所见正在新编地方历史文献丛书，规模都比较大，出版进度又有一定要求，随着编辑工作量不断加大，处理不好，对年轻编辑容易流于重"用"轻"养"，编辑没有时间学习充实，最终不但不利于编辑人才培养和成长，出版社也留不住真正的人才。所以，如何真正做到通过项目，让年轻编辑得到锻炼与成长，任务十分艰巨。

七是如何认识和实施项目数字化的问题。数字技术在出版领域已被广泛运用，多种比较成熟的古籍数字产品也得到学术界认可和使用，古籍整理数字化平台建设也有新突破。在这样一个数字化时代，编纂大型地方历史文献丛书，不能不考虑其数字化问题，不能仅仅停留在纸本形态上。但问题是，数字技术的发展速度，让什么样的数字出版形态，成为出版企业可持续开发的产品，能够满足更久、更多市场和读者需求。同时，古籍数字化，不仅有产品设计问题，还涉及平台、渠道等。另外，内容和技术融合关键的复合型人才问题，也是长期困扰着出版社。据报道，湖南省已开始《湖湘文库》数字化工作，期待成果与经验与大家分享。

编纂大型地方历史文献丛书，还有许多具体问题，有的甚至意想不到，有的看似很小，但并非出版社力所能及，处理不好，则可能影响全局，限于篇幅，此不赘述。

《江苏文库》编纂刚刚两年，基本还属于前期启动准备阶段，上述认识还很肤浅，也不全面；而要编好一部大型地方文献，问题或困难肯定还会不断出现，阶段性总结，或许也是必要的。

（原文刊于《古籍整理出版情况简报》2018年第3期，其中有些数据略有改动。）

附：关于上马"江苏文献集成"工程的建议

按：关于编纂出版大型江苏地方文献丛刊，是我2003年开始主持出版社工作以后一直思考的问题，也在多种场合提过建议，此附2007年11月13日代表出版社给上级部门的一封建议信，也是自己思考与实践这个问题的一个过程。当时信中的有些书名可能有误。

江苏省委宣传部：

党的十七大报告中明确提出"做好文化典籍整理工作"，为了贯彻落实《中共江苏省委、江苏省人民政府关于发展先进文化建设文化江苏的决定》，扎实推进《江苏省"十一五"文化发展规划》，凤凰出版社经过认真调查论证，多方面听取专家、学者的意见，认为江苏尽快上马"江苏文献集成"等标志性的地方文化工程，很有必要。

　　江苏地处长江下游，历史悠久，人文荟萃，历代以来经济发达，是我国经济文化大省。千百年来产生了无数杰出人物，留下了丰富的历史文献，保存、整理、出版这些珍贵的历史文化遗产，是江苏文化界、出版界义不容辞的责任和义务，对江苏建设文化大省、强省将发挥重大作用。

　　20世纪80年代以来，江苏古籍出版社（2002年更名为凤凰出版社）规划出版"江苏学人文集"和"江苏地方文献丛书"两个系列图书，得到了当时江苏省委陈焕友书记、省政府张怀西副省长的关心支持，1996年专门批示。1998年由省政府财政厅拨付100万元专项经费支持该项出版工作。前后出版的"江苏学人文集"有：《张謇全集》（全7册）、《冯梦龙全集》（全22册）、《金圣叹全集》（全4册）、《袁枚全集》（全8册）、《李伯元全集》、《刘熙载文集》、《范仲淹全集》（全2册）、《高邮王氏四种》、《茗山文集》、《巨赞文集》、《李审言文集》、《洪诚文集》、《韩儒林文集》、《周勋初文集》（全7册）等。"江苏地方文献丛书"有：《吴越春秋》《吴地记》《吴郡图经续记》《吴郡志》《百城烟水》《吴门表隐》《寒山寺志》《清嘉录》《丹午笔记、吴城日记、五石脂》《至顺镇江志》《太湖备考》《龙江船厂志》《吴歌·吴歌小史》《扬州图经》《南明史料

（八种）》《吴郡岁华纪丽》《吴趋访古录》《过云楼书画记·续记》《宋平江城坊考》《泰州旧事摭拾》《客座赘语》等计 21 种22 册。但还有许多规划项目，限于人力、财力，至今不能落实。

　　进入 21 世纪以来，随着经济的发展，各地的地方文献保护、整理、出版工作得到高度重视，不少省成立专门机构，统筹协调大型的地方文献整理工作，如浙江省成立《浙江文献集成》编纂指导委员会，制定编纂原则及总体规划，协调与落实项目经费和各类资源，其成员有省委、省政府主要领导、有关职能部门、高校和科研单位负责人组成，由专门出版社统一编辑出版。山东省组织《山东文献集成》，由省委副书记、省长韩寓群任主编，目前已出版第一辑 50 册，搜集了大量珍贵的未刊抄本、稿本、善本等，展示古书原貌，用影印方式出版，给研究者以第一手原始文献，具有极高的史料价值。湖南省立项大型乡邦文献《湖湘文库》，山西省立项地方文献《三晋文库》，河南省出版《中原文化大典》等等。

　　有鉴于此，凤凰出版社从落实江苏省委、省政府"两个率先"要求出发，自觉承担地方文化建设出版使命，初步提出"江苏文献集成"工程建设的设想，供省委宣传部领导研究决策参考。

一、建议成立"江苏文献集成"编纂出版协调小组，聘请专家学者，制定规划纲要，确定收录文献范围、文献分类、整理步骤、整理体例、学术评审等事宜。投入专门经费，组织专门协调机构。组织动员江苏为主的高校、科研机构承担编纂工作，成立专家小组负责学术评估。

二、"江苏文献集成"以"江苏学人文集"和"江苏地方文献丛书"为基础，进一步完善体例，扩大规模，一次性普查规划，分期实施，分类实施，按重要性、代表性、可行性分批进行。

三、出版形式上可以多种多样，保存原貌的可采用影印出版、线装再造等；整理标点、校注的可采用排校出版；条件许可的可以出版电子出版物。由凤凰出版社主要承担出版工作。

四、文献分类可按"大家全集""名家专集""地方史料""方志族（家）谱""档案资料"等系列分类编纂。

五、收录范围：历代江苏籍人士的著述，指出生在此，籍贯在此，或长期生活在此，或在江苏期间完成的著述；有关记载、研究江苏的著述。收录时间下限为1911年。

六、凤凰出版社已出版、拟出版地方文献目录。

（一）"江苏地方文献丛书"已出版目录：

《吴越春秋》《吴地记》《吴郡图经续记》《吴郡志》《百城烟

水》《太湖备考》《清嘉录》《吴郡岁华纪丽》《吴趋访古录》《吴门表隐》《过云楼书画记·续记》《寒山寺志》《吴歌·吴歌小史》《宋平江城坊考》《丹午笔记·吴城日记·五石脂》《龙江船厂志》《南明史料（八种）》《扬州图经》《泰州旧事摭拾》《至顺镇江志》《客座赘语》。

（二）"江苏地方文献丛书"拟出版目录：

《建康实录》《六朝事迹编类》《白下琐言》《金陵琐事》《玄武湖志》《莫愁湖志》《灵谷禅林志》《钟山书院志》《金陵梵刹志》《金陵岁时记》《金陵胜迹志》《建康古今记》《牛首山志》《苏州史志笔记》《姑苏竹枝词》《姑苏采风类记》《苏州织造局志》《虎丘山志》《玄妙观志》《沧浪亭志》《吴中水利志》《吴中旧事》《平江记事》《吴风录》《虎阜志》《慧山记》《江阴城守纪》《阳羡名陶录》《锡金识小录》《锡金续识小录》《东林始末》《锡金乡土地理》《锡金乡土历史》《重修马迹山志》《邗江三百吟》《北湖小志·续志》《扬州画舫录》《扬州名胜录》《扬州十日记》《琼花集》《咸同广陵史稿》《金山寺志》《京口三山志》《焦山志》《狼山志》《云台山志》《泰州纤堤说略》等。

（三）"江苏学人文集"已出版目录：

《张謇全集》《冯梦龙全集》《金圣叹全集》《袁枚全集》《李伯元全集》《刘熙载文集》《范仲淹全集》《高邮王氏四种》《李

审言文集》《刘申叔遗书》。

（四）"江苏学人文集"拟出版目录：

《段玉裁全集》《赵翼全集》《陆机陆云全集》《高攀龙全集》《顾宪成全集》《阮元全集》《惠栋全集》《顾炎武全集》《归有光全集》《朱柏庐全集》《翁同龢全集》《钱谦益全集》《吴伟业全集》《王念孙王引之全集》《陈去病全集》《薛福成全集》《王韬全集》《马建忠全集》《冯桂芬全集》《洪亮吉全集》《王艮全集》《高启全集》《杨基全集》《冒辟疆全集》《缪荃孙全集》《韩国钧全集》《柳诒徵全集》《徐松全集》《刘师培全集》。

（五）"江苏文献资料"已出版目录：

《中国地方志集成·江苏府县志辑》《江苏省通志稿·大事志》《江苏省通志稿·方域志、都水志、建置志》《江苏省通志稿·民政志、礼俗志、度支志、货殖志》《江苏省通志稿·职官志》《江苏省通志稿·选举志》《江苏省通志稿·武备志、司法志、邮传志、邦交志》《江苏省通志稿·文化志、经籍志》《江苏省通志稿·古迹志、金石志》《江苏省通志稿·人物志（上）》《江苏省通志稿·人物志（下）》《江苏省通志稿·宗教志、列女志、灾异志》。

（六）"江苏文献资料"拟出版目录：

《江苏地方丛书汇编》（拟收录《金陵丛刻》《金陵丛书》《吴中文献小丛书》《苏州文献丛钞》《虞山丛刻》《虞阳说苑》

《酌古准今》《常州先哲遗书》《锡山先哲丛刊》《江阴丛书》《江阴先哲遗书》《京口掌故丛编》《楚州丛书》《扬州丛刻》《海陵丛刻》《娄东杂著》《太昆先哲遗书》等），以及《江苏文献总目》《江苏文献通考》《江苏史料文献丛刊》《江苏史迹钩沉》《江苏寺庙志丛编》《江苏道观志丛编》《江苏名镇志丛编》《江苏园林志丛编》《江苏书院志丛编》等。

（2007 年 11 月 13 日）

《江苏文库》首批图书出版述略

——再谈大型地方历史文献丛刊出版中的几个问题

　　江苏省正在组织编纂出版大型地方历史文献丛刊《江苏文库》(下简称《文库》)，其总规模在3000册，2018年12月，首批成果86册正式出版并首发，引发各界关注。拙作《新编大型地方历史文献丛刊出版中的几个问题——以〈江苏文库〉为例》(《古籍整理出版情况简报》2018年第3期)，对《文库》基本框架及编纂出版中可能遇到的问题进行了一点介绍与探讨，其时《文库》尚在编纂前期，还有很多不确定因素。时过一年，在首批图书编辑出版中，又碰到一些具体问题，作为项目出版主持者，觉得有必要从编辑出版角度进行探讨，故不揣浅陋，提供出来，一方面作《文库》阶段性总结，另一方面也可供正在或即将实施同类出版项目的出版单位批评。

　　《江苏文库》首批图书86册，依据《江苏文库各编拟收书目》(下简称《拟收书目》)，其中"文献编"38册，收录

"经部"之"总类""易类"著作118种，"史料编"5册，收录"历史类"著作25种，"方志编"27册，收录"省志类"著作4种，"精华编"11册，整理典籍5种，包括段玉裁《说文解字注》、焦循《孟子正义》、赵翼《陔余丛考》《廿二史札记》《瓯北集》。另有"研究编"5册，因不属古籍整理，非凤凰出版社承担，故不在本文所述之列。

目前编纂大型地方历史文献丛刊，绝大多数由于规模大、实施周期长，都是分批分阶段出版，遇到最初想不到的问题是正常的，关键是如何解决好每个阶段出现的问题，使其不影响项目整体质量与进度。在编辑出版《文库》首批图书过程中，我们大致碰到这么几个主要问题，并对这些问题作了探索性解决。

一是《拟收书目》在实际编纂出版中调整问题。为了编纂出版好《文库》，江苏省委、省政府在多次组织专家学者论证的基础上，由省委宣传部正式印发《江苏文脉整理与研究工程实施方案》(下简称《方案》)，对《文库》组织架构、结构形式、规模总量、实施步骤、完成时间等，作了明确规定；其后，《文库》各编利用近三年时间进行文献普查，并经过多层面、多形式、多轮次反复论证，并根据《文库》组织架构，确定并编印了《江苏文库各编拟收书目》，作为《文库》各编编纂出版具体选题依据。依据《文库》编纂体例，各编按类（大类下可设小类）编排，每类又以著者生卒年为序编排，故《拟收书目》包括著者生平、著作（包括版本信息）、馆藏情况等。但这样一个超大型历史文献项目，由于涉及文献多，版本情况复杂，在实际编辑出版中，分册、编号受底本获取、有无、调换等因素制约，调整《拟收书目》在所难免。以《江苏文库·文献编拟收书目》中"总类""易类"定稿书目，与最终实际出版的相比较，其数量、书目、版本都有调整，原因大致有这么几种：一是编纂团队精益求精，在编纂过程中不断完善书目。二是出版社编辑在依《拟收书目》复制底本的过程中，发现有优于《拟收书目》中的底本，进行调换或补充。例如，"总类"书目中有清丁寿昌《丁氏丛稿六种》（实际含子目 10 种），其中，第一种《读易会通》曾收入《上海图书馆未刊古籍稿本》，只有 37 筒页，编辑在复制该书时查到上图另有一抄本，444 筒页，内容更丰富，故将两书合并，增加了该书的学术含量。再如，正在编辑的"书类"书目中，有清段玉裁《古文尚书撰异》32 卷，原拟据华东师范大学图书馆所藏《经韵楼丛书》本，后经编辑发现，上海图书馆藏有该书稿本，8 册存 6 册，有臧庸注，吴重憙、叶景葵跋，价值更大，经与主编商议，予以调换。三是《拟收书目》信息不准确，如"易类"书目中，有"清汪桂《周易约解》三卷，清刻本（国图）"。经查，国图并无此书，《中国古籍总目》也无著录。又如，"易类"书目中有清沈大本《周易述义》24卷，清抄本，藏无锡图书馆。此书已经专家鉴定，是民国时期上海书商伪造卖给荣家，系伪书。四是由于图书馆出于某种原因，不予复制，如底本破损严重无法复制，上图藏《阮芸台珠湖草堂图》即属此类。又如馆藏机构已有其他排他性出版合约在先，底本不得重复出版等等。上述种种原因，都会使编辑出版过程中对《拟收书目》进行调整，有的是主动为之，有利于学术质量提高，有的则是不得已而为之，但不管哪种情况，都是发生在编辑查找、复制底本和分册、编号、发排等出版环节，客观上给编辑工作增加了一定难度，特别是出版进度因此会受到一定影响（这对政府财政投入的出版项目尤为重要）。针对这个问题，笔者建议，一定要做好大型地方历史文献丛刊编纂的基础性文献普查工作，在利用书目文献的同时，更要充分利用目前各大图书馆藏机构便捷的查询系统以及各类古籍数据库，对没有把握的底本，要尽可能做到目验；同时，最好做一份备选书目，在书目、版本上有所递选。当然，出版社编辑在工作伊始，就要对书目调整可能带来的影响有思想准备，也要有预案（下文还会述及）。

　　二是处理好文献底本复制问题。《文库》约超过2000册是以文献影印加书前提要形式出版，复制文献底本，就成了这部超大型地方历史文献丛刊编纂出版最重要的基础工作之一，也是出版社编辑最繁重、压力最大的工作之一。据《拟收书目》，《文库》涉及的文献底本大约在八千到一万种之间，分藏各级各类图书馆（包括国外藏书机构），如何使文献底本复制与《文库》编辑出版做到"步调一致"，确实并非易事。我们目前采取的做法，是据《拟收书目》依类依序集中复制，编辑对复制好的文献逐一检查，做出每种书卷页表，根据《文库》600页左右（约含1200筒页）厚度分册、编号、发排，编纂者同时撰写提要，这样做的好处，是便于编辑工作有条不紊。由于项目规模大，实施周期长，涉及文献多，编辑工作一开始就要力求规范有序，特别是在前期工作中，要做好防错防漏防重工作，以防给后面编辑工作造成被动。但此项工作的最大难处也在于此，同一类文献或同一人的著作分藏不同机构，复制进度不一致，甚至有些文献如前面提到的种种原因，能否获取，还是未知数，编辑过程中会因缺某一部文献而影响整个项目分册、编号、发排。"精华编"采用据《拟收书目》预留编号的办法，即一书一号，如首批出版的五种图书中，第一部是编号30号焦循《孟子正义》（上下册），第五部是编号172号赵翼《瓯北集》（上下册），由于"精华编"是文献点校整理，不存在能否获取文献的问题，也不存在多部文献合为一册出版的问题（只有一书多册的情况），预留出版编号是可行的，故我们据《文库》编纂体例，对"精华编"200部整理著作（约600册）全部预留了图书出版编号；而"文献编""史料编""方志编"三编，都是以文献影印加书前提要的形式出版，且规模相对比较大，分别拟收文献5600种、2000种和250种左右，由于文献底本复制的不确定性，依序预留出版编号的办法，实际操作起来有难度。针对上述问题，我们一方面做好《拟收书目》分类检查，首先对分藏不同图书馆的所需文献书目进行归类，相对集中在同一时间段联系复制，尽可能做到分藏在不同机构的每一类文献同时复制。二是提前与馆藏机构沟通，明确所需文献能否复制。三是在馆藏机构同意复制的前提下，预先做好对所需文献之卷页情况掌握，以便在各图书馆文献复制不能同步的情况下做到分册与预留出版编号，不影响后面工作开展。四是在《拟收书目》内所需文献不能获取的情况下及时选用备选书目。

　　三是编辑出版体例问题。对于《江苏文库》一类超大型历史文献丛刊出版项目，如果能够制定科学、合理和务实的编辑出版体例，有利于保证项目的出版质量与进度。图书的编辑出版体例，由内容决定，《文库》六编，从出版形式上有排印（"精华编""书目编"），有影印（"文献编""方志编""史料编"）；从编纂分类上有按传统四部法（"文

献编"），有依行政区划（"方志编"），还有按照现代学科
（"史料编"），要影印的文献多达八千余种，对于这样一部超
大型历史文献丛刊，制定符合学术、出版基本规范又便于操
作的务实性编辑体例，从某种程度上讲，是《文库》能否达
到预期目标的关键之一。《文库》在确定编辑出版体例时，遇
到这样几个问题：首先是《文库》开本是否要统一。《文库》
六编，内容各不相同，出版形式有差异，且体量大，统一成
一种图书开本，虽然形式上很整齐，但不太符合实际需求，
故决定凡以影印形式出版的，在图书尺寸上用大 16 开本，以
便一面纳两个筒页，而排印的整理与研究类著作则用小 16 开
本，以适应读者阅读习惯。其次是分册编号问题。《文库》六
编，最初设想，每编一个序列号，600 面左右一册，但在首批
图书出版中，因底本复制碰到了诸多复杂情况（见上述），实
行起来有较大难度。另外，像"文献编"规模最大，有 1000
册，分经史子集四部，分别由四个学术团队编纂，如以一个
序列号编排到底，最后出版的一部，或许将是十年之后，如
此，维持项目编纂队伍稳定都可能成为问题，故"文献编"
采用四部（经史子集）同步编纂，同步出版，一部一个序列
号（也是一部配一个书号出版）。而同样采用影印方式出版的
"史料编"，由于分类多（15 大类 57 小类），且每类多寡不均，
多则数十册，少则可能只有一两册，如果采用每类一个序列

号，容易造成此编编号杂乱，考虑到"史料编"相对于"文献编"规模小（600 册），所涉及的文献少（2000 种左右），目前期编纂基础较好（该编主编江庆柏先生曾出版《江苏地方文献书目》），故采取一个序列号出版。所以，在分册、序号问题上，我们主要还是从编辑可操作与方便读者使用两个方面考虑，一编一序列号和一编多个序列号并行，同中存异。再次是半筒页还是两筒页一面影印。国内同类项目中，两种方式都有，相对而言，以半筒页一面影印，编辑起来比较容易，但由于《文库》收书量是目前国内同类项目中最多的，故原则上每面采取四拼一的方式纳两个筒页，虽然文字小了，但文献收录数增加几倍，保证了最大容量收录《拟收书目》中所确定的文献，这也符合江苏现存历史文献数量多的实际。当然，在这个问题上也不是一概而论，不搞一刀切，如稿钞本、批校本以及拼页后不便使用的底本，则皆以半筒页一面。另外，对书前提要是否占页码这样看似很小的问题，我们也是根据实际，制定出符合《文库》的编辑体例。通常出版影印项目，我们都会先将提要排版好，置于所需影印文献前，一同编码后再发排，书前有目录，页码一目了然，不管是一书一册或多书合册，翻检比较方便。但对于《文库》这样超大型项目，底本获取的不确定和底本本身复杂因素（包括多书合册的情况比较普遍等），以及项目经费又是按年度拨付也是按年度进行绩效考核（拙文《新编大型地方历史文献丛刊出版中的几个问题——以〈江苏文库〉为例》对这个问题有论及），时间要求比较高，很难做到如出版社自主影印项目的编辑方式，考虑到在复杂性中找到可操作性，《文库》采用提要置每种文献前但不占页码的方式，以应变底本更换或调整等不确定因素。

四是有效的工作机制问题。笔者一直有这样一个看法，对于《文库》这样超大型集体出版项目而言，要避免其成为久拖不决的"烂尾楼工程"，或仅为赶进度而不尊重学术规律、毫无学术质量的"豆腐渣工程"，一个有效的工作机制是非常重要的，《文库》首批图书编纂出版过程中，我们对此感受尤深。由于项目规模大，牵涉面广，出版周期长，编纂人员多，而且来自不同学术单位，又不是所谓专职"馆臣"，各种观点或看法也多，有些学术观点上的争论，至今也没能形成统一意见，特别有不少问题是在编纂出版过程中不断出现的。对此，我们工作中的体会是，一要有负责机制。《文库》采用"工委会""编委会"领导下的各编主编负责制，各编主编负责本编学术团队组建、编纂体例制定、工作流程安排、经费使用等，对学术质量、编纂进度负总责，特别是对编纂中出现有分歧的问题负责定夺，不能久拖不决。为此，我们设计了"书稿三审单"（不是出版社的发稿单），凡交到出版社的书稿，必须有撰稿人、分部主编、各编主编签署意见。二是沟通机制。因为项目编纂与出版的工作性质有所区别，人员也分属不同系统，双方加强沟通，可以避免在出现问题时相互埋怨，《文库》实行主编与出版社编辑定期例会制，建立编纂出版工作微信群，就编纂出版中出现的问题，特别是之前没有考虑到的问题随时进行沟通，达成共识。举一个例子，复制文献和作者撰写提要之间往往有一个时间差，通常是文献到手前作者没法写提要，文献一旦复制完交给作者，出版社又不断催提要，作者和编辑的工作有时合不上拍，如果不及时沟通，相互不理解对方难处，容易影响工作进展，在首批图书出版中，最初我们也遇到类似情况，通过沟通，最终商量出"同步进行，分别编排"的变通办法，即作者在出版社复制底本的同时，也自行先通过其他途径，包括网络、各类古籍数据库等，查找所需文献并提前撰写提要，待文献复制后再进行核对、修改；出版社则将文献底本和提要分别编辑发排，尽可能给作者留出提要写作时间（这也是前面提到提要不占页码的一个原因）。三是执行机制。像《文库》这样超大型项目实施中，针对各类可能出现的问题，制定相应规定是必需的，而且是越具体越好，否则遇到问题没有标准，或难以解决，或各行其是。《文库》大到收书原则小到提要撰写中的许多细节问题，都有严格规定，但更重要的，是大家能否严格执行。如"精华编"选目中，原收有凤凰社已出版的几部古籍整理著作，后经专家审稿，达不到《文库》对整理著作要求，出版社也只能按规定重新约请学者整理。又如对各编是否要单列"凡例"这样"小"问题，经讨论确定，各编"凡例"置前言最末一节，不再单列，虽还有不同看法，但一旦确定，大家就必须统一遵守，保持了《文库》出版体例上统一。

五是编制好出版计划问题。《江苏文脉整理与研究工程实施方案》中，明确用十年时间，编纂出版3000册大型江苏地方历史文献丛刊《江苏文库》，即便不包括前期文献普查、书目论证等基础工作花去的近三年时间，每年也得平均出版300册，这对编纂者和出版单位来说，都是一个相当艰巨的任务，如果没有科学合理的出版规划，很难实现目标。笔者也观察了一些类似出版项目，可能是出版规划不到位，出版节奏掌握不好，项目出版时多时少、时有时无，有的甚至几年见不到一本出版物。当然，形成这样的原因很多，断断续续出版也不一定就不好，关键还是看学术质量。但如果我们有一个符合学术、出版基本规律的科学出版规划，相对均衡出版还是有可能的。要做到项目有计划出版，笔者认为，关键取决于我们对项目选题要有整体规划。大型地方历史文献丛刊除了编纂思路，更重要的还是要逐一落实到具体选题，笔者在与同行交流时也注意到，有些大型地方历史文献丛刊，虽然已经陆续出版，但拿不出一份完整丛刊选题目录，造成项目选题随意性较大，也容易影响项目质量与进度。总数在3000册的《文库》，前期用了近三年时间，在大量文献普查的基础上，各编都编定了《拟收书目》，多则如"文献编"5600余种，少则如"精华编""方志编"200余种，也就是说，各编都有一份相对完整的选题规划，但即便如此，如何持续性实现项目出版，特别是通过《文库》"书目""文献""史料""方志""精华""研究"六编的"同步出版"，让读者了解江苏历史文化的整体景观，并系统认识江苏历史文化发展脉络，也并非易事。笔者提出，像《文库》这样出版周期长的超大型项目，要使编纂与出版形成良性互动，从出版角度讲，一定要力争做到编辑一批，出版一批，启动一批，规划一批。要做到如此，一是基础工作要充分，包括从文献普查到项目选题规划，从书稿编校再到图书装帧印制。《文库》首批图书出版前，也有来自不同方面的疑问，投入三年经费却没出一本书。笔者坚持，如果项目出版条件不成熟，基础工作不扎实，特别是不具备可持续出版条件，宁可缓出。二是出版计划要科学，承担《文库》这样超大型出版项目，出版社面临出版质量与数量的压力是很大的，制定出版计划要实事求是，要尊重学术、出版基本规律。《文库》首批图书出版后，我们在总结前期工作经验与教训的基础上，对下一个阶段的出版目标作了规划，并具体落实到每一编，大致确定，前三年（2019 年起）每年出版 150 册至 200 册，其后在 200 册至 300 册甚至可以更多一些（按：2018 年出版 86 册，2019 年出版 184 册，2020 年出版 217 册，2021 年出版 253 册，2022 年出版 262 册），当然，还是要看我们前期基础工作是否充分。三是团队合作要有力，主要是编纂与编辑团队之间的配合和合作，为此，凤凰社不但成立了《江苏文库》编辑部，保证有比较稳定的编辑队伍与编纂团队长期合作，而且在编辑部内部分工上，采用所谓"人盯人战术"，即《文库》每一编都明确有专人与编纂者对接，两个团队之间，形成了非常和谐的合作关系。四是项目出版要与出版社发展相结合，特别是选题结构、人才培养等，这一点非常重要。笔者一直认为，要出版好《文库》这样超大型地方历史文献项目，作为古籍出版单位，一定要将项目选题与出版社古籍专业选题长期规划结合起来。例如，《文库》首批图书中，"方志编"中影印了（乾隆）《江南通志》，在此基础上，我们又将其列入出版社重点古籍整理选题，组织学者进行点校整理，该项目已被列入"十三五"国家重点图书出版规划、2017 年度国家古籍整理出版专项经费资助项目（按：该书 2019 年出版，并获江苏省哲学社会科学一等奖）。又如，2019 年即将出版"书目编"中的

《江苏艺文志》（增订本）、"精华编"中的清人陈奂《诗毛氏传
疏》等，都是出版社重点古籍整理选题，也都被列入2018年
度国家古籍整理出版专项经费资助项目（按：目前两书均已
出版）。所以，我们将《文库》中许多选题与凤凰社下一个十
年古籍整理选题规划结合起来，也唯有如此，《文库》出版与
出版社发展才能相得益彰，《文库》项目才能可持续出版。另
外，鼓励《文库》编辑部编辑，以《文库》相关选题，作为
自己的学术研究课题，其中，一位编辑已进入凤凰集团企业
博士后流动站，其课题即与《文库》有关，这样，把编辑工
作与学术研究结合起来，有利于在工作实践中培养人才。

　　六是如何实现项目效益问题。图书效益体现在社会和经
济两个方面。如何让《文库》这样超大型历史文献丛刊在各
个出版阶段惠及读者，如何将其打造成政府主导下的"文化
惠民工程"而不是"面子工程"，首批图书出版前后，这个
问题一直困扰着我们。从主观上讲，编纂出版一部高学术水
准地方历史文献丛刊，避免仅仅满足于变"散藏"为"集中
藏"，避免没有学术含量、东拼西凑、低水平重复出版等，是
满足读者需求、实现图书效益的关键。同时，从客观上讲，
项目规模大、出版周期长、分批分类出版等，也给读者购买、
图书馆收藏或读者借阅造成一定困难，尤其《文库》首批图
书中，除"精华编"5种（11册）是每单品种一个书号可以

进入市场流通外，其余"文献""史料""方志"三编均是某一类的某一部分，如总数1000册的"文献编"，共分四部12大类19小类，首批出版的38册中仅是"经部"中"总类""易类"两部分，前面提到，"文献编"是按传统"四部"分类编纂，编辑体例上是每"部"一个序列号，出版时是一"部"一个书号，每一部最终完成都要在若干年之后，如此，依据上述编辑体例，"文献""史料""方志"三编在某一部（或全部）完成前是不具备图书销售条件的。如何解决这个问题，让读者及时了解并能使用《文库》，我们目前的思路是项目数字化同步实施（《方案》中，原规划《文库》数字化是在纸本完成以后的二期工程），通过网络平台，以数据库形式，先将印制完成的《文库》及时上线，供读者使用。2019年，《文库》首批图书将在中华书局古联（北京）数字传媒科技有限公司的古籍数字出版平台"籍合网"发布（按：经《文库》相关领导部门研究，将及时向国内省级公共图书馆、有关高校图书馆赠送样书，以惠及更多读者）。

上述几个问题十分细小琐碎，但都是我们在编辑出版《江苏文库》首批图书中遇到的，另外，还有一些看似很细节的问题，例如：如何署名、印制材料能否长期供应并保证统一等（按：目前这些情况均已出现），这些问题处理不好，可能会影响《文库》出版大局。当然，我们对这些问题的处理，未必正确或科学，只是一点探索，有的还是笔者个人一些不成熟的想法，之所以不厌其烦提出来，就是希望得到更多专家学者和出版同道指点。笔者认为，像《江苏文库》这样出版周期长的超大型古籍出版项目，在编辑出版过程中，只有通过不断总结并完善与修正，或许可以少留一些遗憾。

（原文刊于《古籍整理出版情况简报》2019 年第 6 期）

《江苏文库》编纂出版中的四个问题

——三谈大型地方历史文献丛刊编纂出版

　　《江苏文库》启动已有六年，自 2018 年始，每年推出一批成果，连续五年，至 2022 年底，共出版图书 1002 册（2018 年 86 册、2019 年 184 册、2020 年 217 册、2021 年 253 册、2022 年 262 册），其中：（1）"书目编" 41 册（含《江苏艺文志》28 册、《江苏地方文献志》9 册、《江苏典藏志·经部》4 册）。（2）"文献编" 257 册，收录文献 676 种，其中经部 120 册，收录文献 359 种，史部 79 册，收录文献 90 种，子部 31 册，收录文献 129 种，集部 27 册，收录文献 98 种。（3）"精华编" 71 部 129 册，整理文献 78 种。（4）"史料编" 221 册，收录文献 1061 种。（5）"方志编" 288 册，收录文献 170 种。（6）"研究编" 66 册。除 "书目""研究" 两编外，其他四编，共收录古代江苏文献 1985 种。目前，《江苏文库》已形成 "六编" 同步持续出版的良好局面。根据规划，未来若干年，每年将出版 250—300 册，"十四五" 期末，也就是《江苏文脉整理与研究工程实施方案》确定的时间，可以基本完成"六编"中的"书目编""方志编""史料编"，其他三编，将在其后两三年内完成，整个《江苏文库》出版前后需要13年左右的时间。这与当初编纂出版团队在做整体规划时，确定前三年文献普查，后十年编纂出版的思路基本一致。之所以到目前，《江苏文库》编纂出版还比较顺利，这与前期准备比较充分有很大关系，大致有这样几项前期准备工作，包括组织编纂团队、确定工作机制、商定工作步骤、讨论编纂体例、进行文献普查、征求书目意见、研究编辑体例、编制经费预算等，并编印《江苏作家现存著述目录》《江苏文库各编拟收书目》，特别是《拟收书目》，经过十余次各级专家论证才形成。但作为超大型文献丛刊，即便前期考虑再周全，在后期实际出版中，难免还会出现各种各样问题。因笔者参与了《江苏文库》项目前期论证，并执笔起草了《实施方案》，目前又作为该项目出版主持人，对一些问题感受尤深，项目出版前后，也曾撰文谈了相关问题（《新编大型地方历史文献丛刊出版中的几个问题——以〈江苏文库〉为例》《〈江苏文库〉首批图书出版述略——再谈大型地方历史文献丛刊出版中的几个问题》，分别载《古籍整理出版情况简报》2018年第3期、2019年第6期），但随着多批图书出版，又碰到一些新问题，自己也有一点新思考，本不值得一提，但近见同类项目渐多，又有同行垂询，故不揣浅陋，将一些琐碎问题列出，以便同道参考。

第一个问题是编辑出版体例。就笔者所见，目前规划或出版的新编地方文献丛刊，其规模鲜有百册以下的，如《荆楚文库》《八闽文库》《巴蜀全书》《江右文库》等，都规划在千册以上，市县一级的，如《扬州文库》《常熟文库》等，首批都是一百册（据悉还有后续编纂出版计划）。从图书出版角度，一套百册图书，已不是小数目了，何况数百或上千。虽然规模大小，主要取决于各地文献存藏情况，但编纂出版规模越大，难免碰到的问题也会越多，包括如何设计收录不同文献的丛书框架，使其比较全面反映地方文化特征；如何设计编纂出版体例，方便项目实施和读者使用；如何确定整理方式，影印的方式固然可以比较快、比较多地收录文献，但它的受众面相对较小，而标点、校勘等方式，虽然可以解决部分阅读障碍，但要保证质量和进度，难度又相对较大，从《江苏文库》目前出版进度看，影印的"文献""史料""方志"三编，快于整理的"书目""精华"编；如何解决销售问题，一般而言，图书规模越大，销售难度也大，一套百册或千册的图书，基本上把个人购买挡在了门外。另外，还有诸如印数、仓储等问题，解决不好，总是负担。

《江苏文库》属于超大型地方文献丛刊，当初设计，考虑各编（共六编）相对独立。"书目编"由《江苏艺文志》《江苏地方文献志》《江苏典藏志》三部书构成，故出版体例上，以一部书一个书号，每部书独立序号，如《江苏艺文志》28册，《江苏地方文献志》9册。"精华编"也类似，拟整理200部书，每部单独出版，独立序号，与"书目编"所不同的是，"精华编"全编编号，以著者生卒年为序，每部书预留一个编号，共200号，如一部书有若干册，再编小号码，如《公羊义疏》共4册，大号编为23号，再编小号①—④号。由于这两编的每部书是单独出版、单书定价，易于读者购买，也便于使用。同时，出版不受制于前后顺序，成熟一部，出版一部，利于进度把控。"文献编"1000册，按经史子集四部编排，每部统一编号、一个书号，全编共4个书号。"史料编"600册，全编统一编号、一个书号。"方志编"按省、府、专志三部编排，每部统一编号、一个书号，共3个书号。当初设想，这样的出版体例，能够比较好地体现一套大型丛书的整体性。但在这几年的出版实际中，碰到了一些问题或困难，例如，每部规模偏大，编辑出版中，如遇一两种书暂时无法获取，编辑工作将停顿，影响整个出版进度。《江苏文库》编辑出版之初，也考虑到这个问题，并想了一些办法，比如先查清所需文献简页，预留编号等。但在实际中碰到这样的问题愈来愈多，解决起来就比较困难了。这个问题可能是这类项目出版中普遍会存在的，罗琳先生在谈到编《中国科学院文献情报中心藏古籍珍本丛书（稿抄本部分）》，也说："经、史、子、集都印。而且我拿到什么书印什么书，最后做索引的时候再来按类分清楚，不然中间差一本书我就得停摆。"（王锷主编《皇皇者华——学礼堂访谈录》，凤凰出版社 2022 年版）罗先生因主编过《四库未收书辑刊》《四库提要著录丛书》《四库全书底本丛书》等多种大型古籍影印项目，对此应该是深有体会的。

《江苏文库》在设计编辑出版体例时，重视学理和规范的同时，多着眼于"编"和"出"，但对读者的"购"和"用"，考虑相对少了，忽视了出版成果及时转化和利用的问题。《江苏文库》从 2018 年开始出版，"文献编""史料编""方志编"已分别出版了 257 册、221 册和 288 册。但受制于上述编辑体例，在各部或整编未完成情况下，因为没有书号，无法销售，读者当然也无法购买和使用。为了补救这个问题，我们现将原定的《江苏文库》二期工程，即纸本完成后再实施的《江苏文库》数据库，提前到与纸本同步。

同时，因上述原因，《江苏文库》目前还存在仓储压力，出版的图书暂时无法周转，占用了相当面积的库房，而且每年还在只进不出，积压越来越多。

笔者也在思考，这类大型或超大型图书，在做好前期总体框架设计的基础上，如果采用分步实施的办法，即分辑编号出版，或者一部书一个书号的出版形式，可能更便于在实际中操作，《山东文献集成》出版方式，可以参考。当然，分辑出版或单书出版，前提都是要做好前期论证和整体设计，既要符合学术规范，又要考虑方便实施和读者使用。同时，这类项目出版周期都比较长，分步实施过程中，要"瞻前顾后"，注意保持前后体例统一，确定下来的体例、各编（部）拟收书目等，非原则性问题，都不宜随便改动。但对过程中可能出现的可变因素，有的看起来是很小的细节问题，例如工作人员调整如何署名，也要有所考虑，否则不利于项目开展。

第二个问题是关于重复出版。这里的重复，主要是指新编"文库"（"丛书"）中收录的文献，已在当代其他书中出版过，例如影印的文献，大致有这么几种情况：一是在一些大型文献集中已被收录出版，如《续修四库全书》（上海古籍出版社2002年版）、《四库全书存目丛书》（齐鲁书社1997年版）等，尤其是"方志类"，由于地方志是地方文献的重要内容，大多新编地方文献丛刊（文库）都会收录。近十年来，地方志出版项目量大面广，除《中国地方志集成》外，还有省域"方志集成"，如《广东历代方志集成》《江苏历代方志全书》等，以及各级图书馆藏机构藏"珍本丛刊"，如《国家图书馆藏地方志珍本丛刊》《南京图书馆藏稀见方志丛刊》《南京大学图书馆藏稀见方志丛刊》《复旦大学图书馆藏稀见方志丛刊》等。《江苏文库》"方志编"所收录的，大多已见《江苏历代方志全书》等，重复率比较高，《全书》收唐代至民国旧方志650余种，《文库》"方志编"收录其中250种，目前已出170种，版本与《全书》不相同的仅数种。笔者没有具体比对其他同类项目，但从有的单位联系凤凰出版社《中国地方志集成》等书底本情况来看，这个问题应该是存在的。二是同一行政区划中的省市县编纂同类项目，容易出现重复出版的现象。《江苏文库》编纂之前，江苏省内已有《金陵全书》《无锡文库》《扬州文库》《泰州文献》出版，之后又有《镇江文库》《常熟文库》《滨湖文库》等陆续编纂出版，依据对"地方文献"理解，或著者或内容，这种行政区划上下关系间的同类项目，或多或少都会有重复，如《江苏文库》已出"史料编"中，所收《扬州赋》一卷、《续扬州赋》一卷、《瓜洲志稿》十二卷等数种文献，在已出版的《扬州文库》中就收录过。方志类文献重复可能更多。三是因编纂体例形成著者身份归属引起的重复，即同一著作被不同地区所编"文库"收录，原因是有的在考虑作者籍贯之外，还考虑了作者寓居情况，例如，据悉《金陵全书》和《江右文库》都有计划收录王安石《临川集》等。《江苏文库》在这个问题上，有不同看法，有人认为，如王安石居"半山园"、袁枚居"随园"等，都已成为江苏在中国文化中的景观和符号，《江苏文库》理应收录他们这个时期的创作。但后经商定，仍主要以籍贯为主，寄籍或寓居者从紧，当时基于这样的考虑，一是江苏历史文献存量较大，据《江苏文库》"书目编"《江苏艺文志》（增订本）统计，作者29617人（含少数流寓并定居江苏者），著作85309种（含佚书），《江苏文库》如果再大量收录由外省流寓或定居江苏作者的著作，数量会大大增加。同时，由于作者旅居行迹或著述情况各不相同，比较复杂，容易造成《文库》具体实施过程中，著者、文献收录标准难以把握，取舍难度增加。二是其他省同类"文库"已经收录出版，为避免过多重复，不予收录。例如，虽是"钱塘人"的袁枚，但曾卜居江宁小仓山之随园，晚自称仓山居士、随园老人，集名《小仓山房诗文集》《随园诗话》等，但考虑《浙江文丛》已出版《袁枚全集》，故《江苏文库》未予收录。作为同是钱塘人的沈括，《四库全书总目》称其"寄籍吴县"，于京口筑"梦溪园"，著《梦溪笔谈》。《江苏文库》"文献编"则酌情收录其较少被影印或整理的著作，如《沈存中图画歌》《忘怀录》《本朝茶法》等，至于《梦溪笔谈》，考虑整理本较多，"精华编"不作收录，"文献编"则拟影印国家图书馆藏元大德九年刻本，此本虽也有影印出版，如《中华再造善本》，但毕竟少见。关于整理文献部分，重复出版，主要是指通过版权合作的图书，《江苏文库》"精华编"部分图书属于此类，笔者曾谈过对这个问题的看法，这种合作出版方式，可避免重复整理，也能保证时间。《江苏文库》对这部分图书，都进行了严格审校，有的整理者还做了修订工作，但对读者而言，终究有"新瓶旧酒"感觉。

　　上述重复问题，原因复杂，难以一概而论，但在多地编纂出版这类地方文献时，如何掌握编纂出版标准，避免过多重复，确实还是需要重视的。有学者已经注意到这点，清华大学图书馆刘蔷教授在参加由南京大学和凤凰出版集团主办的"文脉传承与地域文化——大型地方历史文献编纂与出版学术研讨会"上，提出一个值得我们出版者思考的问题，她说：一些地方上的知名学者，著作重复出版，出版者应该考虑，能给学术界提供哪些更多新材料；另外，图书馆选书也会考虑重复率问题。笔者在主持《江苏文库》出版的这几年间，也在思考，对一些影印出版频率较高的文献，可否通过不同版本，降低完全雷同比例，目前这类"文库"（丛书）影印文献，大多立足所谓善本或珍稀版本，也正因此，就比较容易出现上述几种重复出版的现象，如果我们在文献版本选择思路上做些调整，并在提要中将版本源流、存藏情况及现今出版梳理清楚，或许可以避免一部分问题，同时还能够提供更多学术信息。《江苏文库》拟在最后附录《江苏文库未收书目及版本》。至于通过版权合作方式出版的整理本文献，笔者也注意到，有些是十几年甚至几十年前重版。《江苏文库》"精华编"的做法，是在确定整理书目后，先做版本调查，分有整理本和未整理本，未整理的，选择整理者约稿，有整理本的，再分三种情况予以鉴别与处理，第一种是目前学术界对整理质量比较认可的，直接进行版权合作，出版社主要在编校质量方面进行完善提高，第二种是整理质量基本达到现今学术要求，但需修订或增补充实，"编委会"提出审稿中的问题及修订意见，由整理者修订，如凤凰社本版《陆士衡集校注》，也是通过修订后才收录到《文库》"精华编"，三是需要重新整理。笔者以为，《江苏文库》的做法，还比较符合实际，目前遇到的问题，是需要修订的整理本，有的整理者无暇顾及，或有的已经去世，在修订程度上高低多寡不一。因此，我们在项目最初设计时，还是应该对这个问题予以重视并提前确定对策。

第三个问题是数字化及其运营。就笔者所见，目前新编大型地方文献项目，大多都提出数字化或融媒体出版构想，但除少数数据库，如《广州大典》《金陵全书》等上线外，成果似乎并不多。《江苏文库》数据库与纸本出版基本同步，目前出版的图书均入数据库了，并建有 PC 端和微信小程序平台，实现了排印本图书全文检索，影印本图书目录、提要检索和图版呈现。但在这期间，还是碰到一些问题，有些至今尚未有很好的答案。首先，出版企业数字化转型在认识上已成共识，尤其如专业古籍出版社，古籍数字化问题至少谈了也有20多年，在《国家古籍整理出版"十五"（2001—2005年）重点规划》"综合参考类"中，首次列了一项《中国基本古籍库》数字化项目，《2011—2020年国家古籍整理出版规划》中，则首次在类别上增加了"古籍数字化类"，并列入20个项目。但或许因为单体古籍出版单位，受古籍数字化所需的内容资源、数字平台、网络渠道、技术人才等条件限制，真正有突破性进展的并不多，一些已经普遍运用于其他行业的成熟数字技术，在传统古籍出版社似乎并没有得到充分利用，一些被学术界接受的古籍数字产品，大多也非古籍出版单位制作。《江苏文库》数字化工作一开始，就碰到谁来实施的问题，传统出版社不具备数字化专业人才，大多专业数据公司有技术优势，但缺乏对古籍文献最基本了解，包括使用者需求等，正如出版行业，数字公司也有各自的专业、专长领域，而古籍整理和数字技术又是两个专业性特别强的领域。《江苏文库》最终选择了与中华书局所属专业古籍数字公司合作。其次是这种与专业古籍数字公司合作，虽然项目实现了数字化，但出版社数字化出版转型并未能有实质性推进。最初设想，以《江苏文库》数字化为突破口，全面提升凤凰出版社古籍数字化工作，目前看来，这条路还很长。所以我个人理解，专业古籍出版社数字化转型，仅仅作为内容提供者是不够的。再次是如何通过数字化，体现大型地方文献丛刊内容优势的问题。如前所说，这类"丛刊"规模都比较大，所涉文献比较多，而且因地域性特点，许多文献未被整理或出版，但在出版形式上，多以影印为主，例如《江苏文库》，拟收录文献8000种左右，除"精华编"整理其中200种外，其余是影印出版（每种书前撰有提要），现有数据库仍是以图版形式呈现，未能充分体现数字传播优势，使用面也受到限制。如果要将数千种文献全部整理，短时间很难完成。目前，数字技术下的智能识别和机器标点，加快了古籍文献图文转换（当然还不能缺少人工校对环节），为向"文本结构化、知识体系化、利用智能化"的古籍数字化更高层次发展，提供了基础条件。虽然智能识别、机器标点还存在不少问题，但我们应该看到这种发展趋势，顺应技术倒逼，一开始就站在高起点上，规划和实施项目数字化。目前，《江苏文库》已在研究利用人工智能识别（OCR）技术，拟对影印的文本进行图文转换，同时借助人工校对，先易后难，逐步实现《文库》文本可检索。

　　不久前，中共中央办公厅、国务院办公厅印发了《关于推进新时代古籍工作的意见》，特别就"推进古籍数字化"提出了"统筹实施国家古籍数字化工程。积极对接国家文化大数据体系，加强古籍数据流通和协同管理，实现古籍数字化资源汇聚共享"。无疑对推动古籍出版单位数字化进程，加注了强劲的助推剂，让我们每个古籍出版单位，有了在国家古籍数字平台和资源共享中，实现古籍出版数字化新突破的条件。地方文献编纂及其数字化，只有主动"对接国家文化大数据体系"，利用国家对古籍资源统筹与共享的有利条件，顺应时代发展要求，才有可能在自身内容生产的专业优势基础上，实现数字化出版转型新突破。

　　第四个问题是如何平衡编纂体例外的相关内容。一套丛书，无论规模大小，总有自己的编纂和出版体例，笔者在主持《江苏文库》出版过程中，碰到不少这样的问题，一是有些很好的江苏地方文献整理、江苏地方文化研究选题，因受限于《江苏文库》体例，无法纳入，非常遗憾。例如，"精华编"团队延展出来的《江苏历代文选》，从各类历史文献中选取江苏籍作家或书写江苏的历代名篇，依类编排，予以整理和导读，充分体现了"江苏文脉"的传播要求。这样的选题，如果不能纳入现有丛书，那么在项目立项、经费资助等方面，就会有一定困难。二是有些文献，完全符合《江苏文库》收录标准和编纂体例，属于应收而未收一类。随着《江苏文库》

持续出版，关注和关心的人也越来越多，有些学者对《文库》
所收书目，进行了补充，并提出了很好建议，对完善《文库》
编纂，提高《文库》质量，很有帮助。但由于《江苏文库》
在前期基础工作时，对各编册数、所收文献、编排顺序、出
版序号等，已经做了规划和安排，随着图书不断出版，有些
应该补充的文献，因编排体例，难以插入。这种情况还包括
某一种文献或版本，先因种种原因未能取得，碍于出版进度，
只好被迫放弃或调换版本，但后来又获取到了。对此，我们
在这个问题上有了一些新的思考和认识，首先，就《江苏文
库》而言，只是"江苏文脉整理与研究工程"（简称"工程"）
的一部分，甚至是很小的部分，"工程"所要体现的江苏文
化的丰富性，远非一部《江苏文库》可以涵盖，应该有更多
的内容和形式。其次，遵照一定的编纂出版体例，对《江苏
文库》这样超大型文献丛刊来说，十分重要，能够确保其保
持基本学术和出版规范，但同时，体例并不能成为制约提高
《文库》质量的框框，编辑出版过程中要有补救措施，应该
把更多、更好、更能反映江苏文化精神的文献呈现出来。目
前，我们的设想是，在《江苏文库》之外，以更开放、更灵
活的编纂和出版体例，容纳更多符合"工程"基本要求、与
《江苏文库》相关的内容，初步考虑以《江苏文库》"外编"和
"补编"的形式，前者收录与《文库》有关、但与体例不符的

内容，后者收录已出版《文库》中应收却未收的内容。但上述仅是目前设想，尚在听取意见之中，这里提出来，也是期待听到更多高见。

另外，这类大型地方文献丛刊编纂出版过程中，还会遇到如何向大众传播、普及的问题，都是需要我们不断探讨的。

笔者认为，如《江苏文库》这样的超大型文献丛刊，在后续编纂出版过程中，不免还会出现意想不到的问题，所谓"智者千虑必有一失"，所以过程中不断总结，不断完善是必要的。

《江苏艺文志》（增订本）例述

　　增订本《江苏艺文志》列入 2018 年国家古籍专项经费资助项目，2019 年底出版，并作为《江苏文库·书目编》最重要的一种同时出版。所谓"增订本"，即针对 20 世纪 80 年代末由南京师范大学赵国璋教授任主编、江庆柏教授任副主编，江苏省多所高校、科研机构、图书馆共同参与，1994 年开始由江苏人民出版社分卷陆续出版，并于 1996 年完成的《江苏艺文志》而言（为叙述方便，下文分别以【原本】、【增订本】加以区分）。

　　汉班固曰："歆乃集六艺群书，种别为《七略》。语在《艺文志》。"（《汉书》卷三十六，中华书局 1962 年版，第 1967 页）班固据刘歆《七略》，于史书首设群书分类（六类）目录"艺文志"，至《隋书·经籍志》发展为四部分类，所谓"今考见存，分为四部"（《隋书》卷三十二，中华书局 1973 年版，第 908 页），其后中国历史上的史书、志书所载图书目

录，大多沿用"艺文志"或"经籍志"名称，其功用即所谓
"辨章学术，考镜源流"（章学诚《校雠通义》卷一"叙"，见
《文史通义校注》，中华书局 2014 年版，第 1101 页），《江苏
艺文志》即属此类中之地方文献书目。对于"地方文献"的
理解，通常有两种，一是文献内容与一个地域有关，一是文
献著者与一个地域有关，主要是本籍人士或长期寓居本地著
者的著作。《江苏艺文志》所著录的书目主要是后者。历史上
这类书目并不少见，比较早的记载，有唐刘知幾《史通·书
志篇》中的一段话："近者宋孝王《关东风俗传》亦有《坟籍
志》，其所录皆邺下文儒之士、雠校之司，所列书名，惟取当
时撰者。"（《史通通释》，上海古籍出版社 2009 年版，第 56
页）后世地方志中也多见，如江苏历史上的乾隆《江南通志》
之"艺文志"、《江苏通志稿》之"经籍志"等。

　　《江苏艺文志》【原本】在编撰体例上，主要有以下几条：
一是"著录上古至清末及部分生于晚清而于 1949 年 9 月 30
日之前去世的江苏籍作者著作，酌收外省流寓并定居于江苏
的作者著作"。二是"以江苏省 1990 年行政区划分卷，每一
省辖市及属县（含县级市）各自成卷，共 11 卷。古代行政区
划归入现今相应的地区。已划归他省市者（如上海松江）不
收，原无建制者（如张家港市）亦不单独列出"。三是"采用
以年系人、以人系书的编纂方法，每一条目包括人物小传与

所著书目两部分"。四是"所收书目以编集成册的古典文献为主，酌收零散作品"。五是"著录各书依经、史、子、集、丛书的次序排列。书名下注明卷数、四部类目、存佚。现存书注明版本，稿本、抄本、稀见本等注明收藏单位。佚书注明出处。"（详见该书《凡例》）依上述体例，《江苏艺文志》【原本】共计11卷15册，分别是《南京卷》（2册）、《镇江卷》（1册）、《常州卷》（1册）、《无锡卷》（2册）、《苏州卷》（4册）、《扬州卷》（2册）、《南通卷》（1册）、《盐城卷·淮阴卷》（1册）、《徐州卷·连云港卷》（1册），著录作家27529人。此书出版，是对江苏历史上学人著述情况的一次全面普查，对江苏文化研究具有重要意义。

　　当然，由于受诸多客观条件因素限制，人们在使用过程中，也不断发现其存在的不足，特别是随着图书馆文献开放度提高、编目信息完善以及便利的数字查询系统建立，其所存在的缺、误等主要问题就更容易显现出来。为此，2014年，江苏省地方志办公室、凤凰出版社与南京师范大学江庆柏教授及其学术团队合作，开始在原有基础上进行增订。所谓"增订"，即在保持原书基本体例不变的情况下，增补遗漏，订正讹误。对此，江庆柏教授在【增订本】前言中，就本次增订工作，有较详细说明："增订本保持原书基本体例不变。增订内容包括'订'和'补'两部分。'订'即改正以前的错误，包括姓名、小传、书名、版本、出处等。排序错乱、年份颠倒的加以调整。'补'即增补内容，主要包括增补作家、小传、著作、版本。一些著作还增补了简明扼要的提要。"（见《江苏艺文志》增订本说明，凤凰出版社 2019 年版）由于本书列入《江苏文库·书目编》，本人忝列该编主编之一，故此以《江苏艺文志》【增订本】较之《江苏艺文志》【原本】，依江庆柏教授"增订本说明"，举"增""订"两方面数例，说明此书增订工作之若干，并作此书推介。

先说"增"。

首先是著录作者人数及相关统计数的增补。《江苏艺文志》【原本】著录作者 27529 人，《江苏艺文志》【增订本】著录作者 29617 人，增加了 2088 人，其中以《苏州卷》新增人数最多，超过千人。【增订本】著录著作 85309 种，其中经部文献 7842 种，史部文献 16633 种，子部文献 15716 种，集部文献 44002 种，丛书文献 1116 种（很遗憾，由于【原本】出版较早，没有这项确切数据统计），并对各分卷作者、著作（包括经史子集丛五部图书）著录数也作了详尽统计，分别是：《南京卷》2567 人、8392 种（经部 721、史部 1500、子部 1749、集部 4298、丛书 124），《镇江卷》1659 人、5012种（经部 394、史部 1106、子部 1006、集部 2483、丛书 23），《常州卷》2239 人、7317 种（经部 1072、史部 1531、子部

1333、集部 3236、丛书 145)，《无锡卷》4624 人、11983 种
（经部 1166、史部 2395、子部 2076、集部 6223、丛书 123)，
《苏州卷》10789 人、32573 种（经部 2474、史部 6177、子
部 6109、集部 17371、丛书 442)，《扬州卷》2236 人、6811
种（经部 907、史部 1094、子部 1260、集部 3434、丛书
116)，《泰州卷》1364 人、3022 种（经部 238、史部 585、子
部 561、集部 1614、丛书 24)，《南通卷》1341 人、2902 种
（经部 232、史部 456、子部 434、集部 1760、丛书 20)，《淮
安卷》967 人、3209 种（经部 243、史部 908、子部 461、集
部 1516、丛书 81)，《盐城卷》474 人、1141 种（经部 104、
史部 266、子部 198、集部 567、丛书 6)，《宿迁卷》279 人、
653 种（经部 58、史部 107、子部 141、集部 338、丛书 9)，
《徐州卷》832 人、1783 种（经部 185、史部 398、子部 301、
集部 897、丛书 2)，《连云港卷》246 人、511 种（经部 48、
史部 110、子部 87、集部 265、丛书 1)。这些具体数据统计，
对江苏区域文化定量分析与研究会有很大帮助。同时，根据
江苏现在行政区划，将【原本】编撰时 11 个地级市的 11 卷
15 册，调整为 13 地级市的 13 卷 28 册，分别为《南京卷》(3
册)、《镇江卷》(2 册)、《常州卷》(2 册)、《无锡卷》(4 册)、
《苏州卷》(9 册)、《扬州卷》(2 册)、《泰州卷》(1 册)、《南
通卷》(1 册)、《盐城卷·宿迁卷》(1 册)、《淮安卷》(1 册)、

《徐州卷·连云港卷》（1 册）及《索引》（1 册）。由于著录的
作者、著作和版本增加，全书字数也相应从【原本】的 850
万字左右，增至现在 1200 余万字，同时，《江苏艺文志》【增
订本】改变了【原本】各卷自编一个索引的做法，重新编制
了全书人名索引，合成一卷，极大方便读者使用。

　　其次是著录著作数的增加。上面提到，【增订本】著录著
作 85309 种。由于受当时客观条件限制，【原本】没有这方面
比较准确的数据统计，但除了从上述作家数的增加可以说明
这个问题外，下面再列举【原本】与【增订本】同一作家著
作著录增加情况略加例述：《镇江卷》"米芾"条，【原本】著
录 28 种，【增订本】著录 39 种，新增 11 种：《米南宫评纸
帖》〔国家图书馆藏日本大正三年（1914）年大阪油谷博文堂
影印明拓本〕、《米元章书画史》2 卷（国家图书馆藏明刻本）、
《阅书帖记》1 卷（天津图书馆藏清抄本）、《宝晋山林集拾遗》
4 卷（北京大学图书馆藏清影宋抄本）、《宝晋山林集拾遗》
（上海图书馆藏清抄本）、《宝晋英光集》6 卷附 1 卷（南京图
书馆藏清劳权抄、丁丙跋本）、《宝晋英光集》8 卷（《四库全
书》本）、《米元章宝晋斋集》1 卷〔辽宁大学图书馆藏明天启
五年（1625）海虞毛氏绿君亭刻本〕、《米元章集》（国家图书
馆藏明末海虞毛氏绿君亭抄本），以及今人编辑两种：《米芾
书法全集》（王连起、薛永年编，2010 年紫禁城出版社）、《米

苐集》(张玉亮、辜艳红点校，2014 年浙江人民美术出版社)；再如《苏州卷》"沈周"条，【原本】著录 20 种，【增订本】著录 40 种，翻了一倍（由于新增书目较多，此处不一一列出）。这类增补，是此次增订一大工作。

再次是增加了所著录著作的版本。依据今日之条件，所见古籍版本，较之二十年前已有极大进步，【增订本】尽可能有所反映，即以《扬州卷》"焦循"为例，与【原本】比较，【增订本】除新增近二十种著作及各种版本外，对【原本】著录著作的版本也多有新增：《雕菰楼易学三种》、《毛诗补疏》5 卷，增"稿本，台湾'中央图书馆'藏"；《毛诗物名释不分卷》，增"稿本，存卷 1，上海图书馆藏"；《三礼便蒙》，增"抄本，3 卷，北京大学图书馆藏"；《论语补疏》3 卷，增"稿本，2 卷，台湾'中央图书馆藏'"；《孟子正义》30 卷，增"稿本，7 册，南京图书馆藏"；《邡记》6 卷，增"清稿本，2 卷，国家图书馆藏"；《五斗室诗钞》1 卷，增"抄本，国家图书馆藏"；《里堂诗集、词集》8 卷、2 卷，增"清抄本，上海图书馆藏"；《扬州足征录》27 卷，增"抄本，19 卷，北京大学图书馆藏"。

第四是增加版本馆藏信息。【原本】对存世版本的馆藏信息仅著录了善本和稿本，一般图书没有著录，【增订本】为方便读者使用，"均著录了馆藏"。以《扬州卷》几条为例，

如"徐铉"条：徐铉校定《说文解字》15卷，【原本】仅著
录为"明赵灵均影宋大字本"，【增订本】则增加馆藏"明赵
灵均影宋大字本，日本大谷大学图书馆藏"；又《骑省集》30
卷，【原本】："光绪刻本"，【增订本】："清光绪黟县李氏刻
本，南京图书馆藏"；又如"江藩"条：《国朝汉学师承记》
8卷、《国朝经师经义目录》1卷、《国朝宋学渊源记》2卷、
《附记》1卷，不但新增藏于南京图书馆的清咸丰刻本、光绪
十一年扫叶山房刻本两种，对【原本】仅著录的嘉庆二十三
年阮元刻本、光绪二年木活字本、光绪九年山西书局刻本、
光绪二十二年宝庆劝学书社刻本，【增订本】均新增"南京图
书馆藏"；再如"焦循"条：《周易补疏》2卷，【原本】仅著
录"清嘉庆二十一年刻本""清道光间受古书店刻本"，【增订
本】分别增补"北京大学图书馆藏""辽宁大学图书馆藏"。同
时，此项工作中，还著录近年来新出版的大型丛书版本信息，
如《续修四库全书》《清代诗文集汇编》《扬州文库》等。

　　第五是作者小传的增补。对【原本】没有作者小传的，
【增订本】都尽可能予以增补，如《镇江卷》"环济""闻人武
子""熊良佐""周经""何荇芳""杨文庆"等，均属于仅有简单
籍贯著录，无具体事迹，【增订本】予以增写。而更多的是依据
各类文献，对【原本】中的作者小传进行补充，仍以《镇江卷》
为例，如依《宋书》卷五十一（列传第十一）所载，补充"刘

道怜""刘道规"小传；依《南史》卷五十八（列传第四十八）、《隋书》卷七十八（列传第四十三）所载，补充"韦鼎"小传；依《梁书》卷三十六（列传第三十）、《南史》卷六十（列传第五十）所载，补充"江革"小传；依《嘉定镇江志》卷十九（人物）所载，补充"张颉"小传。这些补充，使作者的生平事迹更丰富也更准确，如"韦鼎"，【原本】："字超盛。南朝梁京口人。其先京兆杜陵人。博涉经史。"【增订本】则从其仕梁直至隋的经历，更准确地表述为"祖籍京兆杜陵，宋时南迁"，并注明"《南史》卷58、《隋书》卷78有传"，以便读者核查。

下面再说"订"。

【增订本】主编江庆柏教授在前言中说得很清楚："'订'即改正以前的错误，包括姓名、小传、书名、版本、出处等。排序错乱、年份颠倒的加以调整。"这里还是就几个主要方面分别举数例说明。

首先，【增订本】各卷作家人数并非只增不减，对【原本】错收、误收的，或删或调，在行政区划基本没有变化的情况下，有的卷，作家人数反而比【原本】少，如《南京卷》，【原本】收录作家2676人，【增订本】收录2567人；《镇江卷》，【原本】收录作家1676人，【增订本】收录1659人，主要是有文献明确记载【原本】收录作家籍贯不属江苏，如"诸葛恢字道明，琅邪阳都人也"（《晋书》卷七十七列传第四十七），"刘超字世瑜，琅邪临沂人，汉城阳景王章之后也"（《晋书》卷七十列传第四十），"何偃字仲弘，庐江灊人，司空尚之中子也"（《宋书》卷五十九列传第十九），"徐爰字长玉，南琅邪开阳人也"（《宋书》卷九十四列传第五十四），"韦渠牟，京兆万年人"（《旧唐书》卷一百三十五列传第八十五，《新唐书》卷一百六十七列传第九十二），"吕南公字次儒，建昌南城人"（《宋史》卷四百四十四列传第二百三），"张以宁，字志道，古田人"（《明史》卷二百八十五列传第一百七十三），上述数例，均【原本】《南京卷》收录而【增订本】予以删者，这样的情况在各卷都存在。另外，还有一种情况，就是【增订本】中，除了随行政区划调整各卷收录作家相应变动外，还有根据作家籍贯、生平事迹、重要著作创作等实际情况，在各卷之间重新调整，如"杨备""张士瀹""王大可""俞彦"等条，由【原本】《南京卷》调到【增订本】《苏州卷》；"刘勰""刘俊"等条，由【原本】《南京卷》调到【增订本】《镇江卷》；"王珣""王珉"条，由【原本】《苏州卷》《南京卷》重收（作者的创作与两地皆有关）调整为【增订本】《南京卷》。如此等等，亦可见增订者工作之用心。

其次是书名及版本订误。【原本】书目著录，受当时客观条件限制，不少是从历代各类书目或相关文献过录，有些书目信息难免差误，本次增订，我们要求增订者尽量目验图

书，或利用各馆藏机构书目查询系统或参照《中国古籍总
目》等近几年出版成果进行核对，对比【原本】与【增订
本】，这个方面确有许多修订，略举数条，如《镇江卷》"程祖
润"条，【原本】：《妙香轩集》，见光绪《丹徒县志》卷28，
【增订本】：《妙香轩诗集》5卷，清咸丰十一年繁江释含彻刻
本，北京大学图书馆藏；"张秉钧"条，【原本】：《萱寿堂同
怀遗集》6卷，佚，见《京江张氏家集》，【增订本】：《萱寿
堂同怀遗集》6卷、《附录》1卷，清道光七年（1827）刻本，
苏州图书馆、山西大学图书馆藏；"布彦"条，【原本】：《听
秋阁诗钞》2卷，佚，【增订本】：《听秋阁偶钞》，清同治九
年（1870）刻本，国家图书馆藏；"夏桢"条，【原本】：《十
砚斋诗钞兵燹集》，【增订本】订为：《十砚斋诗钞》《兵燹集》
两书；"义果"条，【原本】：《薅草集》5卷，【增订本】：《薅
草行人诗集》5卷。再如《南京卷》"董天胤"条，【原本】：
《南国贤书》6卷、《前编》2卷，佚，【增订本】：明崇祯六年
（1633）董天胤刻本，南京图书馆藏；"姚宣"条，【原本】：
《闻见录》，佚，【增订本】：明抄本，湛江市图书馆藏。又
如《苏州卷》"贺甫"条，【原本】：《感楼诗集》1卷，佚，见
《吴县志·艺文考一》，【增订本】：《感楼诗集》1卷、《附录》
1卷，明弘治四年（1491）刻本，北京大学图书馆藏；"陆俸"
条，【原本】：《桃谷遗稿》1卷，见《四库全书总目》别集类

存目三，【增订本】：《桃谷遗稿》1卷，清康熙十九年（1680）王乃昭抄本，清杨照跋，清王乃昭、顾麟士题记，南京图书馆藏；"汤珍"条，【原本】：《小隐堂诗草》8卷，佚，见《千顷堂书目》卷22，一名《迪功集》，【增订本】：《汤迪功诗草》8卷，明万历刻本，北京大学图书馆藏；"张本"条，【原本】：《五湖漫闻》2卷，佚，见《太湖备考》卷8，【增订本】：1915年虞山周氏学佛盦抄本，国家图书馆藏。

再者，就是对【原本】书名、人名差错，特别是一些形近（包括音近）而误者，【增订本】多有订正。书名订误，如《苏州卷》：罗隐《灵璧子》(【原本】璧作壁)、谢会《容庵集》(【原本】容作客)；《南京卷》：朱之番《咙言》(【原本】咙作咙)、杨希淳《南畿代射录》(【原本】作《南畿代身椽》)；《镇江卷》：刘梦震《雪艇麈余》(【原本】麈作尘)。人名订误，如《镇江卷》：苏景瑞(【原本】瑞作玮)、于鳌(【原本】于作干)、马崇元(【原本】崇作宗)、耿靓文(【原本】文作光)；《南京卷》：徐珏(【原本】珏作瑶)等等。

上述几类订正，皆各卷此次增订主要工作，此仅主要以南京、苏州、镇江三卷为例。

当然，此次增订工作，尚有一些遗憾，一是馆藏著录仍有个别遗漏，例如《南京卷》"饶仁卿""徐龙山"条，《镇江卷》"张秉锐""于宗林"条，《扬州卷》"周于藩""黄虬""石成金"条，《无锡卷》"窦默""王达"条等；有个别书目仅著录版本，未见馆藏或版本出处。二是【原本】不误而【增订本】新误，例如，《镇江卷》"吴拱宸"条：《舫斋集》，增订误为《触斋集》；《南京卷》"朱埕阶"条：《沧海披纱集》，增订误为《沧海拔纱集》；《苏州卷》"高启"条：《槎轩集》，增订误为《槎杆集》等；同时，将【原本】人名中"徵"字，几乎一并改作"征"，也似可斟酌。另外，【增订本】还有个别条目重收，如《镇江卷》"吴霖"（第 206、214 页）、"王诏"（第 207、459 页）条。三是公元纪年标注没有统一，标与不标似乎比较随意，如"清咸丰二年丹徒赵氏刻同治七年（1868）江都天倪阁印本"。

但瑕不掩瑜，对于涉及几万作家数万部著作的书目增订，其难度与复杂性，可能只有增订者自己才能体会，就此而言，这确实可以称作功在当代、利在千秋之大功业。

《江苏艺文志》出版 20 年后，对其进行大规模增订，是一项学术传承工作，体现了江苏学术界、出版界为江苏文化研究孜孜以求、不断精进的精神。文献典籍是文化观念的重要载体，相信《江苏艺文志》【增订本】出版，一定会给江苏历史文化研究提供更多的文献事实依据和支撑。同时，一代人做一代人的学问，学术研究永无止境，也相信后人在若干年之后，对本书还可以有许多工作可做。

（原文刊于《古籍整理出版情况简报》2020 年第 4 期）

从江苏学人文集出版到江苏文脉整理

　　我向大家报告的题目是《从江苏学人文集出版到江苏文脉整理》，由于时间仓促，未及深思，仅从出版的角度，向大家提供一点信息，供各位参考。

一、江苏学人文集出版情况

　　自今年初以来，包括在座的许多朋友，通过媒体得知"江苏文脉整理与研究工程"一事，向我了解这方面的情况。众所周知，江苏自古人文荟萃，典籍众多，整理与出版江苏古代学人著作，一直为学术界与出版界所重视。举一个小例子，最近，我查了一下 2007 年由全国古籍整理出版规划领导小组办公室编、岳麓书社出版的《新中国古籍整理图书总目录》(1949—2003 年)，其中"文学类·别集"共收 800 余种出版信息(含一人一书不同版本)，粗略统计，其中涉及江苏籍作家作品超过 10%（应该远超这个数）。另外，2012 年全国古籍整理出版规划领导小组颁布的《2011—2020 年国家古籍整理出版规划》，首批 491 项，其中文学别集 38 项（这还不包括中华书局、上海古籍出版社的《中国古典文学基本丛书》《中国古典文学丛书》中的子项目），江苏学人文集列入整理规划的至少有 6 项，如归有光、冒襄、尤侗、冯舒、冯班、王世贞等。其后经过两次增补，目前是 610 项，其中肯定还有江苏学人文集的整理被列入其中。上述从一个方面，也说明江苏学人著作在中国学术史上重要的地位。

也正因为如此，作为江苏地方专业古籍出版社的凤凰出版社，自成立至今的 30 余年中，始终将江苏学人文集的整理出版，作为重要的内容板块，而且也得到了学术界充分肯定和认可，已出版的包括《金圣叹全集》、《冯梦龙全集》、《陆士龙文集校注》、《陆士衡文集校注》、《范仲淹全集》、《赵翼全集》、《嘉定钱大昕全集》、《缪荃孙全集》、《冒辟疆全集》、《段玉裁全集》（部分）以及《高邮王氏四种》《焦循著作集》等。同时，列入出版计划的还有《惠栋全集》《孙星衍全集》《曾朴全集》《徐松全集》等。另外，本省的广陵书社也有此类出版物，如已出版《仪征刘申叔遗书》，并计划整理出版《阮元全集》等。

二、江苏学人文集整理出版中存在的问题

一是缺乏系统规划，许多重要作家作品未能得到整理与出版。

我们现在能看到的中华书局、上海古籍出版社在某些领域成规模的系列出版物，就是得益于几项国家规划。由于1978年以前，除上述两家专业古籍出版社以及人民文学出版社古典部之外，各地基本没有专业古籍出版社，因此国家古籍出版规划，实际上就是这两家出版社的出版计划，最早的是1960年颁发的《三年至八年（1960—1967）整理和出版古籍的重点规划（草案）》，计划整理出版1500种左右古代典籍。"文革"结束后，国家古籍小组恢复，1981年国家又颁发了《古籍整理出版规划（1982—1990）》，共3119种，其中文学924种、语言219种、历史814种、哲学400种、综合参考677种、今译20种、专著65种。其后国家又公布了若干古籍整理出版五年规划。除了上述中华书局、上海古籍出版社，全国其他地方古籍出版社，基本上都是在1978年以后成立，故上述两个规划并没有参与。因对项目规划工作，有一个认识和组织实施过程，客观上也造成了后来成立的地方古籍出版社，在这类选题上系统性不够，江苏古籍出版社同样存在这样的问题，对"江苏学人文集"整理规划并不十分

系统。目前大家已认识到这一点，这样的状况将有所改变，也为新一轮系统整理江苏学人文集，创造了条件。

二是文献收录、版本方面的问题。

由于多年前受文献获取等客观条件所限，标以"全集"的，大多存在着缺漏的问题，有些所依据的底本也不是最好的。虽然这种情况会一直存在，但目前随着图书馆馆藏信息公开与数字化，以及"善本再造工程"、《中国古籍总目》、《续修四库全书》等大型文献、工具书的出版，这方面的条件远优于过去，对文献整理来说，会有一个比较好的基础与改进。

三是基本队伍没有形成。

虽然作为地方学人文集的整理，需要全国的学术力量，但如果要形成一定规模的区域文献整理成果，一支稳定的学术研究团队，是十分重要的。例如邻省安徽，由于有省级古籍办公室建制，《安徽古籍丛书》就有比较成系统的成果，出版了诸如《戴震全书》《方以智全书》等一系列皖籍学人重要著作。从这一点来说，江苏古代文学学会成立，无疑可以成为江苏学人著作整理研究的重要学术力量。

四是经费严重不足，制约了这一领域学术成果的更多体现。要说明的是，目前全国古籍出版社基本上都结束了没钱出书的窘境。

　　五是与国内其他一些省相比，江苏学人著作与地方文献整理与出版，已经落后。目前国内已有十余个省，正在组织编纂大型地方文献丛书，已完成的如《湖湘文库》（共700余册）、《山东文献集成》（200册）。另外，如湖北的《荆楚文库》、四川的《巴蜀全书》、山西的《山西文华》、浙江的《浙江文丛》、福建的《八闽文库》等都在实施过程中。因此，"江苏学人文集"这样的单一选题，已很难满足当代江苏文化发展与建设新需求。

　　20世纪90年代初，南京师范大学赵国璋先生主编的《江苏艺文志》，共收入江苏籍作家27529人（含少量长期寓居本省者），目前我们请江庆柏先生着手进行增订，初步估计，将增加数百万字，作者人数也会增加一千多人。另外，《江苏作家现存著述目录》将在下月完成。我想，江苏启动实施"江苏文脉整理与研究工程"，应该是考虑了上述因素的。

三、"江苏文脉整理与研究工程"的基本内容框架

　　这一"工程"的成果形态之一，是编纂一部超大型地方文献丛书《江苏文库》。预计总规模在3000册左右。要说明的是，这样的"文化工程"，如果没有政府主导，是难以实现的。但我们一开始就坚持学者主动参与，希望使之成为具

有真正学术意义的文化工程，而非"面子工程"或"豆腐渣工程"。

《江苏文库》的主体部分将由南京大学文学院、古典文献研究所，南京师范大学古文献研究所和凤凰出版社共同承担，这也是我们不同于其他地方的运作方式。

《江苏文库》将由六个部分组成，分别是书目、文献、精华、史料、方志、研究。"书目编"主要由新增订的《江苏艺文志》《江苏地方文献志》《江苏典藏志》组成，旨在梳理江苏文献家底，形成江苏人写的、写江苏的、江苏藏的大型文献目录工具书。这也是"文库"编纂的基础，在全国类似项目中，唯此一家，在征求意见过程中最为专家称道，其中，对出版于 20 世纪 90 年代的《江苏艺文志》增订工作，已由南京师范大学江庆柏教授和凤凰出版社合作，2014 年已经启动。"文献编"将收录 1911 年之前历代江苏籍学人代表性著作 5600 种左右，以影印加书前提要的方式出版，将由程章灿教授主持。"精华编"将系统选取在中国文化史、学术史上有重要影响的江苏籍学人著作 200 种左右，进行点校整理，将由徐兴无教授主持。"史料编"将收录有关江苏地方史料性文献 2000 种左右，由江庆柏教授主持。"方志编"将收录江苏历代方志 600 种左右（按：后调整为 250 种），由江苏省地方志办公室承担。"研究编"由对江苏文化系列研究著作组成，包括若干专题史等，由江苏省社科院樊和平教授主持。我想也应该会有一部《江苏古代文学史》。

从"江苏学人文集""江苏地方文献丛书"再到"江苏文脉整理与研究工程"，不仅规模、收录范围、整理方式等有明显不同，更是通过比较系统的书目编制、文献呈现、文本整理、文化研究，可以呈现江苏文化脉络，当然，也会让我们对江苏古代文学的发展脉络看得更清楚。所以，真诚地期盼江苏省古代文学学会，能成为《江苏文库》实施中的重要学术团队。

（本文是 2016 年 6 月 4 日在江苏省古代文学学会首届年会上的发言）

《江苏文库》编纂与江苏地域文学研究拓展

    各位专家，根据江苏省古代文学学会秘书处要求，我向各位会员简要报告《江苏文库》编纂出版情况，三个方面。

    一是《江苏文库》基本情况。江苏自古人文荟萃，文化资源丰厚，文化遗存众多，在历史长河的不断积淀中，逐渐形成了具有鲜明特色的区域文化，在不同的历史时期，从多个方面对中华文明与文化发展做出了历史贡献，成为中华文化史中重要的组成部分。2016年2月，江苏省正式出台"江苏文脉整理与研究工程实施方案"（下简称"工程"）。"工程"的一项重要内容，即"成果呈现"，计划用10年时间，编纂出版总规模在3000册左右的大型江苏地方文献丛书：《江苏文库》（下简称《文库》）。《文库》由"书目编""文献编""精华编""史料编""方志编""研究编"六个部分构成。"书目编"，旨在厘清江苏籍学人历史上（1911年前）的著述家底，以及历史上记述江苏相关内容的著述，同时对江苏目前所藏

（主要指公藏）古籍文献进行全面普查，并分别编纂出版《江苏艺文志》（增订本）、《江苏地方文献志》、《江苏典藏志》，构成"江苏人写的""写江苏的""江苏藏的"江苏古代典籍书目。"文献编"，拟收录历史上江苏籍学人代表性著作5600种左右，采用传统四部分类法编排，每种书撰写提要置书前，以影印方式出版。"精华编"，在"文献编"收录基础上，拟精选江苏籍学人在中国各种文化形态中具有代表性意义、产生较大文化影响的著作200部左右，以当代学术标准加以整理。"史料编"，以现有行政区划为主，拟收录反映江苏各地历史地理、政治经济、文化教育、社会生活、文学创作、风土人情等相关地方史料类文献2000种左右（时间下限1949年），分16大类编排，影印出版，撰写书前提要。"方志编"，拟收录江苏历代古旧方志600种左右（按：后调整为250种左右），以省通志、府县志及专志分类编排，影印出版，撰写书前提要。"研究编"，则收录当代学者江苏历史文化等相关研究性著作。

二是《江苏文库》目前编纂出版情况。《江苏文库》编纂，分几步实施，一是文献普查，在2014年启动增订《江苏艺文志》工作的基础上，先编印了近四百万字的《江苏作家现存著述目录》，作为《文库》各编拟收书目依据。二是确定各编拟收书目，经过多次、多形式征求意见，编印了《文

库》各编拟收书目定稿。三是确定编纂、出版体例。四是正
式出版，2018 年《文库》首批图书出版，并于当年 12 月在由
省委宣传部主办的"首届江南文脉论坛"上首发。其中"文
献编"38 册，收录"经部"之"总类""易类"著作 118 种，
"史料编"5 册，收录"历史类"著作 25 种，"方志编"27
册，收录"省志类"著作 4 种，"精华编"，整理典籍 5 种 11
册，"研究编"5 册。今年，第二批图书 182 册出版，并在
"第二届江南文脉论坛"发布，包括"书目编"中《江苏艺文
志》增订本 28 册，"文献编"40 册，收录文献 113 种，分别
是经部书类 51 种、史部正史类 34 种、子部儒家类 18 种、集
部楚辞类 10 种，"精华编"整理典籍 9 种 22 册，"方志编"
收省部及江宁、苏州府部 28 种，"史料编"收历史、地理类
239 种，"研究编"10 种。明年，我们将编印《江苏文库已出
书目及提要》，希望对大家的研究有所帮助。从今年起，我们
将每年出版《江苏文库》200 册左右，同时，《江苏文库》数
据库工作已正式启动，我们将与中华书局的古籍数字公司合
作，呈现数字版的《江苏文库》。

　　三是《江苏文库》编纂与江苏地域文学研究拓展。首先，
《江苏文库》收录文献之多，为江苏地域文学研究，提供了
丰富的基础资料。《江苏文库》作为超大型地方文献丛刊，其
收录江苏地方历史文献之多，是前所未有的。众所周知，文

献是文学研究的基础。江苏历来是文献大省，据《江苏艺文志》增订本统计，共著录"自上古至清末及部分生于晚清而于 1949 年之前去世的江苏籍作者，酌收外省流寓并定居于江苏的作者著作"，共计 29617 人，著作 85309 种，其数量之多恐怕是国内少有，以与文学研究关系最密切的集部文献为例，共著录著作 44002 种，覆盖全省各个地域，同时，《江苏文库》"文献编"计划收录集部文献 1291 种，"精华编"拟整理集部文献 74 部，"史料编"文学类收录文献 375 种，另外，"方志编"拟收录各部志书 214 部，其中诸如"艺文"类等，也包含了大量可供研究的文学文献。《文库》著录、收录文献不但数量全和多，而且许多文献都是第一次系统出版或整理，特别是一些海内外孤本、珍本。

其次，《江苏文库》文献收录之广，为拓展江苏地域文学研究新课题提供了可能。《文库》既有如"文献编"按传统四部分类法的原则收录文献，又有如"史料编"按现代学科的分类方法收录文献，使得文献收录的面更加宽，既有江苏籍作者的著作，又有内容与江苏有关而作者并非本省籍作者的著作，这种采取广义概念的地方文献收录原则，无疑可以给研究者更多的选择。如"史料编"收录了五类文学文献，包括地方艺文、雅集唱酬、游记、题咏、竹枝词，相对而言，这类地方文献，由于过去出版较少，特别是像《文库》这样大量集中出版就更少，所以在我们的文学研究中很容易被忽视。又如地方家族类、传记类文献，对地方文学群体研究也会有所帮助。同时，《文库》文献著录的地域面较以往更广、更细，例如，对 20 世纪 90 年代后调整的行政区划，如泰州、宿迁等市，可以说是第一次文献全面摸底。相信随着《江苏文库》持续出版，一定会利于江苏古代文学研究的空间拓展。

再次，《江苏文库》编纂体例，也利于江苏地域文学交叉研究，甚至跨学科研究。一是书目、文献、精华、史料、方志、研究六编架构，基本体现了江苏历史文化整体景观，例如"书目编"的《江苏艺文志》增订本，不但是现有著录江苏历史文献最全的一部目录著作，而且还有相关数据统计。二是各编内部文献收录，充分考虑了作者著述情况、地区分布和不同学科等，如果我们有心关注它们之间的关联，或以数据定量分析方法，也许会产生不少有趣的研究课题。

最后一点，《江苏文库》数字化，将极大便利于各类数据统计、分类、排比，可以通过数据，让我们的研究结论更具说服力。

（本文是 2019 年 11 月 23 日在江苏省古代文学学会年会上的发言）

《江苏文库》阶段性成果简述

　　新编大型地方历史文献丛书或总集，自20世纪90年代，已有一些省开始动议，至21世纪，有多个省进入实质性编纂出版，并形成一批成果，还有一些省也在筹划之中，据我了解，其中有：《湖湘文库》(湖南)、《荆楚文库》(湖北)、《浙江文丛》(浙江)、《八闽文库》(福建)、《贵州文库》(贵州)、《巴蜀全书》(四川)、《安徽文库》(安徽)、《山西文华》(山西)、《燕赵文库》(河北)、《中原文献》(河南)、《山东文献集成》(山东)、《陕西古代文献集成》(陕西)、《朔方文库》(宁夏)、《岭南文库》(广东)、《江右文库》(江西)、《山右丛书》(山西)、《新疆文库》、《江苏文库》、《安徽古籍丛书》、《齐鲁文库》等。不但有以省一级行政区划新编大型地方历史文献丛书，还有以地市区一级的，如我省的《金陵全书》《无锡文库》《扬州文库》《镇江文库》《泰州文献》《常熟文库》《滨湖文库》等，以及《广州大典》《温州大典》《遵义丛书》《绍兴丛书》《嘉兴文献丛书》《义乌丛书》《四明文库》《韶关历史文献丛书》《茂名历史文献丛书》等。这些新编大型地方历史文献丛书，从内容上看，大多是以收录本地籍或长期寓居此地学人的代表性著作，时限也多上起先秦下至近代（1911 年或1949 年）；从出版形式看，主要分两种，或对历史文献进行整理后排印出版，或对文献扫描复制后撰写提要影印出版。

为什么会有这么多地区，在一个比较集中的时间段，组织编纂出版规模都相对比较大的地方文献丛刊，我个人以为，至少有这么几点：一是盛世修典，是我国历史、文化、学术传统。编刻地方文献丛书，在清中后期以后，就有不少，如《畿辅丛书》《豫章丛书》《山右丛书初编》《湖北先正遗书》等。二是文献作为文化观念的载体，是历史文化兴盛的标志，更是当代文化强盛的根基。三是中华优秀传统文化的现实意义，已成为时代课题，成为学术界"推进文化自信自强，铸就社会主义文化新辉煌"的自觉行动。

近些年来，中国传统优秀文化越来越被重视，对文献的挖掘与整理这项工作，在今天的中国，已从学术层面上升到民族复兴的时代课题。正是在上述背景下，在江苏省委省政府领导与关心下，由江苏省委宣传部直接牵头，在征求多方意见并召开多次专家座谈会基础上，于 2016 年 2 月，正式出台"江苏文脉整理与研究工程实施方案"（下简称"工程"）。

"工程"的一项重要内容，即"成果呈现"，计划用 10 年时间，编纂出版总规模在 3000 册左右的大型江苏地方文献丛书：《江苏文库》（下简称《文库》）。《文库》由"书目编""文献编""精华编""史料编""方志编""研究编"六个部分构成。"书目编"，旨在厘清江苏籍学人历史上（1911 年前）的著述家底，以及历史上记述江苏相关内容的著述，同时对江苏目前所藏（主要指公藏）古籍文献进行全面普查，并分别编纂出版《江苏艺文志》（增订本）、《江苏地方文献志》、《江苏典藏志》。"文献编"，拟收录历史上江苏籍学人代表性著作 5600 种左右，采用传统四部分类法编排，每种书撰写提要置书前，以影印方式出版。"精华编"，在"文献编"收录基础上，拟精选江苏籍学人在中国各种文化形态中具有代表性意义、产生较大文化影响的著作 200 部左右，以当代学术标准加以整理。"史料编"，以现有行政区划为主，拟收录反映江苏各地历史地理、政治经济、文化教育、社会生活、风土人情等相关地方史料类文献 2000 种左右（时间下限 1949 年前），分类编排，影印出版，撰写书前提要。"方志编"，拟收录江苏历代古旧方志 250 种左右，以省通志、府县志及专志分类编排，影印出版，撰写书前提要。"研究编"，则收录当代学者江苏历史文化等相关研究性著作（此编由其他出版社承担，不在此文所述之列）。如此设置，是希望对江苏历史文献进行一次全面梳理，溯源文化脉络，在中国文化、学术谱系中定位江苏文化。

　　编纂一部前无古人的超大型文献丛刊，离不开天时、地利、人和三要素，《江苏文库》启动，恰恰具有这三个有利条件，党和国家对中华优秀传统文化的高度重视是天时，江苏丰富的历史文化遗存和众多研究成果是地利，强大的科研队伍和多学科科研力量是人和。

　　自"文脉工程"启动以来，为科学编纂出版《江苏文库》，大致做了这样几项前期基础工作：组织编纂团队、确定工作机制、商定工作步骤、讨论编纂体例、进行文献普查、征求书目意见、研究编辑体例、编制经费预算等。编印《江苏作家现存著述目录》《江苏文库各编拟收书目》。

　　截至 2021 年底，共计出版 740 册，其中，"书目编" 37册（《江苏艺文志》28 册、《江苏地方文献志》9 册）；"文献编" 189 册，收录文献 527 种（经部 85 册，收录文献 274 种，史部 60 册，收录文献 69 种，子部 29 册，收录文献 119 种，集部 15 册，收录文献 65 种）；"精华编" 95 册，整理文献 67种；"史料编" 154 册，收录文献 879 种；"方志编" 214 册，收录文献 115 种；（6）"研究编" 51 册（由江苏人民出版社出版）。除"书目""研究"两编外，其他四编，共收录古代江苏文献 1588 种。目前，《江苏文库》已形成"六编"同步持续出版的良好局面。根据规划，未来若干年，每年将出版 250—300 册，"十四五"期末，也就是"文脉工程实施方案"确定的时间，可以基本完成"六编"中的"书目编""方志编""史料编"，其他"文献""精华""研究"三编，也将在后两三年内完成，也就是整个《江苏文库》前后需要 13 年左右的时间。上述出版成果，主要体现在以下几个方面：

一是《江苏文库·书目编》中的《江苏艺文志》（增订本）、《江苏地方文献志》出版，基本摸清江苏古代作家著述与江苏地方文献家底。以《江苏艺文志》（增订本）为例，计 13 卷 28 册，含索引 1 册，共著录著者 29617 人，著作 85309 种；《江苏地方文献志》分 20 类著录文献 6100 余种（按：2022 年出版的《江苏典藏志·经部》著录文献 26590 条）。

《江苏艺文志》（增订本）编撰体例，主要有以下几条：一是著录上古至清末及部分生于晚清而于 1949 年 9 月 30 日之前去世的江苏籍作者著作，酌收外省流寓并定居于江苏的作家著作；二是以江苏省现行政区划分卷，古代行政区划归入现今相应地区，已划归他省市者不收；三是采用以年系人、以人系书的编纂方法，每一条目包括人物小传与所著书目两部分；四是著录各书依经、史、子、集、丛书的次序排列，书名下注明卷数、四部类目、收藏单位，佚书注明出处。

与 20 世纪 90 年代出版《江苏艺文志》比较，增订本保持原书基本体例不变。增订内容包括"增"和"订"两部分。
"增"即增补内容，主要包括增补缺漏的作家、小传、著作、
版本，新增著者2088人，所有书目标注馆藏单位。"订"即
改正以前的错误，包括姓名、小传、书名、版本、出处等。

各市卷	作者数量	著作数量					
		著作总数	分类统计				
			经部	史部	子部	集部	丛书类
江苏全省	29617	85309	7842	16633	15716	44002	1116
第1-3册　南京卷	2567	8392	721	1500	1749	4298	124
第4-5册　镇江卷	1659	5012	394	1106	1006	2483	23
第6-7册　常州卷	2239	7317	1072	1531	1333	3236	145
第8-11册　无锡卷	4624	11983	1166	2395	2076	6223	123
第12-20册　苏州卷	10789	32573	2474	6177	6109	17371	442
第21-22册　扬州卷	2236	6811	907	1094	1260	3434	116
第23册　泰州卷	1364	3022	238	585	561	1614	24
第24册　南通卷	1341	2902	232	456	434	1760	20
第25册　淮安卷	967	3209	243	908	461	1516	81
第26册　盐城卷	474	1141	104	266	198	567	6
第26册　宿迁卷	279	653	58	107	141	338	9
第27册　徐州卷	832	1783	185	398	301	897	2
第27册　连云港卷	246	511	48	110	87	265	1
第28册　人名索引							

　　二是通过文献梳理，江苏文化脉络在众多方面逐渐清
晰。《江苏文库》拟收录8千种左右文献，是从近5万种现存
文献中精选出来的，脉络清晰，从已出版的一千多种文献中，
我们已经可以在某些方面逐渐清晰看出江苏文化发展脉络与

基本特征。《江苏文库·文献编》副主编、南京师范大学王锷教授在《从〈江苏文库·文献编〉"周易类"看江苏文脉传承》一文中，统计和概括道："《江苏文库·文献编》收录江苏籍清代学者 66 人研究《周易》的著作 76 部，是《皇清经解》收录《周易》类著作的 5 倍，《皇清经解续编》收录《周易》类著作的 3.5 倍。《山东文献集成》收录山东籍学者研究《周易》的著作 25 部，《江苏文库·文献编》收录的《周易》类著作，是《山东文献集成》收录《周易》类著作的 4 倍多。就《江苏文库·文献编》收录的江苏籍学者研究《周易》的著作和编纂来看，具有名家辈出、名著众多、家学深厚、研究精深、传承有序和提要钩玄等特点。"（《古典文献研究》第二十三辑下卷，凤凰出版社 2020 年 12 月）

　　《江苏文库》收录文献有严格标准，主要着重于思想价值、学术价值、文献价值，因此说，"江苏文脉整理与研究工程"，不仅是学术工程，更是具有时代意义的文化工程，通过江苏地方文献系统整理，有利于推动当代江苏文化自信和文化创新。从《江苏文库》各编拟收书目看，选目系统，许多是中国学术、思想、文化史上的标志性著作，清晰显示出江苏文化脉络以及历史贡献；从已出版七百余册中一千多种文献看，底本精良，提要精当，钩玄出了文献的思想精髓，充分体现了上述追求和目标。例如，"文献编"集部第 3 册《刘子骏集·提要》（汉代，刘歆，徐州人）："刘歆之文学思想，主要体现在《汉书·艺文志·诗赋略》中，强调辞赋应具有讽喻功能。刘歆还肯定乐府诗'感于哀乐，缘事而发'之特点，认为乐府诗同样可以'观风俗，知薄厚'。"这种文学思想，对后世影响很大，甚至一直成为中国诗教传统。又如"文献编"经部第 62 册收录明人毛晋撰《毛诗草木鸟兽虫鱼疏广要》，《毛诗草木鸟兽虫鱼疏》是后人所辑陆玑著作，但"提要"中指出，毛之《广要》"补订陆书，采摭庞博，征引宏富，辨难考订不苟，'力求芟其芜秽，润其简略，正其淆乱'"。使我们可以对这位著名藏书家有更深了解。以此一斑，可窥全豹，随着"文脉工程"不断推进、《江苏文库》持续出版，江苏文化脉络及其历史贡献，将愈加为人们所认识。就此而言，更能说明本次江苏地方文献大规模、全方位集中整理，其所具有的现实意义，除挖掘、保护外，更在创新和利用。

　　三是一批珍贵文献（版本）陆续公布，为江苏文化研究，提供了更多更好第一手资料。如上海图书馆藏稿本《丁氏丛稿》十卷、《读易会通》八卷（清丁寿昌撰），国家图书馆藏稿本《书义丛钞》四十卷（清焦循撰），苏州博物馆藏稿本《柳兆薰日记》（清柳兆薰撰），以及国家图书馆藏清木活字本《稻香楼杂著》七卷（清程际盛撰），南京图书馆藏明内府刻本《资治通鉴纲目发明》五十九卷（宋尹起莘撰），无锡图书馆藏明崇祯元年刻本《尚书说统》四十卷（明张云鸾编），日本内阁文库藏明刊本《新刻顾邻初太史朱批诗经金丹》八卷（明顾起元撰）等。

四是《江苏文库》内容的丰富性得以体现。

《江苏文库》编纂体例设置，从文献书目到较大规模文献收录，再到经典文献整理与研究，体现了内容的丰富性。

同时，对于"地方文献"理解，通常有两种，一是文献内容与地域有关，一是文献著者与地域有关，主要是本籍人士或长期寓居本地著者的著作。上述目前国内（省级）大型地方文献丛刊，基本上依据历史传统，所录文献，大多以本籍人士为主。但《江苏文库》体例设置，则二者兼有，"书目编"不但有列本籍人士著作总目《江苏艺文志》，还列有内容与江苏有关的文献书目《江苏地方文献志》，分历史、地理、政治、法律、社会、经济、军事、教育、科举、人物、金石、文学、语言、艺术、科技、宗教、藏书、出版、家族、综合类列目。"史料编"则依据《文献志》，分16大类57小类，收录此类文献2000余种，突出和丰富了江苏地域文献特征。如"历史类"中"太平天国战争"一类，收67种相关文献，其中稿本《癸丑京口日记》《常州被陷始末》《锡金团练始末记》《余生纪略》《北湖避寇草》等，都是第一次出版。再如，

"史料编"收录五类文学文献，包括地方艺文、雅集唱酬、游记、题咏、竹枝词，相对而言，这类地方文献由于过去出版较少，特别是像《江苏文库》这样大量集中出版就更少，所以在我们的文学研究中也很容易被忽视。又如地方家族类、传记类文献，包括家族传记、家族著述目录等，对地方文学群体研究也会有所帮助。

五是一批新的整理与研究成果出版。

一批新整理与研究成果，得到学术界、出版界充分肯定。如，周勋初先生的《文心雕龙解析》，在传统文化现代化转换中，把当代读者需求放到重要位置，体现了"创造性转化、创新性发展"，具有很强的学术创新。中国社会科学院文学所所长刘跃进教授对《江苏文库·精华编》中的《文心雕龙解析》一书评价道："周勋初教授《文心雕龙解析》是一部集研究、教学、普及于一体的综合性学术论著。"并特别强调："以往的《文心雕龙》研究著作，虽然汗牛充栋，但也有其不容回避的问题，即很多著作旁征博引，一般的读者阅读起来往往如坠五里云雾，不知所云。还有一类著作，虽然有了翻译，但又无法接触到《文心雕龙》的精髓所在。《文心雕龙解析》出入于精深研究与普及提高之间，注释明晰，言简意赅，避免烦琐征引，阅读起来，非常清爽。作者不满足于自己的讲解局限在大学讲堂范围，他在初步编校后，先印成征求意见本，寄送给相关专家批评指正，希望这部著作尽可能地反映《文心雕龙》研究的主流方向和主要成就，尽可能地满足更广泛读者的需求。可以这样说，经过集思广益的《文心雕龙解析》，不仅对大学生，就是对一般的文学爱好者，也有重要的参考价值。"(《光明日报》2017 年 4 月 12 日）又如，许惟贤先生整理的《说文解字注》，因整理质量上乘，被誉为"说文段注最佳读本"，滕志贤先生整理的《诗毛氏传疏》，因其整理深度，成为近年毛诗研究最重要注本之一。《文库》"精华编"中，多种文献整理成果，包括上述几种，都获得国家古籍整理出版年度资助，从另一个方面也说明这些成果价值。另外，《文库》"研究编"中，不少江苏地方文化研究著作，包括十三个地级市文化通史，填补了这方面学术研究空白。

六是《江苏文库总目提要》编辑，与《文库》图书出版同步开展。考虑到《文库》体量超大，《总目提要》可能更便于读者使用，目前我们已编印了前三批图书提要，以后一年一辑，最终形成的《总目提要》，除了著录《文库》收录的八千余种江苏地方文献外，还将附录《江苏文库未收书目及版本》。由于种种原因，《文库》拟收书目，与《文库》实收书目，存在部分差异，为给江苏文化研究提供更全面的学术信息，反映《江苏文库》编纂的科学严谨，将拟收而未能收录的书目及版本集中反映。

七是《江苏文库》数据库平台已完成建设，前三批图书已经入库，可以使用，同时，《文库》数据库微信版也同期完成。《文库》数字化将与《文库》纸本实现同步，服务更多读者。

以上仅是《江苏文库》现阶段成果简单总结，后面的工作还很繁重，希望得到大家的关心，更希望在座的专家学者，能够参与到这项工作中来。

（本文是 2021 年 11 月 21 日在江苏省古代文学学会第二届会员代表大会上的发言）

传承与创新：文献中的江苏文脉

2016年2月，在江苏省委、省政府领导下，省委宣传部正式出台"江苏文脉整理与研究工程实施方案"（下简称"文脉工程"）。通过实施"文脉工程"，达到挖掘江苏文献资源，保存江苏历史记忆，梳理江苏文化脉络，进而于当代文化进程中，推进民族文化认同与自信。"文脉工程"的标志性成果之一，即以纸本、数字化形态同时呈现江苏历史"文化高地"的超大型地方文献丛刊《江苏文库》。

众所周知，古代典籍是中华优秀传统文化的传承载体，世界上没有哪个国家像中国一样，现存数十万种古代典籍，仅《中国古籍总目》著录就多达20余万种。作为中国传统文化形态之一的观念文化，都蕴含在这些典籍之中。如果从地域分布的角度来看，大部分古代典籍都可归入地方文献的范畴，这些文献典籍，不但凝聚着地方历史文化记忆，也是中华民族共同的精神家园。江苏历来被认为是人文荟萃之地，文化资源丰厚，文化遗存众多，历代文献存量之丰，居全国前列，根据《江苏文库·书目编》中《江苏艺文志》（增订本）统计，共著录江苏籍作家 29617 人，著作 85309 种。《江苏文库》文献部分，包括"文献""史料""方志""精华"四编，将收录上述文献八千余种，虽说只占其中十分之一，但它们所体现出的文化观念，不仅形成了具有鲜明特色的区域文化，更在多个方面，对中华文明与文化发展，作出了历史贡献，成为中华文化史中的重要组成部分。如苏州范仲淹的"先天下之忧而忧，后天下之乐而乐"（《岳阳楼记》），不仅继承和发展了传统"民本思想"，更成为每个中国人道德完善、人生追求的最高境界；同为苏州人顾炎武的"保天下者，匹夫之贱与有责焉"（《日知录》卷十三《正始》），已演进成中国人民在民族救亡之际的精神号召："天下兴亡，匹夫有责。"中华优秀传统文化、精神观念，就是蕴藏在众多文献典籍之中，挖掘与整理，既是继承，也是创新，因为中华优秀传统文化是中华民族精神之魂，是中华民族未来发展生生不息的动力与源泉。

编纂出版一部能够比较全面反映江苏历史文献面貌的大型文献丛刊，是江苏学术界、出版界几代人的愿望，并为此做了大量基础性工作，积累了宝贵经验和丰富出版成果。经过众多学者、出版者共同努力，从 2018 年《江苏文库》首批成果出版开始，至 2021 年底，已出版 740 册，其中"书目编"37 册、

"文献编"189 册，收录文献 527 种；"精华编"95 册，整理文献 67 种；"方志编"214 册，收录文献 115 种；"史料编"154 册，收录文献 879 种；"研究编"51 册，收录与整理文献 1588 种。从这些已出版的一千多种文献中，我们可以在某些方面清晰看出江苏文化发展脉络与基本特征。《江苏文库·文献编》副主编、南京师范大学王锷教授在《从〈江苏文库·文献编〉"周易类"看江苏文脉传承》一文中，统计和概括道："《江苏文库·文献编》收录江苏籍清代学者 66 人研究《周易》的著作 76 部，是《皇清经解》收录《周易》类著作的 5 倍，《皇清经解续编》收录《周易》类著作的 3.5 倍。《山东文献集成》收录山东籍学者研究《周易》的著作 25 部，《江苏文库·文献编》收录的《周易》类著作，是《山东文献集成》收录《周易》类著作的 4 倍多。就《江苏文库·文献编》收录的江苏籍学者研究《周易》的著作和编纂来看，具有名家辈出、名著众多、家学深厚、研究精深、传承有序和提要钩玄等特点。"（《古典文献研究》第二十三辑下卷，凤凰出版社 2020 年 12 月）以此一斑，可窥全豹，随着"文脉工程"不断推进、《江苏文库》持续出版，江苏文化脉络及其历史贡献，将愈加为人们所认识。就此而言，更能说明本次江苏地方文献大规模、全方位集中整理，其所具有的现实意义，除挖掘、保护外，更在创新和利用。

　　"盛世修典"之所以成为我国不同历史时期文化传统，是因为历史总结的目的都在于更好地面对当下与未来，大型地方文献编纂与出版，同样具有这样的功能意义。目前，国内有十多个省已经完成或正在编纂出版同类项目，还有一些省也在论证或启动过程中，包括《湖湘文库》《荆楚文库》《浙江文丛》《八闽文库》《贵州文库》《巴蜀全书》《山西文华》《燕赵文库》《中原文库》《山东文献集成》《朔方文库》《广州大典》《岭南文库》等，都是希冀通过区域文化典籍系统梳理与出版，挖掘与呈现其所包含的文化精神，增强人民群众的文化自豪感与文化自信心，激发人民群众的文化创造力，从而自觉担负起当代文化建设与创造的使命与责任。

　　《江苏文库》是迄今为止国内同类项目中，规模最大的地方文献整理与研究出版工程，这是江苏文化的丰厚历史底蕴和在中华文化中的重要地位所决定的，也是"文脉工程"创新性的重要体现。《江苏文库》将收录近 8000 种的文献，其中"文献编"约 5600 种、"史料编"约 2000 种、"方志编"约 250 种、"精华编"约 200 种，具有时间长、内容广、价值高、特色明、影响大等主要特点。从纵向看，上起西汉刘向、刘歆父子《别录》《七略》，下迄晚近诸家、诸类文献，不但脉络一以相贯，而且虽历两千多年历史变迁，江苏文脉始终是中华文化中具有鲜明特色的重要一支；从横向看，这些文献所涉及的内容，不但面广，更是特色鲜明，在中国文化、思想、学术史上产生了重大影响。例如，在"人"与"文"的"觉醒"与"自觉"的魏晋时期，江苏作为六朝政权的核心区域，得风气之先，产生了《文选》《文心雕龙》《世说新语》《文赋》等一大批传世经典名著，在中国文化史上留下了浓墨重彩的一笔。到了明清之际，诸多学术、文学流派，如泰州学派、扬州学派、东林学派、吴中学派、常州学派，以及虞山诗派、娄东诗派、阳羡词派、常州词派等等，更是以群体景观，呈现江苏乃至中华文化的又一高峰。这些都与其时发达的文献刊印相关，所谓"吴会、金陵擅名文献，刻本至多，巨帙类书，咸会萃焉"（项元汴《蕉窗九录》，见《四库全书存目丛书》子部第118册，齐鲁书社1995年版）。其实，早在两千多年前，孔子就说过："夏礼，吾能言之，杞不足征也；殷礼，吾能言之，宋不足征也。文献不足故也。足，则吾能征之矣。"意思是说，夏、殷的礼，他都能说出来，但他们的后代（杞、宋）不足以证明，这是因为文字资料（文）和熟悉它们的贤人（献）不足。否则，他就可用以证明了（参见杨伯峻《论语译注》，中华书局2006年版）。由此，我们不难理解文献整理的重要性。《江苏文库》收录文献有严格标准，主要着重于思想价值、学术价值、文献价值；在创新方面，则体现为文献的深度整理、内容价值的挖掘和提炼，同时，更力求"创造性转化、创新性发展"，在传统文化现代化转换中，把当代读者需求放到重要位置。中国社会科学院文学所所长刘跃进教授对《江苏文库·精华编》中的《文心雕龙解析》一书评价道："周勋初教授《文心雕龙解析》是一部集研究、教学、普及于一体的综合性学术论著。"并特别强调："以往的《文心雕龙》研究著作，虽然汗牛充栋，但也有其不容回避的问题，即很多著作旁征博引，一般的读者阅读起来往往如坠五里云雾，不知所云。还有一类著作，虽然有了翻译，但又无法接触到《文心雕龙》的精髓所在。《文心雕龙解析》出入于精深研究与普及提高之间，注释明晰，言简意赅，避免烦琐征引，阅读起来，非常清爽。作者不满足于自己的讲解局限在大学讲堂范围，他在初步编校后，先印成征求意见本，寄送给相关专家批评指正，希望这部著作尽可能地反映《文心雕龙》研究的主流方向和主要成就，尽可能地满足更广泛读者的需求。可以这样说，经过集思广益的《文心雕龙解析》，不仅对大学生，就是对一般的文学爱好者，也有重要的参考价值。"（《光明日报》2017年4月12日）这样的例子，在《江苏文库》中还有许多，具有文献整理特点的学术创新，成为《江苏文库》一大亮点，得到学术界、出版界高度评价，多部图书获得国家古籍专项资助。因此说，"江苏文脉整理与研究工程"，不仅是学术工程，更是具有时代意义的文化工程，通过江苏地方文献系统整理，有利于推动当代江苏文化自信和文化创新。所以，从另一个方面讲，新时代的文化自觉、文化自信与文化创新，是《江苏文库》文献整理的自觉追求与目标。从《江苏文库》各编拟收书目看，选目系统，许多是中国学术、思想、文化史上的标志性著作，清晰显示出江苏文化脉络以及历史贡献；从已出版七百余册一千多种文献中看，底本精良，提要精当，钩玄出了文献的思想精髓，充分体现了上述追求和目标。例如，《江苏文库·文献编·史部》第31—34册所收昆山徐乾学编《资治通鉴后编》，《提要》："徐氏奉诏撰此书时，正总领《大清一统志》修书事，万斯同、阎若璩、胡渭诸人俱在门下，皆曾赞襄其事，诸人皆学有根柢，加之奉诏修书，故此书实较明人续作为可信。后此毕沅（太仓人）撰《续资治通鉴》即以此书为本而损益之，然草创之功，实在徐氏。"一下子将清代江苏两位学术大家的前后两部史书承继脉络，理得清清楚楚。再如，汉代刘歆（徐州人）《刘子骏集·提要》："刘歆之文学思想，主要体现在《汉书·艺文志·诗赋略》中，强调辞赋应具有讽喻功能。刘歆还肯定乐府诗'感于哀乐，缘事而发'之特点，认为乐府诗同样可以'观风俗，知薄厚'。"这种文学思想，对后世影响很大，甚至一直为中国诗教传统。因此，对文献的挖掘与整理，目的是以史为鉴，在今天的中国，这项工作，已从学术层面上升到民族复兴的时代课题，其创新意义不言而喻。其实，近代以来，包括江苏人柳诒徵在内的不少学者，有感于新文化运动否定中华传统文化的偏颇思潮，于当时设立在南京的国立东南大学，发起创办了《学衡》杂志，提出"昌明国粹，融化新知"的主张，柳诒徵在追问"中国文化为何"时谈到："答此问题，惟有求之于史策。吾国史籍之富，亦为世所未有"，并希望通过"明吾民独造之真际"，"以求人类演进之通则"（《中国文化史·绪论》，上海古籍出版社 2001 年 10 月版）。所以说，任何时期的文化创新，都不能离开文化生成的土壤，对中国传统文化典籍整理，恰恰可以说明文化继承与创新的关系，就是继承不守旧，创新不忘本。

中国众多古代典籍，包含着中华文明形成中的文化精神，是当代中国人创新、发展新文化的基础。"江苏文脉整理与研究工程"中的文献整理工作，正是着眼于中华文化认同、自信与创新，在挖掘其历史内涵中，彰显其时代意义。具体来讲，有两个层面：一是继承与发展，就是通过江苏地方文献系统整理，构建一个能够体现江苏文化丰富性的新文献体系，为江苏历史文化研究提供丰富资源。二是创新与传播，就是通过提炼历史文献思想精髓，构建一个能够代表江苏文化深厚性的新知识体系，为当代与未来江苏文化新发展、新传播，提供文化资源和话语。

为此，我们在编纂出版《江苏文库》中，要真正做到继承、创新和发展，首先就是要谨记习近平总书记关于弘扬中华优秀传统文化系列重要讲话精神，站在文化自信、文化自觉的高度，将"文脉工程"放在"光彩夺目""魅力永存"的中华文化中，着力以"传世之心""创新之举"，打造能够传之久远的高质量文化精品，使《江苏文库》成为内容价值高、编辑质量优、出版形式美的精品出版项目，从内容到形式，体现江苏文化的魅力、气度与气派，体现江苏历史文化的厚重与江苏当代文化的活力。当然，要做到这一点，还是要解决好历史文献价值，如何在当代生活中发挥作用问题，习近平总书记在谈到文学艺术创作要"以人民为中心"的讲话精神，给了我们很好指引，只有从读者出发，让读者看得到，看得懂，用得上，才能真正做到面对历史，更面向现实与未来。目前，针对超大型文献整理特点和读者需求，并顺应数字时代发展趋势，《江苏文库》数字化工作已经启动，并取得了阶段性成果，基本可以做到出版一批，上线一批，满足更多读者需求，相信《江苏文库》的社会价值，在越来越多读者阅读与使用中，会不断彰显。

　　编纂与出版《江苏文库》，是江苏历史上前无古人的文化创举与创新，站在前人的肩膀上，我们更应有一份时代的责任与担当，在继承与创新中，扎实走好每一步。

（原文刊《江苏地方志》2022 年第 1 期）

第三辑

关于《全元文》出版的一点回忆

——兼及大型古籍整理项目出版中的相关问题

  《全元文》至今仍是凤凰出版社出版的规模最大（3000多万字，61册）、出版周期最长（10年以上）的单品种古籍整理项目。笔者是1997年3月开始接手负责该项目出版工作，接到主编李修生先生第一封信的时间是当年的4月10日（当时我的分管领导吴小平副总编给李先生打电话，告之我任出版社总编辑助理，将具体负责《全元文》），其时项目前5册正在编辑审稿阶段，因此，本人见证了《全元文》出版全过程，并有幸参与其中（终审了全书的6—61册，1—5册由吴小平先生终审）。《全元文》出版后，本该写篇文章，只因当时出版社更名不久，全社仅留下18人从事古籍编辑出版工作，杂务繁多，后又将工作重点放在了出版社生产经营、管理方面，静不下心来，文章的事就一拖再拖，转眼十多年，不禁感慨。

  日前因退居二线，少了行政杂务，故有时间对自己近30

年的古籍出版工作，特别是 2003 年至 2018 年 15 年间主持更名后的凤凰出版社古籍出版工作进行一点总结，就想选择几部自己经手的出版项目，从编辑出版角度，进行一点回顾，并通过这些项目出版过程及遇到的相关问题，尤其是出版周期长的大型古籍整理项目，在出版过程中如何少走弯路，略述个人心得。当然首先想到的就是《全元文》。只因时间过久，记忆总不会完整，虽有当时一些往来信件、审稿记录帮助回忆，但也只能"拾零"了。

《全元文》是教育部全国高等院校古籍整理研究工作委员会（简称"古委会"）在 20 世纪 80 年代立项的大型断代文献总集，分别被列入国家、"古委会"、国家古籍整理出版"十五"重点规划，北京师范大学古籍所原所长李修生教授主编。项目于 1987 年启动并开始文献普查、编纂（编纂情况详见李修生先生《〈全元文〉编纂始末》,《中国典籍与文化》2007 年第 2 期），1991 年与江苏古籍出版社（现名凤凰出版社）签订出版协议，最初估计并约定全书约 4000 万字，1994 年底完成点校，分三批交出版社，1996 年底前一次性出版。由于当时对编纂难度（包括文献获取、整理难度等）、出版能力（包括编辑人手、编校进度等）估计不足，编纂整理和编辑出版进度远低于预期，后经双方商定，考虑到一次性出版不太现实，故改用单册书号的形式，每年出版 5 册。1994 年前 5 册发稿，1997 年出版，其时仍是铅排，从第 6 册开始改电脑照排，至 2001 年共出版 25 册。后双方认为这样的出版进度太慢，于 2001 年又签署"补充协议"，除对原比较低的稿酬标准作了适当提高外，对余下部分各册交稿、出版时间又进行了重新约定，计划全书于 2004 年底前完成。2002 年出版社更名，人员变动，编辑工作有所耽搁，除了发排 26—37 册，2002、2003 两年没有出版新书。2003 年 11 月，北京师范大学古籍所和凤凰出版社联合召开"元代文化研究暨《全元文》编纂研讨会"，参加会议的学者，包括邓绍基、陈高华、傅璇琮、袁世硕、杨忠、杨镰等先生一致认为，为适应学术研究需求，应该加快《全元文》出版进度，傅璇琮先生在会上说，"《全元文》这样的总集出来，对于元代文化研究、文学的研究都会有很好的促进作用"，杨忠先生说到，由于出版社经济方面的原因，《全宋文》出版目前暂时停下来了，希望更名后的凤凰出版社一定要把《全元文》坚持出完。会后，经"古委会"、北师大古籍所和凤凰社共同商定，计划于 2005 年底前完成其余部分出版，故出版社对正文部分尚未出版的 26—60 册均留好了 2004 年的书号，第 61 册索引配 2005 年书号，全书共计 61 册，约 3000 万字。从版权页信息显示，《全元文》出版于 2005 年。实际上，《全元文》全部出齐是 2006 年下半年。2006 年 1 月初，北京师范大学、凤凰出版传媒集团在北京人民大会堂联合召开"《全元文》出版座谈会",时任全国人大常委会副委员长许嘉璐等领导,以及郭预衡、蔡美彪、邓绍基等专家学者出席会议,会场展示60册图书(不含索引)中的最后两册是非正式出版的"样本"。《全元文》出版后,先后获教育部"第四届中国高校人文社会科学研究优秀成果奖"一等奖、首届中华优秀出版物奖提名奖等。

简单回顾《全元文》出版过程,确有"事非经过不知难"的感慨。《全元文》是新编大型元代文章总集,收录有元一代的汉文单篇散文、骈文以及诗词曲以外的韵文,共计3140余人,约35000篇文章。全书正文60册,另编《索引》(含作者、篇名)一册。出版社从1994年收到《全元文》第一批书稿,到2006年全书最后一册"索引"出版,十多年间,对于这样一个出版周期长的大型古籍整理项目,编辑工作除了通常核对版本、辨词析句、统一体例等,针对其繁复,特别是因出版社更名、多名责编调离情况下,仍基本做到有序出版,现在回想起来,当时的编辑工作,还有五个方面,值得记一笔。一是建立档案。《全元文》的编辑工作,自1991年签订图书出版合同,到2006年全部出齐,前后历时十几年。为保持工作的延续性,以防"各行其是",出版社指定资深编辑卞岐先生作为项目编辑负责人,自始至终负责编辑出版统筹,对来稿、审稿、发稿、出书等情况，进行登记，做好书稿档案，对遇到的各类相关问题及解决办法，一一记录。这项工作十分琐碎，稍不留神，容易忽略。20 世纪 90 年代，人员往来、通讯联络都不似如今便捷，前后共有十多位编辑担任过《全元文》的责编。由于编纂与出版分别于京、宁两地，点校整理者也有数十人之多，古籍整理书稿中的许多问题又特别具体，每一位编辑与整理者之间沟通的问题，既有属于全书编纂与编辑的共性问题（如基本体例问题等），也有大量不同文献点校中的个性问题（如底本、断句、校勘、异体字处理等问题），在时间跨度长、经手人员多，且编辑人员变动大的情况下，《全元文》编辑工作基本能够保持前后一致，没有出现大的差错，并较顺利出版，首先要归功于书稿档案建立。二是排列顺序。依《全元文》编纂体例，"所收元文一律按作者生年先后编排"，"为便读者引用，本书仍按旧式编纂法分卷。每卷收文一万字左右，文多者一人多卷，文少者数人一卷"。据此，图书编辑出版的排序、分册、分卷也以此为原则。但由于书稿是多人分别点校整理，进度快慢不一，由主编终审通过后，分批从北京邮寄到出版社，有时先寄来的书稿，需要编排在后寄来的书稿之后，有些多人合册的还需待全部书稿寄到后才能分卷。此项工作仍由卞歧先生一人统筹，先对来稿进行分册分卷，然后再交由相关编辑审稿，其中调整分册分卷是常事，有的甚至出校样后还得重新调整原定册数与卷数。查当时发稿记录，第 55 册原定发稿是 20 卷（卷 1670—1689），实际出版为 19 卷（卷 1675—1694）；第 56 册原定发稿是 26 卷（卷 1690—1716），实际出版为 25 卷（卷 1695—1720）；第 58 册原定发稿是 28 卷（卷 1745—1773），实际出版为 28 卷（卷 1762—1790）；第 59 册原定发稿是 41 卷（卷 1774—1815），实际出版为 29 卷（卷 1791—1820）。不同责任编辑之间，经常因分卷调整只能相互抽换校样重新编排。全书 60 册 1880 卷，是由编辑一次次不断调整、精心编排而成的。即便如此，第 60 册（卷 1821—卷 1880）所收大部分文章，是整理者在编辑出版过程中陆续发现的缺漏，因前面各册或已出版，或已进入付印阶段，无法再按体例插入到相应各册，只能单编为一册，故与编纂体例稍有不符，也算一点遗憾。三是增加校次。图书编辑，按要求三审三校，《全元文》稿件大多是在各类刊刻本复印件上点校，好处是编辑能看到底本原貌，缺点是有些字迹比较模糊，特别是从影印出版的各类丛书中复印的元、明本有二十多种，字迹模糊情况更常见。二十世纪八九十年代，复印机的清晰度不如现在，加之刻本中还存有大量的俗体字、异体字，这些都给排版公司造成了很大难度，一校样的差错率比较高，有些字编辑虽然能辨识，排版人员不一定认识。这里还有一个小插曲，

20 世纪 90 年代，电脑排版逐渐被出版社接受，社会上电脑照排公司也随之增多，《全元文》前 5 册是铅排，从第 6 册开始改电脑照排，当时南京一家照排公司通过熟人介绍，承接了6—10 册的排版，正如上述，不但校样差错多，而且对不能辨识的俗体字、异体字以及一些刻本字体等，均以造字处理，一册 50 万字校样，造字多达 2 万多个。由于排版中造字费用相对较高，是单独结算的，当时双方在结算成本时还闹了一点不愉快（出版社随即换掉了该排版公司）。另外，前面也提到，由于分卷分册不断调整，不同责编之间的校样经常要调换，书眉、页码都会变动，也容易出现错误。面对这些问题，出版社没有回避，其中一个方法就是增加校对次数，大多书稿都在四校以上，对书稿中存在的问题一遍遍检查，将编校差错率尽可能降到最低。四是拾遗补缺。古籍整理图书，因其专业特点，编辑过程中的增删改等，都需要编辑有一定的相关学科专业素养，有时编辑还要充当整理者的角色，对书稿整理不到位的地方予以完善或补充，查《全元文》发稿记录，编辑不但在文字辨识、标点断句、版本核对等方面做了大量工作，有的甚至一整面稿件（42 册中）因漫漶不清整理者未能标点，最终由编辑完成。另外，编辑在改写、重写作者小传、校勘记上也是做了不少工作。《全元文》体例，作者名下有"小传"，校勘记在每篇文章之后。虽然"凡例"中对"小传""校记"有原则性要求，但书稿成于众手，如第35册收录作家150余位，文章580余篇，校点整理者多达数十位，由于水平、认识甚至态度不一，所撰小传或校勘记不但格式不统一，质量也是参差不齐，有的甚至标了校勘记注码却没有具体内容。编辑过古籍整理图书的人都有体会，改校勘记是很费心的事，所以有人就说，改写不如重写来得容易。同时，编辑查找原书、核对版本比现在困难得多，那时查找文献不方便，也没有电子文献可以使用，编辑过程中，有时往往为了一两个字跑南京图书馆，费时费力。我们出版社当时的年终奖金计算，主要就是看发稿字数，在这个方面，责编《全元文》吃了不少亏。诸如此类的"拾遗补缺"，对书稿质量提升有很大帮助，虽然可以说，这些都是编辑分内之事，但也说明，古籍整理图书编辑并不是只要有编辑资质就能胜任的，它对专业性的要求是比较高的，当然还需要有奉献精神。五是印前审读。凤凰出版社（原名江苏古籍出版社）在决定出版《全元文》这样大型古籍整理项目时，才刚刚成立六七年时间，不但人手不足，各方面经验不足，特别是2002年出版社更名，一半以上原先担任《全元文》责任编辑的人员调离，编辑队伍和力量相对减弱，为了保证图书质量，出版社采取借助外部力量办法，每册付印前，聘请社外专家进行了印前审读，其中，上海古籍出版社原副总编辑（后任汉语大词典出版社社长）李梦生先生几乎审读了每一册，改正了许多差错，却分文未取，对此，我们至今心存感念。

作为一家地方专业古籍出版社，成立不久就承担了《全元文》这样大型古籍整理项目，出版过程中虽有一些曲折，也碰到不少困难，但都得以解决并比较顺利地出版。回想起来，除了上述编辑工作，各界关心与支持，以及经费保障，也是《全元文》这类大型古籍整理项目出版中很重要的条件。

《全元文》从编纂立项到全书出版，得到了学术界许多老一辈专家学者关心和支持（见李修生先生《〈全元文〉编纂始末》,《中国典籍与文化》2007年第2期），特别是教育部全国高等院校古籍整理研究工作委员会，不但自始至终指导编纂工作，对我们出版社工作也是给予了极大关心。2002年，出版社更名，人员调整分流，超过三分之二人员调离，即使是我们留下来的十几个人，对出版社今后的发展方向也很迷茫，谁也不知道《全元文》出版会是一个怎样的结果。这期间，就有作者将原定在我们出版社出版的选题撤回了。"古委会"非但没有变更《中国典籍与文化》这份重要学术期刊的出版单位，并继续把更名后的出版社列为"中国典籍与文化丛书"四家出版单位之一，特别是在我们最困难的时候，安平秋先生、杨忠先生一直鼓励我们继续做好《全元文》出版，坚定古籍出版信心，并邀请我们参加"古委会"的学术活动。记得 2004 年前后（具体时间记不清），安先生、杨先生等到南京师范大学开会，专门挤出时间到凤凰集团，向集团领导介绍《全元文》情况及其重要意义，为我们鼓劲打气。当我们今天看着 61 册皇皇出版成果，欣然中更应有感恩，所谓"新枝""全凭老干为扶持"（见《郑板桥全集》增补本 384 页，凤凰出版社 2012 年 8 月版）。

说到经费保障，因为大型古籍整理出版项目，出版周期长，专业性强，市场相对小，一定的经费投入，是项目得以实施的必要条件之一。《全元文》出版的十多年间，出版社经历了四任社长、四届领导班子，一直把该项目列入各级重点出版规划，但在 20 世纪 90 年代，古籍出版社经济效益普遍比较差，特别是我们出版社没有任何教材教辅类出版产品，职工福利（特别是住房）、奖金等与同系统其他出版社相去甚远，甚至出版社生产经营性投入也时有"捉襟见肘"。所谓"有心无力"，李修生先生曾提出，希望每年出版增加到 10 册左右，出版社没有答应，除了编辑等方面的原因，经费也是一个重要问题。《全元文》出版后，我们对历年的直接成本进行了统计，约 480 余万元，这对当时的古籍出版社来讲，是无力承担的，这些经费主要来自江苏出版总社（2001 年成立集团），前后采取过两种形式，先是项目补亏，即每年《全元文》出版中的经费亏损由集团（总社）给予补足，因此，出版社在结算时总是设法加大一点成本，也可见当时古籍出版社经济上的窘迫。后改为一年一度的专项定额补贴，结余归出版社。两条经济上的扶持政策，基本上使出版社在《全元文》出版经费上无后顾之忧。也正因为如此，《全元文》是"古委会"立项的同类项目中起步较晚，却完成得比较快的一个项目。

《全元文》出版后，学术界在肯定的同时，也对其存在的问题提出了批评，包括点校失误、收录失实（漏、重、错）、底本选择欠妥以及编辑差错等，这些都是实事求是的。李梦生先生曾就《全元文》说过一句话："前无古人，后有来者。"学术研究总是在这样一个过程中进步的，古籍整理上的"一锤定音"又有几人做得到呢，关键是看我们如何正确对待这些问题。目前，《全元文补编》已经启动并立项（"十三五"国家重点图书出版规划、"2011—2020年国家古籍整理出版规划"），期待对上述问题有所弥补。

由《全元文》这样大型古籍整理图书编辑出版，笔者体会到，作为地方专业古籍出版社，在选题规划时，一是要认识到大型古籍整理项目对带动出版社整个内容生产板块的作用。专业古籍出版社实施大型古籍整理项目，可以使出版社选题规划的思路、定位更加清晰，发展目标更加明确，生产能力更加体现，品牌效应更加突出。20世纪80年代中期，江苏古籍出版社成立不久，即规划和出版了包括《清诗纪事》

《敦煌文献分类录校丛刊》《全元文》等多个大型古籍整理项目，由此，出版社的选题在 30 多年间，一直在相关专业领域延伸和拓展，形成了出版社的选题特点与优势，也得到学术、出版界认可。所以，笔者建议，专业古籍出版社在条件允许的情况下，要有实施大型古籍整理项目规划，要敢于做大项目。二是要重视专业化的问题。古籍整理是一门学科，其专业性十分强，出版古籍整理图书，特别是大型古籍整理图书，对编辑相应的专业要求也是比较高的。有些选题非常好，尤其是大型古籍整理项目，但我们的出版社是否有专业编辑能力，是应该有所考虑的，否则，可能有违初衷而成为负担。笔者经手过不止一部规模较大的古籍整理图书，都是由其他出版社"半途而废"的，如《册府元龟》（校订本），原先就是一家教育出版社承担并做了前期投入，但在项目进入编校阶段，他们才发现难度太大，无编辑力量，只好主动放弃，为了不承担"违约"责任，甚至连前期投入也不要了。此书后来由凤凰社接手编辑出版，并获首届中国出版政府奖，不知这家教育出版社有何感想。由此想到第三点，地方专业古籍出版社，上马大型古籍整理项目也要量力而行，并不是大型项目多多益善。由于大型项目实施周期长，需要投入的人力、物力、财力多，尤其过程中可能存在不确定因素，就以《全元文》为例，双方最初协议，几千万字的书稿，要求两年内一次性出版，显然没有考虑到古籍整理图书编辑难度，也有违图书编辑出版规律，后来大家认识到了这一点，调整了出版思路和计划，对最初协议中部分不实事求是的条款，在相互理解的基础上，进行了调整和补充。所以说，如果我们的大型项目选题，超出了出版社实施能力，其效果可能会适得其反。

（原文刊于《中国出版史研究》2019 年第 1 期）

《中华大典·文学典》出版

  《中华大典》（下简称《大典》）是新时期的类书。编修类书是中国的优秀传统，从公元220年魏修《皇览》开始，到明之《永乐大典》、清之《古今图书集成》，都体现了盛世修典的传统。编纂《中华大典》，既是对中国学术传统的继承，更是对中华优秀文化的展示和弘扬。1989年开始，江苏古籍出版社（2002年更名为凤凰出版社）有幸承担《中华大典·文学典》的编纂出版任务，历时20年，出版了先秦两汉、魏晋南北朝、隋唐五代、宋辽金元、明清、文学理论六个分典，总字数达5400万，共23巨册，圆满地完成了这一国家重大出版工程。

  《中华大典·文学典》的问世，是凤凰出版传媒集团、凤凰出版社奉献给新中国成立60周年的文化大礼！它是新中国古籍整理出版事业的又一重大成果，是学术界、出版界值得庆贺的文化盛事，无论规模还是质量，超越历代类书，该书被称誉为"中华民族的文化大典，古代文学的百科全书"。

余生也晚，因工作关系，虽然也参加过几次《文学典》相关会议，但并没有直接参与这项工作，由于《中华大典·文学典》直接领导者高纪言先生于2008年去世，很遗憾，他没能看到自己半生心血的项目最终完成，其他几位自始至终参加项目具体工作的老同志，因年龄与身体原因，也未能到会，故我受集团领导吴小平先生指派，在这里向各位专家，简要汇报《中华大典·文学典》编纂出版情况，由于大多非亲身经历，主要依据出版社档案及相关人员口述，有不准确的地方，敬请谅解。

《中华大典·文学典》是《中华大典》24个分典中规模最大的一个典，也是最先启动、最先出书的一个典。《文学典》的编纂出版，在新闻出版总署、《中华大典》"两委"（工作委员会、编纂委员会）和江苏省委宣传部、江苏省新闻出版局的领导下，从1989年试点，1993年全面铺开，1999年第一个分典（《宋辽金元分典》）出版，到2009年6个分典全部出齐，筚路蓝缕，几经波折，创造了许多第一和宝贵经验，为《中华大典》编纂和出版作出了贡献。

回顾江苏编纂出版《中华大典·文学典》20年历程，主要有以下三条：

一是率先试点，勇于实践，为《中华大典》24个分典全面铺开，探索出一条具有示范意义的路子。

　　如何编纂出具有当代意义的大型类书，是江苏编纂出版《文学典》当时所面临的主要课题。江苏实践与探索的结果、试点工作的成败，不仅关系到《文学典》的成败，更直接影响到整个《大典》能否顺利编纂与出版。当时我们却面临着许多的困难，突出的有这样几方面：一是对是否有必要编纂《中华大典》，学术界尚有争论；二是在古今大量类书、专书的基础上编纂新类书，难度很大，不少学者愿意出力，但不愿领头，致使成立编纂班子成为难题；三是"大典"编纂未能纳入一些高校的科研评估体系，客观上使得一些学者有心而无力，不要说经费上的支持，甚至连一间编纂办公室都不能解决；四是当时的编纂经费采取国家财政贴息，出版社存在很大经济压力。如此等等，这样的条件下，启动《文学典》编纂出版工作，难度可想而知。在这种情况下，江苏首先确立了"先定人，再定书"编纂出版思路，即先定主编（包括分典主编）负责制的总编纂原则，然后再商定书的编纂体例。在《大典》总主编任继愈先生、《文学典》主编程千帆先生直接关心、支持下，高纪言先生带着出版社编辑，足迹遍及十多个省几十所高校和科研单位，仅为各分典主编、副主编人选，就召开了数十次座谈会，听取各种意见，至于上门拜访，更是不计其数。出版社的真诚与决心，得到了许多学者理解和支持，最终确定由卞孝萱、曾枣庄、董治安、吴志达、黄进德、张伯伟6位先生分别担任6个分典主编，确保了其后开始的试点工作顺利开展。还有许多学者，由于多种原因，未能直接参与《文学典》的编纂，但他们始终关心、支持每一阶段的工作，如袁行霈、安平秋、周勋初、王水照、傅璇琮等先生，多次参加样稿论证会和各个分典的审稿会，为提高《文学典》的质量，提出了许多宝贵的经验。我本人参加过在苏州、扬州、南京召开的几次审稿会，见证了这些先生对《中华大典》的关心与支持。在确定分典主编后，江苏又在《大典》工委会领导下，积极寻求社会各界、特别是国家教育部等有关部门、各分典主编所在院校的支持，多次到有关院校宣传、沟通、协商，为编纂者尽可能地减少后顾之忧，改善编纂条件。出版社的这些努力，都取得了明显的效果，为《文学典》下一步进入实质性的试点，打下了良好的基础。

确定体例，是《文学典》编纂关键，也是《大典》编纂的难点，有的学者提出，可仿照《古今图书集成》体例。这样的好处是有可借鉴的东西，编纂的难度相对会小一些。但出版社在多方听取专家学者意见后，经与《文学典》主编及分典主编商量，通过充分论证，决定突破前人成例，探索出一个既符合学科特点、又体现时代特色，同时检索方便的编纂体例，并确定由卞孝萱先生担任主编的《隋唐五代文学分典》先行试点。为此，出版社与编纂者一道，进行了艰苦而大量的工作，仅编写体例样稿，就历经两年，五易其稿，召开的论证会、专家座谈会更是不计其次，最后确定了三条基本原则：一是经纬设目，不收具体作品的原则，并具体为：经目由总论、总集、体类、作家、其它构成；纬目由论述、传记、纪事、著录、艺文、杂录等构成。二是"广查精收""大家求精，小家求全""先唐求全、明清求精"的编选等原则。三是规范标点、版本、异体字的处理原则。这样一个较为科学的编纂体例，不但得到了《文学典》其他 5 个分典认可，使《文学典》编纂体例做到了基本统一；更重要的是，它给《中华大典》在编纂体例上定下了一个基本"调子"，为《大典》办公室其后制定出"《中华大典》编纂及校点通则"等工作条例，使其他分典在体例问题上少走弯路，起到了至关重要的作用，有着示范性意义。1999 年，曾枣庄先生主编的《宋辽金元文学分典》率先出版。中宣部、新闻出版总署在北京人民大会堂召开出版座谈会，与会领导和专家学者对《文学典》体例精当、版本可靠、选材适度、分类准确、标点得当、印制精美，给予了较高的肯定。任继愈先生说："《大典》启动时，《文学典》起了带头试点的作用，开创了很好的经验。《文学典》走在前头，给我们《大典》立了大功，他们取得的经验非常有参考价值，《文学典》值得特别表扬。"

　　二是高度重视，不断创新，形成具有江苏特点的《大典》编纂出版模式。

以高纪言先生为首的《中华大典·文学典》出版团队，始终坚守文化使命，从承接《中华大典·文学典》任务开始，就把所有的心血放在了这项工作上。同时，凤凰集团（江苏出版总社）的重点工作，就实实在在地增加了一项内容，历任主要领导和分管领导蒋迪安、石启忠、谭跃、王建邦、王於良、张佩清、吴小平等同志，都对这项工作给予了高度重视，始终关心、关注和支持《文学典》编纂出版的每一个环节与每一个阶段，特别是每届主要领导上任，都会在最短的时间内召开专题会，听取工作汇报，了解情况，作出批示，解决问题。领导的高度重视，是《文学典》得以完成的基本保证，也是江苏在这项工作中一条基本经验。

当然，编纂出版《中华大典》，特别是作为试点的《文学典》，困难多、规模大、耗时长、经费紧等客观现实是无法回避的，如何将各级领导的关心与支持，落实为有效的工作机制，我们通过探索和创新，形成了"三统一"的江苏《中华大典》编纂出版模式，即"专门组织和编纂机构、专门编辑场所、专项编纂出版经费"，这种"三专"模式，从制度上保证了《文学典》的顺利进行，可以说，"三专"是《中华大典》编纂出版史上一个首创。具体做法是：首先，成立了"江苏省《中华大典》工作领导小组"，由在座的集团副总经理吴小平先生任组长，集团有关部门及出版社主要负责人任成员，集团指派一名同志作为专职联络员，负责协调解决出版工作中的问题，印制、发行工作均由集团相关部门承担；同时，又成立了"《中华大典·文学典》编辑部"，由年过七旬的高纪言先生任负责人，将编辑人员从出版社抽调出来，相对独立，工作与生活待遇由集团直接负责，使他们能够专心编"典"而无后顾之忧。其次，20世纪90年代初，在集团本身办公条件十分困难的情况下，仍调配出专门办公用房给编辑部，使编辑人员有一个较为清净的工作环境。第三就是设立《文学典》专项出版经费，单列账号，专款专用，集团财务部门负责管理，时缺时拨，以弥补国家财政贷款之不足，集团老领导石启忠先生曾经说过，"就是砸锅卖铁，也要保证《文学典》的出版经费"，仅此一项就达数百万元。

实践证明，思想重视，措施有力，经济有保障的"江苏大典模式"，不但确保了《文学典》编纂出版工作走在了各个分典的前列，很好地完成了总署和《大典》工委会下达的工作任务和工作目标，为全面加快《中华大典》编纂出版，提供了有益经验。更重要的是，它充分表明，江苏凤凰出版传媒集团是一个有理想追求、有文化使命、有社会责任的文化企业，是一个想干事、能干事、干成事的文化战略投资者。

三是团结协作，淡泊名利，形成乐于奉献的"大典精神"。

《中华大典·文学典》完满出版，凝结着许多人的心血，是全国许许多多专家学者和江苏出版工作者精诚团结、紧密合作、艰苦奋斗的结果。大家怀着强烈的文化使命感和责任感，无私奉献于这一功在当代、利在千秋的国家重大出版工程。《文学典》出版，不仅仅靠物质上的保障，更重要的是，依靠了一大批有强烈事业心的人和他们所具有的知难勇进、团结协作、严谨求实、淡泊名利、乐于奉献的精神力量。20年光阴，就时间长河而言，犹是光闪电抹，但对个人来说，又能有几多呢？从《中华大典》总主编任继愈先生，到《文学典》主编程千帆先生，再到《隋唐五代文学分典》主编卞孝萱先生等，直至生命最后一刻，都惦念着《文学典》的出版。记得程千帆先生生前参加的最后一次会，就是在我们集团凤凰台饭店召开的《文学典》样稿论证会。而《文学典》编辑部主任高纪言先生更是离休后仍坚持工作在第一线，身罹绝症住院期间，还坚持抱病主持《文学典》最后一次审稿会，他是从医院直接到的会场，可能由于病情与药物作用，会议期间，他的讲话有点言不及义，但看得出来，他非常激动，见到了自己为之努力了20多年的"工程"即将迎来"竣工"的曙光。记得当时会场上一片寂静，所有与会专家，都对这位八十多岁出版家报以深深敬意。午餐时，他已经不能进食，但却坚持坐在餐厅门口，目送每一位专家走进餐厅。在座的《先秦两汉分典》主编董治安先生是亲历者，董先生每次见到我，都会对以高纪言先生为主的《中华大典·文学典》编辑部江苏出版人的敬业精神，予以高度赞誉。

如今，好几位先生都已驾鹤西去，但给我们留下了皇皇23巨册《文学典》。睹物思人，让人感慨！作为出版社的后来者，我们不会忘记、也不应该忘记所有对《中华大典·文学典》作出贡献的各级领导、专家学者和默默无闻、为人作嫁衣裳的编辑者。2007年春节前夕，凤凰出版传媒集团党委书记、董事长谭跃同志，到《文学典》编辑部看望慰问编辑部的同志，说过这么一段话：我们今天之所以能看到这样一部高质量的图书，它的背后，是因为有你们这样一大批默默无闻的奉献者，而你们能20年坚持不懈，正是因为你们有追求事业、不图回报、团结协作、淡泊名利的精神，你们是"出书、出人、出精神"的典型，如今，这三个"出"，已成为凤凰出版人的价值追求。

《中华大典·文学典》是一部盛世之典、传世之作，是一部超越古人的新时期文学类书，体现了我国当代学术研究、古籍整理出版的新水平，不仅展现了中国历代辉煌文学成就，更是对中华民族优秀传统文化的发扬光大。

凤凰出版社所有同仁，将继承前辈优良传统，不断努力，一定会奉献出更多的精品力作。

（本文是2010年1月6日在北京召开的"《中华大典·文学典》出版座谈会"上的发言）

《台湾史稿》出版

我首先代表《台湾史稿》的出版单位凤凰出版社，对为写作此书付出辛勤劳动与智慧的专家学者，特别是张海鹏教授、陶文钊教授致以崇高的敬意，对给予本书出版支持的国家出版基金办公室表示衷心感谢，对出席本次活动的专家学者、媒体朋友表示衷心感谢。

20世纪初，台湾爱国人士连横，从民族感情出发，以爱国之情怀首著《台湾通史》，开启了台湾历史的研究。近一个世纪后的今天，一部更全面、更权威的通史性著作《台湾史稿》问世，海峡两岸人民的民族感情通过文脉再一次得以体现。

作为"十二五"国家重点图书出版规划项目、中国社会科学院重大课题，《台湾史稿》是一部史料丰富翔实的史学著作，是系统而全面地反映台湾自早期开发直至21世纪历史进程的重要著作，它集历史文献与学术研究于一体，更重要的是，它于两岸人民而言，通过历史再现，能够在血浓于水的民族感情中，找到更多的认同和理解，更有利于两岸人民着眼于未来的民族大义，因此，《台湾史稿》也是一部了解中华民族历史、传承中华民族文化、复兴中华民族文明的生动教科书，它的出版，必将得到两岸人民的高度赞同，也必将发挥以史为鉴的作用，在中华民族统一的历史进程中，加深两岸中华儿女的民族感情。

从这个角度，可以毫不夸张地说，《台湾史稿》出版，不仅是中国出版史上一件值得庆贺的喜事，更是一件有历史纪念意义的大事，特别是在当前，在两岸人民期盼和平、走向未来的同时，台海局势依然复杂多变，"台独"势力总是干扰着祖国的和平统一大业，某些外部势力的插手，也严重影响着两岸和平与稳定，在这样的历史背景下，这部《台湾史稿》出版，意义更是不同寻常。相信随着时间推移，它的学术价值与现实意义、历史意义将进一步得到体现。

综观这部百万字的《台湾史稿》，我们起码可以得出这样几个结论：一是体现了正确的历史观与历史结论；二是史料翔实、论据充分；三是客观公允，不回避敏感话题；四是讲求学术规范。书稿编纂的史学工作者，以正确的史观、精深的学养、科学的方法、严谨的态度、实事求是的精神，完整地记述，并充分而有力地证明了台湾自古以来作为祖国神圣领土不可分割的历史，特别是包括台湾人民在内的中华民族反对外来侵略，维护民族统一的奋斗历史。

我们有理由相信，这部将历史视角延伸至 21 世纪的《台湾史稿》，必将成为一部能够传之久远、载入史册的著作。

中国社会科学院台湾史研究中心，是国内研究台湾问题最重要的学术机构之一，在张海鹏先生的主持下，成立十年来，影响日广，学术成果迭出。凤凰出版社是凤凰出版传媒集团旗下的一家以文史、古籍整理图书出版为主的专业出版机构。三年前，双方达成合作共识，将持续出版"中心"的"台湾史研究中心丛刊"等台湾史研究的最新成果，现已出版了《台湾简史》《美国对台湾地区援助研究：1950—1965》《中国国民党在台改造研究：1950—1952》等多部著作，今天发布的《台湾史稿》又是其中的一部。凤凰集团不但非常鼓励和支持凤凰出版社成为台湾史研究中心的出版基地，而且也希望我们出版社能够出版中国社会科学院更多学术研究成果。中国社会科学院以学科齐全、人才集聚、资料丰富而著称，是中国哲学社会科学研究的最高学术机构与研究中心，所开展的一系列理论探索与研究，特别是大量的学术研究成果，直接起到了推动与提高中国人文社会科学研究水平与理论创新的作用。凤凰出版社作为一家专业学术出版机构，始终坚持挺拔出版主业，坚持强化内容生产，坚持出版品牌打造。

在 20 世纪 90 年代，我们与中国社科院文学所有过非常好的合作，《文学遗产》这样的国家级学术期刊他们也曾交给我们出版。随着凤凰集团及出版社自身发展，凤凰出版社能够承担多门类大型学术项目出版，因此，我们更希望得到中国社会科学院这样高等级学术机构的支持，出版更多像《台湾史稿》这样的精品力作。

再次感谢领导、专家学者对凤凰出版社学术出版事业发展的关心与支持。

（本文是 2013 年 1 月 18 日在北京召开的"《台湾史稿》出版座谈会"上的发言）

《任中敏文集》出版

　　作为《任中敏文集》的出版单位，我首先代表凤凰出版社，对大家出席今天的座谈会表示感谢。会上，各位专家还将就任先生的学术思想、学术成就等方面进行研讨，从出版的角度，我们出版社的几位同仁，一定会获得很多收益，所以我们十分期待。在此，我仅就凤凰出版社相关出版工作略作介绍，以期在会议期间，或会后，得到各位指教。

　　凤凰出版社原名江苏古籍出版社，自1984年成立，今年刚好而立。三十年来，出版社始终秉持"传承文明，传播文化，贡献学术，服务大众"的出版理念，而"立足江苏"，充分挖掘、利用江苏地方出版资源，是建社伊始就确立的基本办社方针，至今未变，因为我们从江苏深厚的学术土壤中得到了滋养，任先生著作结集出版就是一例。《文集》被列入"十二五"国家重点图书出版规划项目，其中的《散曲丛刊》还获国家古籍年度资助，极大地提升了凤凰社在专业出

版领域的品牌形象。就这类文集选题，早在多年前，我们就
有出版包括钱仲联先生、程千帆先生、唐圭璋先生、任中敏
先生著作集的想法，四位老先生，是我国恢复学位制度以来，
第一批古代文学博士生导师，但由于版权等原因，如唐先生
《全宋词》《词话丛编》等，主要在中华书局出版了，钱先生的
书主要在上海古籍出版社，程先生的全集，已由河北教育出
版社出版。所以我们的想法，操作起来有难度，但总是心有
不甘，也正因为如此，我们想，无论如何，也要出版任先生
的著作集。当然，这也是经过调研的，认为有得以实现的条
件。一是任先生是当代著名学者，所创立的散曲学与唐代文
艺学，成为中国文学研究重要领域与方向，有集成出版价值。
二是任先生的几部重要著作之前虽有出版，包括在任先生生
前出版，但系统结集，尚属首次，尤其还包括本次新集成书
的著作，如《散曲研究》，是由《散曲之研究》《校补阳春白雪
提要弁言校例》《词曲合并研究概论》《词曲通义》《曲录补正》
等单篇论文汇集。三是由于种种原因，目前任先生著作出版，
大多未经著作权管理方授权，本次，扬州大学作为任先生著
作权管理方，独家授权凤凰出版社出版。四是文集主编王小
盾、陈文和先生，是凤凰社的老朋友，长期合作的作者，多
年来关心、支持我们编辑出版工作，我本人曾在《古典文学
知识》上，编发过小盾先生多篇文章，记得有一篇《在文学

与音乐的边缘》，很受读者欢迎；文和先生20世纪90年代，为我们出版社编纂整理了《嘉定钱大昕全集》。五是小盾先生是任先生嫡传，得任先生学术精髓，他所确定的《文集》编纂体例、各类著作校理原则，都能很好地体现任先生学术思想与成就。正因为有如此有利条件，《任中敏文集》得以顺利出版，也弥补了我们选题上一些遗憾。故此，要特别感谢扬州大学，感谢王小盾先生、陈文和先生以及他们的学术团队。王小盾先生在《文集》的策划、立项、组织、体例等方面，都给予了悉心指导，并亲撰总序，光大任先生的学术。还要特别提及的是，在《文集》编辑过程中，小盾先生还将我们出版社编辑招至门下，授业传学，栽培指导，使我们的编辑，通过这个项目出版，在事业和学业两个方面都有了很大的收获，也传承了前辈大家学术精神。

还要向大家报告一点，在编辑体例上，我们一改出版社以往类似文集，采用整套书一个书号的形式，而是改以单书独立成册、合为文集的形式。这一点我还征求过中华书局顾青兄意见，一方面便于读者各取所需，另一方面也便于出版社陆续出版，不会因某一种书整理进度而影响其他。《文集》先出版平装本，也是从读者角度考虑的，我们大家商量过，过一段时间，还将会出版整套的精装本（按：精装本于2015年已经出版）。

凤凰出版社的工作，长期以来得到了学术界的关心与支持，最近我们在整理三十年出版档案过程中，感触尤为深切。今天在座的各位，大多都以不同的方式关心和支持着我们的工作，例如：王小盾先生、张伯伟先生、徐兴无先生、田汉云先生、陈文和先生以及今天没到会的扬州大学钱宗武先生、顾农先生等，都将自己的力作放在了凤凰出版社出版，对此我们深怀感激并铭记在心，你们的厚爱是支撑我们坚持走下去的动力，因为目前出版业正处在一个转型时期，在一片做大数据、唱衰传统出版的声浪中，我们对学术出版、专业出版那份小小的坚守，就源自各位站在我们的背后。

最后，我要再次真诚地感谢给予《任中敏文集》出版支持的扬州大学各级领导，感谢扬州大学文学院为本次座谈会召开所付出的辛苦。

（本文是 2014 年 10 月 25 日在扬州大学召开的"《任中敏文集》出版座谈会"上的发言）

《缪荃孙全集》出版

　　《缪荃孙全集》出版座谈会，在缪荃孙的家乡江阴市召开，首先感谢江阴市人民政府、江阴市文化局、江阴市图书馆。当然也要特别感谢在年终百忙之际，参加今天座谈会的各位专家。

　　缪荃孙作为晚近有很大影响的历史人物，经历丰富，成就多样，除了自己著述及校勘编刻成果丰硕外，所谓"身历十六省，著书二百卷"（《艺风老人年谱》卷首），还有执掌南菁书院、筹建三江师范学堂等教育事业经历，并于1907年、1909年又分别负责创办江南图书馆（今南京图书馆）和京师图书馆（今国家图书馆），被后人尊为"中国图书馆鼻祖"。同时，身处近代中外文化交流时期，他也曾东渡日本，中西文化观念在其文化、教育、学术实践中，都有所体现。他的学术，包括了史学、方志、金石、书法、目录等多方面。这样一位在中国文化、学术史上有影响的江苏学人，学界目前尚未有一部较为完整的缪荃孙著述汇集，我想原因，正如两位主编在"前言"所说，一是缪荃孙著述涉及面广，除自己著述外，还有大量编刻、校勘一类，有一个取舍问题，二是他的著作汇编出版不多，还有大量散佚，有一个收集难题。我想，也正因为如此，整理出版缪荃孙著作集就更有意义，也更有必要。凤凰出版社于七年前将该选题列入出版社系列选题"江苏学人文集"，并申报和入选"2011—2020年国家古籍整理出版规划"项目，选题得到了张廷银、朱玉麒两位先生支持，2009年签署出版合同，正式进入整理、编辑、出版环节。

在编辑过程中，出版社与主编及整理者相互协作与信任，从整理体例到出版体例，都进行了充分探讨。就编辑出版体例而言，一是我们依据主编整理思路，即根据缪荃孙著述特点，采取有选择地分类整理，制定出版计划，分类出版。缪荃孙著述丰富，内容涉及面广，整理编校难度大，整理者各自进度不一，所以，出版社根据整理体例，与整理者配合，按诗文、金石、目录、日记、笔记、杂著等六类，编排出版计划，不分先后，齐头并进，哪卷成熟先出版哪卷，这样既体现了著者的著述特征，又保证了编辑出版进度，《全集》中的"笔记"和"目录"两卷是2013年底出版，其余四卷是2014年陆续出版。二是编辑人员提前介入。由于《全集》的规模较大、类别多，编辑工作需要多人合作，因此，出版社根据编辑的专业特长，合理安排，每位编辑都提前介入工作，与整理者有很好的互动。三是精心编校，确保图书质量。出版社在编辑过程中，不但统一体例，核查原文，相析疑义，而且对原稿中的疏漏，句读方面的误读，都提出了自己的意见，也得到了整理者的认可。特别是在三审三校的基础上，对有些改动较多的部分，包括索引，增加了多个校次。我们深知"校书如扫落叶，旋扫旋生"的道理，编书，特别是编辑古籍整理类图书也是如此，但这不能成为我们忽视图书质量的借口，我一拿到样书，就看到《前言》有人名之误，这是我们工作的失误，所以十分真诚地希望在座的各位专家，给我们编辑工作予以批评指正，以期我们的工作在今后不断进步。

最后，我要代表出版社特别感谢张廷银、朱玉麒两位先生的辛勤付出，几年来，我们在不断交流、沟通中收获了《全集》的出版，也收获了友谊。感谢荣新江先生，以及因故未能到会的詹福瑞先生对《全集》的推荐，使本书列入国家古籍整理出版资助项目。

虽然所谓《全集》已经出版，但如前说，缪荃孙还有大量文献未整理或出版，如何出版一部真正意义上的《全集》，我们不会停下思考，当然也更希望听到各位专家的高见。

（本文是 2014 年 12 月 22 日在江阴召开的"《缪荃孙全集》出版暨学术研讨会"上的发言）

《全元文》增补工作启动

首先感谢会议组织者给我这个机会。我想，这与我们曾经出版过《全元文》有关，所以，我想借这个机会仍就《全元文》及相关"增补"工作，向大家报告，也供李修生先生参考，希望离会议的议题不会太远。

我们出版社与北师大古籍所李修生先生是在 1991 年正式签署《全元文》出版协议，1997 年《全元文》1—5 册出版，之后每年出版 5 册，至 2002 年出版社由江苏古籍出版社更名为凤凰出版社时，共出版 25 册。2003 年下半年，我们与北师大古籍所联合召开了"元代文化研究暨《全元文》编纂研讨会"后，在李先生的支持下，编纂出版进度明显加快，至 2005 年底基本完成正文 60 册的编辑工作（少量于 2006 年出版）。2006 年 1 月，凤凰集团与北师大在北京人民大会堂联合召开了"《全元文》出版座谈会"，许嘉璐副委员长等领导以及陈高华、郭豫衡等数十位专家学者出席座谈会，对《全元文》编纂出版给予高度评价。

　　《全元文》出版后得到了学术界充分肯定，并获教育部人文社会科学优秀成果一等奖，国家新闻出版总署中华优秀出版物提名奖等。

　　十年之后简单回顾《全元文》编纂出版过程，我想说三点意思：一是从基础文献角度看，作为具有开创意义的断代基础性文献总集，对元代学术研究的作用还会愈加突显。仅就一项数据看，近年来，各类学术论文提及《全元文》的达两万多篇，引用《全元文》中文献的近四千篇。众所周知，基础文献整理与出版是一件吃力不讨好的事，但作为学术研究的基础，又十分重要与不可或缺，正因为如此，期盼元代文献整理有更多的成果。同时，我个人认为，以《全元文》作基础，也可以衍生出更多的元代文献成果，这从同类项目《全宋文》的后续开发或许也能借鉴。我们出版社非常愿意在这个方面与各位专家学者合作。二是从学术发展角度看，对《全元文》进行增补十分必要。学术研究，包括古籍整理，不太容易做到"一锤定音""一劳永逸"。同时，今天的学术环境、信息传播、资料获取、研究成果等，较之十多年前已不可同日而语，特别是网络化普及、数字技术在古籍文献整理上的运用，为这项工作提供了客观便利，各类文献补漏、补缺、补正、完善、提高都有了比较好的基础性条件，目前，李修生先生已着手此项工作，我们双方也就《全元文》增补工作达成共识，《全元文补编》也已被列入

"十三五"国家重点出版物规划项目，为此，出版社也做了充分准备，确定了专人负责，我们会总结以往经验和教训，配合好编纂工作，相信增补工作在李修生先生领导下，可以向学术界贡献一部更加完善的元代文献总集。三是从科学技术新发展看，数字技术推动学术发展的作用已被大家认识，特别是文献类的数字化产品已有一批成果，并在学术研究中起着重要作用，因此，建议在"补编"过程中，以《全元文》为基础的元代文学文献数字化，应该得到编纂团队关注，并为后期数字化开发，留以空间。

凤凰出版社原名江苏古籍出版社，作为专业古籍出版社，自 1984 年成立以来，始终秉持"传承文明，传播文化，贡献学术，服务大众"的出版理念，长期得到包括在座许多专家学者在内的学术界关心与支持，《全元文》至今仍是我们出版社规模最大、实施时间最长的单体古籍整理项目。在我们出版社成立的三十多年间，无论处于何种出版环境，特别是在困难的时候，学术界的关爱，广大专家学者的支持，总是成为支撑我们坚持学术出版、古籍出版的动力。今天，我们处于相对较好的出版环境，《全元文补编》编纂与出版工作，各方面的条件要比 20 多年前《全元文》启动时好得多，加之得到众多专家学者的支持，对此，我们充满信心。谢谢大家。

（本文是 2016 年 7 月 30 日在包头师范学院召开的"全国元代文学暨阴山文化研讨会"上的发言）

《中国辞赋理论通史》出版

　　作为《中国辞赋理论通史》出版单位凤凰出版社的代表，对本次会议专门安排这样一个首发环节，首先表示感谢，并深感荣幸。本书能在中国辞赋最高学术规格会议及与辞赋发展有密切关系的古之楚地首发，又有百余位专家学者助力，实可谓借得天时地利人和之势，故借用本书作者许结先生的一句诗"华章生楚国，解说更相亲"。

　　刚才，本书作者许结教授介绍了写作过程以及他长期以来对中国辞赋理论问题的思考。我这里简单向大家介绍一点凤凰出版社与许结教授多年合作及本书编辑出版相关情况。在座的专家，都研治辞赋，与许结教授是同道，他的学术成就，有目共睹，正因为此，大家一致推举他为中国辞赋学会会长，可谓众望所归。许结教授几十年治学经历中，虽多有涉猎，但辞赋学一直是他从未离开的学术领域，从辞赋文献到文学再到文化研究，成就被学界公认。二十多年前，许结与郭维森先生的《中国辞赋发展史》，由在座的徐宗文兄主持出版，是国内第一部系统梳理辞赋艺术、从生成到发展、再到流变的研究著作，在学术界产生广泛影响，也体现了许结教授辞赋研究的高起点。宗文兄不要有意见，我已建议许结重新修订，与《中国辞赋理论通史》配套，在凤凰社出版。相信以许结教授二十多年研究积累，未来的修订本一定会值得大家期待。

正因为如此，许结教授一直是我们出版社长期关注与合作的重点作者，他除了坚持为我们出版社《古典文学知识》刊物写稿外，更是我们编辑"追逐"的对象，他自己有"凤凰三书"的说法，即一年内应几位编辑之请，分别出版了《诗囚——父亲的诗与人生》《姚永朴〈文学研究法〉导读》《庄子注评》。尤其是我经手的《诗囚》，让我了解了许永璋先生的坎坷人生，以及他继承杜甫家国情怀、心系苍生的诗学传统，读许永璋先生的诗，完全能获得一种"杜风"；同时，也让我理解了许结教授倾心传统文化研究之"家学"与"师承"。这本书出版后，许结赠诗云："家世黄华汉墨乡，桐城血脉少陵行。慈怀盛德扶孤幼，泣血倚声述悼亡。教泽频年流美誉，诗情一触奏笙簧。海东旧月拳拳意，厚地高天起凤凰。"

回到今天首发的这部《中国辞赋理论通史》，该项目在国家社科基金立项之初，我们就与许结教授达成合作意向，并一直跟踪。2015 年该项目编纂结项，我们双方即签订出版协议，书稿进入编辑加工环节。其中还有一个小插曲，有所谓国家级出版社，得知该项目结项为优秀，允以许结先生各种优惠，希望拿到他们出版社，许结教授不为所动，坚持承诺。

当然，今天首发的这部《通史》，就编辑出版，甚至书本身相关学术议题，肯定还有提升空间或疑义相析的讨论，这也是我们将本书首发式放在这样一个学术会议上的目的，就是希望会议期间或者会后，听到更多专家学者专业性的讨论与批评，我想这也是许结先生所期待的。

凤凰出版社原名江苏古籍出版社，成立三十二年来，始终秉持"传承文明，传播文化，贡献学术，服务大众"的出版理念。我们的出版工作长期以来得到了包括在座各位的学术界专家关心与支持，本次会议安排这样一个首发就是很好的例证，对此我们深怀感激并铭记在心。

所谓"周虽旧邦，其命维新"，凤凰出版社作为专业古籍出版社，同样具有守正创新的追求，扎根中华优秀传统文化，力求古籍专业出版创新，故借此《中国辞赋理论通史》首发之际，期盼与各位赋学界的专家学者，就辞赋文献整理、辞赋理论研究进行广泛合作，推动这一学科学术创新发展。这样的工作现在已经有了一个很好的开头，除了今天首发的这部著作，由许结教授主持整理的清代陈元龙所编《历代赋汇》整理本，已进入最后编辑阶段，不久将出版面市，该项目被列为"十二五"国家重点图书出版规划、国家古籍整理出版专项资助。同时，对《历代赋汇》之后的赋学文献等，我们双方也有探讨，希望下届赋学年会时，能再与大家共会，并能有更多新成果向大家报告。

最后，谢谢许结教授，谢谢会议的主办方、承办方，谢谢在座的各位专家学者。

〔本文是 2016 年 10 月 22 日在武汉召开的"第十二届国际辞赋学学术研讨会"上的发言。2020 年，《中国辞赋理论通史》获教育部第八届高等学校科学研究优秀成果奖（人文社会科学一等奖）〕

《子海》出版

作为《子海》出版方的代表，根据会议安排，我向大家报告我们出版社与以郑杰文教授为首席专家的山东大学《子海》编纂中心，合作编纂出版国家社科基金重大委托项目《子海》的情况，以及大型中文文献出版中的一些相关问题，恭请各位指教。

三年前的这个时间，我们在这里举行过《子海》首批成果发布会，当时的会议规格，由于众多领导出席，显得隆重高大。但在今天这样一个主题的会议上，更可以让我们回到项目本身学术性讨论，更可以听到不同的批评，当然也可以形成更多的合作共识。我想，这样的说法，编纂中心的各位老师是会赞成的。

众所周知，中国传统典籍中，"子部"较之于其他三部，门类多杂，所谓"后世群书，其不能归入经史者，强附子部，名似而实非也"。由于"子部"典籍内容涉及的方面比较多，所以其系统整理难度相对大，加之当代学科研究分类过细，国内这方面的出版成果相对薄弱，当然这项工作的学术意义也会更大。

《子海》项目的基本构想，是通过收集、整理、研究几个方面的工作，对中国传统子部典籍进行现代学术意义上的系统呈现。其"珍本编"是选取中国传统子部典籍中具有重要学术价值且版本珍贵及稀见者5000种，依据子部分类编排，影印出版，并标注版本信息与馆藏情况。目前已出版"大陆卷"两辑，"日本卷"一辑，共计222册，收书800种左右。另有台湾地区"商务印书馆"依据《子海》体例与收书原则，并根据《子海》编纂中心提供书目，出版"台湾卷"50册。《子海》"精华编"则是对500部子部典籍进行校勘整理，已出版9部，明年上半年还将出版21部。这将是一项不间断、有延续性的工作。

三年多来，就《子海》项目本身实施过程中，各种形式的合作，当然包括与本次会议主题相关的国际汉学研究合作，都有很好的实践，也是《子海》这类大型文献编纂出版的重要前提。据《子海》项目前期普查结果，项目所涉及藏于海外中国传统子部典籍约500种，而这恰恰需要国际汉学界，包括各国中文典籍存藏机构的广泛合作。当前，加强国际汉学交流与合作，已经上升到中国国家文化发展战略层面，

在今年年初公布的国家"十三五"发展规划中，首次提出了
"实施中华典籍整理工程"，并明确指出要"推进国际汉学交
流"，"进一步加强与海外古籍存藏机构的交流和合作，做好
相关出版项目的统筹力度，加强出版单位的分工合作，系统
影印出版散失海外的珍稀古籍文献"。因此说，通过项目实施
作为纽带，无疑是从多个方面获得国际汉学合作的有利因素，
也可以使国际汉学合作平台有更丰富的内容。平台也如舞台，
总是需要人跳舞的，我想郑杰文教授现在就是一个"领舞
者"。我们凤凰出版社与以郑教授领衔的《子海》编纂中心，
对搭建国际汉学平台抱以期待与乐见。

从《子海》已出版"珍本编"中的"日本卷"看，收录
静嘉堂文库、内阁文库、东京大学图书馆、早稻田大学图书
馆等八家图书收藏机构 150 余种子部典籍，大多为中国大陆
散失，包括多部宋元钞本、刻本。在这一合作过程中，编纂
中心与藏书机构、编纂中心与出版社、藏书机构与出版社的
合作中，都有各自的要求，但大家最终在合作共识基础上，
通过智慧，都圆满解决了问题，虽不能说有什么成功经验，
但逐步探索出较为可行的运作方式，可为今后多方合作提供
一些参考。另外，大型文献编纂中多国多地区间合作，在充
分考虑各方诉求中，以原则性与灵活性交替的思维，本着合
作前提下的开放与动态，可以获得事半功倍的效果。即以本

项目为例，由于中国台湾地区藏书机构相关规定不符合中国出版政策，故"台湾卷"改由台湾"商务印书馆"承担，两岸出版合作，很好地解决了现存矛盾，弥补了可能形成的遗憾。这样的合作，其意义甚至可以说已超出了项目本身，它充分体现了两岸中国人对几千年中华文化的认同，这种同根同源的文化，是两岸走向美好未来的基础。故此，我们也代表凤凰出版社，愿意借《子海》项目的合作，与在座各位代表的学术机构有更多的交流和合作。

当然，在《子海》这样的大型文献编纂出版中，无论"珍本编"还是"精华编"，都有一些需要我们取得共识与重视的问题。一是各级政府立项资助项目的绩效考核与尊重学术规律的问题。政府对文化工作越来越重视，投入也不断加大，编纂《子海》这样的大型文献项目，没有政府资金投入是难以完成的，但文化工程又不能仅依经济规律办事，学术研究并不是投入就可以限时产出，甚至投入并不一定在短时间内有产出，所以对于《子海》这样一个规模大、难度大、周期长的项目，特别是需要国际多方合作，非有一定保障机制，是无法做到各方满意，甚至会影响到项目完成。因此，坚持尊重学术规律，是实施这类超大型项目的前提。二是适度调整更有利于项目推进。大型项目的前期论证最为重要，但由于多种因素，未必完善，即便设计周密，实际运作中也会出现意想不到的问题，故期中调整是必需的。以《子海》项目中的"精华编"为例，计划十年间整理出版500种子部典籍，其中，要么是前人从未有整理成果，要么是在现有学术成果基础上做后出转精的深度整理，设想很好，也很必要，但在组织实施过程中，受各种条件限制，这样的愿望实现起来有很大难度。会前，我们与编纂中心也就这个方面的问题商讨解决的办法。根据2007年由全国古籍整理出版规划领导小组办公室组织编辑的《新中国古籍整理图书总目录》统计，1949—2003年间，各类传统典籍整理与出版，包括排印与影印方式、学术性与普及性类别，也包括相同内容的不同出版，有两万个品种左右。我粗略算了一下，严格意义上的古籍整理出版物不会超出30%。2013年，国家新闻出版广电总局发布了"首届向全国推荐优秀古籍整理图书目录"，共计91种，就是从新中国成立以来出版的两万种左右古籍整理图书中，经专家严格评审优选出来的。另外，"2011—2020年国家古籍整理出版规划"截至目前共列554项，由全国数十家出版单位承担，目前的实现率也仅在50%左右。虽然这样的统计非常不严谨，也不能完全说明什么问题，但至少可以给我们一个提醒，从实际出发，适度调整，分步、分期实施，或许能够使大型古籍整理项目得以持续并保证学术质量。在"珍本编"中，原有收录沈家本辑稿《刑案汇览三编》，但由于这部书多达两万余个简子叶，如按《子海》体例，出版后则会与其他各卷不协调，包括将来可能涉及的类书也会有这样的情况，我们双方商量后，将此书调整为"特辑"出版。三是集体项目在现行学术评价体制下如何形成有效机制，调动各方面积极因素，是项目能够顺利实施不可或缺的。如果《子海》这样需要国际合作完成的大型文献集成，拥有了国际汉学研究这样一个平台，其前景是可以预期的。

《子海》项目实施有年，但成果仅是一小部分，有些还未引起学界重视，各方付出的辛劳自不待言，但编纂与出版双方信心与共识从未改变过。

上述问题仅供郑教授与专家团队参考，并请与会专家批评。

最后，我想表达这样一个意愿，作为全国综合文化实力较强、文化影响力较大的江苏凤凰出版传媒集团旗下的专业古籍出版社，真诚希望与在座每一位专家学者合作，包括加强国际文化交流，期待"全球汉籍合璧工程"及国际汉学合作平台有丰硕成果。

（本文是 2016 年 11 月 25 日在山东大学召开的"全球汉籍合璧与汉学合作研究研讨会"上的发言）

《江苏历代方志全书》出版

作为《江苏历代方志全书》出版单位凤凰出版社的代表，首先对《全书》的组织实施单位：江苏省地方志办公室表示祝贺与敬意。下面我简要汇报《江苏历代方志全书》编辑出版过程中的几项工作。

江苏是名副其实的方志大省，据徐复先生主编《江苏旧方志提要》，著录了1170种古旧方志，其中存志714种，佚志372种，存目84种，这在全国应该是不多见的。这本《提要》成于20世纪90年代初，"方志办"的许多同志，包括今天在座的张乃格先生，都参加了普查与提要撰写。20多年过去了，江苏"方志人"从未停止普查、研究工作，目前的客观条件，包括收藏机构的开放观念、检索的便捷手段等，已远好于过往，又有不少古旧方志被发现，所以，系统梳理、编辑出版江苏历代方志，不但条件成熟，而且更是一件既是对历史总结，又是一项功在当代、利及千秋的文化工程，其意义十分重要。根据规划,《江苏历代方志全书》将成为国内目前同类项目中规模最大、品种最多、涉及面最广的省域方志集成,预计将出版 500 册左右。

凤凰出版社有幸承担此项目出版任务,至 2016 年底,将出版 180 册。在我们接受这项工作任务后,即成立专门项目团队,负责这套大型文献的编辑出版,参与人员均有丰富古籍文献影印经验,其中有正高职称 2 人、博士 2 人、硕士 4 人,从而确保了项目的学术质量。

在具体编辑出版过程中,有三个方面的重点工作:

一是底本的摸排、征集工作。根据省方志办提供的目录,凤凰出版社安排具有丰富经验的编辑人员,对目录涉及的所有方志底本基本情况进行摸排。首先,根据《中国地方志联合目录》等,查清楚所有方志的保存、馆藏情况;其次,利用各大图书馆网站,进一步查清每一种方志的索书号、卷数、版本、存佚等具体线索,为下一步的底本征集做好基础性工作;再次,利用作为专业古籍出版社多年来与国内各大图书馆及方志收藏单位的良好合作关系,落实、签订底本使用协议。在这一过程中,为了取得一些珍稀版本,出版社不惜重金,舍得花钱。如"省部"中有《(民国)江苏备志稿》稿本六十三卷一种,国内从未出版,尽管收藏单位要价比较高,经我们多方努力,还是拿下了这部稿本,从而极大地提升了

《全书》"省部"的学术价值、版本价值。还有一些底本，国内没有收藏，我们也通过各种关系，将包括藏在日本的底本复制回来。

二是编辑加工工作。书目及底本确定之后，出版社立即组织编辑为每一种方志做详细的卷页表，检查每一种方志版面是否清楚，是否有缺漏、倒页或漶漫不清等情况。对凡属于上述情况者，我们都将到其他图书馆进行同一版本复本调查，并补配或替换回来；凡原书页码倒页的，则重新理顺次序。经过上述编辑工作，这套《全书》中的一些方志，内容更全、信息更准、版面更清楚，更适合读者使用。

三是修版印制工作。针对底本复制过程中的各类问题，为提高出版物质量，根据出版社要求，承印单位技术人员对底本文件进行逐页剪切、修版并出校改样稿，其中常规校样三次，遇到特殊情况，甚至出校改样稿五六次之多，确保了《全书》的出版质量。

《江苏历代方志全书》的出版工作，在省委省政府关心下，在省方志办直接指导下，目前各项工作进展顺利。2016年初，项目被列入江苏省重大文化工程"江苏文脉整理与研究工程"组成部分。

作为全国综合文化实力较强、文化影响力较大的凤凰出版传媒集团旗下的专业古籍出版社，凤凰出版社将坚持以"传承文明，传播文化，贡献学术，服务大众"的出版理念，以更加专业的精神与不懈的努力，为江苏文化建设尽责尽力。

（本文是 2016 年 12 月 13 日在南京召开的"《江苏历代方志全书》首批图书发布会"上的发言）

《中国近现代稀见史料丛刊》出版

  首先感谢各位专家参加《中国近现代稀见史料丛刊》出版研讨会,凤凰出版社作为一家地方古籍出版社,之所以还有勇气和能力出版诸如《中国近现代稀见史料丛刊》一类的学术出版物,就是源自包括今天在座的众多专家学者作为我们的后盾,给予我们大力支持。说到要研讨的书,当然首先要感谢三位主编:张剑、彭国忠、徐雁平教授。这套书的第一辑是2014年出版的,并在北京中国社会科学院文学所召开了首次出版座谈会,听取专家意见,以期后面做得更好,非常遗憾,我因眼睛做一个小手术,未能聆听专家们的高见,但听出版社的同事讲,与会专家对这个选题多有肯定,增加了我们的信心。这里我向大家报告一点出版社在这个选题上的想法,以及出版情况和未来设想。

  关于《丛刊》名称所涉及的"近现代""稀见""史料"概念,主编在"总序"中有所说明,对各辑具体选目,各辑主编将在会上向专家们报告。从出版社角度来讲，当初对这个选题感兴趣，主要基于这样两点考虑：首先是对出版社选题延伸。凤凰出版社是一家地方专业古籍出版社，自创办以来，一直在传统意义上也就是清以前的传世文献方面开发选题，很少涉及出土文献、近代文献出版。2014 年，是我们出版社成立 30 周年，我们没有搞任何庆典活动，更没有请领导来为我们壮大声势，而是做了两件事，一是邀请了数十位专家学者题词勉励，二是编了一册三十年总书目和一册纪念集。书目数据最能真实地反映出版社走过的路，无论是过去的江苏古籍出版社还是现在的凤凰出版社，在不同的阶段，都出过一些得到学术界、出版界认可的图书。当然，在这份总书目中，我们也看到了自身的不足以及未来可发展的空间，可能由于地方古籍出版社成立比较晚，在选题规划与布局方面有先天不足，特别是古籍整理选题缺乏系统性，缺少特色产品线和优势内容板块，我说过一句并不恰当的话，我们这些地方古籍出版社，总是在中华书局、上海古籍出版社选题上"拾遗补缺"。"近现代稀见史料"恰好符合我们拓展选题空间想法。除了中华书局的《近代史料笔记丛刊》外，其他古籍出版社似乎很少系统整理出版过这类文献，而中华的书是断断续续出版，这几年似乎也出得比较少了，因此，我个人认为，这是凤凰社拓展选题的机遇，所以与张剑等几位先生一拍即合，很快就确定下来，最初商议不少于六辑，并有一个六辑选目。随着前几辑出版和良好的社会反响，《丛刊》也被列入"十三五"国家重点图书出版规划项目，第一辑中的《俞樾函札辑证》等很快又重印了，我们双方已基本达成共识，将《丛刊》扩大到十辑。出版社在当初确定选题的时候，有一个顾虑，就是能否坚持持续出版，我们是希望通过一定的规模，来形成出版社新的内容板块，所以与几位主编约定（当然是口头的君子约定），每年出版一辑，每辑不少于10种，其中每辑中比较容易受读者关注的日记类文献不少于6种，从2014年出版第一辑，至今已出版五辑，共计60种70册，其中日记类32种，完全达到预期，明年出版的第六辑已在编辑之中。再说一下我们考虑这个选题的另外一个原因，即主编团队，原本是四位，除了张剑、彭国忠、徐雁平教授外，还有英年早逝的张晖先生，我本人与张晖只是几年前在社科院文学所一个座谈会上有过一面之缘，从后来各方面的追念文章以及张剑转来的《末法时代的声与光》《帝国的流亡》，了解到他的勤奋和才气，本来计划中的第四辑是由他主持的，很遗憾没有合作机会了。我们出版社的编辑常说，找对了作者，书就成功了大半。《丛刊》的三位主编，以敏锐的学术眼光，并着眼于学术需求，策划了这套书的选题，他们自身的学识、勤奋、谦逊、踏实，给我们编辑留下深刻印象。

这套书的操作是这样的，三位主编每人每年主编一辑，交替执行，但他们之间毫无保留，相互支持，确保每年一辑的交稿数量；出版社则采取一人统筹多人参与的编辑方式，保证编辑出版进度。通过这套书五年五辑出版，我们也在不断总结，凤凰出版社要真正能够实践"传承文明，传播文化，贡献学术，服务大众"的出版理念，包括在座的广大专家学者才是我们坚持古籍专业出版的坚强后盾，说得俗一点，就是我们的"衣食父母"。也正因为如此，我们与主编商定，每一辑出版后，即在主编的工作所在地，也就是北京、上海、南京轮流召开专家座谈会，听取意见，以便改进，这三座城市也是中国学术、出版的重镇，几年下来，每一次我们都收获满满也信心满满。同时，座谈会的形式也有些变化，前四辑研讨，主要还是集中在各辑选目及相关选题，从第五辑开始，则以《微观史、中心与边缘——日记与近代文史之学的拓展》为学术主题，把图书出版与学术研究结合起来，相互促进，更具有学术史、书籍史意义。

未来这套"丛书"如何发展，现在看来，十辑应该没有问题，但出版社更希望将这套书做成一个出版品牌，期盼各位专家给予指导和支持。这里说一个题外小插曲：第四辑出版座谈会，是在北京中国社会科学院文学所召开的，会前一天下午，张剑忙完会场安排工作后，我们一起晚餐，席间，他得知其公子高考成绩 666 分，十分高兴，一个非常吉利的数字，大家也纷纷举杯表示祝贺，用餐结束，结账是 888 元，大家情绪一下子再次高涨起来，一致认为，不但预示第二天的会议圆满，更预示《丛刊》未来一定会顺利，出版社会"大发"。

（本文是在 2015 年至 2018 年《丛刊》第二至第五次出版座谈会发言基础上重新整理）

《历代小说话》出版

  非常荣幸参加"《历代小说话》及话体文学批评学术论坛",对于从事学术出版的人而言,这是一次宝贵学习以及向各位专家求教的机会。半年前,我本人已卸任出版社社长兼总编辑之职,但还是诚请黄霖先生及各位专家,对凤凰出版社出版工作多多指导。今天,作为这个项目曾经的出版主事者,代表出版社,借《历代小说话》出版之际,谈一点这部书编辑出版情况以及个人感想。

  话体批评是具有中国特色的文学批评样式,传统目录学著作,多于集部文献中,列"诗文评"一类,其中有诗话、词话、赋话、古文话、四六话等,虽然"小说话"与前者相比,成型较晚,或没有冠以"话"的称谓,但体例、特征都类似诗词话,不但内容丰富、形式多样,而且对总结古代小说,推动创作,起到十分重要的作用。《历代小说话》正是这种话体批评文献的集大成,对古代小说,乃至中国古代文学批评研究，一定会起到推动作用。另外，本书分册，依据黄先生对小说话不同内容特点的编次，分为15册，上编1册、中编2册、下编12册，很清晰看出"小说话"这种批评文体自身发展。同时，《历代小说话》出版，也延伸和丰富了凤凰社内容生产板块，早在20世纪90年代初，我们出版社就把话体文献整理出版，作为重要选题板块，先后出版或立项了《宋诗话全编》《明诗话全编》《宋辽金元词话全编》《明词话全编》《清词话全编》，以及《历代文话补编》《闺秀诗话》《闺秀词话》等一批图书。这里有个小插曲，也是在20世纪90年代初，我们还和王水照先生达成编纂出版《历代文话》协议，非常遗憾，由于种种原因，没能如愿。黄先生这部书，原来是准备在另一家出版社出版，后因该出版社毁约，却成就了我们。

最后，我想借《历代小说话》出版研讨之际，向黄霖先生表达三点敬意。

一是对黄先生长期关心、支持和信任凤凰社表示敬意。从二十世纪八九十年代，黄先生就对我们社的《中华大典·文学典》《古典文学知识》等出版工作，给予过很多帮助。我本人与黄先生联系并得到帮助，应该是从20世纪90年代初《金瓶梅研究》集刊在我们社出版的时候。特别是近十年来，黄先生将一系列重要研究成果，包括《历代小说话》《现代（1912—1949）话体文学批评文献丛刊》《古代文学名著汇评丛刊》这样具有集成性、并将会产生重要学术影响的项目，放在了凤凰社，对一个地方古籍出版社来说，是何等幸运。故作为曾经的主事者，知感恩并将铭记在心，凤凰出版社也定会以学术精品出版，不负黄先生厚爱。

二是对黄先生严谨的学术态度和学术上的精益求精表示敬意。众所周知，黄先生对"小说话"这种文学批评样式研究，是积数十年之功。给我们印象深刻的是，《历代小说话》是2013年我们双方达成出版协议的，当时在我们看来，这是一部比较成熟的书稿，除了黄先生的几十年研究，书稿也曾交给另外一家出版社数年，这期间黄先生又做了大量增补工作。故本书原计划是2015年上半年出版，并申报了2014年度国家古籍整理出版专项经费资助项目，但黄先生每看一次校样，都会有新的改动和增删，不放过每一条新材料和新发现，故书稿编辑出版前后共花了五年多时间，虽然出版延期了，但学术质量得到了极大提高。这期间，黄先生的治学精神，给我们编辑留下了深刻的印象，也激励我们把书出好。

三是对黄先生重视基础文献整理工作表示敬意。所有的学术研究者都会认为，文献是学术研究的基础，但在实际中，文献整理又是一件"吃力不讨好"的事情，不但是"为他人做嫁衣"，为别人提供研究便利，而且在现有学术评价

体系中，还被认为不如所谓的"著书立说"那么"高大"，在
一些高校的绩效考评时，要么分值很低要么根本不算。黄先
生的《历代小说话》，以及明年即将在凤凰社出版的《现代
（1912—1949）话体文学批评文献丛刊》，都是重要的基础文
献整理，对推动相关学科领域研究，具有重要学术意义，由
此而言，老一辈学者的学术奉献精神，值得我们所有人敬重。

　　最后，我想对在座的各位专家学者表示由衷感谢，凤凰
出版社的古籍出版工作，长期以来得到各位的关心和支持，
在座的不少学者都与我们有很好的合作，正因为有学术界的
关爱，凤凰出版社的"传承文明，传播文化，贡献学术，服
务大众"的出版理念才能得以实践与持续。谢谢大家。

　　（本文是 2019 年 6 月 29 日在复旦大学召开的"《历代小说话》及话
体文学批评学术论坛"上的发言）

《冬青老人口述》出版

谈一点我经手这本《口述》的出版过程。

关于我与卞孝萱先生的交往，去年九月，卞先生去世九周年，我在《中华读书报》写了一篇小文章《忆卞孝萱先生二三事》。卞先生生前，我除了为《古典文学知识》向他组过若干篇稿件，经手的著作主要有他主编的《中华传统优秀道德文化丛书》《庆祝卞孝萱先生八十华诞——文史论集》，卞先生去世后，又经手重版了他的《辛亥人物碑传集》《民国人物碑传集》《郑板桥全集》以及《卞孝萱文集》。文章最后，我谈到自己的一点遗憾，就是这部《冬青老人口述》一直没能出版，当时写道："卞先生去世后，我一直努力了却《冬青老人口述》出版心愿，好在目前又有了进展，希望读者在不久后，能看到卞孝萱先生这部遗稿。"一年后，书终于出版了，真的要感谢整理者赵益教授、卞先生的哲嗣卞敏、卞岐兄，近十年来，我们一直在沟通、商议，都希望不要让这部未完稿成为遗憾。现在大家看到的《口述》，有些内容稍简，就是因为是一部未完稿，有的内容，卞先生只是开了头，并没有讲完，据赵益教授讲，还有些内容没来得及讲。

我经手这部《口述》的经过大致是这样的：2007 年，卞先生让卞岐给我带了一本由中华书局出版的《现代国学大师学记》，作为一名编辑，毫不夸张地说，一看到这样的选题，立马到了"眼馋"的程度，记得是随即给卞先生写信，在表示感谢的同时，更希望先生能有类似的著作给凤凰社出版。不久后的一天晚上，接到卞先生打到家中的电话，有两句至今难忘，一是称我"姜兄"，一是说"下面为你们做事"，首先就谈到这部《口述》，并说请赵益协助。前几天，在座的同事樊昕忆起，他还记得随我一起到位于港龙的卞先生新居送此书出版合同的情景，卞先生气色红润、声音洪亮，谈到一些学林往事，并介绍了墙上挂的几幅字画，说以后书中会收录更多师友交往的相关图片。对此，我一直期待着《口述》完稿，期间我并没有催过卞先生，因为我在之前编辑卞先生书的过程中，深知先生不但严谨，而且工作节奏很快，不是你催他，而是他催你。现查出版社选题档案，《冬青老人口述》列入 2007 年选题。后来听说卞先生生病住院，当然就不能催书稿了，记得 2009 年 8 月 25 日，我请卞岐带我到鼓楼医院探望卞先生，卞先生气色很好，倚靠在床上，说即将出院，也有两句话，我至今难忘，一句是"出院就先完成口述"，一句是"还有很多选题"。不想，9月5日听到卞先生去世的消息。

卞先生去世后，我和赵益一直为书稿编辑出版保持着联系，因为是未完稿，整理难度大，如何解决其中所缺等问题，确实是个难题，但我们一直在想办法。2016年10月18日，赵益来信："呈上《所阙资料目录》（见附件）。应该还有一些遗漏，同时有些是拟名，不能完全描述具体内容。总之先以此目录作为商议底本。"2017年9月27日，我给赵益去信："卞先生口述文字是否定稿，并盼发我，先由卞岐依据内容配上现有图片，排出校样再请兄审校。"9月30日赵益回信："卞师《口述》，基本文稿已备。因是未完成稿，故需统筹安排正文、附录、插图、释文及其他内容，目前正在反复设计，争取中旬拿出一个方案。"这个过程，赵益教授下面会具体谈，他的感触最深。

2018年10月，收到赵益发来《口述》文字初定稿及所需图片目录，经过整理者、家属和出版社编辑一年的努力，虽说书的出版周期长达十多年，但在今天这样一个纪念卞先生去世十周年之际首发，特别有意义。此书的责任编辑是年轻同事许勇博士，他是南大"两古"专业培养的本硕博生，最初，我是想自己做责任编辑的，一来因为已卸任社长，时间上可以保证，二来也是为了了却自己多年心愿，后转念，让许勇参加这项工作，或许更有学术传承意义，我想，许勇博士通过这部书稿编辑，一定对南大前辈的学术精神有了更深理解，同时，相信他对挖掘南大前辈学人丰富精神宝库的选题会有更多设想。目前，国内高校对前辈学者著作系列性整理出版有不少成果，如中山大学中文系的"典藏文库"，复旦大学的"复旦中文先哲丛书"，期待并乐见南大文学院与凤凰出版社在这个方面有很好的合作与成果。

　　（本文是 2019 年 11 月 22 日在南京大学召开的"卞孝萱先生逝世十周年纪念会暨《冬青老人口述》新书发布会"上的发言）

诚斋文録

下

姜小青 著

广陵书社

第四辑

我与傅璇琮先生的几次交往

　　傅璇琮先生去世的消息是从微信朋友圈中得知的，那天是2016年1月23日（周六）下午，我即留下"痛悼傅先生"几个字表达自己当时的心情。随后即安排出版社微信公众号于1月25日推送一期纪念文章，我选取了刘石《傅璇琮先生的学术思想》，并拟了一段按语："乙未之末，寒潮肆虐之际，惊闻傅璇琮先生仙逝，凤凰出版社同仁悲痛不已。傅先生是著名的中国古典文史研究专家、古籍整理专家和出版家，为改革开放以来的古典文学研究事业和古籍整理规划、出版事业，做出了重要贡献。在当今学术界，傅先生是为人所熟知和敬重的学者与长者。天下文宗，世人仰慕，道德文章，海内服膺。多年以来，傅先生对凤凰出版社和《古典文学知识》杂志，一直关爱有加。出版社和编辑部同仁也曾多次赴京，拜会先生，亲炙教诲。言犹在耳，先生却遽归道山！呜呼！2013年，《古典文学知识》曾编发一组文章，祝贺傅先生八十寿辰。今睹旧文，唏嘘不已！现重温刘石先生文章，以示纪念。云山苍苍，江水泱泱；先生之风，山高水长。"因为我想，对傅先生这样一位视学术为生命的中国知识分子，最好的怀念是认识、学习、光大他的学术思想。

我与傅先生认识虽有二十多年了，但真正近距离接触并不多，就在为数不多的交往中，得到了先生许多教导，更感受到先生让人尊敬的人格魅力。

知道傅先生的名字很早，读书时还买过他的《唐代科举与文学》一书。第一次见到傅先生，是 1997 年 8 月 12 日在黑龙江大学由《文学遗产》编辑部召开的"二十世纪中国古代文学研究回顾与前瞻研讨会"上，当时我们出版社正承担《文学遗产》编印工作，我作为刊物责任编辑参会，因我还担任出版社《古典文学知识》编辑，曾经写信向傅先生约过稿，会上见到仰慕已久的学术大家与行业前辈，说实在的，当时自己是带着一点激动与紧张心情的，因为在我心目中，傅先生是需要仰视的。乘会议间隙，我上前问候了傅先生并作了自我介绍，不想傅先生和蔼、亲切且带有江浙的口音（家母是浙江人），很快打消了我的拘谨。傅先生问起了《文学遗产》出版情况，并提到他所认识我们出版社的几位领导与编辑，记得他还特别问到我们出版社正在组织编辑的《中华大典·文学典》进展情况，说参加过几次论证会。说话间还把身旁的夫人徐先生向我作了介绍，说也在中华书局工作。傅先生说话时总是面带微笑，这样的音容成了我对傅先生一直的印象。

　　会议期间，在赴镜泊湖参观考察途中，可能看我与许多参会学者不熟，徐先生还不时招呼，让我非常心暖。在古渤海国遗址参观时，我提出给傅先生夫妇拍张合照，他们没有拒绝，其实当时我有一点小小"私心"，就是想将来寄照片时多冲洗一张，请他们各自签名寄回，以作自己留念。当回到南京洗完照片真正寄的时候，心里有了犹豫，对傅先生这样的著名学者与前辈，仅仅有一次见面就如此唐突，会不会引起他们的反感，最终还是放弃了。不想傅先生在收到我寄去的照片后，竟让徐先生打来电话表示感谢，这是我万万没有想到的。也正是因为如此，二十年过去了，与傅先生第一次见面的许多细节，甚至与徐先生至今也仅见过这一次，但回想起来，总是难忘。

　　第一次与傅先生见面之后，几乎每一两年都会在一些相关会议上见到，只是感到他总是那么忙，总是有那么多人找他，也就不太好意思打扰，每每只是问候一声，但不管在什么场合，总是如第一次见到傅先生，他会报以微笑，让你感到不陌生。

　　2005 年 4 月 11 日，傅先生来信，除对每期获赠《古典文学知识》表示感谢外，信中写道"近年来又研究唐翰林学士，拟撰著《唐翰林学士传论》一书"，"从上海古籍出版社编印之《古籍新书目》上，见到贵社近期出版《元稹年谱新编》，"希望我代购一册。可能由于《书目》误刊，该书并非由我社出版，即电话告诉傅先生，并表示可以帮忙找此书。傅先生说上海古籍出版社有熟悉的同志，就不麻烦我了。以傅先生在学术界、出版界的地位和影响，对我这样的无名晚辈，对这样一件微不足道的小事，他本可一纸便条、一个电话或完全可以让人代行其事，但他却工整地写满一页纸，除了要将书款寄上，还一再表示感谢。不仅在自称上用谦词，书写时还特别低半格。我总想，傅先生作为一个学者、一个出版人，并无权势，却赢得那么多人尊重和敬仰，除了学术事业上的成就，更因他待人谦和、平等与尊重。

2010年3月11日上午，我请刘石兄联系，与出版社两位年轻编辑去清华大学拜访傅先生，并想就相关选题向他请教。考虑到京城上班高峰堵车，我们比较早地离开住地，记得到清华也就八点半左右，在校园中还恰好遇到刚从家中开车过来的刘石兄，当我们到"新斋"，傅先生已在办公室等我们了。三月初的北京，仍有寒意，但初春的阳光透过窗户，特别是傅先生的和蔼与亲切，让我们特别放松，尤其两位年轻编辑如我当年初见傅先生时的拘谨，在他的亲切与微笑中很快就没有了。傅先生不但逐一回答了我们相关选题的问题，还根据我们向他报告出版社更名后的情况以及选题方面设想，提示我们可以关注某些学术方向，并告诉我们学术界一些正在开展的项目情况。临别前，我们与傅先生合了影，并提出，请傅先生帮忙推荐书稿，他微笑地答应。这次见傅先生，对于我及我的年轻同事，不仅在相关选题上得到指导，更让我们从这位中国当代最具代表性的学者型出版家身上，坚定了学术出版信心与信念。回程途中，两位年轻编辑跟我说，今天是第一次见到傅先生，真的有如沐春风的感觉。两年后的一天上午，接到傅先生电话，至今仍清楚记得开头一句："姜小青同志，上次你们来，让我推荐书稿……"随后谈及自己在完成《唐才子传校笺》《宋才子传笺证》之后，他一直希望有学者来将唐前、明清才子传的整理工作承接下去。现在中国人民大学袁济喜教授、苏州大学罗时进教授已分别开始组织做这两项工作，也征询过他的意见，他认为非常有创新意义，我们出版社可以联系，他也作了推荐，并把他们两位的联系电话给了我。傅先生这个电话，是我又一次万万想不到的，当然更多的是感动。两年前的一句话，对我们而言，并没有抱太大希望，傅先生那么忙，找他的出版社又那么多，坦率地说，我们与傅先生接触并不多，也没有过出版事宜上的合作，更没有为他做过任何事情，甚至在我们当时说出这样话的时候，无意识中多少有一点是出于对前辈尊重，也是对傅先生接待我们来访的感激，不想傅先生竟如此认真，如此用心，难怪有学者将傅先生比作"当代韩荆州"。在学术界，傅先生对青年人提携是有口皆碑的。过去只是听说，这次却是切身体会。因与罗时进教授熟悉，我们很快与他就《明清才子传》整理出版工作进行了商议，同时也向袁济喜教授了解了《唐前才子传》整理情况。据罗时进教授讲，他一直都想请傅先生作为项目领头人，自己来做实际工作，傅先生表示自己年纪大了，精力也不如从前，还有《续修四库全书总目提要》工作，这个项目自己就不署名了，但一定会全力支持。目前，该项目已被列入"十三五"国家重点图书出版规划，在罗时进教授主持下，项目进展也很顺利，只可惜傅先生看不到它出版了。饮水思源，每及于此，不免让人感慨与感念。

2013 年 10 月，应我们之请，傅先生为凤凰出版社成立三十周年题词："为文化传播，为大众服务。"既是勉励，更是期待。于我而言，对傅璇琮先生最好的怀念，莫过于牢记这十个字的分量。

（原文刊于《傅璇琮先生纪念集》，中华书局 2017 年 3 月版）

忆卞孝萱先生二三事

卞孝萱先生2009年9月5日去世，享年86岁。忆及近20年间因工作关系与先生交往的一些往事，深感先生高山景行，学通古今，特别是先生一生勤学，奖掖后学，实可谓后人楷模。

我与卞孝萱先生有联系是在20世纪90年代初，当时刚到出版社工作不久，担任《古典文学知识》编辑，因与其公子同事，得便向卞先生约稿，他并不因我是新编辑而有所怠慢，凡有信去，不几日必有信回，其时我约他为刊物的"治学门径"栏目写稿，谈治学方法，他总是十分谦虚，并告之他正在写《唐代小说与政治》一书，由此我便有了登门拜访的想法。1992年底我第一次走进了冬青书屋，谈话就从他正在撰写的《唐代小说与政治》开始，卞先生不以我学浅孤陋，有问必答，耐心讲解，举了许多唐传奇的例证来说明文史结合、以史证文的方法，他认为，研究唐代小说，史料占有很重要，特别是要注重中国政治史和中国文化史，要以小说写作的政治背景为出发点，从作者的政治态度入手，以意逆志，进入作者的内心世界。他还告诉我，对"唐代小说与政治"这个课题，他有很多的想法，研究也会从传奇深入到笔记小说，扩大研究领域，以求对唐代政治与小说的内在联系有更深的挖掘。从卞先生处回来后，根据谈话的记录，我以答问的形式，整理出《从〈唐代小说与政治〉说文史兼治——答〈古典文学知识〉记者问》，刊登在刊物 1993 年第 5 期。记得这次谈话中印象最深的，是他鼓励我要做好《古典文学知识》的编辑工作，并说：据我所知，你们出版社有个别编辑，研究生毕业，就看不上这项工作，认为大材小用，其实不对，刊物虽小，意义很大，以后有什么要我做的，"召之即来"。这不是一句空话，《古典文学知识》创办以来，责任编辑换了几任，凡向卞先生约稿或求教，从来都有求必应。刊物 100 期时，卞先生应请，题"百读常新，更上层楼"，既是鼓励，更是期待。

2001 年，卞先生应南京大学《中国思想家评传》工作领导小组之邀，担任《中华传统优秀道德文化丛书》主编，出版社指派我负责《丛书》出版工作，让我又有机会近距离接触卞先生，从当年 4 月在南京大学统战部会议室第一次工作会到次年 5 月《丛书》出版的一年中，我多次感受到卞先生严谨的治学精神、细致的工作态度和强烈的社会责任。《丛书》是一套传统文化普及读物，卞先生曾讲，自己已近80高龄，之所以愿意承担这项任务，就是希望通过大家的努力，使中国传统优秀道德深入人心。故此，《丛书》的八个题目由卞先生亲拟，分别为《哲学与道德智慧》《政治与道德教化》《教育与道德培养》《宗教与道德劝善》《诗歌与道德名言》《戏曲与道德传扬》《小说与道德理想》《妇女与道德传统》，十多年过去了，现在回头看这套丛书，更让人敬佩卞先生的学识与眼光。《丛书》体例和作者，也都是卞先生亲定、亲邀，正如《诗歌与道德名言》的作者莫砺锋先生在"后记"中写道："我要对本套丛书的主编卞孝萱先生表示由衷的感谢。要不是卞先生不耻下'邀'，我根本不可能与本书发生关系。"卞先生还亲撰《丛书》前言，对各书加以介绍。

2002年，为给卞先生80岁贺寿，冬青书屋同学会筹编《庆祝卞孝萱先生八十华诞——文史论集》，并在我们出版社出版，可能是之前一些工作还算让卞先生满意，蒙先生错爱，指名我担任该书责任编辑，记得卞先生给我电话中谈到，他不希望过多收录写他个人的文字，而是尽量发表故交、门生的学术论文，故在44篇文章中，仅选了6篇谈卞先生治学，足见学术、朋友、学生在他心目中的地位。为编好这部"文史论集"，卞先生一如既往，认真、严谨，甚至事无巨细，都

亲自过问，为此，多次来信，仅当年 11 月，就来信三封，谈
稿件，谈校样中的问题，非常具体细致，如："送上第一篇稿
件，请审后放在稿件之首。此次同学们所征求到的学术论文，
从先秦至现代，各种文体皆备，颇具苦心，惟缺词，故补了
一篇短文，请审后放在稿件中。"（2002.11.3）几乎每一封信都
会有"校样务请给我看一下"。我想，卞先生就怕稿件在编辑
中出现差错对不起作者。这期间还有一个小"插曲"，"论集"
编就，即将付印之际，我们出版社从"江苏古籍出版社"更
名为"凤凰出版社"，其时外界大多并不接受，甚至不理解，
担心一个在学术界有着较好声誉的专业古籍出版社，去做其
他门类出版。由于出版社更名比较突然，说实在的，我们
也比较茫然，不知道出版社将来会向哪个方向发展。卞先生
有着同样的担忧，也不希望用"凤凰出版社"社牌出版"论
集"。我后来想到一个变通办法，并告诉卞先生，当时扬州
的广陵书社，已获新闻出版总署批准出版权，但有一个过渡
准备期，书号由我们出版社管理，用"江苏古籍出版社"社
名出书，我可以与当时的负责人商量，调用广陵书社一个书
号，这样"论集"就能沿用"江苏古籍出版社"社名了。卞
先生听了很高兴，或许还有些担心，专门来信，提醒注意事
项。事情最终圆满解决，我一颗悬着的心也终于放下了，好
在没有辜负卞先生信任。"论集"出版以后，卞先生非常满

意，特意给我寄了一本签名本，并钤"冬青书屋"印。2003
年9月19日，南京大学中文系、古典文献研究所举办"卞孝
萱先生八十寿诞庆祝会暨文史结合的现代学术意义讨论会"，
会前，卞先生看到参会人员名单中没有我，随即打来电话，
在得知我并没有收到会议通知后，当晚给我写信："一般代表
发通知，您发请柬。经办同志寄至出版集团，以致您未收到，
甚歉见谅。除请经办同志再寄一份请柬至江苏古籍，我手头
有通知，寄一份给您，供您参考。"其时我正在京开会，先生
特别交代："务请于9月18于北京赶回，9月19莅会指导。"
（2003.9.9晚）作为一个无名晚辈，只是做了本职工作，竟得
到先生如此高礼遇，确实让我有点不敢承受，但心中对卞先
生更加敬仰与崇敬。祝寿会上，卞先生着西装领带，面色红
润，声如洪钟般发表了学术讲演，坐在台下的我，突然有了
一种莫名的依靠感，因为两个月前，我刚刚被任命为更名后
的出版社主事者，但这时的出版社，三分之二人员被分流到
其他出版社，仅剩下18人，部门不齐全，账户上没钱，更要
命的是，没人告诉我们为什么更名，更名后的出版社将来做
什么。看到卞先生，看到与会专家学者对学术的执着，迷惘
中多少有了一点方向感，并从他们身上感受到了一种力量。

　　忆及卞孝萱先生，不得不说一点遗憾。卞先生时常关注
更名后的出版社，我知道，他对"江苏古籍出版社"是有感

情的，当年他主编的《中华大典·文学典·隋唐五代文学分典》，作为《中华大典》项目最先启动的分典，有试点与示范意义，卞先生可谓殚精竭虑，赢得我们出版社领导和许多编辑尊重，彼此之间也有感情。我每次参加《中华大典》会议，都能听到卞先生的高见，他不希望一个在业界有较好口碑的古籍出版社，就此放弃自己的出版特色，所以，不管在什么场合见到我，总是给我鼓励和提醒，并一再表示会全力支持我们的工作。记得2007年前后，卞先生赠我中华书局出版的《现代国学大师学记》时说，"下面为你们做事"，首先确定将《冬青老人口述》交我们出版，并说已请南京大学文学院赵益教授协助此项工作。卞先生一生坎坷，治学经历丰富，先生出生两月，父亲去世，孤儿寡母艰难度日，时常靠变卖家当维持生计。其母在卞先生四五岁之际，即教他识字，激励其读书，甚至每天先向邻居学字后，再回家教儿子，此事曾得到多位名家前辈作画赋诗褒扬（日前从网上看到，西泠印社拍卖公司曾拍卖过其中一些散失的书画）。由于家境贫困，无力就学，卞先生18岁就到上海银行里学徒，但少年养成的学习习惯，使他更加会利用一切机会求学，他后来曾多次谈到"转益多师"对自己治学的影响。新中国成立后，卞先生在北京、扬州、南京等地工作，特别是协助范文澜修订《中国通史简编》，协助章士钊整理《柳文指要》，更丰富了他的学术见识与经历，卞先生的自述一定会受到学界关注，特别是书中将配上所涉人、事相关图片，包括往来信函、书画等，更会让读者大饱眼福。记得一次去卞先生新搬寓所送此书出版合同，他指着墙上挂的字画一一介绍，并说"好东西不止这些，将来书中会收"。我心中一直期盼书稿能早日完成，但听到卞先生生病的消息，当然不敢再催了。2009 年 8 月 25 日，我将往长春参加全国古籍出版社工作会前，约上卞先生哲嗣卞岐一起到南京鼓楼医院探望卞先生，他靠坐在病床上，但气色和精神很好，一如过去，抓住我的手，称"姜兄"，说很快就出院，回去要做的第一件事，就是完成"口述"，并说有许多东西要写。让人想不到的，十天后竟病发于出院途中。卞先生去世后，我一直努力了却《冬青老人口述》出版心愿，好在目前又有了进展，希望读者在不久后，能看到卞孝萱先生这部遗稿。

因生性之故，我从不敢攀附名人大家，甚至连接近的勇气都没有，这里，只是把工作中与卞孝萱先生接触到的点滴记下来。

（原文刊于《中华读书报》2018 年 9 月 26 日版）

书信中的三位古籍出版前辈

　　日前，上海古籍出版社社长高克勤兄转来李国章先生赠书《双晖轩集》。李先生曾任上古社长近十年，主持编辑出版了包括《续修四库全书》等多项重大出版工程，是我十分尊敬的古籍出版前辈，虽年过八旬，仍关心古籍出版工作，最近一次见到，是2018年国庆前，在复旦大学中文系召开的《陈子展文存》出版座谈会上，茶歇间，李先生一如以往，总不免奖掖几句，令晚辈汗颜。拜读李先生文集，确如高克勤兄序中所言："《双晖轩集》收录作者各类文章数十篇，分为六辑，包括作者回忆师友、同事之作，关于出版工作的回顾与建议，古代诗文研究与名篇评析等，勾勒了作者求学、治学和从事编辑出版工作的轨迹，展现出作者作为一位业绩突出的专业出版人尽心力于出版而又不忘情于学术的一面。"尤以第一、二辑，更体现出李先生作为一位出版家，在古籍出版理论与实践上的探求。第一辑中的两篇文章：《从三套"丛书"到三本"三百首"——怀念资深出版人金性尧先生》《勇于开拓　奋发有为——记魏同贤先生》,也让我想起,近30年来,与上海古籍出版社多位前辈、同辈出版人之间交往的点滴,受益良多。其中,因经手过金性尧(1916—2007)、魏同贤(1930—2015)、曹光甫(1942—2018)先生的著作或文章出版(发表)事宜,更能体会老一辈出版人"尽心力于出版而又不忘情于学术的一面"。因笔者对三位先生的编辑、学术成就,没有能力作全面介绍,故本文就事言事,对与三位先生在著作(文章)出版(发表)过程中的往来书信,略加忆述。

一、金性尧先生

最初知道金性尧先生,是我研究生毕业刚到江苏古籍出版社工作的1991年,那年,我们出版社与香港中华书局联合出版了《小说轩》《诗词坊》两套书(每套10册),以"漫话"方式,评介中国古典小说和诗词某一个问题,形式不拘一格,有别于高头讲章,特别是装帧印制十分精美,小开本,米黄纸。当时内地的许多出版社,对图书装帧尚未有足够认识与重视,这套书确实让人耳目一新。我向同事讨得一套《诗词坊》,主编即金性尧先生,这才知道金先生是上海古籍出版社的一位老编辑。这才似乎想起,《鲁迅书信集》中提到过金先生。因笔者担任《古典文学知识》杂志的责任编辑，这是一份普及中国古典文学的通俗刊物，故平常比较留意能够把专业知识写出点"味道"的作者，这期间，恰又在《读书》杂志上连续读到金先生的一组文章，如《词流百辈消沉尽》《故人坟树立秋风》《人世几回伤往事》等，对金先生的学识、见闻、阅历和笔力十分钦佩，便冒昧写信到上海古籍出版社，向他约稿，时间大约在1993年上半年，其时金先生已经退休。不想，金先生很快回信，并由此保持了数年通联，直到我离开杂志编辑部。金先生第一封来信是1993年7月30日：

　　惠教拜诵，猥荷奖勉，且感且愧。我虽然露面于三十年代，但才本碌碌，白首无成，其间尚有二三知音，不弃葑菲，《读书》赵丽雅小姐即其一。

　　今年五月间，将拙著《明诗三百首》草草结束，交与上海古籍，这以后精神即颇萎颓，终日枯坐，如同木石，亦颇苦闷，儿辈皆劝我封笔，又未能忘情于纸墨。先生盛意，尤所感纫，初步考虑有四题：

　　（一）嵇康为管蔡翻案（二）韩碑案（三）文坛怪杰徐渭（四）陈子龙，暂拟名，间涉柳如是。

　　未审尊意以为如何。但考虑性尧自己的健康能否允许作到。所以希望不要列入"预算"内，稿到后再付审取舍，我个人很希望在八月下旬写成功。

贵社历年来出了不少好书，能否惠赐出版目录一份，以便汇款托购。

这年 9 月，金先生即寄来第一篇文章《嵇康为管蔡翻案》（刊于1994 年第 1 期），其后又陆续寄来三篇文章：《乱世佳人话二乔》（刊于 1994 年第 3 期）、《我恨高皇造孽多》（刊于 1995 年第 1 期）、《祢衡与〈鹦鹉赋〉》（刊于 1996 年第 5 期）。信中所提赵丽雅即扬之水先生，如今于考古等诸多研究领域，尤其古代名物研究，著作颇丰，前几年拜读其《〈读书〉十年》一书，甚奇，对她于编辑事务之敬业，敬佩不已。金先生在给我写稿的同时，推荐了赵丽雅先生。这年 12 月 28 日，金先生来信：

早就想为贵刊再写篇小文，因年迈多病，又值冬令，故时作时辍，大是苦事。兹附上一稿（按：即《乱世佳人话二乔》）……

北京《读书》编辑赵丽雅女士，先生不妨向她约稿，就说我介绍的。

由金先生介绍，即向赵丽雅先生约稿，蒙赵先生不弃，当然更是金先生的面子，很快寄来由读赵闻礼《阳春白雪》谈"词情"的文章《"小道"世界》，1994 年第 5 期刊出。二十年后在中国社科院文学所见到扬之水先生，她还记得当年约稿一事。后来她又推荐了时任辽宁教育出版社社长俞晓群先生的文章《时运的数理》，从哲学角度讲中国古代"时运"

观，因不合《古典文学知识》用稿要求，代转到全国高等院校古籍整理研究工作委员会主办、我们出版社出版的《中国典籍与文化》编辑部，并刊于 1996 年第 4 期。俞社长寄来当时影响颇大的《书趣文丛》四辑，洋洋大观，至今仍占书柜一隅。后得知俞社长弃官（辽宁出版集团副总经理）进京，主事海豚出版社，风生水起，由傅杰先生所赐《傅杰文录》，即可见海豚社出版品位，但作为出版同行，至今也无缘一识。

虽然《古典文学知识》是通俗性刊物，发行量也小，但金先生每篇文章都认真对待，一点没有随手应付，同视于《读书》这样的名刊：

惠教诵悉，盛意尤为感激。在刊物编辑中，您是成功的一个，令人亲切，惜彼此尚未把晤。……

最近因脑动脉硬化，儿女一再叮嘱不要写作，要休息，北京的《读书》也和贵刊一样，题目拟定了，参考书也看了不少。我每写一文，事先总要看许多书，资料力求第一手。先生说如有时间云云，我的时间倒是很宽裕，一人独居，又是一个无能的冬烘。所以风头上的人不会来找我，像您这样不势利的编辑是不多的。但因衰疲之故，力不从心，但我一定把贵刊稿子放在心里。

（1994 年 8 月 22 日）

又于 1994 年 8 月 9 日来信写道："拟为贵刊写建文逊国或方

孝孺死难，于南京刊物或更合适。"明建文帝朱允炆、翰林学士方孝孺两人都事发于南京，所谓"靖难之役"后，一人生死不明，成悬案；一人车裂于市，成惨案。可见金先生对我们这份小刊物写作是颇费心思的。即便在他编辑自己文集时，也没忘给我们写稿：

> 兹寄奉文一篇（按：即《我恨高皇造孽多》），乞斧正。近日因另编一文集，本无暇晷，但一因先生厚谊，二因有约在先，故特写就。此文如能在明年一月份见刊，最好，否则，请将校样（毛样亦无关）给我一份，以便入集。贵刊销路较少，故稿费亦较薄，因先生之故，亦不多说了。（1994 年 10 月 26 日）

与金先生通信几年中，除了约稿，就是帮他买过几次书，还算让他满意。

> 八月二日惠教收诵。今日又向邮局取回《清诗纪事》四包二十二册。酷暑中承劳神妥购，种种感谢，亦非寸纸所能尽达。秋凉时因公至沪，务祈驾临舍下一晤。我一人独居，又非名流，故亦颇少人过谈，藏书对我亦如壮夫之打桥牌，能摩挲时日已无几矣。精力稍佳，定当为贵刊撰文，以报厚谊。编辑中善能处理作者关系的，先生亦其一，特别是对我这样的老头。（1994 年 8 月 9 日）

除《清诗纪事》，还陆续代购江苏古籍版《楚辞直解》《宋诗精选》《丹午笔记》，以及《洪业——清朝开国史》（江苏人民出版社）、《唐诗史》（江苏教育出版社）。

金先生来信中，有一事，因时隔 20 多年，谈及的相关题诗，已无一点印象。信言：

> 前接所印拙文复件，颇感厚谊。昨由古籍转来千帆先生惠赠其夫人遗著，特题一诗，我因不详其地址。该书又由贵社出版，故恳将我的题诗转与程翁，并将我的寓址告诉他。（1994 年 12 月 3 日）

此系指江苏古籍出版社 1994 年出版由程千帆先生笺注的《沈祖棻诗词集》，信即是收到程先生赠书所写。近问程先生的女公子程丽则老师、外孙女张春晓老师（沈先生诗中的早早）以及几位程门弟子，均未见过此诗。《沈祖棻诗词集》即将出新版，后悔当初没有过录，否则，或可于书前添新。若有见知者，诚盼见告。

虽然金先生来信中多次提及，但一直没机会登门拜见。

二、魏同贤先生

与魏同贤先生通信是 2004 年以后的事，缘于经手他的三部书，即冯梦龙"三言"简体字版、《冯梦龙全集》新版以及《凌濛初全集》。

　　虽说之前见过魏先生，但他并不认识我。从母校老师处得知，魏先生 1953 年山东大学中文系毕业，高攀一下，算是校友。魏先生 1988 年任上海古籍出版社社长，因与我们江苏古籍出版社首任社长高纪言先生交好，交往频繁，尤其 20 世纪 80 年代末，他们与巴蜀书社社长段文桂先生三人策划近八亿字的《中华大典》，拟按照现代学科分类，用中国历代汉文古籍，编纂一部超大型工具类书，共计 24 个分典，被称为"是我国建国以来最大的一项文化出版工程"，得到当时多位中央领导批示（见《中华大典》前言），在出版界"名噪一时"。据悉，经过 30 年，2018 年，这部大型类书编纂大功告成。第一次与魏同贤先生联系，是在 2004 年上半年，其时江苏古籍出版社刚刚更名为凤凰出版社，人员从近 60 人锐减至 18 人，笔者被要求主其事，一时无所适从，选题方面更是"无米下锅"，只好"新瓶旧酒"，对出版社原有一些销路比较好的图书稍作改造，其中就列了冯梦龙的"三言"以及《冯梦龙全集》，两书分别由魏同贤先生点校和主编。2004 年上半年给魏先生去信谈了想法，不久即收到回信，表示了肯定和支持：

　　　　惠函已拜悉。贵社拟将"三言"改出横排简体字本，实在是一件好事，是为新一代的年轻读者考虑的。既蒙垂青，将为标点的"三言"入选，很为感谢！

　　　　我希望能寄给我一套"三言"的话本大系本，翻翻有无要改动处；另外，请将新写前言的要求见示。不知时间上怎么安排？

弟与江苏古籍社诸同志友谊有年，不会计较报酬高低，虽然您提的标准低于上海古籍社的现行标准。我也深知古籍出书之困境，能将书印出来就很不错了。（2004年6月13日）

信中所言"话本大系本"，即江苏古籍出版社1990年至1994年陆续出版的《中国话本大系》，共计20册，收录40多部话本小说，影响甚大，其中冯梦龙的"三言"（《喻世明言》用初刻名《古今小说》，改简体字本时用"喻"名）即由魏先生点校。当时，出版社经济比较困难，魏先生对我提出的每千字8元的稿酬并不在意，不但为简体版重写了前言，订正了错误，还提出了建议：

数日前奉上一函并"三言"前言，谅已达览。当时慌乱，尚有两事未能奉闻，一是"三言"原有插图，虽不甚清晰，然于读者亦增趣味。此次重印，可否增补上去？二是弟有一选题：凌濛初集，早年已立项，稿亦已完成，只是由于一些个人原因，迟迟没有交稿，而且近期考虑，原定之出版社未必恰当，故想向您一询：贵社对此是否感兴趣？如有兴趣，再细叙。（2004年11月5日）

因为魏同贤等先生支持，简体字版"三言"很快在2005年1

月出版，暂时解决出版社更名后新书出版不足的困难，故随即又征得魏先生同意，再版其主编的《冯梦龙全集》。《冯集》原 1993 年出版，当时是铅排，采用单品种配书号，每种一个定价，合计 22 册。2007 年再版时，决定以一个书号一个定价的套书形式，但碰到一个问题，是否需要修订，如果修订，质量会提高，但需重新排版，编校工作量大，势必出版周期长，达不到当时"尽快出书"的目的，故决定采用影印方式，仅在编次上略作调整，将原 22 册合并成 18 册，其原有错漏因技术原因，并未改动，这也是当时救急而没有办法的办法。这一点得到了主编魏同贤先生理解。正是由上述两书出版，又引出了《凌濛初全集》出版。

晚明文坛，冯、凌独具特点，除创作外，更有大量编选、编辑、编刻各类作品，用今天的话定义，他们既是学者，又是出版家。尤其他们的白话小说集，并称"三言二拍"（冯：《喻世明言》《警世通言》《醒世恒言》，凌：《初刻拍案惊奇》《二刻拍案惊奇》）。故《冯集》出版后，《凌集》出版也非常有意义。魏先生在几次通信中都提到《凌集》出版事宜，2005 年 8 月 2 日来信又问道："数月前，曾有一函奉上，询及贵社对《凌濛初集》有无兴趣事，未蒙赐复，特再函询。"

只因出版社刚刚更名，许多事情尚不明了，不敢贸然答复。时至 2007 年底或 2008 年初，赴京参加《中华大典》工作会，这才第一次与魏同贤先生当面交谈，他再次提到希望能够出版《凌濛初全集》。记得当时笔者提出两个问题，一是凌氏著作较冯氏，编选类的更多，内容更复杂，是否收录，如何编排；二是更名后的出版社虽初上"正途"，但各方面困难不少，如果接受这个选题，希望他找人推荐，争取列入国家规划项目，以便后期申请出版经费。魏先生表示回去后考虑，并于 2008 年 3 月 5 日来信详谈：

> 北京畅叙，钦佩难忘。返沪后即收到所赠新版《冯梦龙全集》一箱共计十八册，十分感谢！
>
> 关于凌濛初集，弟于辑集冯集时即已着手调查考索，曾经得到多位友人的有力支持，并曾承教委古委会安平秋等诸先生的援手，慨允立项，并给予过三万元的底本使用费。所有这些，回忆起来都是令人感铭不忘的。
>
> 该项目原与华东师大出版社洪本健先生联系，承他同好，愿意作为重点书稿安排，签订过协议，安排过责任（按：应为"编"）。可是由于人员交替，新社长于此似乎不太留意，弟亦不愿强人所难，只是静候通知，这样，转瞬之间就是将近十年。如今，弟已近八旬，不容继续迟疑，否则，既无以面对诸友朋，亦无偿于多年来的私愿，其遗憾是语言所无法表达的。现在既蒙您对此亦有兴趣，弟深感幸遇同好、同知之快，亦为曾并峙于

晚明文坛的冯、凌二氏而庆幸。

　　经过多年多方访查，凌氏著述多达四十余种，内容涉及文学、史学以及佛经，而文学中尤以二刻和杂剧为著，只是由于向无全集，佚失颇多，即使在清代编修《四库全书》时尚存的诗集《国门集》《国门乙集》，如今也已下落不明，这就不免给治凌学的先生造成遗憾。为了免除历史的重复，实在是有及早辑集的必要，弟想这大概不属老王卖瓜。

　　现今能够找到的凌氏著述有三十多种（书目另附），均已邀请多位学者标点，尚需撰写前言。只是分卷时碰到了困难。凌氏著述有别于冯氏者，是凌氏又是刻书家，他在创作、改写、选录、评点的同时，还有选择地选刻了一些著作，这自然也反映了他的文学观点与志趣，还附加了他的序、跋文字和凡例、识语，但这些毕竟不同于他本人的著述。因而，如何编排，便费斟酌。起初，拟不分著述情况，凡经手之作，均以类相从，总括为十册（卷），第十册则系《冯氏宗谱》（按：应为"凌氏"）的选录。后来想想，这可能让人感到有些混杂，且历来别集绝无此先例，易遭人非议。因而又有将其著述分为两类，一为著述编，一为编刻编，合之仍为全书。但这一来又产生了新的困难，在其刻编的作品中，往往夹有凌氏的序、跋、评、批，对此又如何处理？因而又费考虑。以上是编凌集的难点，还请能予指谜。

（下列凌濛初著述目录，略）

后听取了学术界意见，并考虑到凌氏的出版家身份，其文集除了本人著述，编刻类是一大特色，应该编入集中，《全集》的编次也应依此为原则。由此，我们双方达成共识，出版一部能够全面反映凌濛初学术思想和成就的文集。最初还想到分内外编的体例，即内编录凌氏著述，外编录编、选、刻一类。魏先生后来在《前言》中特别说道："凌氏固然同其他古代作家一样，是以著作成家的，他有诗文、有戏曲小说，可同时也有大量改编、选编的作品，更有大量评点、辑评的其他作家的著作，因此，文集的收录范围便也成了一个难题。不过，考虑到凌氏编辑出版家的特点，如果仅收录其著作，而舍弃其改编、选编、评点、辑评等作品，则不能反映凌氏的文化活动全貌，也即不能反映凌氏其人。因为，凌氏的生活、志趣、才识往往寄寓于其中。于是，在听取各位友人的意见之后，决定予以收录。"2008年3月25日又来信：

三月十二日大函已捧读，很感谢您和贵社同仁的盛情！

凌集各种由十多位先生标点，早已完成，现在要做的工作是：（1）复核一下标点情况；（2）按照著述、编刻两编的原则重新分册；（3）撰写一篇总前言。由于目前手头还有点杂事，大概今年年末可以一次交稿。

关于专家推荐，已请袁世硕君撰写，并已通过电话，写去了情况介绍。还想请章培恒君撰写，但他近来身体欠佳，尚未联系。

书稿推荐意见，后因章培恒先生身体原因，改由袁世硕和孙逊先生撰写。

关于凌集的推荐，弟请母校袁世硕教授和上海师大孙逊教授声援，缘于他们二位均为当代治古典文学特别是治古代戏曲小说的名家，以他们在学界的声望，所言当会取信于出版界同仁和相关领导。在弟个人来说，也是借重于二位学者了。

推荐函两纸附呈，格式颇不一致，内容也各言其是，不知是否合用。如有问题，请烦示知。

全稿拟再过一遍，约定年底交呈。（2008 年 9 月 24 日）袁、孙两位先生的推荐，虽"各言其是"，但都认为，"长期以来，学界多关注其创作方面，而比较忽略其刊刻整理方面；创作方面又多关注以'两拍'为代表的小说创作，而比较忽略其他方面"（孙逊推荐语），这样造成的结果"是对其小说、戏曲创作也难以深究，因为小说、戏曲创作也与其对传统文学的理解、诠释有内在的联系"，同时"妨碍了对冯梦龙、凌濛初为代表的晚明文化风尚的内涵、历史意义的研讨"（袁世硕推荐语）。经专家评审，《凌濛初全集》入选"十一五"国家重点图书出版规划项目，并获全国古籍整理出版专项经费资助。书于 2010 年底出版，共计 10 册 650 余万字。一家地方古籍出版社，出版了中国古代两位可称编辑出版家的全集，也是中国出版史上的佳话。

《凌濛初全集》出版，对于魏先生而言，了却了一桩多年的学术心愿；但对我来说，更看到了一位"身兼学者、编辑、出版家于一身"的前辈，在"尽心出版"与"不忘学术"两个方面的执着。

三、曹光甫先生

2009 年，凤凰社出版了由曹光甫校点的《赵翼全集》，并于 2010 年获第二届中国出版政府奖提名奖。赵翼是清中期享有盛名的文学、史学家，诗与袁枚、蒋士铨并称，史与钱大昕、王鸣盛齐名。2018 年，我们出版社拟推出江苏省重大文化工程《江苏文库》首批图书，收录历史上江苏籍学人重要著作，其中包括赵翼《廿二史劄记》《陔余丛考》，故电话联系曹光甫先生，希望在《全集》的基础上稍加订正，以便收入《文库》。不想曹先生已因病去世，这是我们所始料不及的，因事先不知，出版社竟没能对其家属表示慰问。

　　江苏古籍出版社自20世纪80年代中期成立伊始，就着手江苏学人文集的整理与出版，有《金圣叹全集》《李审言文集》等出版，1999年，在时任社长薛正兴先生支持下，笔者开始《赵翼全集》的组织工作，首先是物色整理者。在此之前，赵翼著作系统整理出版并不多，主要有《赵翼诗编年全集》（天津古籍出版社1996年版，华夫主编）、《瓯北集》（上海古籍出版社1997年版，李学颖、曹光甫校点）、《廿二史劄记校证》（中华书局1984年版，王树民校证）等。笔者建议由李学颖、曹光甫先生承担，并由此与曹先生保持了四年时间的通信。1999年9月16日曹先生来了第一封信，对出版社的建议进行了回复：

　　　　关于《赵翼全集》校点，我愿意承担。有利条件是有乾隆、嘉庆间的《瓯北全集》作底本，也曾点过《瓯北集》，为之独立撰写了"前言"，因此对赵翼其人其书也比较地熟悉。不利的条件是赵翼涉猎既广且深，而其书部帙浩大，据粗略统计其全集当有176卷，估计在二百万字左右，校点的难度相当大。而本人基本上只能利用业余时间耕耙，所以在时间上也比较吃紧。好在只要贵社有能力接受此书出版，我也有信心积极投入完成此项任务。来信情况已全部转告李学颖先生，她因年事已高（70岁），且手头有两部大稿要完成，即《杨诚斋全集》的笺注及《陈维崧全集》(代人完成),都是百万字以上,且需大量耗费时间精力,因此她表示不再参与《瓯北全集》的校点,但表示愿积极支持和帮助我搞好此书。

从事此项工作,目前亟需解决的问题是:

一、底本的复印问题。

由于是"乾隆兼嘉庆"本,底本比较珍贵,不能原书提供,只能提供复印。贵社可派员来我处取走原书,同时清点册数、卷数、页数,检查有无损坏,记录在案,而后带回贵社复印。结束后将原书及复印件一并交我。原书可以拆线摊开复印,以保证复印件的质量与清晰度。但拆后的书仍要按旧貌装订成册。

二、校点方法。

是繁体直排,抑简体横排?要不要加专名线?

我的倾向是繁体直排,且加专名线。贵社意下如何?请告。

……

三、校点报酬。

希望贵社按现行标准,给一个初步框架。如果双方都能接受,则易于签订合同。言不及义固非,言不及利亦伪。此事望能斟酌。

四、交稿最后期限及最终出版日期。我已仔细酝酿,深感平均每天校点二三千字已非容易，所以不想仓促率尔从事。至少需要壹年半时间，也即从二〇〇〇年一月算起，至二〇〇一年六月交稿，最迟不超过二〇〇一年九月（之所以从二〇〇〇年一月算起，因手头任务拟在年内完成，明年起不再接受他稿，专心从事《赵翼全集》）。而贵社用一年时间审稿发稿，再用一年时间出版，即二〇〇三年应该能出书。当然，前提是保证书稿质量。另一前提是，在校点期间我的身体机器能正常运转。人生难测，由于无法预见的体质方面原因，我的撰稿计划也应相应或推迟，或取消。人无远虑，必有近忧。或是杞人忧天，但也不可不忧也。

曹先生的第一封信，就让人感到，他是一位十分严谨的学者，我想，这可能与其编辑身份有关。作为出版同行，最愿意与这样的作者打交道，他们考虑问题周密，事无巨细，有言在先，且言行必果，可以信赖。作者与编辑，目标本来一致，否则又何必合作。作者考虑周全，其实就是帮编辑。换位而言，在与曹先生的通信中，确实让我学到了作为编辑，如何与作者打交道。

对于曹先生提出的问题，包括稿酬、样书等，笔者代表出版社分别于是年10月8日、11月3日予以回复，并就出版合同基本达成一致。期间，他几次提及，合同中要明确"《瓯北集》五十卷之稿酬，将来望能单独结算，此点望能允诺。
因为此稿系两人合作之成果，不敢掠美，亦不敢独享成果"
（1999年11月27日信）。关于底本复印，由于笔者的原因，
其后稍有反复，开始笔者同意曹先生建议，他也着手准备了，
这一年的11月27日来信：

> 现已将《瓯北全集》叁拾伍册书，逐册清点卷数、
> 页数毕，并均已详明记录在案，一式两份，届时供复核。
> 另已拟订"约法三章"之《借底本〈瓯北全集〉复印协
> 议书》，以便双方签署，信守协议，按章办事。君子之
> 交，固以诚信为本，然法治时代，协议亦必不可少。倘
> 易地而处，人心亦同，望勿见怪。……
>
> 万事俱备，只欠东风。待贵社派员来沪，签署正式
> 有效协议书后，《瓯北全集》（或称《赵翼全集》）的校点
> 工作即可正式启动。

后笔者考虑，依曹先生想法，底本往来、拆装，不太方便，
当然更怕在某个环节出现差错，以曹先生的细致，届时一定
有口难辩。如今说来惭愧，当时怕担责任，反而给曹先生提
了一个难题，提出由我们出版社出钱，让他自己复印。20世
纪90年代，复印不像现今方便，何况是一部古籍刻本。

> 关于底本。原打算让贵社派员来取底本复印，为此
> 我已逐册清点记录，一式两份。现在看来，贵社已另择

他途，即由我操作。很麻烦……

曹先生在信中说，他咨询了上海古籍出版社复印室，一是出版社正在复印《续修四库全书》底本，任务很重，根本不可能复印个人的东西，二是即便可以，拆装、清点十分困难。

> ……我很犯难。后来我考虑，这本家藏乾隆、嘉庆时的刻本，用得其所，也就不再一定要保存了。我的打算是以复印价，即 1500 元出售给贵社（按：曹先生了解，当时上海复印价一页六毛钱，量大最少也要五毛一页。全书总计 2955 页），径以此作底本省得许多麻烦，我也可立即操作。……（2000 年 3 月 15 日来信）

且不言这部刊于赵翼生前的嘉庆十七年（1812）湛贻堂原刊本在当时的价格，就曹先生"用得其所"一句，便足见他"不忘情于学术的一面"，在他那里，学术是天下公器。当然，"专业出版人尽心力于出版"是本职，曹先生也是如此，为《续修四库全书》编辑工作，他推迟了《赵翼全集》整理工作。《全集》出版协议签订于 2000 年 8 月，距笔者邀请曹先生承担整理工作几近一年，其中除了包括底本如何处理等问题需双方商量，则与曹先生尽心于编辑本职工作有关。

> ……那封装有合同的信是二月十八日收到的，屈指算来，已将满月，拖拉延迟，实不像话，深深致歉。……此事一直铭记心头，只是由于《续修四库全书》子部发

稿工作未能按时完成，日夜加班加点，对贵社的事脑中
虽早已酝酿许久，待到想执笔一抒管见，早已筋疲力尽，
故此拖延。望见谅。至今日下午，方将鄙人所任部分
三百五十余种书稿，四大类别，组装成五十七册书的子
部书稿杀青，善后工作尚未有涯矣，且偷闲复信说。编
辑工作忙忙碌碌，亦是本职，不能不尽绵薄也。想君当
有同感。……（2000 年 3 月 15 日来信）

作为同行，深知处理好编辑本职与学术研究关系之不易。根
据双方商定，《全集》拟完稿于 2002 年底，而实际完成校
点初稿（还不包括前言等）已是 2003 年底，"虽然还有若干
暂时无法弥补的缺憾，如体例未完全统一，少量专名线漏
标……目前，全稿总算已校点完毕，鄙稿将在近日陆续搬至
社里，盼您能告知我取稿日期，以便在社里恭候"（2003 年 10
月 28 日来信）。其中原因，一是曹先生治学严谨，不因是业
余做研究而放松要求，二是对编辑本职工作认真：

因为手头没有用以校勘的光绪寿考堂《瓯北全集》
本，也暂无法购得或借得该本（已向上海古籍书店查询，
无此版本，朋友也无此藏本），所以下阶段工作将去上海
图书馆进行 200 多万字的校勘，并在此基础上整理出校
勘记。由于字数较多，也由于家与上图间路隔途远，所
以困难不少。但这是无可奈何而必需迈过的一道门坎，

将耗时不少。据我从前校点《瓯北诗集》（五十三卷）的经验，光绪本与乾隆、嘉庆本版式完全相同，异文很少，但毕竟有异文，所以还是有必要校勘一番，以提高出书质量。（2002 年 11 月 8 日来信）

　　光统一异体字一项，仅《瓯北集》五十三卷，我就先后从头至尾反复了四遍，总算将我以为当统一的异体字全统一了（也许，百密一疏，仍有少量漏检的，将仰仗贵社审稿诸君）。其他因标专名线及文字正讹问题，大量核检工作不胜其难，但责任攸关，我总尽量严谨，主观上尽力改少差错，以使贵社审稿较为便易。……（2003 年 6 月 10 日）

2002 年，曹先生到了退休年龄，本计划可专心《全集》之整理，但出版社仍希望返聘留社担任三审工作，"人情之盛，很难寡情断然决舍，因此很沉重的三审工作落在肩上，白天审稿非常紧张繁忙，不能不耗费了我大量时间和精力……我不会玩忽职守，也不会玩忽任何文稿"。所以《全集》整理进度受到一定影响，他在多次来信中对延迟交稿表示歉意，但同时表示，"不会因赶进度而草率了事，尽量将拙稿整理得严谨一些，以对得起贵社厚爱，对得起自己，对得起读者……退休暂时无望，我只能更加努力更加艰苦地去完成我尚未全部完成的校点任务了"（2002 年 11 月 8 日）。值得一提的是，曹先生每次来信希望延迟交稿，都遵守合同中"甲方不能按时交稿，应在交稿期限届满前 60 日通知乙方，双方另行约定交稿日期"的约定，既严谨守诚，又尊重合作者。正因如此，《全集》从编辑出版到十年后再续版权，我们双方合作非常愉快，而且书出版后得到了学术界和出版界的认可，荣获第二届中国出版政府奖提名奖。我想，这与曹先生治学严谨、做事认真、待人坦诚分不开。

当然也有点遗憾，即 2003 年 7 月，笔者因主事更名后的出版社，杂务缠身，没有精力再担任《赵翼全集》责编工作，失去了继续向曹先生请教的机会，《全集》交由同事卞惠兴兄负责并担任责编，他的工作，曹先生在前言中有充分肯定，此不赘述。《全集》于 2009 年出版，其中的《廿二史劄记》于 2008 年上半年先单行出版。《全集》出版后，曹先生特意让卞惠兴兄给我转来一套签名本，以不忘四年间书信中的友谊，虽然我们一直未能谋面。

因李国章先生的一本书，高克勤兄的一句话，引出了几段旧事回忆，但更想说的是，古籍出版社编辑，为他人做嫁衣是本职，大多默默无闻，并不为他人所知，他们的学术研究条件较之高校、科研机构专职人员，有许多不足，但他们对学术事业热爱是发自内心的，他们中的许多人，如果专门从事学术研究，成就或不可估量。这也是笔者写这篇小文的初衷。

（原文刊于《中华读书报》2019 年 5 月 1 日）

沉思往事立残阳

——薛正兴先生去世十年追忆

　　2010 年 9 月 14 日凌晨 3 时 30 分，全国古籍整理出版规划领导小组成员、江苏古籍出版社原社长兼总编辑薛正兴先生因突发心脏病离世，距其 68 周岁，仅一日之差，时天空突降大雨。

　　我与薛正兴先生同事 20 年、邻居 12 年、在他领导下的班子共事 3 年、一室办公 2 年多，是他生前见到的最后一位同事，也是他倒地送医前，除他家人外，唯一在场的外人。十年来，不时与我们共同相识同行、朋友说起"老薛"（同行大多这样称呼他），我总觉得应该写点什么，但从 2003 年至 2018 年底十多年间，一直受命负责由江苏古籍出版社更名的凤凰出版社的杂务，身心疲惫，心力不济，始终没能写成一点文字，来纪念亦师亦友的薛正兴先生。如今脱身，时有闲暇，故于公于私，都应该留点记忆，除了自己心中的感念，更希望在"出版家"称号贬值与"丛生"的今天，前辈出版人的身影不要被忘却。

　　沉思往事，十年前一幕，又在眼前，当年 9 月 13 日下午 6 点左右，我与薛正兴同路下班回家，途中，他就《文汇读书周报》所刊有关《子海》《子藏》两个出版项目的笔墨官司谈了看法，并对我准备洽谈《子海》的想法，予以认同。事后回想，他那天的话似乎比平常要多。由于我们是同楼同一单元二、三楼上下的邻居，经常一路同行，有一段时间几乎是每天一起步行上下班，后他因膝盖不适，才改乘地铁。到家门口，则如往常，简单一句道别，各进家门。不意凌晨两点多，被马老师（薛正兴夫人）急促的呼救声惊醒，慌忙上楼，见薛正兴先生倒在卫生间地上，眼角似有一滴泪水。120 救护车赶到，简单处理后即送不远处的东南大学附属医院急救，然回天无术，终究没有出现我们大家希望看到的结果，天不假年，短短几个小时，薛正兴先生就与家人、朋友、同事阴阳两隔，第二天刚好是他 68 周岁生日。

　　薛正兴先生 1942 年 9 月 15 日生于江苏省江阴市月城乡蔡庄（薛家村），父母务农，兄弟三人，其行二。为供三兄弟读书，家中经济一直比较拮据，这也养成了他一辈子勤俭节约的生活习惯，与其相处，从未见过他对衣食有所要求和浪费，甚至有点"不合时宜"，直到去世，还是拎着不知用了多少年的人造革包。小学、初中，他就读于乡村的蔡庄小学和月城初级中学，1958年，考取有百余年历史的江南名校南菁高级中学，该校曾涌现出一批杰出校友，如教育家蒋维乔、唐文治，革命家陆定一，爱国民主人士钱昌照，社会学家吴文藻，文学家汪曾祺等。良好的学习氛围与环境，使薛正兴在文科方面的兴趣得以发挥，不但被选为班级文史科代表，还参加了校《南声报》编辑兼记者、《江阴日报》通讯员工作，曾获"江阴文联创作奖"。南菁三年，坚定了他未来在文史方向发展的志愿，在他当年高考申请报考书中，十五所意向学校的专业志愿，都是中文或历史等文科专业。1961年，薛正兴以总分265分、平均88.3分的高考成绩，被第一志愿的南京大学中文系录取。南大五年，他在文史领域更是得到多位名师指点，并进行了系统性学习，其刻苦用功，给老师留有较深印象，四十多年后，周勋初先生在薛正兴去世后，曾回忆道："薛正兴君是南京大学中文系1966届的毕业生。其时已处'文化大革命'的前夕，'书越读越蠢'的最高指示早已深入人心，激进的学生无不摩拳擦掌，上面一声令下，也就竞相投入'焚书坑儒'的伟大运动中去。薛正兴在班上比较特殊，喜欢读书，这在当时来说，显得有些'落后'。"（《薛正兴文存·序》，凤凰出版社2011年版）读书期间，他除参加过鲁迅诗歌注释，还在文学社写作新诗，以我的印象，这样一位对一字一词都十分较真的学者，无论如何与新诗写作是挂不上号的，我曾当面与他开过玩笑，他却认真地举出我们共同的熟人、一位比他低两届的系友王许林先生予以证明。恰好前些天遇到王许林，谈及此事，他说，当年赵瑞蕻先生编过一本南大中文系师生诗歌集，薛正兴和他都有诗歌入选，并说，他们这一代许多人的文学热情与梦想，后来都被历次"运动"所消亡了。正是学校打下的坚实学业基础，在 1966 年大学毕业分配到地质系统工作十年后，仍在"文革"后首届研究生招考中，考回母校，投名师门下，以语言学为业。从此，即便后来在出版社工作，为他人做嫁衣，特别是任出版社社长兼总编辑期间，经营管理工作十分繁重，但仍在业余时间坚持学术研究，并多有建树。除参与编纂《汉语大词典》并担任分卷主编外，他更多的是把学术研究与图书编辑结合起来，把古籍整理实践与古籍整理理论研究结合起来，是国内同行公认的"学者型编辑"与古籍整理专家。2008 年，退休 6 年后，仍被国家新闻出版总署聘为第四届全国古籍整理出版规划领导小组成员。

　　1978 年，薛正兴再度回到南京大学，考入中文系汉语史专业硕士研究生，师从著名语言学家、训诂学家洪诚先生治语言学。这时距他离开母校已整十年（1966 年毕业后，因"文革"，在校待分配至 1968 年 1 月）。洪诚先生 1931 年入中央大学中文系，问学于黄季刚，"文革"前即著（编）有《古代汉语》《文字语言通说》《中国历代语言文字学文选》《训诂学》等。1979年，受教育部委托，在南京大学主持举办了全国训诂学课教师培训班。得此机缘，薛正兴结识了多位学术同道，有的保持了终身友谊，其中就包括后来担任过全国人大常委会副委员长的许嘉璐先生，虽然他们在某些学术观点上互有商榷，如薛正兴在《南京大学学报（哲学社会科学）》1981年第1期发表了《〈古代汉语〉注释疑义讨论》（硕士论文一部分），旋即，《社会科学战线》1981年第4期，发表了赵克勤、许嘉璐的商榷文章《谈〈古代汉语〉（王力主编）文选的注释原则——兼答薛正兴同志》，其后，薛正兴于1985年，又分别在《徐州师范学院学报》第1期、《苏州大学学报》第1期，再度发表商榷文章《〈古代汉语〉注释原则及疑义讨论——与赵克勤、许嘉璐同志商榷》《〈古代汉语〉（王力主编）注释疑义再讨论——与赵克勤、许嘉璐同志商榷》。这样学术上的互动，不但没有影响他们的关系，而且还加深了他们之间的学术情谊。记得有一年，许嘉璐副委员长到江苏视察工作，还专门抽出时间，与薛正兴叙旧。得知薛正兴去世后，许先生第一时间发来唁电并送花圈，悼念亡友："噩耗突来，不胜震惊！薛君刻苦为人，于古籍之兴亡继绝贡献良多。其去何其遽也。痛哉！敬祈转告家属节哀顺变，一切保重。"

　　薛正兴研究生二年级时，导师洪诚先生因病去世，经学校联系，转入南京师范大学中文系著名语言学家徐复先生门下继续学业。徐复先生受业于章太炎、黄季刚，与洪诚先生同门。薛正兴有幸得两位语言学大家指导，并以《〈古代汉语〉注释疑义讨论》学位论文，于 1981 年 6 月答辩。笔者托友人在南京师范大学档案馆查阅了当时答辩档案，获悉，答辩委员由殷孟伦、蒋礼鸿、徐复、周钟灵先生组成，蒋礼鸿先生任主席，论文受到专家肯定，殷孟伦先生评曰："本文就王力主编《古代汉语》文选部分的注释，列举凡八十条，逐条商榷其得失，极为详审，凡所论列，切中肯要，论撰功绩，是为王氏主编此书之诤友，朴学者研讨大有裨益。"蒋礼鸿先生评曰："注释之事，自古为难，王书文选取材多方，注释难免罅漏，作者或据前人，或本师说，或出己见加以辨析，其自说者如（例略），皆确有依据，论说精到，不愧为《古代汉语》诤友，良可叹尚，无间然焉。"答辩委员会认为：论文"有不少辨析精到，确有依据"，"论文达到了较高水平"，并一致通过。论文（部分）发表在当年《南京大学学报（哲学社会科学）》第 1 期。多年后，由于在同一办公室，听他谈起殷孟伦、蒋礼鸿先生对他学术上的指点，总是崇敬有加。所惜我对语言学、训诂学一窍不通，没能记下具体内容。

　　我一直认为，薛正兴先生并不是一位特别善于用言辞表达情感的人，对于自己的两位老师，他以实际行动感恩终身。洪诚先生生前留有《训诂学》遗稿，原为油印讲义稿，刻写中存在不少讹误，洪先生自己曾说："此稿着笔于一九六五年九月初，随讲随写，寒假后文科迁溧阳分校，遂于六六年三月草草结束。其第五章，当时迫不及就，此今所补也。"（《训诂学·自序》，江苏古籍出版社 1984 年版）洪先生写这段话的时间是 1979 年 11 月，距他去世仅两个月，故说："今已衰病，欲大事更张，精力不逮，惟略作修补，以减愆尤。"（同上）该书第四章、第五章"读注""作注"，是洪先生病中所写，引文多凭记忆，未及一一核查原书。薛正兴一毕业，即承担起老师遗稿的整理出版工作，除校正讲义稿中的讹漏衍文，还根据自己听课笔记，补充引例；特别是对书稿引文，更是找来原书，逐条核对，注明版本异同及出处。例如，在整理到原稿第三章第七节"杨树达《古书疑义举例续补》十三《文中有标题例》"时，他对有些引文、书名有疑问，起先以为是原稿抄刻错误，即核查杨著原书，结果发现是原书错了，考虑到洪著还有多处以杨著引文为例，为此，他首先深研《古书疑义举例续补》，并校正杨著原书引文标点工作，写出《〈古书疑义举例续补〉校点质疑失误举例》[后刊《镇江师专学报（社会科学版）》1985 年第 1 期]，为校改《训诂学》书稿引文标点错误，确立了理论依据，保证了老师的书稿质量。同时，他还亲任责编。书于 1984 年出版，他又撰《训诂学研究的新成果——简评〈训诂学〉》（刊《中国出版年鉴》，1985 年），予以推介，光大老师学术。《训诂学》出版后，广受学界好评，成研治训诂学必读书目。陆宗达先生曾说："《训诂学》我见过油印本，是嘉璐从南京带回来的。甫一披览，我即为其精深所折服。……但我在赞叹的同时又感到有点不够满足，以为原稿尚不够系统严整。因为其时自明先生已经病重，这一点浅见也就未及奉献。如今这个稿本经自明先生的弟子们整理加工后付梓，果然如我所愿，我想这恐怕也是自明先生的遗愿，倘其有知，也会含笑于九泉。"（《训诂学·陆宗达序》，江苏古籍出版社 1984 年版）2000 年，洪诚先生诞生 90 周年、去世 20 周年，薛正兴又主持编辑出版了《洪诚文集》，并作《〈洪诚文集〉述评》（刊《书品》2001 年第 3 期）。对于自己另一位老师徐复先生，他同样以编辑出版先生著作、光大先生学术思想的方式，感念师恩，先后担任《徐复语言文字学丛稿》（1990 年）、《徐复语言文字学论稿》（1995 年）、《徐复语言文字学晚稿》（2007 年）等著作责任编辑。另外，在我印象中，每年岁末，他都要到徐复先生家中问安，我唯一一次到徐府，就是随他去的，可惜当时没有相机，没能留下师生相见影像。

　　对于两位恩师，薛正兴晚年有一段饱含感情的文字：

"我深切怀念我读研时的二位导师：洪诚先生（1910.12.6—1980.1.21）、徐复先生（1912.1.8—2006.7.24）。我年方弱冠，即受业于恩师洪诚先生，前后达二十年，先生耳提面命，亲切教导，至今言犹在耳，而恩师已长逝矣。每念及此，星陨山颓，曷胜摧慕。先师遗著《洪诚文集》，已由同门师兄弟合力编就出版，以自慰释。2006年7月下旬，正当拙稿（按：《王念孙王引之评传》）紧张写作之际，惊闻恩师徐复先生逝世噩耗，辍笔摧咽，悲痛不已。先生教导我二十八年，在我撰写的一些论文初稿上都留下了先生批改的手迹。2006年元月25日，即农历新正前，师兄弟们同向先生拜年，先生九秩晋五，谈经论义，一如既往，嘱我发扬光大高邮二王学术精神，做专精研究。当时情景，如在目前，思之泫然。先师生前自订的《徐复语言文字学晚稿》一书，经同门师兄弟一起认真编校，终于赶在先师逝世一周年追思会召开之前顺利出版，稍可宽慰。先师洪诚先生、徐复先生，都是国学大师黄季刚的入室弟子，他们的人品学问、道德文章，激励我勤奋学习，专心求知；他们的谆谆教诲，我永远铭记在心；他们的音容笑貌，将永远活在我的心中。"（《王念孙王引之评传·后记》，南京大学出版社2008年版）谁都不会想到，写下这段文字的两年后，他竟也随两位恩师而去。

追忆和总结薛正兴先生编辑生涯，主要在三个方面：一是图书编辑，二是《汉语大词典》编纂，三是古籍整理与研究。

一、薛正兴先生与图书编辑

薛正兴先生 1981 年底研究生毕业，分配到江苏人民出版社词典编辑室，开始了自己的编辑生涯。1984 年江苏古籍出版社成立，任副总编辑，后担任过江苏教育出版社副总编辑、江苏古籍出版社社长兼总编辑，兼任江苏《汉语大词典》编纂领导小组办公室主任。1988 年被评为副编审，1993 年被评为编审，1996 年享受国务院政府特殊津贴。直至 2010 年 9 月去世，他服务江苏出版近 30 年，其中包括 2002 年退休后返聘的 8 年，就时间而言，并不算最长，但其贡献，则有多个方面，是同行公认的"学者型编辑"。他们这代人大多被特殊时期耽搁了十年，真正事业起步时已近 40 岁了。笔者与薛正兴共事 20 年，不管是正式场合还是闲聊，从未见他自我标榜过所谓成就，他也从不接受记者采访。然桃李不言，他的编辑出版贡献与书同名。由于笔者能力所限，只能及其一斑，好在书比人寿，书在人在。

作为编辑的薛正兴，1988 年在一次工作总结中说："编辑出版工作，又是一项科学文化工作，具有很强的知识性与科学性，这就需要编辑人员具有比较广泛的科学文化知识，并对某项学科有一定深度的研究。要做到这样，并非易事。为此，平时要认真钻研业务知识，不断开拓知识领域。我感到，编辑书稿的过程，也是一个学习过程、研究过程。责任编辑是所出新书的第一位读者，也是第一位研究者，他对书稿最熟悉，最有发言权。"这样一段话，与如今一些高深莫测的编辑出版理论相比较，再平常不过了，然而要做到，却非易事。薛正兴不但这么说，更是身体力行。20世纪80年代，他策划编辑出版了一套《江苏地方文献丛书》（90年代又增补），并担任多部书稿责任编辑，其中编辑《吴越春秋》时，发现书稿标点差错较多。该书是后汉赵晔所著，多记春秋末期吴越之事，《四库全书总目》将其归为史部载记类，言"尤近小说家言，然自是汉晋间稗官杂记之体"，故各种史料来源较杂，但作者"所述虽稍伤曼衍，而词颇丰蔚"（中华书局1965年版，第583页），经薛正兴归纳总结，发现书稿标点错误，主要是整理者对词语理解不明造成。由此，为了提高所编图书出版质量，他先开始做《吴越春秋》词语考释工作，作为改正书稿标点错误之依据，为此做了大量卡片与札记，并写成《〈吴越春秋〉词语校释》（后刊于《社会科学战线》1988年第3期）。图书出版后，作为责任编辑，他仍致力于给读者一本尽量少差错的图书，对自己编辑的图书，不断勘误，又作《〈吴越春秋〉点校本校补及勘误》（刊《古籍整理出版情况简报》1988年第200期），待有机会再版时改正。1999年，该书重版，作为十年前的责任编辑，此时他已担任出版社社长，经营管理工作十分繁重。应该说，此书重版，只要把他当年勘误文章中提到的问题加以订正，图书质量就可以得到很大提高。但他却不满足，又利用业余时间，一如十年前，尽一个他认为是编辑的本分之责，重新审定全书，不但改正已发现的标点、断句以及排版差错，更是从读者角度考虑，在编辑上精益求精。一是对虽未错但过长的断句重新标点，以方便读者阅读；二是对一些难以读通的原文新加校勘记，以方便读者理解；三是对原有校勘记所列版本异文进行辨识，以便读者判断；四是对附录重新调整与补充，以便读者掌握更多资料。对于一本10万字的小书，作为编辑的薛正兴竟如此用心用力，对于今天有些年轻同行来说，恐怕只能觉得是"天方夜谭"了，而这样的工作，在薛正兴所编辑图书中是常见的。

编辑一职，历来为他人做嫁衣，尤其古籍整理图书，整理者做的工作，编辑者也要做，若为名利，便难益其事。1988年，薛正兴在编辑苏州过云楼主顾文彬所著《过云楼书画记》时，发现点校者用的是初刻本，但当他得知，顾家尚有一部重刻本，为确保图书出版的更高质量，便商得校点者同意，从苏州顾家借出该书重刻本，用于编辑中对原稿校核，从而补入了重刻本增改过的部分，并重新修改了相关校勘记，同时另抄得顾文彬诗40余首，增于附录。1999年，该书重版，仍由薛正兴担任责编，又新撰"弁言"于书前，这些工作他并未在书中提及一字，因为他认为，那都是一个编辑应该做的。记得2012年凤凰集团竞购过云楼藏书，名噪一时，事后多位主事者来讨要《过云楼书画记》，但这本书背后的编辑故事，没有多少人关心。对于图书编辑工作，薛正兴历来淡泊名利，他看重的就是如何提高图书质量，至于个人所做工作如何体现，他从不在意。他的老师周勋初先生在《薛正兴文存·序》中谈到一件事，即2008年，笔者提出，希望周先生重新校订"文革"期间集体编写的《韩非子校注》（关于此书编写过程及具体情况，周先生在2009年出版的该书修订本附录《疯狂的年代，理性的思考——〈韩非子校注〉编写始末》有详细记录），薛正兴知道后，十分高兴，认为此书确有重版之必要，他的老师洪诚先生当年也参与了注释工作。薛正兴主动要求承担责任编辑工作。《韩非子》成书年代较早，虽然之前有不少整理成果，但受历史条件限制，校勘、注释等方面，都存在一些问题，特别是注释方面，除了词义外，还有对法家学说、思想体系的理解问题，编辑难度很大，以薛正兴的学术水平和编辑能力，他是此书编辑的不二人选，此时他已退休6年，虽说返聘，但也没有承担这种繁重工作的义务了。而且，该书又入选当年国家古籍整理出版专项经费资助项目，有出版时间要求。我想，他之所以主动要求，一是感恩母校和老师，二是支持更名后的出版社工作。这部书也是他编辑生涯责编的最后一部，书出版一年后，他离开了我们。周勋初先生回忆道：书出版后，"他（薛正兴）于 2010 年 7 月 8 日的《古籍新书报》上发表了一篇《精心修订　求新求精——简评〈韩非子校注〉修订本》的书评，文中列举了几项在旧版上加以改进的内容，这些确是新版的优胜之处，值得读者珍视。但我感到，这些地方好多是他的治学心得，而他又不明白标示，读者不明底细，以为是我修订时加入的。我最不愿意看到的是学界中人不讲道德，侵占他人成果，暗中将别人的研究心得占为己有，因此我就打电话给他，让他再写一篇书评，介绍自己在工作过程中加入了哪些研究成果。他不肯，认为责任编辑就应该隐姓埋名，后来经我力劝，他才答应重写。只是天不假年，一两个月之后竟因心脏病突发而遽尔辞世，结果还是没有完成新稿，只是留下了一篇略事增订的旧稿"（《薛正兴文存·序》）。我是薛正兴晚年交谈比较多的人，但也从未听他讲过这件事，如果不是周勋初先生写这段文字，恐怕没人知道。相较现今一些人，做了一点事情，沾沾自喜，到处吹嘘，生怕别人不知道，薛正兴的编辑品格是何等让人敬仰。

　　笔者动手写此文时，正值第十届江苏书展在苏州举办，连续若干年的江苏书展，都在人文底蕴十分丰厚的苏州举办，已成为江苏每年重要的文化活动，论坛嘉宾高屋建瓴，指点行业发展未来走向；图书编辑使出浑身解数，推介自己的劳动成果，大多数人对江苏书展落户苏州的效果表示满意。然而谁又会想到，早在1985年，在一个刚刚成立一年、且只有十几个人的江苏古籍出版社任副总编辑的薛正兴，就曾向省新闻出版局党组书面提交了《关于在苏州建城2500周年纪念活动期间举办江苏书展的建议》。

　　1995年至2000年，薛正兴先生担任江苏古籍出版社社长兼总编辑，其时，出版社的经济状况并不理想，甚至连图书印制成本都难以支付，此前，他于1992年调任江苏教育出版社副总编辑，在当时，教育社的收入、福利，特别是住房，是古籍社员工想都不敢想的。2002年，江苏古籍出版社更名凤凰出版社，除留下18人外，其余40多人分流到集团其他出版社，由于种种原因，只是对分配到教育社的几位员工，稍晚了几天开出调令，有的人就开始哭闹，甚至到了寻死觅活地步，生怕失去到教育社的机会。薛正兴调回古籍社，不说受命于危难之间，也至少是非常困难时期。后来，他在从社长位置退下来前的最后一次工作总结中回顾："回想四年多前，从外单位调回江苏古籍出版社，种种困难，重重压力，那种窘境是叫人永远不会忘记的。"

面对困难和压力，作为出版社经营管理者的薛正兴，既没有怨天尤人，也没有只做"口头革命派"（这个词他不止说过一次），而是把他始终认为的出版社本分——出书，来作为改变现状的唯一办法，并带头策划选题。如今，遍检他留下的文字，没有编辑出版理论方面的，不能不说是一种遗憾。

薛正兴给大多数人的印象，是一位只读古书而两耳不闻窗外事的"学究编辑"，但实际上恰恰相反，他对时事的关心远多于我辈，每晚央视"新闻联播"必看，每天的《参考消息》《光明日报》以及几份行业报刊必读。20 世纪 90 年代中后期，互联网还未完全普及，我们同在一个办公室时，每天有一个不成文的"议程"，下班后，闲聊半小时，大多听他"转口"报刊新闻。他主持出版社工作，首先抓的工作，就是调整图书选题结构，提出"调整和优化全社的出书结构，使之更合理更科学，做到大中小型结合，学术专著和通俗读物并重，排印和影印并举，特别注意开发本社独占性大选题"，他是较早提出学术出版市场化问题的人，并带头实践，策划了一批传统文化通俗性读物。笔者 2014 年曾为《三十而立　书比人寿——凤凰出版社建社三十周年纪念（1984—2014）》撰前言，其中有一段文字，反映这个阶段出版社的工作："面临了新的环境与挑战，在市场经济地位逐渐得到确立的环境中，如何坚持古籍专业出版，如何保持出版社良好的古籍专业出版势头，这对自成立伊始就是事业单位，甚至在许多方面靠财政拨款或扶持的古籍出版社而言，有了众多不适应，也遇到了前所未有的困难，特别是在图书经营上，一时甚至茫然不知所措。这对刚刚接任社长的薛正兴先生及其领导班子而言，无疑是极大考验。……一方面，坚持以书立社，延续办社十年的基本方向，抓精品图书，特别是加强高学术水平古籍整理图书的开发与出版，对已启动的项目，有再大的困难，也不放弃，从而进一步扩大出版社特色与优势。……要知道，出版这些项目，出版社是顶着巨大压力的，因为其时，出版社经济上正面临较大亏损，对出版周期长、编辑难度大、投入成本高、短期收益少的古籍整理项目，不仅在出版社内部，甚至整个行业，都有不同看法。……另一方面，面对市场环境，在保持专业特色同时，调整选题结构，强调专业与普及并重，力求古籍专业出版更加贴近大众、贴近现实，让中华优秀传统文化在当代现实生活中生生不息，为此，一大批中华传统文化普及性选题开发与实施，使我社古籍专业出版工作又有了新的亮点。更重要的是，图书选题结构调整，使我们对古籍出版如何适应市场环境，在观念上有了新的突破。《文史普及小丛书》《花香鸟语诗词集锦》《中国古代白话短篇小说精品丛书》《古典文学知识丛书》《新编民间传说故事丛书》《名碑名帖实用临摹丛书》以及'古代文化知识''古典小说名著'系列等，都是在这一时期集中出版，取得了较好的社会效益与经济效益。……探索与实践市场条件下古籍专业出版工作，不但使我们增强了坚定古籍专业出版的信心，也为后来进一步面向市场，甚至转企改制，在思想观念、内部机制、出版流程、产品结构等方面，都打下了良好基础。"

最出彩的，就是 1998 年由薛正兴策划、组织与实施的"中小学生语言文字规范手册"（中小学各一册），配合了国家"在各类学校，特别是中小学说好普通话，写好规范字"的要求，以当年共计六百万册的印数，在同行中引起不小的反响与震动。那一段时间，出版社印制、发行部门，忙得不可开交，过去一些对我们避而远之的印刷厂，纷纷主动上门，要求承印业务；省新华发行集团更是破天荒地为古籍社一本书，专门召开全省发行大会，这在我们出版社历史上至今也是唯一的一次，估计今后也难有其事。一个选题、一本书，使出版社走出了多年经济困境，也算是奇迹了。记得第二年，出版社为每位员工家中配发了一台万元联想品牌电脑，成为出版社史上除住房以外最大一笔福利了，许多员工，包括笔者，就是从那时起，才开始学习使用计算机的。

由于专业缘故，薛正兴长期研究文字规范问题，20 世纪

90 年代初，撰《简化字与〈简化字总表〉略说》(后刊《语言研究集刊》第六辑，江苏教育出版社 1999 年版)，对简化字与汉字简化运动历史、汉字简化方法、规律以及国家颁布的《简化字总表》三个字表对比分析，提出应对简化汉字规范问题予以重视，"逐步消除社会用字混乱的不正常现象"，并对通用的《语言文字规范手册》予以补正，撰《〈语言文字规范手册〉的几处差错》(刊同上，署名辛正)。1997 年 12 月 23 日，"全国语言文字工作会议"召开，会议提出："为了提高全社会用语用字规范化水平，当前要抓好以下几方面的工作：一是要发挥教育的基础作用。各级各类学校，特别是中小学校、师范院校要继续把说好普通话，写好规范字，提高语言文字能力作为素质教育的重要内容，首先使普通话成为校园语言；教师要成为说好普通话、写好规范字的模范。各级教育行政部门要将这方面的要求作为管理、督导和教师考核的内容。"(《做好语言文字工作，为现代化建设服务——李岚清同志在全国语言文字工作会议上的书面讲话》，1997 年 12 月 23 日)薛正兴正是从当晚央视"新闻联播"中，看到这条消息，长期的积累与一时的灵感，有了一个效果出人意料的选题，偶然中存在着必然。前面说过，很遗憾，薛正兴没有留下编辑出版理论性总结文章，毕竟编辑出版工作具有实务性质，以他编辑出版实践业绩与文字能力，恐怕并不难为之。

现今一些编辑出版高论，概念不少，文字也漂亮，终因缺乏实践基础，不免让人感觉有点隔靴搔痒。

二、薛正兴先生与《汉语大词典》编纂

其实笔者对薛正兴这一段工作并不熟悉，倒是他后来送我一套 12 卷的《汉语大词典》，一直放在办公室书架上沿用至今。我到出版社时，各地《汉语大词典》编纂已近尾声，本不想写这段文字，后考虑到，这项工作是薛正兴编辑生涯十分重要的内容，全面地反映一位老出版人的工作，如果缺了这一段，终是遗憾，故只能勉为其难，依据手边现有资料，做一点有限记录。好在日前，老同事、也是《汉语大词典》编纂者之一的胡慧斌先生告我，他近期将有长文发表，回顾江苏在编纂《汉语大词典》方面所做的工作，并微信发来有关薛正兴的文字，有些是我第一次听说，相当精彩，他与薛正兴共事更长，也是《汉语大词典》工作委员会委员，文章值得期待。

《汉语大词典》是国家重点科研、出版项目，在周恩来、邓小平关心、支持下，于 1975 年启动，主编罗竹风先生回忆说："中央书记处和中央办公厅多次下达指示和文件，为《汉语大词典》的工作指明前途，解决困难，这种由中央下达

'红头文书'，支持一部词典开展编纂工作的做法，是中国出版史上的先例。同时中央又帮助组建了三委会，即由新闻出版署副署长刘杲等39位同志组成的工作委员会，由语言学大师吕叔湘教授为首的14位中国语言学家组成的学术顾问委员会，由华东五省一市43个编写单位的72位同志组成的编辑委员会。"（《在〈汉语大词典〉全书出版庆祝大会上的讲话》，《语文建设》1994年第9期）薛正兴的两位老师洪诚、徐复先生都是《汉语大词典》副主编。上述43个编写单位，由江苏、浙江、安徽、山东、福建以及上海五省一市共同组织，各省设"《汉语大词典》办公室"（简称"词办"），负责本省各编写组组织、编写工作，其中出版单位只有两家，江苏古籍出版社是其中之一。《汉语大词典》历时18年，于1994年出版全12册，另有索引1册。薛正兴在江苏古籍出版社成立前，就参加了江苏省"词办"组织的《汉语大词典》初稿审稿工作，1982年至1983年一年间，即审高、鬥、门、车、走、金、隹7个部首，纠正了原稿不少错误，同时还承担了词条撰写工作，其中"页"部600多条、"辵"部500多条。1984年4月，他从江苏人民出版社转入新成立的江苏古籍出版社，任副总编辑，并兼任江苏省《汉语大词典》领导小组办公室主任，除图书编辑外，《汉语大词典》的编写、审稿、定稿成了他最重要的一项工作。笔者查阅相关档案，在一份

《薛正兴同志的主要学术成果》中获知，江苏在《汉语大词典》编写、审定稿中，承担了71个部首，占全书200个部首的35.5%，编写词条11万多条，占全书总条目的36.6%，包括第9卷6个部首1.2万条、第10卷13个部首3.2万条、第11卷9个部首3.3万条、第12卷40个部首3.3万条，另有2个部首调入第8卷。从第2卷开始，薛正兴被聘为《汉语大词典》编辑委员会委员，并担任第10卷主编，第10卷共辰、豕、贝、见、里、足、邑、身、辵、采、谷、豸、角13个部首。据胡慧斌先生回忆，"大约是在1987年前后，江苏各编写组所编的《汉大》初稿业已完成"，"《汉大》工作委员会在北京召开加快审稿进度的工作会议，会上根据主编罗竹风先生的提议，决定采取'分卷主编负责制'。此议得到与会人员的一致赞同和国家新闻出版署、国家教育委员会的大力支持。会后，《汉大》编纂处又召开专门会议研究落实、精心组织部署，'分卷主编负责制'由此开始，审定稿件工作普遍展开"。因此，江苏省新闻出版局决定，薛正兴虽仍担任江苏古籍出版社副总编，但这一阶段以《汉语大词典》审定工作为主，暂"不再过问和参与出版社的业务工作"（上述引号中文字由胡慧斌先生提供）。直至1992年底，江苏如期完成所承担的《汉语大词典》审、定稿工作。薛正兴作为"词办"主任，不但组织协调了全省编纂、资料工作人员，在南京、苏州两地集中开展审稿、定稿工作，更是按照"分卷主编负责制"的要求，自始至终主持第 10 卷初稿、复审加工、终审及定稿工作，他终审通读了全部的 3.2 万条目，约 430 万字，并又应编委会要求，终审通读了第 9 卷 4 个部首、第 12 卷 8 个部首的书稿，共计约 1.7 万余条目、284 万字左右。从薛正兴 1982 年参加《汉语大词典》初审工作算起，10 年间，共计编写释文初稿 8583 条，约 142 万字，复审加工 6635 条，约 110 万字，定稿 3976 条，约 66 万字，终审通读 49135 条，约 710 万字。笔者查到一份"《汉语大词典》编纂人员名单"，列为三类：主要编纂人员、编纂人员、工作人员，薛正兴名列"主要编纂人员"。他所涉词条，无论初、复、审、定稿，均达到规定要求，受到上级与同行好评。《汉语大词典》副主编、著名语言学家、南京师范大学教授徐复先生，在江苏完成《汉语大词典》编、审、定稿工作后，于 1993 年 6 月，亲笔撰写了《鉴定书》，其中提到："薛正兴同志任《汉语大词典》江苏省词办主任，全面负责本省承担的大词典编纂业务工作。任《汉语大词典》编辑委员，第十卷分卷主编，能帮助编纂人员解决学术上的各类疑难问题，严格地把好质量关。他编写的、审定的词条准确、精当，学术上达到了教授水平。该同志主持词办学术业务工作，我们老一辈同志是放心的。"

《汉语大词典》虽然并不是在江苏出版的项目，但薛正

兴以及其他参与此项工作的人员，为江苏出版界赢得的声誉，
体现了江苏出版社编辑的学术水平以及参与大型项目的编辑
能力，为整个项目完成作出了贡献。1994 年 5 月 10 日，国家
有关部门在北京人民大会堂隆重召开"《汉语大词典》编纂出
版胜利完成庆功会"，薛正兴与省内 12 位编纂人员受邀参加，
他作为重要贡献者，被安排坐在主席台，并受到党和国家领
导人江泽民、李鹏、丁关根、李岚清、李铁映等接见、合影。
第二天的《人民日报》发表长篇通讯《龙飞在天——〈汉语
大词典〉编纂前前后后》，其中有一段写道："江苏教育出版
社的副总编薛正兴（按：《汉语大词典》编纂完成后，薛正兴
于 1993 年调入教育社，1995 年又调回古籍社任社长兼总编
辑），是第十卷的分卷主编。他整整一年半的时间都是忍着眼
病的折磨，凌晨一二点钟才睡，一字一句地审完了四百多万
字。可是他的眼睛却已经近乎失明。"而在庆功会之前，5 月
6 日的《光明日报》也刊发了长篇通讯《把生命溶入永恒——
写在〈汉语大词典〉出版之际》，也有一节写道："别人说，
第十卷主编薛正兴这儿年的光阴是卖给了《汉大》的。几年
中，他为编《汉语大词典》看过的资料，堆起来有半间屋子。
为保证书稿质量，副主编已通读过的书稿，他仍要通读一遍。
通读时，他根据自己掌握的五六万张卡片，补进上百条原稿
和现有辞书上查不到的条目。"薛正兴在《汉语大词典》编纂

中，除了尽"分卷主编负责制"之责，还"对全书提出过一些建设性的意见，如这部5000万字、分为12卷的大型工具书，如何检索使用，颇费心思，据说将本册部首印在各册书脊上，一目了然，就是由他提议并获认可的。薛先生的工作，得到了学术界和出版界的认可，他也于1990年被汉语大词典出版社聘任为《汉语大词典》(简编本)副主编，为《汉语大词典》作出了更大的贡献。这应当是薛先生作为'学者编辑'的亮点之一"(王华宝《怀念"学者编辑"薛正兴先生》，《古籍整理出版情况简报》2012年第5期)。

参加《汉语大词典》这样大型辞书编纂，每一个条目，无论编写还是审稿、定稿，大多工作都隐没在几十字之中，是无名奉献者。薛正兴对此十分淡看，在平时交谈中，也从未听他炫耀与最高领导人合影一类的事。记得有一年办公室调整，他把一些荣誉证书也作废弃物处理了，对有年轻同事劝留这些证书，他淡淡地说了一句："都是虚名。"

三、薛正兴先生与古籍整理和研究

薛正兴先生是古籍出版同行公认的"学者型编辑"。现今的出版圈内，对人誉美毫不吝啬，什么这个"家"那个"家"的帽子满天飞，当然，这种口头游戏，除了增加一点娱人与自娱的"喜感"外，其实也并没有什么不好，大家都未必当真。但在20世纪90年代中期，薛正兴担任出版社领导的时候，这类称谓似乎还并不盛行。薛正兴之所以能被同行认可为"学者型编辑"，是因其在古籍整理、辞书编纂、语言学研究等学术领域卓有成果。就古籍整理著作而言，他先后整理出版了《太平广记钞》《春秋衡库》《百城烟水》《太湖备考》《刘熙载文集》《范仲淹全集》《周礼汉读考》《仪礼汉读考》，以及古籍整理理论研究专著《王念孙王引之评传》等，并主编了《李伯元全集》、《中国历代书院志》（两位主编之一）、《江苏地方文献丛书》。大家知道，从事编辑出版工作，要坚持学术研究，首先在"时间"这个客观条件上，就有先天不足，除了本职的图书编辑之外，特别是20世纪90年代以后，市场经济逐步确立，作为出版社的经营管理者，经营压力激增，尤其是薛正兴这一代的出版社掌门人，更有一个适应过程，即便在这样的情况下，他也没有放弃学术研究，上述数百万字的古籍整理著作，以及所发表的数十万字相关学术论文，都是他几十年如一日，利用业余时间完成的。据我了解与观察，薛正兴除了读书、写作，几乎没有任何业余爱好（抽烟除外），家中事务，悉由夫人马老师负责。我们邻居12年，至少我是从未在菜场或超市见过他，如果马老师偶有外出，据说他大多是以面条或稀饭打发，记得一次我们同路闲聊，他还对自己煮面条技术颇得意。有一次 7 天长假过后，我们一同上班，我随口说了句"又没出门吧"，他马上回道："每天下楼拿报纸。"他几乎每晚都工作到深夜一点多钟，我们也提醒过他别睡得太晚，他总是说习惯了，甚至还提起当年在地质队通宵不睡的"勇事"。他去世的当晚，也是工作到深夜一点左右才洗澡，随后即感到身体不适。

薛正兴为什么会花这么大力气，几十年如一日从事古籍整理与研究，我想，一方面是他从大学起就确立了学术追求思想。他大学毕业后分配到浙江地质系统工作了十年，失去了继续学术研究的条件，但心里总有不甘，他曾在一份工作总结中写到当时的想法："自己对以往无休止的政治运动感到厌倦，希望能重新学习自己原来学过的然而被荒废的专业，做到学用对口。在这种想法下报考了研究生。"另一方面，则是他的编辑出版观念。他始终认为，一个编辑，特别是古籍图书专业编辑，一定要有相关学术领域研究专长和能力，一定要搞学术研究和撰写学术论文，只有这样，才能了解学术动态，发现选题和作者，才能在书稿编辑中掌握重点，才能有发现和解决问题的能力。在今天看来，这是一个极为普通的常识了，但上世纪八九十年代，在我们身边并不是共识，一些出版社的领导认为，编辑就是要为他人做嫁衣，甚至少数人把编辑的学术研究与不安心工作画等号。我刚进出版社时，就有同事友善提醒"少干私活"，甚至有的人发表了文章也不敢让领导知道。但薛正兴恰恰相反，他总是鼓励编辑搞研究，写论文。曾经的同事王华宝兄也有同感："在做好本职工作的同时，他常提醒年轻编辑利用业余时间从事专业研究工作。在他的观念中，从事研究工作的编辑，更能体会到作者的甘苦，与作者更易沟通，且对判断选题的学术文化价值，也有极大的帮助。"（王华宝《怀念"学者编辑"薛正兴先生》，《古籍整理出版情况简报》2012 年第 5 期）

　　1995 年，薛正兴从教育社回到古籍社任社长兼总编，在他主持出版的多个古籍整理项目中，就鼓励和要求相关编辑参与点校或注释工作，熟悉古籍整理基本工作，从而锻炼和提高古籍专业图书编辑能力，例如，1997 年，他主编了《李伯元全集》，8 位点校者中，5 位是本社编辑。笔者本人的研究生专业并非文献学，他曾对我说："专业可以不同，研究方向可以不同，兴趣也可以不同，但作为古籍出版社编辑，古籍整理是基本功，你只有搞过古籍整理，才能编好古籍整理图书，没有搞过不要怕，可以先易后难，总要有所实践。"记得他是把我叫到会议室，郑重其事说这番话的，并让我搬到他的办公室。同时，他把自己准备整理清人姚承绪的《吴趋访古录》工作交给我，并把南京图书馆所藏道光十九年刻本复印件以及相关资料也全部转我，指导我做校点，书稿完成后，又经他修改，收入《江苏地方文献丛书》。接着，又送我一部民国二十五年江天寺影印乾隆年间刘名芳所撰《金山志》，希望继续整理，可是至今未能完成，辜负了他的厚待。

薛正兴主张和鼓励出版社编辑做学术研究，是希望把书本上的理论知识转化为实际工作能力，通过古籍整理实践来提高图书编辑能力。他提倡踏踏实实的工作作风，反对眼高手低，认为古籍整理来不得半点虚浮，他特别反感夸夸其谈的人，曾经转述过讽刺这种人的一段顺口溜，记得其中有这么两句："胸前一支笔，嘴上会总结。"

薛正兴自己整理出版的图书，都与出版社选题有关，如《太平广记钞》《春秋衡库》是《冯梦龙全集》所收录26种书中的2种，《百城烟水》《太湖备考》是《江苏地方文献丛书》20种书中的2种，《刘熙载文集》《范仲淹全集》是"江苏学人文集"系列的2种，《周礼汉读考》《仪礼汉读考》是《段玉裁全集》中的2种，每一种书，就其在"全集""系列"或"丛书"中，并未占很大比例，但有了自己参与整理工作实践，知其甘苦，更知其要领，从而编辑同类书稿，会更有心得，更能抓住重点。《百城烟水》是薛正兴校点出版的第一部古籍整理著作（1986年），他将校勘学中基本理论、方法付诸自己的古籍整理实践，采用的主要方法包括："一、凡是征引前人诗文，疑有讹误，而能找到原诗文集对勘者，则据以校改（例略，下同）"，"二、有疑误处而能在本书中找到内证者，则用本校法校改"，"三、有疑误处而不易找到原诗文集对勘者，则用理校法校改"（见《百城烟水》前言，江苏古籍出版社1986年版）。正是他长期坚持把学术研究与编辑工作相结合，使他成为名副其实的学术水平高、编辑能力强的"学者型编辑"。更多的是，他把古籍整理实践中积累起来的经验和能力，用在编辑图书和提高古籍整理图书质量上。例如，1986年，他担任清人顾禄所撰《清嘉录》一书责任编辑，其时，上海古籍出版社正好出版了由来新夏先生校点的该书，当年的资讯没有今天发达，出版社选题"撞车"是难免的，为编辑好自己承担的图书，做到后出转精，他便通研起"来著"，并做校勘工作，发现"来著"标点、断句、校勘等有可商处，都一一记下，例："《二月·文昌会》《楚词》：'后文昌使掌行兮'，顾命中官敕百官。王逸注：'天有三宫，谓紫微、太微、文昌也。'（第38页）按：'顾命中官敕百官'句，并非顾禄叙述语，实是《楚辞·远游》'后文昌使掌行兮'句的王逸注语，当加标引号，并出校记说明。"又例："《七月·秋穀碌碌收秕谷》　范石湖《秋雷叹》云：'……天人远近叵戏论，裨灶安能尸祸福。'（第117页）按：'裨灶'当作'裨灶'。原刊本、日本翻刻本、《啸园丛书》本、进步书局本均误。《广韵》平声支韵：'裨，符支切。副将，又姓，郑有大夫裨灶。'裨灶，春秋时郑大夫，其事详见《左传·襄公三十年》《史记·天官书》。"后撰成《〈清嘉录〉校点琐议》［刊《苏州大学学报（哲学社会科学版）》1987年第1期］，这样的研究工作，极大地提高了他的图书编校质量。他对自己编辑并已出版的图书，也是有误必纠，从不回避。前面提到，他为编辑《吴越春秋》所做的工作，便是一例。在《〈吴越春秋〉点校本校补及勘误》一文中写道："书中多处发现标点、排印、校对疏误，责任编辑概有责焉。今作校补及勘误，以补前衍。"并举例，言误之己责，如该文例98："卷四校记十一、三〇页一一行'大家之丧'，大德本、弘治本、万历本均如此。本书同页□行作'大家之众'（第49页）。按：在点校者原稿上为同页，在排印本上却不一定为同页。校记'同页□行'，当作'下页二行'。此系点校者与编校人员疏忽致误。"薛正兴先生的古籍整理水平和能力，使他有超乎一般编辑发现图书编校问题的敏感和解决问题的能力。他曾在阅读中华书局1984年版《玉壶清话》（与《湘山野录》合一册）时，发现一些差误，列30例，撰成《〈湘山野录〉〈玉壶清话〉点校本补议》（刊《古籍整理出版情况简报》第199期，1988年10月），第一例即书脊上书名印作《玉壶清话》问题，这是大多读者可能不太会注意的地方："'玉壶清话'之'壶'字，当作'壶'，字形相似而误。壶，《广韵》苦本韵，今音

kǔn。壸字甚古。《尔雅·释宫》：'宫中弄谓之壸。'《诗·大雅·既醉》：'其类为何，家室为壸。'朱熹集传：'壸，宫中之巷也，言深远而严肃也。'壸，古今汉语均为常用字，无烦费辞。'壸'误为'壶'，无独有偶。江苏古籍出版社1987年《南唐先生李昪年谱》，其中有33处提及《玉壸清话》，均无一例外地将'壸'印作'壶'，酿成谬误。一本书的封面、扉页、书脊、版权页等，往往是编辑、校对在编校过程中容易疏忽的地方，而这些部位恰恰是书本的窗户，最先与读者见面，是千万不能疏忽的。"之所以将此条全部照录，是希望我们这些后来者，对"学者型编辑"需要怎样的学识与能力有所了解。我们一些同事私下聊天，说如果薛正兴审读到自己编辑的图书，谁都会紧张。因为大家知道，书中如果有错，是很难从他眼前逃过的。我曾经手过一件事：一次，江苏省新闻出版局图书质量审读部门，委托薛正兴审读本省一家出版社出版的一本古籍整理图书，他发现问题太多，便逐一校改，形成了3万多字审读报告，相关出版社很紧张，主管部门也感到，如果审读报告刊布出去，脸上也没面子，所以他们希望薛正兴不要发表。但他们并不知道，薛正兴是一位对学术问题、对图书质量从不含糊且较真的学者，他也不谙人情世故，说："你们可以商榷，可以反驳，但不可以阻止我发表文章的权利。"后来省局有关领导给我打电话，希望做做工作，最后经我手，选取了很少一部分，摘录了100余条"硬伤"，发表在《中国典籍与文化论丛》第十二辑。现在想想，还真有点对不起薛正兴先生。因为他对这类问题是非常认真的。他曾就中华书局1995年版《九九销夏录》点校本有关问题，连续写过三篇商榷文章:《〈九九销夏录〉点校本断句标点疑误举例》《〈九九销夏录〉点校本专名号讨论》《〈九九销夏录〉点校本误字脱字举例》，其中第一篇分上下两期，就刊登在中华书局自己办的刊物《书品》上。因此，他对中华书局以及许多编辑都十分尊重，自己出了书，也赠送给他们，并希望得到批评。

　　说到薛正兴的古籍整理成果，有两部书不能不提，一部是他校点整理的《范仲淹全集》，一部是他所著《王念孙王引之评传》。

　　薛正兴2000年从社长岗位退下来后，就着手《范仲淹全集》整理，2004年由凤凰出版社出版，至今已重印了五次，成为出版社一个品牌性长销图书。周勋初先生评价:"如以古籍整理而言，足以代表他水平的著作，自然要推《范仲淹全集》。无论从版本之的当，参校本之精要，逸文之完备，附录之丰富，图片之美赡，都已达到上乘水平。特别是那长达二十四页的《前言》，更将范仲淹的一生及其贡献作了全面而简要的表达，足供宋代文史研究者参考。"(《薛正兴文存·序》)《范仲淹全集》的整理，体现出薛正兴丰富学术储备和多重知识结构，堪称当代别集文献整理典范之作。除了底本、校本选择精当外，编纂体例也是一大特色，在保持底本（康熙四十六年本）基本编例的同时，又根据内容实际情况作相应调整，分入整理本上下册，上册收范仲淹本人作品，除列《文集》《别集》《政府奏议》《尺牍》，还将康熙本《范文正公集补编》五卷一分为二，其卷一作为范仲淹本人作品归入上册；将《年谱》、《年谱补遗》、《言行拾遗事录》（其中无关范仲淹言行遗事的，作了删除）、《鄱阳遗事录》、《遗迹》、《义庄规矩》、《褒贤集》、《补编》编为下册，并新增三个附录：下册首列《范文正公集逸文》，刚好与上册衔接，卷末分列《范文正公集续补》《范文正公集著录和序跋》。这样的编纂体例，科学严谨，也便于读者使用。《全集》校勘规范，校勘记简明扼要，同时，对一些有违史实的内容，又详加考论。例：《补编》卷第二《宋太师中书令兼尚书令魏国公文正公传》、《续补》卷第一脱脱撰《范仲淹传》有："既长，知其世家，感泣辞母，去之应天府。依戚同文学。"他通过查《元丰类稿》中《虞部郎中戚公墓志铭》、《宋史·戚同文传》、《乐全集》中《举戚舜宾馆阁检讨状》等文献相关记述，并结合《范仲淹全集》所涉内容，得出"范仲淹出生前，戚同文已去世，范不可能'依戚同文学'"的结论，这个问题，在前人的范仲淹文献的整理或研究中，是没有注意到的。周勋初先生提到的"那长达二十四页的《前言》"，除了全面介绍范仲淹生平、《全集》整理凡例等，重要的一点，就是对范仲淹"先忧后乐"思想进行阐释，指出其思想基础是传统的"民为邦本，本固邦宁"，其思想来源是《周易》阴阳变化、祸福倚伏观念，进而生发出"故善安身者，在康宁之时，不谓终无疾病，于是有节选方药之备焉。善安国者，当太平之时，不谓终无危乱，于是有教化经略之备焉"国之危安观，故其"先忧后乐"的"出发点和落脚点是天下民众，这样的忧乐就不是指纯属个人的忧乐，而是从属于天下民众忧乐的忧乐"。及此，足可窥作为"学者型编辑"的薛正兴，所具有的学术能力多重性。

《王念孙王引之评传》（南京大学出版社 2008 年版）是薛正兴古籍整理理论系统研究的代表性著作，洋洋 60 万字，是他毕生古籍整理实践与研究的总结，也是他生前最后一部著作。该著为南京大学中国思想家研究中心组织、匡亚明先生主编《中国思想家评传丛书》之一。《丛书》共计 200 部，2006 年全部出版，获首届中国出版政府奖。薛正兴曾给笔者说过，在南大读研究生时，他曾专研过高邮"二王"，做过许多基础资料收集工作（可参见《王念孙王引之评传》后记）。1985 年发表过《谈王念孙的推理校勘》（《社会科学战线》

1985年第2期）。他到出版社后，于1984年、1985年主持编辑出版了"高邮王氏四种"（《广雅疏证》《读书杂志》《经传释词》《经义述闻》），2000年又主持出版了《高邮王氏遗书》，并撰《弁言》。他的古籍整理与研究，在方法上，笔者以为，多有"二王""路数"，例如，在其《〈古代汉语〉注释疑义讨论》等商榷文章中，就有多处采王氏父子之说为证；又如，在《〈两汉文学作品选〉注释商榷》（《滁州师专学报》1987年1—4期合刊）中，又多用王氏"注音辨义"方法。所以南京大学中国思想家研究中心早期就有邀他撰"二王"评传的想法，由于工作的原因，他没有接受，2002年退休后，旧事重提，其时返聘，一方面有审稿和指导年轻人的工作，另一方面《范仲淹全集》整理尚未完成，他仍有顾虑，怕不能按时交稿。据说对方允以不受时间限制，故该书出版已到了2008年，实际上是《中国思想家评传丛书》第201部。

高邮王念孙、王引之父子，是清乾嘉学派的中坚，在经学、校勘、语言、文字诸多领域，成为扬州学派的代表性人物。乾嘉时期，由于理念和方法差异，有所谓"皖派""吴派"之分，张舜徽说过："吴学最专，徽学最精，扬州之学最通。"（见《清代扬州学记》"叙论"，华中师范大学出版社2005年版，第6页）王氏父子在继承了皖派代表人物戴震精深之学的同时，又向广博拓展，做到融通，所以，薛正兴在给《评传》的"内容简介"中写道："高邮二王的著作，是中国古典校勘学走向近代化的指路标，是中国传统语言学走上科学道路的里程碑。高邮二王博极群书，观察敏锐，他们冲破了汉字字形的束缚，从有声语言本身观察，研究字词，从而他们就能解决古书中前人所未能解释的许多问题。"乾嘉学术特点与成就，主要在考据，所谓"凡古儒所误解者，无不旁征曲喻，而得其本义之所在。使古圣贤见之，必解颐曰'吾言固如是，数千年误解之，今得明矣'"(《经义述闻》阮元序，江苏古籍出版社 1985 年版)。"二王"之学，尤以训诂、校勘最精，是考据学的代表人物。薛正兴对此有所总结："高邮王氏训诂学的特色及其卓越成就，不仅在于王氏父子能够'究其微旨，通其大例，精研博考，不参成见'(孙诒让《札迻序》)，对经传和古诸子史作了全面细密的校勘整理，更在于他们通过对汉唐旧注的匡谬正误，特别是撰著了《广雅疏证》《读书杂志》《经传释词》《经义述闻》等典范著作，条分缕析，发凡起例，提出并初步解决了一系列有关汉语音韵学、文字学、词汇学、语法学和训诂学的重大问题，已能初步运用历史主义的发展观点和一些比较科学的方法来研究语言现象，并建立起一个比较完整的训诂学体系。""校勘业绩是他们以考证的原则和方法用于校书的结果。由于校勘的实质是对古籍文字的订正刊误，因此他们自觉地运用文字、音韵、训诂及历史文化知识，对古籍文字正误进行分析考证，并由此考查其致误之由，归纳通例，从而在校勘学理论上取得突出成绩。"（分见《王念孙王引之评传》第二章《高邮王氏训诂学》、第四章《高邮王氏校勘学》）即便如此，相比较于《中国思想家评传丛书》其他 200 位传主，以考据、训诂名世的"二王"，如何做到《丛书》要求的"评传结合"，并非易事，正如主编匡亚明先生所说："如果论述一个人的思想而不联系他的业绩（包括著作），必将流于空洞的抽象；同样，如果只讲一个人的具体业绩而不结合他的思想活动，又必将成为现象的罗列。……当然，思想和思想家，思想家和实践家，都是既有区别又有联系的不同概念……《丛书》的重点则是放在两者的联系和结合上。至于如何使两者很好联系和结合而又着意于剖析其思想活力，各占多少篇幅或以何种方式表达，则自当由作者根据传主的具体情况创造性地作出妥善安排。"（见《中国思想家评传丛书》序）。可以说，薛正兴凭着几十年对"二王"之学的研究，特别是通过"二王"之学在自己的古籍整理实践中加以运用（如前述《百城烟水》整理原则），完成了从书本理论到工作实践的过程，从而使他深得"二王"思想精髓和学术要领，由此，"创造性"地解决了"思想和思想家，思想家和实践家"这对关系在"传主"身上的体现。全书既有"二王"生平家世，更注重其学术形成的历史、文化、思想基础；既有对"二王"训诂、校勘思想、方法作系统梳理，条分缕析，一目了然，又有对其思想、贡献作理论归纳和总结，言简意赅。例如，他指出"因声求义"，以声音通训诂是"二王"训诂学的灵魂，"促进古老的训诂学走向科学语言学的道路"（第204页）。又如，在比较了清代校勘学中对校派与理校派异同后，指出，以戴、段、"二王"为代表的理校派"都有深厚的小学根柢，并以此名家，博极群书，熟悉诸书体例及致误的规律；他们广泛搜集包括版本异文在内的各种异文材料，根据本书义理，运用文字、音韵、训诂、版本、目录及有关历史文化知识，分析考证各种异文，定其是非，明确主张订正刊误，敢于改正误字。这派基本上继承郑玄《三礼注》、陆德明《经典释文》的古典校勘学传统并有所发展。……比较而言，对校派更多贡献于说明版本根据的重要原则，理校派则在总结校勘方法和归纳校勘通例方面，有着突出的贡献"（第487—488页）。特别是第三、第五两章：《高邮王氏训诂学训释方法分类述评》《高邮王氏校勘学校勘方法分类述评》，对"二王"训诂、校勘方法，进行了详尽梳理和归纳，训诂列7节43法、校勘列7节26法，每一类都从他们的著作中举出实例加以证明，同时予以自己的评述，其中也融入了他自己的古籍整理观念、方法和实践体会，从而得出这些方法"至今对于阅读古书、整理古籍、编纂语文工具书、提倡写规范字，仍然有着积极的现实借鉴意义"（第 386 页）。前面说过，薛正兴学术研究一直是与编辑实际工作相结合，无论其古籍整理实践或古籍整理理论研究，其出发点和落脚点，都是提高古籍图书编辑能力，故此书最大特点，就是理论联系实际，以阐释"二王"学术思想与方法，有针对性地来解决现今古籍整理中的一些实际问题。由此，我们也不难理解，薛正兴为什么称得上是名副其实的"学者型编辑"。

十年后追忆和纪念薛正兴先生，最好的方式，是读他的文章和著作，了解他是怎样编辑图书的，怎样成为一名"学者型编辑"。虽然如今，商业出版逻辑已远胜于文化出版逻辑那么博得行业认可，但我始终以为，近一百年前，中华书局创办人陆费逵先生的一句话，仍是我们对这个行业认识的至理名言："我们希望国家社会进步，不能不希望教育进步；我们希望教育进步，不能不希望书业进步。我书业虽然是较小的行业，但是与国家社会的关系，却比任何行业大些。"（《书业商会二十周年纪念册序》，《陆费逵文选》，中华书局 2011 年版，第 152 页）由此，我们希望，"学者型编辑"不要成为这个时代永久的"背影"。几十年前，梅兰芳先生在谈到京剧改革时，提出"移步不换形"，我理解梅先生讲的"形"，不是外在的东西，"本"有所"固"，"创新"方得基础。笔者

30年前入行江苏出版，所在办公楼顶有"出版大厦"四个字，进出多少有点自豪感与敬畏之心；如今已换成了"凤凰广场"，每每看到年轻同行匆匆脚步，不知他们是怎样憧憬着这个行业。30年间，人虽多非，然物依旧，我有时想，如果能够编辑一本《从"出版大厦"到"凤凰广场"》，或许可以想想，"移步"时，还有哪些"本"需要留住。

　　断断续续，写下上述文字，来追忆昔日前辈师友，并以纳兰词句为题，多少有点伤感。

　　（本文写作，得到南京师范大学档案馆、凤凰出版传媒集团档案室，以及胡慧斌先生帮助，一并致谢）

致敬顺其自然攀登者

——周勋初先生九十寿辰祝贺

尊敬的周先生，我受凤凰出版社全体同仁委托，带着感恩与祝福，对先生九秩华诞，表示衷心祝贺。据文学院老师讲，根据周先生的意见，会议以小规模形式，所以凤凰出版社就我一人代表，但我们出版社许多同事，得到过先生的关心与教诲，都想当面给周先生送上祝福，但怕频繁上门，影响先生休息，故在11号，我们出版社的副总编倪培翔代表大家，给祁老师打了电话，表达了大家的祝福。当天，出版社的微信公众号，还推出"周勋初先生作品出版小传"贺寿专号，也是想表达我们对先生的感恩与祝福。

周先生是公认的、享誉海内外的著名学者，在中国古代文史研究诸多领域，具有卓越贡献，他的许多学术建树，已经成为后人绕不过去的高峰，他的这些学术成就，体现在已出版的数十部著作中。凤凰出版社非常幸运，是出版周先生著作最多的单位，共有19部之多，因此，我们出版社也是得益与受惠于先生最大的出版单位。

周先生长期关注、关心江苏古籍出版事业，特别是在我们出版社 30 多年发展中，始终关心，一路支持，他的许多著作，已经成为我们出版社的学术品牌与名片。20 世纪 80 年代末，周先生为我们主持出版了《唐诗大辞典》，使出版社获得了很好的社会效益和经济效益。90 年代末，周先生将总结自己一个阶段的学术成果，编成七卷本《周勋初文集》，交给我们出版，由于周先生学术研究领域跨度大，从先秦到唐宋，从诗文到小说，从文献整理到文学研究，而且先生学术研究的起点很高，许多研究成果是开创性的，如先生年轻时所作《九歌新考》，就涉及神话、宗教、民俗与文学、哲学、历史、地理综合研究，提出"东皇太一是齐国的上帝"的看法，是前人所从未论及过的。再如先生的李白多元文化研究，《诗仙李白之谜》《李白评传》等，都成为当代李白研究绕不过去的高峰。所以《文集》一经出版，在学术界、出版界引起很大反响。

特别是 2004 年，出版社刚刚经历了更名和人员分流，不但学术界、出版界许多人不能理解，甚至有的学者将已经商定的选题，转到了其他出版社，就连我们自己也很迷茫，但就在这时候，周先生给了我们信任、信心和鼓励，他将自己主持了十多年，且已基本定稿的《册府元龟》校订本，给了经过更名、当时仅有 18 名员工的凤凰社，要知道，这样的书稿，是许多出版社都十分期盼的。2006 年，《册府元龟》校订本出版后，荣获首届中国出版政府奖、首届向全国推荐优秀古籍整理图书等多项荣誉，不但让我们树立起做好古籍专业出版的信心，外界对我们也有了重新认识。所以，凤凰社的员工总是这样说，《册府元龟》校订本是周先生送给我们的一份"大礼"。

　　周先生 80 岁以后，又陆续将多部书稿交给我们出版，使出版社在获得很好社会声誉的同时，又有比较好的经济效益，其中包括《师门问学录》，这是周先生指导马来西亚留学生的问学记录，属于谈话体，涉及读书、研究方法、学术史等多领域，可以看出先生学术研究既有朴学传统，又具弘通广博，被有的学者誉为"当代奇书"。另一部著作《文心雕龙解析》，2015 年出版，荣获中华优秀出版物奖、向全国推荐中华优秀传统文化普及图书等。周先生发表过一系列有影响的《文心雕龙》研究论文，如《〈文心雕龙·辨骚〉篇属性之再检讨》《刘勰是站在汉代经学"占文学派"立场上的信徒么?》，特别是《刘勰的主要研究方法——"折衷"说述评》，还引起了学术争论。《文心雕龙解析》一书是在先生早年的《〈文心雕龙〉解析十三篇》基础上扩展完成，先生曾说："凤凰出版社的朋友多次表示，希望我加工成完整的定本，单独发行，随后我就作了认真的思考，决定将此加工成一部具有个人特点的著作。"（见该书《后记》）中国社会科学院文学所所长刘跃进教授对《文心雕龙解析》一书评价道："周勋初教授《文心雕龙解析》是一部集研究、教学、普及于一体的综合性学术论著。"并特别强调："以往的《文心雕龙》研究著作，虽然汗牛充栋，但也有其不容回避的问题，即很多著作旁征博引，一般的读者阅读起来往往如坠五里云雾，不知所云。还有一类著作，虽然有了翻译，但又无法接触到《文心雕龙》的精髓所在。《文心雕龙解析》出入于精深研究与普及提高之间，注释明晰，言简意赅，避免烦琐征引，阅读起来，非常清爽。作者不满足于自己的讲解局限在大学讲堂范围，他在初步编校后，先印成征求意见本，寄送给相关专家批评指正，希望这部著作尽可能地反映《文心雕龙》研究的主流方向和主要成就，尽可能地满足更广泛读者的需求。可以这样说，经过集思广益的《文心雕龙解析》，不仅对大学生，就是对一般的文学爱好者，也有重要的参考价值。"（《光明日报》2017年4月12日）这部书，为出版社赢得了多种荣誉，多次重印，成为出版社的长销书。《江苏文库》"精华编"编委会，已将该书列入"精华编"首批成果。其时，周先生已过八旬，我一直以为，周先生能够答应出版社的要求，其实就是他出于对江苏古籍出版事业的关爱。这类项目还有《韩非子校注》，也是应出版社请求，重新校定，这个过程，周先生在书的《后记》中有所记述，该书数次重印。特别是2016年，88岁高龄的周先生，总结自己一生治学经验，写成《艰辛与欢乐相随》，出版后在广大读者中引起极大反响，有许多读者在出版社微信公众号后台留言："此书让人受益匪浅，老一辈学者，值得后人尊敬，希望凤凰出版社能继续出版一些老学者的治学经验谈。"

简单回顾一点我们出版周先生著作的情况，可以说，凤凰出版社任何一个阶段的发展，以及江苏古籍整理出版事业的发展，都离不开周先生的关心和支持。两年前，江苏省启动重大文化工程"江苏文脉整理与研究工程"，将编辑出版3000册之巨大型地方历史文献丛刊《江苏文库》，88岁高龄的周先生，欣然同意出任学术委员会主任，并在启动大会上作了高屋建瓴的发言，为项目的学术性定了调，也让我们这些从事具体工作的人，有了依靠和信心。

回到发言的题目，这里讲一个小插曲，周先生的治学经验谈《艰辛与欢乐相随》，原先书名先生拟用《顺其自然的攀登》，我因考虑书的销售，建议先生重新考虑。其实，周先生在多种场合，总结自己一生治学经历，无论身处逆境还是顺境，都体现出"顺其自然"的境界。我以为，人要真正做到这四个字，并非易事，更不要说，如周先生这代学人，他们曾经身处和经历了一个特殊历史时代与政治环境，要想"顺其自然"也并非由得了自己。我理解，周先生讲的"顺其自然"，是不向逆境屈服，不被命运打垮。记得周先生八十寿诞庆祝会上，他讲到自己的经历，哽咽难语。现在想想，如果当时不建议更改书名，可能我们从周先生的书中，更能体会他的学术艰辛之路。所以，这是我今天要用这个题目致敬周先生的原因。

这些年，周先生凡有著作出版，总会将签名本赠我，计有《江苏社科名家文库·周勋初卷》《唐诗纵横谈》《锺山愚公拾金行踪》等。2015 年，《全唐五代诗》（初盛唐部分)、《宋人轶事汇编》出版，陕西人民出版社、上海古籍出版社分别在南京召开座谈会，先生让我参会，我想，这是他有意给我们凤凰出版社一个学习机会。

周先生九十华诞之际，我们感恩先生的同时，更加祝福先生，几年前，在《全唐五代诗》（初盛唐部分) 出版座谈会上，我曾说，周先生这一辈学者的健康长寿，是学术界之幸，也是出版界之幸，今天，我仍要重复这样的话。凤凰出版社的全体同仁和大家一样，衷心祝福周先生，"期颐眉寿寿长春"，十年之后，我们再在这里，研讨先生的学术思想，为先生祝寿。

（本文为 2018 年 4 月 15 日在南京大学举办的"庆祝周勋初先生九秩华诞暨周勋初先生学术思想研讨会"上的发言）

《钱大钧日记》入藏记

　　笔者从事编辑出版工作 30 年，经手了不少书稿，有难有易，但都是分内之事。对文物收藏，则一窍不通，只听说这个行当"水太深"。2012 年，凤凰集团巨资收购"过云楼"藏书，因其中宋椠元刻，名噪一时，其间，笔者虽对此"壮举"有"答记者问"，但仅是不明就里的"奉命行事"，说的也都是外行话，因为对于文物拍卖、收藏规则，如云里雾里。倒是书入藏后，我们出版社得便对所有图书进行了扫描，出版了《过云楼藏书书目图录》以及高仿印制了宋本《锦绣万花谷》。本以为这辈子再也不会与这类工作有什么瓜葛，不想2017 年前后，实实在在经手了一次文物收藏，这就是后来被定为近现代一级文物的《钱大钧日记》。

　　钱大钧（1893—1982），出生于当时的江苏吴县原正仪镇雅泾村（现属江苏昆山市）。国民党元老，黄埔军校初期教官，曾任国民政府军事委员会委员长侍从室主任、国民政府航空委员会主任、军统局局长，抗战胜利后，任上海第一任市长等要职。1936年西安事变中，与蒋介石一并被捉，并身负重伤。他在这天日记中记道："余于酣睡中被孝先之随从唤醒，告余曰：外面枪声甚密，请速起。余初未之信，以为士兵之偶然失枪而已。旋闻枪声诚甚密，即披衣下床，持枪出视，既至前面之台阶，我便衣卫士数人正倚墙放射，而侧面则已有服灰布大衣黑皮领者，向委座住室又射又行。余不得入，拟召第二组来助，故即向组奔往觅人，既至温泉旁，被阻折回。余才登阶四五级，折向左转，而枪弹即由余背洞入，余知已中弹，即伏地抬头一观，知我卫士犹在抵抗……询诸卫士，均不知委座之在何处也，心焦急甚，而叛兵已冲至，见宪兵即枪击，倒毙者颇多。时天色已明，余等即被俘。……旋被押赴前门，行至贵妃池畔，遇白凤翔，余询其何事如此，彼曰：城内杨虎城部兵变，余等奉命来保护委员长入城也。且询余：委座何在？余云不知。彼不之信。……彼即赴邻室，是时，余见孝先手被反绑押入园中，且闻人言，此蒋孝先也。旋有王旅长者，邀余走。余谓何往，彼谓入城见副司令……张来作揖道歉，并谓委员长不久即来。……下午，汉卿又来视余一次，并告余，委座已到，并未受伤。旋即外出。时国柱亦在旁，告余曰，委座见汉卿时告之曰：汝如是我部下，即日送余至洛阳，再与详谈，如汝认为是革命，则即将余枪毙，其他均不必言。"（1936 年 12 月 12 日）钱大钧有记日记的习惯，且几十年不断，晚年（1975 年）将其 47 年间所记日记（1927—1974）42 册，交长子钱世泽带往美国保管。据钱世泽说，钱大钧生前，曾经的同僚萧同兹、王新衡、顾祝同等人，多次建议其将"日记"发表，"但苦于难觅合适之历史学者协助，故迟迟未能如愿"（《千钧重负》前言）。

　　2006 年，藏于美国斯坦福大学胡佛研究所的《蒋介石日记》公布，引起史学界关注。钱蒋交集颇深，一度成为蒋的"红人"，2015 年，北京保利春季拍卖会"钱大钧藏蒋介石密令手谕"（信札册页），以 1700 余万元成交，也颇引人关注。2015 年，一部四册《千钧重负——钱大钧将军民国日记摘要》在海外出版，虽"内容大约只是父亲日记的十分之一"（《千钧重负》前言），但这位身份特殊的民国历史人物的"日记"就此进入公众视野，其全部内容何时公布，以及日记将来归属和保存问题，引起不少研究者和收藏机构的兴趣。据《千钧重负》出版人刘冰先生讲，《千钧重负》出版后，有美国大学和中国台湾相关研究机构，有意收藏钱大钧全部日记手稿，"例如美国史丹佛大学、哈佛大学等，或两岸重要学术研究机构，但几经接洽，均未符合心中计划所求"（《千钧重负》前言）。刘冰先生是美国华文书业前辈，20 世纪 70 年代，在洛杉矶创办长青书局，与中国大陆出版界保持几十年交往，并多次将自己珍藏的图书、书画等文物捐赠国内收藏机构。刘冰在看到这批"日记"后，觉得"价值非凡"，建议钱世泽先生"第一要出版公诸于世"，"第二你要找个适当的处所永久保存"。经刘冰介绍，"日记"持有人、钱大钧长子钱世泽先生于2016年5月授权中国著名出版人祝君波先生（曾任上海新闻出版局副局长等职），负责"联络并洽商日记原件转让事宜"（"授权书"语）。祝君波先生长期关注和研究国内出版产业结构，对凤凰集团产业链构成比较认同，曾有专文论述。2012年，凤凰集团竞拍"过云楼"藏书，也曾得到他的襄助。考虑到钱大钧是江苏人，且居南京多年，祝君波建议凤凰集团考虑收藏"日记"，认为"国民党元老的墨宝回归家乡，意义不一般"，"对台工作，影响巨大"（2016年7月1日祝君波给时任凤凰出版传媒股份有限公司总经理吴小平的信）。经凤凰集团慎重研究并多方听取专家意见，决定启动收藏程序，并交由笔者承办。

　　2016年7月12日，笔者来到位于上海绍兴路5号的上海新闻出版局祝君波先生办公室，了解"日记"持有人转让诉求，并请祝先生设法代购《千钧重负》一书，以便对"日记"内容有基本判断。后经专攻民国史的同事陈晓清编审研读并请教专家，撰成有关文字，供集团领导决策参考。经过一系列程序及双方沟通，特别是捐赠协议起草中相关法律条

文的认定，2016 年 11 月 17 日，凤凰集团假上海新闻出版局
小会议室，举行小型捐赠协议签字仪式，与专程从美到沪的
钱世泽先生签订了"钱大钧日记捐赠收藏协议"。上海绍兴路
5 号是一组欧式民国洋房，据悉原为沪上南市华商电气公司老
板朱季琳所属，在这里举行"签字仪式"，环境对于曾经的市
长"公子"，是既熟悉又陌生，而对于跟随自己四十多年的父
亲"日记"，即将"回归"家乡，据我观察，80 多岁的钱先生
心情是激动的，或许有一点不舍，或许是安然放下了。在小
型、简短的"仪式"上，老先生郑重其事地准备了书面发言，
谈到"日记"保管的前前后后。期间还有一段小插曲，"仪
式"前的午餐，安排在绍兴路 27 号老洋房花园饭店，这是一
幢别墅洋房，据说是当年杜月笙送给姨太太的，走进院落，
墙上有"原杜月笙公馆"标牌，大家很自然地聊起钱大均、
杜月笙在抗战胜利后争当上海市长的话题。现据《钱大钧日
记》，发现蒋介石在与美国人商谈日本投降善后事宜时，即对
京津沪人事有所布局，"上午九时，魏德迈、赫尔利与委座商
谈善后问题，其中赫尔利之主张，委座应速准备还政于民之
文告……下午四时，委座召余，谓北平市长可由熊哲民担任，
军令部次长另觅一人。又决定胡伯翰任天津警备司令，余任
上海市长，周至柔兼侍从室第一处主任，黄剑灵任淞沪警备
司令，并命余从速筹备早日前往云"（1945 年 8 月 11 日），翌

日又催钱速往，"电话询余何日起程，余谓须一星期后，彼谓太迟，两三日须行……夜间，委座接见赫尔利大使、魏德迈将军，告以重要拟点之人事，先谓命钱主任任上海市长"（1945 年 8 月 12 日）。这个话题一打开，原先一些稍有顾忌的问题也就没觉得有什么违碍了。

2017 年 3 月 11 日，笔者及民国史专家、法律顾问、出版社同事一行 5 人，由南京赴美国洛杉矶，对存于钱世泽处"日记"进行验核，第一次看到 42 册"日记"实物原貌，甚至在场的钱大钧其他几位子女，有的也是第一次看到"日记"的完整面貌，据钱世泽说，"日记"一直存放在银行保险箱中。42 册"日记"均记在 32 开的日记本上，部分日记本封面被撕掉，为防内页受损，用塑料袋套好。早期"日记"多为中式竖写，钱世泽说，其父在台所用日记本大多由子女从美国带回，故多为西式横写。"日记"所记时间跨度起于 1927 年，讫于 1974 年，但因中缺 1928、1929、1930、1931、1933、1940、1941、1942 八年，实际是记 40 年，其中在大陆的民国部分 16 册（1939 年记两册），迁台部分 26 册（1950 年记两册），迁台以后的日记中，也有不少是民国往事回忆或补记，如 1961 年 10 月 26 日即记民国 25 年蒋介石两次邀李宗仁、白崇禧晤面而白均"托故不来"；1966 年 3 月 2 日记民国 34 年魏德迈与蒋介石就美运输机由菲律宾飞往昆明而不希望受检查的谈话等等。虽然由于钱大钧本人身份与政治立场，"日记"中的一些内容不一定客观甚至是反动的，但专家认为，钱大钧作为一个有特定时期经历的历史人物，其日记"录有其任职或亲历之中国近代史之重大事件与重要人物情况，弥足珍贵"，其"两度出任侍从室主任之职，其经历之重大事件，其接触之重要人物，凸显独特之史料价值"，可"辩证如已公布之蒋介石日记等史料"（专家鉴定意见）。2017 年 8 月 30 日，江苏省文物局组织专家对已入藏凤凰集团的"日记"进行文物定级鉴定，其时正是电影《建军大业》播映不久，其中有朱德率领八一南昌起义部队，与时任国民革命军三十二军军长钱大钧指挥的部队激战三河坝的场景，专家翻检到这期间的日记，发现有比较详细的记录，如"我左翼动摇，致全线退却，余即决定先退筇门岭再决方针。兵败后连夜退却，但兵力疲惫，沿途卧倒者颇众……是役官兵伤亡过多，损失约在三分之一以上"（1927 年 8 月 31 日），"终夜行山路，直至一日午后三时始达安远城，军心仍甚恐慌。余决定在安远休息一二日再行，以期集合部队。各队士兵在后者，破坏军纪，人民恨之刺骨，故今日夜间，民间射放土枪甚多，官兵受虚惊不少"（1927 年 9 月 1 日），"午后一时，召集全部准尉以上官佐训话，余首言，我们到了现在才全部集合起来，看看人员较前不知少了几多，这所少的，可以分两种，第一种就是我们同志最忠实、最勇敢、最能牺牲的同志,第二种就是寡廉鲜耻、偷生怕死、不足与共患难的偷跑的人"(1927年9月27日)。这样的记录,恰好也可以看出,中国共产党领导的起义军队英勇无畏,以少胜多,而国民党军队则溃散无纪与不得民心。根据国家文物局2003年印发的《近现代一级文物藏品定级标准(试行)》,《钱大钧日记》被鉴定为一级文物。

2017年4月21日,《钱大钧日记》捐赠仪式在南京举行,包括钱世泽在内钱大钧的多位子女专程从美国或中国台湾地区赶来参加,看到"日记"得到很好保管,大家对当初将"日记"归藏凤凰集团的决定都比较欣慰。有记者后来采访钱世泽写道:(日记)"留在国内,而没有如钱世泽先生原先设想的那般,模仿老蒋,将其送往史丹佛大学或哈佛大学等海外机构,即善莫大焉。钱先生告诉我,最初听说大陆愿意接收其父日记,曾让他颇为吃惊,国共两党长期对峙,如今有此襟抱着实让他感动。幸亏得高人指点,他才选择了正确的捐赠路径,让父亲一生积累的心血不必像他似的浪迹海外,而是留根中国。"(姜龙飞《〈钱大钧日记〉捐赠幕后》,《档案管理》2017年第6期)巧的是,钱大钧当年在南京的旧居(傅厚岗28号),离凤凰集团仅数百米之距,这是一栋西式三层洋房,他们听说后兴奋不已,一行十余人一早便过去拍照留念，钱世泽还依稀记起儿时生活场景。为了表示对我们工作的感谢，钱世泽将钱大钧一幅铁线篆书"多读古人书，静思天下事"同时送给凤凰集团。

凤凰集团作为出版文化企业，文献收藏的目的还是在于开发、利用，惠及更多读者。笔者所在的凤凰出版社，是集团所属专业古籍出版社，民国文献是我们重要出版板块，民国名人日记更是重要出版系列，已出版了《冯玉祥日记》《白坚武日记》《胡景翼日记》《蒋作宾日记》等，《钱大钧日记》入藏，为我们这一系列又增添了新的选题储备，相信读者能够有机会看到这部日记整理出版。

（原文刊于《中华读书报》2019 年 11 月 6 日）

第五辑

词体与词心

——评孙立《词的审美特性》

近读孙立《词的审美特性》（台湾文津出版社 1995 年 2 月版），深感于作者勇于探索的学术精神与较高的艺术理论素养。孙立这部以博士论文为基础的词学专著，以词之本体研究为词学研究的逻辑起点，从词之现象上升到词之本质，是其主要价值与特点所在。

自有词以来，研究者甚多，或资料辑校，或词家生平考证，或词作赏析，如此等等，大多囿于"微观"，作为研究基础是必不可少的，但要作为一种理论形态的确立，这显然又是不够的。孙著则力求由微观及宏观，从文学的审美特征深入到词之本体，从而建构起自己的理论框架，正如作者所说："文学研究必须对文本作近距离的审美观照，不局限于表层的机械分割，而是沿着人类文化的历史发展轨迹，在审美的大系统中，去具体审定'文本'的艺术表现特征。"作者准确地界定了自己的评判对象：作为文学本体的词，以及由此而确立的评判标准：艺术的审美性。从哲学意义上讲，本体研究是对事物由现象及本质的内在研究，本书作者对词的研究，没有采取简单化的社会学批评或作家生平传记式的批评，而是注重了艺术本身，采取了从艺术的审美特性深入到词之本体研究的方法，具体讲，本书的本体研究包括以下三个方面。

首先，从审美创造的内在规律与表现形态论证了词的审美特性。众所周知，文学艺术的本质属性在于情感的传达与接受，人在现实生活之外之所以还需要文学艺术，正是因为文学艺术的世界是一片自由的审美天地，用苏珊·朗格的观点看，艺术符号就是情感符号。现实中许许多多的"不可能"或"缺憾"，往往能从文学艺术中获得补偿，这也就是为什么历朝历代的文人都有属于自己艺术空间的原因。但是，每一种文学样式在情感的传达方式上是不同的，作者在本书中就指出："要接受与认识一种文学样式，首先也可以说是最重要的，就是必须准确把握情感的传达方式以及表现特征，从而确切地体味出文本内在的审美情调。惟有如此，对文体审美特征的研讨才有深入、具体的可能性。"词十诗之后，另辟一径，基于宋代特定的时代氛围、文人心态以及词的自身特点。从大量的词作来看，词在情感的表达上有别于诗，其更加注重个体生命意识，不少词作"违背"了诗歌创作"为事""为时"的传统原则，情感的内涵往往是个人作为一个主体与现实的关系中所触发的心灵感受，从传统的文学观念讲，诗之言"情"，其"情"的内涵，往往受到众多社会因素的限制，一般来讲，这种"情"是一种"集体情感"，它要求将作者情感约束于某一社会集体意识之中，受到一定的社会规范、道德意识以及价值观念制约，这种"情"的社会现实性很强，故"诗言志"多于"诗缘情"。即使讲"情"，也常常以"情志"或"情理"中的"志""理"对"情"加以限定，因而从艺术情感表达这个意义上说，词于诗是一种"背叛"。孙著注意到了这一点："的确，情感作为创作主体的内省对象，不是在诗中，而是在词中有了精心的审察、深刻的表露。宋代文人将人与社会联系的表现区域划给了诗歌，而将个体的生命形式及与自然、宇宙的关系视之为词体艺术形式的创作范围。"孙著在这方面有精彩的论述，无论是词人的"忧患意识""反思意识""超脱意识"（第五章《宋词的生命意识》），或词人乐极生悲的情感忧伤、失志落魄的情感嗟叹和虚无人生的情感厌倦（第三章《宋词的基调》），都是个体生命体验，是每一个人的生命感受，词中的这种"情感"特征正是诗中所不多见的。孙著从文学审美创造和情感表现特征上论词，无疑是直接领悟了词这种文学形式的艺术个性。宋代的时代风尚造就了宋代文人独有的审美情趣，文学艺术活动作为人类的审美活动，必定折射出文人心态及审美情感。例如，历来论词者对词之男女两性内容多有涉猎，而且往往贬之较多，孙著则从宋代词人特定的审美情感内涵出发，以"情爱"来论述词中的两性内容："我们以'情爱'而不是'性爱'解说宋词，乃是因为词写男女关系，并不重在人'性'需要的描写，而是注重人'情'的变化。以情动人，是宋词情爱主题突出的艺术特征。"显然，作者沿着宋人的情感流程，在一种深层次的意义上把握着词人的情感特征，从而深入到词之本体的审美特征。

其次，从文学样式的整体性上把握词体特征。作者指出："'内容'本身不是孤立的存在物，它必然与'文本'结构形式有着密不可分的联系。同样，'形式'本身也不是绝对无'意味'的表现。"从方法论看，本体研究当属艺术中心研究方法，我们所说的词之本体，就是我们当下所面对的"文本"，习惯上我们又常常把它分成"内容"与"形式"两个部分，而这种传统的"两分法"往往容易使人产生误解，故孙著避免了这一点，而是从文学本体的多层面结构来阐述词的审美特性。这包括两个方面：词审美意识的实质分析（宋词的生命意识、时空艺术），词体审美意识的纵向结构分析（审美感知层、审美情感层、审美理性层）。作者正是从文学创作这种审美活动的规律来把握词的各个层面，进而达到对词整体上的认识。实际上，从现代艺术观念来看，对本体论的认识有两种，一是人的本体，一是艺术作品的本体。如果仅仅强调一种，都是不全面的，最终将导致反艺术或反价值的错误，而本书作者的本体研究，是合理吸收了"有意味的形式"，既遵循了艺术的自身规律，又重视人的主体因素，可以说，作者正确地运用了马克思主义艺术观中的以实践为中介的艺术本体论，将主客体统一起来，而这中介就是人的艺术创造活动和人的审美价值判断，因而全书展示在读者面前的，是对词之各层次的剖析，是一个整体的评判。

第三，对词作出了审美价值上的判断。孙著通过诗与词的比较，认为"诗庄词媚"较能充分展现两种文体的独特艺术风貌，进而对词作了审美价值上的判断。例如，作者认为中国文学的感伤情调，在宋词中出现了第一次创作高峰。前面说过，诗、词虽都属文学范畴，但各自表达情感的方式以及情感的内涵不同，词讲究个体心灵的抒发，更多的是作者个体生命的直接体验，诗则更多的是"感物吟志"，诗人的创作，大多以关心社会现实价值为己任。因为，词作为在宋代特殊的文化氛围中发展起来的文学形式，也是宋代文人所寻找的真正属于自己心灵的"家园"，作者以"媚"解词，强调了这种"媚"直接起因于人们审美心理结构"词心"上的转变，即人们逐渐发现了在诗中常常被掩盖了的"自我"，这是一种"人性"的发现，这种"媚"的实质，乃是人之心灵的颤动外化，极具审美价值。词之形态特征上的所谓"女性化"，大多就取决于"媚"的审美特征，所以作者也说："词'媚'的艺术形态，虽然外观给人以较为直接鲜明的审美观照，然毕竟心灵的感发主要取决于词体的情感表现形式"，"词中对女性形象的刻画，服饰、貌像等外观形态的确给人以较为鲜明的直接观感，而且也构成了词体的基本色调。但词给人感受更为强烈的仍然还是人物要眇柔婉的心灵变化"。总之，作者将宋词中所体现出来的生命意识与自我独立意识紧紧连在一起，从而对词之各个层面都作出了审美价值的判断。

作为本体研究，本书尚有一些弱点。例如，我们没有看到词与音乐的关系，而这又不仅仅是"形式"上的问题。又如，本书中的一些西方文艺学观点的运用是否准确，也值得商榷。但是，瑕不掩瑜，况且，在我们今天努力找回渐渐失落的人文精神的时代，读本书的收获也许不会仅仅限于对词的理解。

（原文刊于《江海学刊》1996年第3期）

《晚明小品研究》评介

　　就中国古典文学言，明人小品，也算一绝，然其命运似乎不佳，众多文学史中言者甚少。吴承学近著《晚明小品研究》(江苏古籍出版社 1998 年 7 月版)，以学人的眼光看待晚明这一文学样式，理性多于热情，全面而系统地深入到晚明小品研究的许多方面，书中所言，颇多学术创建。

　　系统性研究是本书学术价值的重要体现。

　　一种文学样式的产生、发展与衰亡，都有其复杂的原因，有文学本身的因素，也有文学以外的因素，因此，作为文学研究者，就不能不注意到这一点。该书对盛于晚明的小品文，从社会政治、历史、文化背景，以及文学传统、作家流派、文体类型和晚明小品的文化品格、艺术风格、艺术创造、晚明文人心态等多方面，作了系统而全面的考察，进而比较清楚地把握了这种文学形式的时代特征与自身特征。作者认为，晚明小品所表现出的生活化情趣与艺术化审美，都说明了时代对文学的造就。晚明社会个性思潮澎湃，主体意识突出，文人背叛传统价值观的独立精神，无不使晚明小品显现出一种反传统的文学异趣，从这种文学样式中，我们更多看到的，是作家个体的性灵与情感，其中有他们在动荡社会中的精神苦闷与焦躁，有他们对时代巨变的感受与关切。晚明文人种种情态，或闲适，或放诞，或轻狂，都使得小品文具有与正统文学观念所不同的文学内容、艺术手法与审美趣味、阅读效果。同时，作者也注意到，晚明社会的物欲横流、纵情声色的社会现象对文人创作的影响，指出：一种是"对于社会现实的不满与无可奈何的排遣方式，但当时更多的文人纵情声色，并不是一种苦闷的宣泄，而是视为一种雅趣，他们往往以相当高雅的理由和理论来为自己解脱，在堂皇的借口巧饰下渔色纵欲的放荡行径"，所以作者认为，"我们不必把晚明文人的纵情声色拔高到个性解放的高度去"。这样的研究，无疑对我们全面了解晚明小品是有帮助的。作者在掌握丰富资料的基础上，力求提出学术新见，进行理论上的探讨，这是本书的另一特点。

以往论及晚明小品，涉及较多的主要是徐渭、李贽、"三袁"等少数几家，吴著则扩大了研究范围，如对屠隆、陈继儒、汤显祖等人的小品，都给予了高度的重视与评价。他认为屠隆那种既追求闲适的江南乡村式生活情致，又善于将日常生活艺术化的文化人格，正是晚明文人所特有的文化气质与处世态度。所以作者对屠隆小品作了积极的评价，将他看作是明代文学复古思潮走向性灵时代的先声。对陈眉公的创作，作者则主要重视其人格上的影响，他兼隐士、山人、墨客、诗人于一身，既有清高之名，又有世俗之乐，代表了晚明文人的人格追求。对于人们比较熟知的作家，作者力图探本求源，如对徐渭、李贽的文学成就，一向评价较高。作者认为，这不仅是因为他们高超的艺术才能，更是他们代表了一种新兴的文学精神，也代表了晚明文学发展的一种趋向。这就将研究视野放到了文学之外的更深层次上去探讨了。同样，作者还通过大量的事实，纠正了过去的一些学术看法。作者从袁中郎"屡官屡辞，屡辞屡官，屡辞屡迁"的历史事实中，指出他的小品文中，过分夸张与渲染为官之苦，不免轻浮与造作，并非如有些人所说的，是"个性解放"。这体现了本书作者尊重事实的学术精神。

作者在对具体作家作品分析的基础上，也进行了有益的理论探讨。例如《晚明心态与晚明习气》一章，就是从理论上探讨了晚明文人的文化品格、精神个性、生活理想、审美情趣等对小品创作的影响，作者并将它们概括为"闲适与放诞""焦灼与困惑""真趣与轻狂"几个方面，指出这些是晚明文人在特定社会政治、经济文化背景下所产生的复杂心态。

另外，关于晚明小品的雅俗、体类问题，作者都提出了令人信服的学术观点，对于过去论明代小品重俗不重雅的观点，作者列举"清言"一类小品，指出晚明小品也存在着雅俗合流、相兼的特征。文体研究是作者近年用力颇勤的，在本书中提出的"意象体小品"的学术观点，言之凿凿，既注重了这类小品的内在联系，更注意到了文学创作中的读者环节，可以说是十分可贵的。

在研究方法上，作为年轻学者，并未一味求新，更没有生搬硬套各类术语名词，仍以宏观与微观相结合的方法，既有作家作品、风格流派、体制形态等微观研究，又有文人心态、文学传统与文化背景的宏观考察，史论结合，如在晚明小品的体类研究上，作者通过大量作品的分析，对"清言""尺牍""戏谑"等类小品，作出了宏观性的把握，认为它们都具有特殊的文化意义与美学内涵，并指出，中国古代文体至唐宋就已成熟与完备，晚明小品的文体大体沿用传统文体，所不同的是晚明文人于传统文体的运用中，更多的是注重"性美"的"贯注"，这就使晚明小品别具特色。

历史研究的最终目的，除了让我们共享人类的文明之外，更重要的，是以史为鉴，推动和发展人类更高层次文明进程。作者这本《晚明小品研究》，对中国当代（20世纪90年代）"小品热"的文化现象作了反思，指出，随着社会进程的加

快，中国人在精神与物质世界方面，较之以往，都有了质的
变化，人们多年形成的文化观念、价值观念、审美观念也随
之发生了极大的改变，文学也"告别了崇高与沉重，走向轻
松和自由"，人们在现实生活中，更多的是追求个体的精神愉
悦，加之现代社会生活节奏加快，竞争激烈，闲适与情趣更
为人们所渴望。晚明小品所具有的突破传统思想束缚与表现
形式桎梏，贴近现实生活与个人情感世界的特点，以及它所
散透出的"性灵与个性""萧散与自由"，恰恰符合了现代社会
中人们的精神需求，这是中国 20 世纪 90 年代出现"小品热"
的重要原因之一。同时，作者也指出，当代"小品热"，从一
开始，就显示出了它的"危机性"。因为，晚明小品中所具有
的浮躁、放纵、颓废的"末世心态"，能引起经济大潮中一部
分唯乐、拜金者以及重个体轻社会者的共鸣，这多少使当代
"小品热"带有了"平庸化与世俗化"的特征。因此，作者并
不赞成将晚明小品抬高到不适度的地位，认为文学应该有时
代的特征、历史的意蕴、社会生活的气息，而不应仅仅作为
个人内心的独白，"许多读书人只满足于读那些轻松闲适和幽
默的小品，而不愿进而探索更为严肃、更为浑厚、更为崇高
的古典艺术世界；不少作家只会写那些鸡毛蒜皮一类的琐碎
轻浅而油腔滑调的随笔，而无法去展示更为弘阔壮观的生活
场景，去思考更为深沉、更为复杂的人生境界"。读这样的文

字，我们是否可以感受到，作者在文学研究以外，所表现出来的人文关怀。

　　要说遗憾，本书对晚明小品的读者研究还不够。我们知道，任何一种文学样式的形成与发展，都离不开读者这个环节。同样，读者对于小品大兴于晚明，想必起到不小的作用，这一点不知作者注意到没有？

（原文刊于《社会科学战线》1999 年第 2 期）

含英咀华　探骊得珠

——由陶文鹏《点睛之笔》出版所想到

记得三年前，陶文鹏先生来南京师范大学讲学，期间约莫砺锋先生、钟振振先生和我四人在南师大专家楼餐叙，记忆中与陶先生已有十年以上未见了，但其风神依如旧日。由于他连续讲了一整天课，晚餐时近失声，但一点不影响谈兴。学者本色与诗人气质，一直是我对陶先生的印象，虽然没有听过他讲课，但他主持学术会议或讲评论文间的收放自如和激情四溢，我享受过多次。席间，我提出希望将他在《古典文学知识》"名句掇英"栏目连载的文章再次结集（2000年我们出版社曾将他连载的文章结集出版《古诗名句掇英》，其后又写了十多年），并以"说诗""说词"分别出版。关于这一段，陶先生后来在书的《跋》中也写道："2017年我到南京讲学，凤凰出版社社长兼《古典文学知识》主编姜小青先生提出出版《谈词》并重印《说诗》。我考虑到这些小文章虽无多少学术价值，但有助于读者鉴赏与品味古典诗词的诗情、画意、理趣与音乐之美，进而领悟古代诗人营构意象、创造意境的艺术手段，于是欣然同意并再次表达谢意。"这就是《点睛之笔——陶文鹏说诗》《点睛之笔——陶文鹏谈词》出版的由来。

要说陶文鹏先生与《古典文学知识》的渊源，则要上溯到 20 世纪 80 年代中期了。现在的凤凰出版社（原名江苏古籍出版社，2002 年更名），1984 年成立，1986 年下半年在中国社会科学院文学所帮助下，创办了《古典文学知识》，陶文鹏先生是首批编委，可以说是创办者之一。这份双月刊"把通俗地系统地介绍中国古典文学基础知识，培养读者学习古典文学的兴趣，提高读者欣赏古典文学的水平，作为刊物的办刊宗旨和主要任务"（吴小平《看似寻常最奇崛，成如容易却艰辛——祝贺〈古典文学知识〉出版 200 期》），至今已 210 期了，我多年前曾做过一个粗略统计，给这份至今定价仍是 6 元的刊物写过稿的作者超过了千人，大家、名家不计其数，如今还是如此，但要说写稿最多的，恐怕非陶文鹏先生莫属，从 1987 年第 1 期开始，他以"晓矛""红帆"等笔名在"名句掇英"栏目，写下古典诗句"昔我往矣，杨柳依依""海日生残夜，江春入旧年"等鉴赏短章，即一发而不可收，并自 1989 年起，一人承担起此栏目一年六期文稿，从此几乎一期不落，一直写到 2016 年底，共 150 余篇，一位作者、一份刊物、一个栏目，近 30 年不间断，或许在国内很难找出第二人。

　　下面谈谈陶先生的书。《晋书·顾恺之传》：“恺之每画人成，或数年不点目精。人问其故，答曰：‘四体妍蚩，本无阙少于妙处，传神写照，正在阿堵中。’”包括后来唐代张彦远《历代名画记》中“画龙点睛”的故事，人们大多耳熟能详。后世谈论诗歌，多有借此所谓“点睛之笔”喻创作的关键处，也有作“诗眼”之谓。陶文鹏欣赏古诗名句，既有评点、诗话、词话传统，更有以句带诗、以句领篇，从艺术技巧和手法入手，欣赏古典诗词之美的特点，他总结出：“生活、思想、感情是文艺创作的主要条件，但艺术才华和表现技巧也不可缺少。……学习、研究、借鉴这些艺术技巧和手法，对于欣赏和写作诗词大有帮助。所以我的赏析文章，都是融创作与赏析为一体，通过赏析若干名句，讲解一种艺术技巧或手法，有时还联系中国和西方现代新诗的艺术来讲。这样，读者在欣赏名句的同时，也了解它们的表现手法，了解古代与现代诗歌艺术的传承、中国与西方诗歌艺术的沟通。”（《说诗》后记）以此来言，陶著可谓是以点睛之法，“点”古人诗词的点睛之笔，所以莫砺锋先生说：“《点睛之笔》这个书名起得真好，本身便称得上‘点睛之笔’！”（《谈词》序）

　　《说诗》《谈词》分别归纳出69类和73类古典诗词创作艺术技巧或手法，并分别举诗384句、词304句予以点评、解析。陶先生从体会创作者之用心入手，或由句到篇，或由篇及句，或诗情理趣，或韵律声美，把欣赏者带入古典诗词艺术之境。有些警句虽是妇孺皆知的，但经陶著一"点"，寥寥数句，境界新出，读者有豁然开朗之感。例如，《议论说理　思想闪光》所举"欲穷千里目，更上一层楼""三顾频烦天下计，两朝开济老臣心""东风不与周郎便，铜雀春深锁二乔""不识庐山真面目，只缘身在此山中""问渠那得清如许，为有源头活水来""人生自古谁无死，留取丹心照汗青"等数句，恐怕是大多数中国人最耳熟能详的名句，也是各类诗词集中必不可少的选目，可谓欣赏、讲解、注释无数，陶著对此数句，"点"在诗歌创作中议论与情感的关系："诗的议论说理，不是逻辑论证，更不是赤裸裸的说教，而是饱含激情，与形象紧密结合，或在形象描写的基础上引发"(《说诗》第37页)。虽然历代有不少诗评家，对议论入诗不以为然，但在诗主情感的创作中，以议论说理闻名的名篇佳句也是数不胜数。论诗倡导"格调"的清人沈德潜也说："人谓诗主性情，不主议论，似也，而亦不尽然。试思二'雅'中，何处无议论。杜老古诗中，《奉先咏怀》《北征》《八哀》诸作，近体中《蜀相》《咏怀》《诸葛》诸作，纯乎议论。但议论须带情韵以行，勿近伧父面目耳。"(《说诗晬语》)诗歌中带有感情的议论，总会让人感到其意蕴更远，联想更多，杜甫诗中一句"三顾频烦天下计，两朝开济老臣心"的议论，饱含了多少历史瞬间和片段，"使读者从中联想到三顾茅庐、隆中决策、白帝托孤、匡扶阿斗、六出祁山，直到五丈原诸葛亮积劳病逝"（《说诗》第 39 页）。诵此名句，从读者的体会感受来说，谁还会在意什么议论，有的只会是内心共鸣，所谓"英雄当此，既已自悲，而又能使天下之凡为英雄无所成就者，同声一恸，以流恨于无既也！清泪满襟，能相靳耶"（转自王步高主编《唐诗三百首汇评》）。《古典诗歌中的"空镜头"》《以二维平面再现三维空间》《自我入画中　诗情画意浓》等，都是"点"在不同艺术间的互通互用上。关于中国古代诗画关系，大家最熟悉的就是苏轼的这句名言"味摩诘之诗，诗中有画；观摩诘之画，画中有诗"，讲的就是艺术的交互体验。西方艺术批评也有类似"无声诗"和"无声画"的说法，但 18 世纪德国启蒙主义者莱辛专门写过一本《拉奥孔》，或称《论画与诗的界限》，对于这样的说法予以批评，"它在诗里导致追求描绘的狂热，在画里导致追求寓意的狂热"，甚至讽刺那些认为诗画互通的人，是连它们之间的界限也搞不清。主要是，他认为绘画描写静止，诗歌描写动态。但即便如此，他也说，诗在描写物体静态美的过程中，可以化静为动，用他的话讲，"就是化美为媚。媚就是在动态中的美，因此，媚由诗人去写，要比由画家去写较适宜。画家只能暗示动态，而事实上他所画的人物都是不动的。因此，媚落到画家手里，就变成一种装腔作势。但是在诗里，媚却保持住它的本色，它是一种一纵即逝而却令人百看不厌的美。它是飘来忽去的。因为我们回忆一种动态，比起回忆一种单纯的形状或颜色，一般要容易得多，也生动得多，所以在这一点上，媚比起美来，所产生的效果更强烈"（朱光潜译本）。再来看陶著这几组诗评，显然，他的重点并不在讨论中外诗画关系理论或对其套用，而是从中国诗歌的形象、情感、意境三大要素以及多种艺术表现手法，"点"出不同艺术间交互所呈现出的创作效果与阅读体验，"借鉴绘画艺术中的构图、色彩、线条等技法运用于诗，把抽象的思想感情图画化"（《说诗》第272页），"大量类似电影'空镜头'的写景画面，常常在叙事抒情的段落间插入，更多地置于诗歌的结尾，借以烘托、渲染、暗示人物的内心世界，使抽象的感情化作生动鲜明的视觉形象"（《说诗》第137页）。当然，古人不可能有电影的概念，更不会有所谓"空镜头"手法的自觉表现，但这就是陶著"点"的高明之处，陶先生抓住了中国古典诗词特有意境所呈现出的艺术效果，以现代电影艺术的表现手法，来启发读者从单一到多重艺术体验，以画面感来延伸他们对中国古典诗词意境的理解。

陶文鹏先生在2002年《古典文学知识》第4期写完最后一篇"古诗名句掇英"，意犹未尽，旋即于当年第6期开辟"唐宋词名句掇英"，除了在分类原则上与前相似外，仍着重于词的各种艺术表现手法或技巧对情感表达、艺术效果呈现和读者阅读体验几个方面，如《点化诗句　浑然天成》举晏几道、周邦彦词句，将"点化"他人诗句用于自己创作，"使原句闪射出更绚丽动人的艺术光彩，有助于创造新鲜的意境"（《说词》第99页），其中晏几道的"落花人独立，微雨燕双飞"是直接移用了五代翁宏《春残》诗句，陶文鹏对翁诗作了精细评析，"翁宏此诗，意蕴平庸浅直，意象不统一，意境不完整"，全诗"意象情境很不协调"，"佳句在平庸的诗章里，有如珍珠在鱼目堆中"，并"点"出晏词移用，则"同自己作品的情调、结构、体式、风格和谐一致，融为一体，就像盐溶化于水，不着痕迹，却增添了味道"（《说词》第99—101页）。而对周邦彦《西河·金陵怀古》"夜深月过女墙来，伤心东望淮水"，陶先生着重"点"出词人化用了前人诗意、诗境，并通过改造与创新，达到全新的艺术效果："词人融化前人诗句，与词中所写情景浑然天成，融为一体，如同己出；而且把前人整齐的诗句变为长短参差、抑扬顿挫的词句，显出音乐之美"（《说词》第105页）。

　　与《说诗》略有不同的是，陶文鹏先生在《谈词》中，专列"檀栾子词"（皇甫松）、"金荃词"（温庭筠）、"珠玉词"（晏殊）、"清真词"（周邦彦）、"漱玉词"（李清照）、"断肠词"

（朱淑真）、"稼轩词"（辛弃疾）、"白石词"（姜夔）、"梦窗词"（吴文英）、"竹山词"（蒋捷）十位词人予以专题品评，其中数量以"清真词"居冠。陶先生举周词名句31例，分别从《想象丰圆　写常人境》《抚写物态　曲尽其妙》《细节鲜活　传神微妙》《心灵语妙　用古入化》《愈钩勒愈浑厚》《至真情语　朴拙浑厚》《炼字琢句　典雅精工》七方面的艺术表现手法和技巧，并结合古今词评中对周词上述艺术技巧的肯定，"点"明"周邦彦的词作有很高的艺术造诣"，"他具有敏锐的观察力和细致深刻的艺术表现力……从而使他所要描绘的人物和景物形神栩栩、跃然纸上，也使他所要抒发的生活感受和情怀丰富深厚，耐人寻味"（《说词》第381页）。陶文鹏先生对《清真词》艺术成就的评价，符合北宋词坛实际。北宋末年词坛，周邦彦的词，向以典雅精工著称，其精通音律，词作格律规范，讲求艺术表达，自宋朝起，溢美之词不绝，南宋陈郁说："美成自号清真，二百年来，以乐府独步。贵人、学士、市侩、妓女，皆知美成词为可爱。"（《藏一话腴》）清人陈廷焯评价更高："词至美成，乃有大宗。前收苏、秦之终，复开姜、史之始。自有词人以来，不得不推为巨擘。后之为词者，亦难出其范围。"（《白雨斋词话》）从词情的表达与表现而言，上述都恐不是虚言，陶著着眼的正是周词艺术创作表现力。

　　虽说《说诗》《谈词》是艺术鉴赏性的，着重于古典诗词众多艺术技巧在情感表现中的作用，但在例句选择上，除了注重其艺术性外，陶先生更多选择了像李白、杜甫、苏轼、黄庭坚、辛弃疾、陆游等思想与艺术达到时代高峰的文学大家的作品分享给读者。他说："诗歌不仅要感情美，还要思想美。诗没有准确而深刻的思想，就等于人没有灵魂。诗的思想，是诗人在自然、社会、人生的各种景象的感受和体验中提炼出来的。闪耀着高尚、进步、深刻的思想光华的诗，最有打动人心的巨大力量。"（《说诗》第37页）所以在他所选例句中，最多的还是那些能够将个人感情融入集体感情与民族感情、融入现实社会与人生体验，并通过高超艺术手法呈现的名篇佳句。《说诗》涉及约150位诗人作品，分69类，选384句诗，其中以杜诗最多，选46句分列33类，其次是苏轼诗句，选30句分列24类;《说词》涉及约60位词人作品，分73类，选304句词，如果除却以词人立目所选25类96句词外，在其余48类208句词中，以辛弃疾词26句分列18类、苏轼词25句分列15类分居前两位，这也可以看出，陶文鹏先生心目中的古典诗词名句，更应该具有思想深度、感情浓度与艺术力度高度结合与完美呈现。所以他在李白"明月出天山，苍茫云海间"诗句中，"点"出"在如此广阔的时空背景的衬托之下，边关战士怀念乡土之情也就显得格外深沉"（《说诗》第16页）;在杜甫"正是江南好风景，落花时节又逢君"诗句中，"点"出"既是点时令，写眼前景，又像是别有寓托，使人联想到世运的衰颓、社会的动乱……这种有意无意的象征寄兴，最为含蓄蕴藉，浑然无迹"（《说诗》第 310 页）；在苏轼"问汝平生功业，黄州惠州儋州"诗句中，"点"出"在诗人身心交瘁、即将走向生命旅程终点之际，诗人借自题画像，以诙谐幽默的自嘲口吻总结自己的一生，把说不完道不尽的辛酸、甘甜、悲愤、牢骚、旷达、超脱、自豪、自慰种种复杂矛盾的思想感情和人生体验，高度浓缩在这十二个字中，使读者涵咏品味不尽"（《说诗》第 65 页），在"竹杖芒鞋轻胜马，谁怕？一蓑烟雨任平生"词句中，"点"出"用清逸洒脱的语言，生动展现了苏轼开阔豪爽的胸襟和倔强达观的性格，又富含深邃的人生哲理，是诗情、画意、理趣兼具的佳句"（《说词》第 29 页）；在辛弃疾"我最怜君中宵舞，道'男儿到死心如铁'"词句中，更是"点"出作者借用神话故事，表达"收复中原的壮志坚贞如铁，一定要使分裂的祖国河山重新统一。结尾四句以直接抒怀的手法，塑造出一对积极奋发、坚贞不屈、对统一大业充满必胜信念的爱国英雄形象"（《说词》第 32 页）。

　　说到陶文鹏先生这两部书出版的意义，并不在于它们有多么高深的学术创见，但其对引导读者如何欣赏中国古典诗词的普及意义，丝毫又不亚于前者。当下的学术评价体系，迫使许多研究者更多深陷于各类学术研究精深领域，或潜心于不断创造与发现，对于专业知识大众化工作则无暇顾及。同样作为中国当代知名的古典文学研究者，陶文鹏先生长期主事中国古典文学研究权威性期刊《文学遗产》，用莫砺锋先生的话，"《文学遗产》是古典文学研究者最向往的学术园地，文鹏兄也就成为学界的'执牛耳者'"（《说词》序），因此，陶先生的学术眼光是很高的，王水照先生在给陶文鹏《苏轼诗词艺术论》所写序中也说："陶先生的学术素养和艺术感悟，为他提供继续研究精进的良好条件。"但就是这样一位在学术研究方面具有得天独厚条件的知名学者，却愿意花费近30年的时间，连续不断地为一本小小的刊物写了百余篇通俗性小文，我想，除了莫砺锋先生在《谈词》序中的"乐之"之外，也许还包含着学者的一点社会责任。

20世纪90年代初，《文学遗产》由江苏古籍出版社在南京出版（1992年至1997年），我因负责编辑事务，常往北京编辑部，从主编徐公持先生、副主编吕薇芬先生再到编辑部主任陶文鹏先生，以及其他许多老师，对一个刚从事编辑工作的年轻人，或言传，或身教，我一直感怀在心；他们那种甘于清贫、乐于奉献的工作精神与编辑部大家庭的氛围，至今也让我难忘。从那时算起，认识陶先生已经快30年，与他相处较长的一次，是1997年夏天在黑龙江参加由《文学遗产》主办的学术研讨会期间，出于对我的关照，陶先生主动让我与他同屋，这也使我有机会听他谈更多的话题。记得最有趣的，是一次坐车外出考察，他与一位不相识的香港学者坐在一起，那位香港学者有点不苟言笑，呼陶先生"小伙子"，并要他帮忙拿车架上的行李，陶先生说："我一声不言，拿完行李后再与他序齿，原来对方比自己小，弄得对方很不好意思。"说到此，陶先生哈哈大笑。自《文学遗产》转回北京出版后，我们见面的机会就少了，但一直保持通信，现在又互加了微信。

陶文鹏先生大我整 20 岁，转眼就八十了，我自己也到了退休年龄，正是应了欧阳修那句"老去光阴速可惊"，2015 年 1 月 29 日，陶先生在来信中附了一首诗，并说："录去年我哼的一首诗藉以呈示，我虽人老体衰，各种疾病缠身，但精神尚未颓废也。"诗题《甲午深秋观香山红叶感赋》，诗曰："京华秋日胜春朝，红叶香山涌浪涛。契合自然宜守静，提升境界要登高。诗吟白发东坡俏，雕盼青云梦得豪。我欲化身为一鹤，心花怒放舞晴霄。"陶文鹏先生真正做到了"鬓华虽改心无改"。祝愿陶文鹏先生健康长寿，并盼有更多的作品奉献给读者。

（原文刊于《中华读书报》2020 年 5 月 13 日）

"简报"不"简"

在我的印象中，"简报"一词，曾经经常出现在各级行政办公系统中，当然也就大多数是公文性的办公信息，学术界鲜有人去关注。近年来，随着无纸化办公要求，这类纸质"简报"估计是越来越少了。但有一个"特例"，即由全国古籍整理出版规划领导小组办公室（简称"古籍办"）所编《古籍整理出版情况简报》（下简称《简报》），不但是特例，也是奇迹。所谓"特"者，这份《简报》，虽由国家政府部门主办，但它的作者、读者基本上都是学者，所刊文章，也非行政公文性质，都是古籍整理出版学术探讨，专业性、针对性极强。所谓"奇"者，一是时长，自1958年至今，六十多年（中间因众所周知的原因停刊13年）、600期，不知还有没有类似的《简报》；二是虽无刊号，充其量也就是所谓的"内部刊物"，但它的作者阵容强大，古籍整理与出版名家、大家数不胜数；三是它几十年基本不变的朴素装帧形式。有这三者，即便以"刊物"标准衡量，也算奇迹了，当然更说明这份《简报》"不简单"。

就我个人而言，作为古籍出版从业者，得益于《古籍整理出版情况简报》更是多方面的。20世纪90年代初研究生毕业，分配到江苏古籍出版社工作，如果没有记错，第一次看到《简报》，是在当时出版社领导的办公桌上，大概是1992年，其中有一篇程千帆先生《关于古书今译的若干断想》的文章，因其时我正在担任程先生《宋诗精选》一书的责任编辑，所以稍加留意，记忆中，这期目录上还有余冠英先生的名字，所以印象深刻，十多年后，竟在一个偶然场合，又看到了这一期《简报》。因为《简报》无法订阅，加之当时对"简报"二字的理解，所以我这样一个小编辑以为，是要有一定级别的人，才能看得到。真正每期阅读，是2003年以后，这时我开始主持由江苏古籍出版社更名的凤凰出版社的工作，有机会获赠，十多年来，几乎每期必读。近二三十年间，自己订阅的刊物也有数种，再加之各种赠刊，起码有几十种，但每次搬家或清理，这些刊物都是"首当其冲"被处理掉，包括近来许多怀念出版前辈沈昌文先生文章中都会提到的《读书》和《万象》等。但有两份刊物是特例，一份是《古典文学知识》，自创刊至今，一期不缺，一份就是《古籍整理出版情况简报》，至少也存有近百期，特别是后来还专门

在网上买了 1979 年 7 月 30 日出版的复刊号。对于前者，更
多的可能还是工作感情因素，而对于《简报》，我是一直视为
自己工作上的"良师"了，它对我工作上的帮助是多方面的，
概括起来，主要有四个方面：

首先是掌握国家古籍整理出版的大政方针。大家都知道，
古籍整理出版事业，关乎民族文化传承与发展大计，作为政
府部门主办的《简报》，在宣传国家古籍整理出版的大政方针
方面，起到了非常重要的作用，使我们这些从业者明确了方
向，增强了责任。我 2003 年主持凤凰出版社工作，凡是《简
报》上刊有这方面的文章，我都会认真学习，还把刊有相关
文章的《简报》，放在办公室一个专门的文件夹里，以便工作
中随时对照学习。例如有：2003 年（总第 391、392 期合刊）
刊《功在千秋的事业》（石宗源）、《新中国古籍整理出版工作
的回顾与展望》（杨牧之）、2005 年（总第 412 期）刊"陈云
同志诞辰 100 周年纪念专栏"、2006 年（总第 419 期）刊《古
籍办已就〈国家古籍整理出版"十一五"重点规划〉（草案）
广泛征求学术界意见》、2009 年（总第 465 期）刊《新中国古
籍整理出版六十年述要》（李岩）、2010 年（总第 474 期）刊
《以精品力作，传承中华文化——在古籍整理出版十年规划
项目论证会上的讲话》（吴尚之）、2010 年（总第 478 期）刊
《古籍整理出版工作责任重大，任重道远，使命光荣——在

第九期古籍整理出版编辑培训班上的讲话》（邬书林）、2016年（总第545期）刊《落实规划　提高质量——对"十三五"时期古籍整理出版的期望》（程毅中）等等。对2003年以前的《简报》，只要有机会见到，我也会想办法借阅或复印，曾经还请"古籍办"的同志帮忙，复印过1992年出版的"总第259期"，因为这一期全部刊发有关第三次全国古籍整理出版规划会议的内容，也是通过这一期《简报》，我知道了前面三个"国家古籍整理出版中长期规划"（即1960—1967年、1982—1990年、1991—2000年），后来，自己主持出版社申报"2011—2020年国家古籍整理出版规划"时，又到网上购买了这三本规划，作为工作参考。正是《简报》上的这些文章，让我逐渐懂得了古籍整理出版中长期规划的重要性，所以在工作实践中，就努力以古籍选题中长期规划为抓手，凤凰社入选"2011—2020年国家古籍整理出版规划"共50项，名列全国第三位，一些规划选题出版后，得到了学术界、出版界认可。我后来结合自己工作体会，写过几篇文章，谈对古籍整理出版中长期规划认识，《简报》也予以刊发。

　　其次是了解古籍整理出版的最新动态。每期《简报》，虽只有三十几面，不过几万字，但古籍整理出版行业信息之大、之全，恐怕再难有与之相匹的刊物了。《简报》除了刊登古籍整理出版业界要闻，以及相关领导重要讲话，常设栏目，大概有十个左右，包括"学术动态""出版信息""每月新书""学者书评""成果巡礼""精品之路""古籍整理出版论坛""专家风采与往事""古籍研究机构介绍"等，可以说，古籍整理出版工作相关最新基本信息，都可以通过《简报》获得。众所周知，学术信息和学术动态，无论对于学术研究还是出版工作，都十分重要，是开展工作的基础，从这一点讲，新中国七十多年古籍整理出版众多成就，有《简报》一份贡献。我甚至想，"《古籍整理出版情况简报》与新中国古籍整理出版"，可以作为一个课题展开，值得深入研究与总结。上述栏目中，"专家风采与往事"是我尤其喜欢的，了解了许多前辈为古籍出版事业奉献一生的精神，例如，程毅中先生《鼙鼓声中思老将——怀念赵守俨先生》（2008 年总第 444 期），谈到赵守俨先生为"二十四史"整理，做到"竭精殚虑，鞠躬尽瘁"。

再次是学习到许多古籍整理出版专业知识。《简报》刊发的文章，除了学术性，还有两大特点，一是针对性，一是实用性。例如：熊国祯《审读古籍整理书稿的通常做法》（2011 年总第 484 期）、金良年《古籍编辑的基本功》（2011 年第总489、490 期），可谓金针度人，融古籍整理专业知识于出版工作实践，是教科书上学不到的。我本人近年来一直在主持超大型地方文献项目《江苏文库》出版，这项工作的难度之大、问题之多，在后来的实际工作中，都超出了原先预想，恰恰是《简报》中的相关文章，例如：高克勤《大型文献丛书的出版应体现学术研究的价值》（2006年总第419期）、张涌泉《地方文献整理的质量问题应引起重视——以〈西溪梵隐志〉为例》（2009年总第462期）等，给了我很多启发，帮助我认识和解决了不少问题；特别是杜泽逊《大型古籍项目的规划组织和实施》（2017年总556期），更是在项目规划、团队组建、目标设定、实施过程、经费管理等方面，帮我理清了思路，解开了工作中许多困惑。这样一些文章，在其他学术刊物，是很少能够看到的。

第四是学习了同行做古籍出版社管理工作的经验。我开始做古籍出版社管理工作，是在江苏古籍出版社更名为凤凰出版社的特殊时期，自己没有思想准备，更谈不上管理工作经验了，《简报》就成了我真正的老师。我会特别注意"古籍整理出版论坛"等栏目上的相关文章，向同行学习，在当年的工作笔记中，还专门记下其中的一些篇目，例如：丁双平《我对古籍整理出版工作的思考》（2002年总第375期）、徐蜀《坚定信念　持之以恒》（2007年总第439期）、宫晓卫《齐鲁书社三十年》（2009年总第459期）、罗伟国《上海书店出版社的上海文史情结》（2009年总第464期）、贾贵荣《因需成类　书以类丛——国家图书馆出版社古籍影印图书营销分类法初探》（2011年总第481期）、高克勤《在坚守中发展——

纪念上海古籍出版社成立 60 周年》（2016 年总第 549 期）等等，其中至今印象还特别深的，如：金良年《集团化、企业化环境下的古籍出版》（2005 年总第 408 期）、李岩《古籍图书的结构调整与市场扩容》（2011 年总第 489、490 期），前者指出，企业化以后的古籍出版社仍有自己的发展空间，"对古籍出版社来讲，则要求把这个领域作为自己的主阵地，尽可能地从过去不适当涉足的非专业领域退出来，集中力量加强队伍和品牌的专业化建设，做出专业队的水平来，否则将被淘汰出局"。后者提出，古籍出版社要对古籍图书分类管理、梯次开发、长销为主、品牌创新。这些文章的观点、经验，不但增强了我做这项工作的信心，还在方法上找到了解决问题的答案，自己工作中不少想法和做法，就来自《简报》。所以，我工作中有了一点体会，形成一些思考，首先想到的也是《简报》，愿意向《简报》汇报自己工作心得，自 2007 年发表《古籍出版工作的几点思考》后，又得到《简报》多次支持，陆陆续续发表过七八篇文章。所以说，《简报》是我工作上的老师，是一句内心的肺腑之言。

　　2007 年初，得知杨牧之先生准备从 400 余期《简报》中，精选一部分文章编辑成书，第一时间向"古籍办"当时的负责人黄松先生极力争取，其中有一个原因，就是希望通过书的形式，阅读到《简报》中更多的文章。记得当年九月，在安徽的一次会议上，与杨先生讨论了书的编辑出版体例，这就是后来由凤凰出版社出版的《古籍整理与出版专家论古籍整理与出版》一书，全书共选 136 篇文章，分为四个部分：古籍整理与出版的重大意义、古籍整理与出版的情况与问题、古籍整理与出版业务探讨与建议、古籍整理与出版的人才培养。我得编辑审稿之便，先睹为快，第一次看到了对我国古籍整理出版事业产生重大影响的纲领性文件——中共中央《关于整理我国古籍的指示》。这本书不但成了我办公室和书房案头的必备书，据我所知，许多古籍出版社也是人手一册。

《古籍整理出版情况简报》形式简朴，文辞简洁，但内容丰富与充实；《简报》的文风朴质、平实，没有华丽辞藻，没有故弄玄虚，更没有生造概念，有的文章，甚至看起来不太符合当今一些所谓学术论文"高大上"标准，但称它是古籍整理出版行业中的一份"核心期刊"，恐怕是许多人的共识。值此《简报》出版 600 期之际，除了祝贺，更要说一声：谢谢。

当然也有一点遗憾，就是《简报》作为"内部刊物"，无法让更多的读者阅读，即便在网络发达的今天，一些文章也很难查找，所以建议，能否将《简报》已刊文章数字化，惠及广大读者。

（原文刊于《古籍整理出版情况简报》2021 年第 2 期）

却顾所来径　苍苍横翠微

——读徐俊《翠微却顾集》有感

　　2021 年岁末，执掌中华书局十年的徐俊先生荣退，其新著《翠微却顾集——中华书局与现代学术文化》（下简称《却顾集》）出版，适逢中华书局成立 110 周年前夕，据悉，新书首发是"局庆"第一场活动，可谓"三喜"临门，实在值得庆贺。作为同行，拜读新著，感佩之下，更多收获。李白当年作《下终南山过斛斯山人宿置酒》，正值初入长安，虽隐居终南山，但仍"三十成文章，历抵卿相"，所谓"却顾所来径，苍苍横翠微"，无非个人感慨。徐著借以书名，然更具"历史现场感"，正如作者所说："新书虽以'翠微'为关键词，但实际主要涵括中华书局翠微路与王府井两个时代的书人书事……以文字重回那个时代，重回历史现场。"

　　1912 年 1 月 1 日，中华书局在上海成立，创办人陆费逵先生在谈到初衷时说："文化侵略比任何侵略都可怕，一国的文化事业若不幸落于他人之手，那种危亡的事实立刻就可实现，因为潜移默化的文化侵略一发展，虽有坚甲利兵作抵御的工具，也很少有用……敝局同人在前清末年感于文化机关之被人侵略，于是筚路蓝缕地设一纯粹华人自办的文化机关——就是今日的中华书局——以为抵御文化侵略的工具。"（《西湖博览会中华书局宣传日敬告来宾》，见《陆费逵文选》，中华书局2011年版，第215—216页）在百十年历史风云与变迁中，中华书局也经历过与国家命运一样的多重曲折，出版宗旨也从当初的"一、养成中华共和国国民；二、并采取人道主义、政治主义、军国民主义；三、注重实际教育；四、融和国粹欧化"，发展为今天的"弘扬传统，服务学术，传承文明，创新生活"。1954年，中华书局总部从上海迁北京，先在西总布胡同7号，后迁至东总布胡同10号，其间，短暂与财政经济出版社合署，一个机构两块牌子，1958年独立建制，定位为整理出版古籍与当代文史哲研究著作的专业出版社，并被指定为"古籍整理出版规划小组"办事机构。1961年迁至北京翠微路2号，1971年与商务印书馆合并成一个单位，一个班子，两块牌子，办公地址迁至王府井大街36号。1979年中华书局恢复原独立建制，1997年迁今址。（参见《中华书局百年大事记》，中华书局2012年版）《却顾集》通过档案、书信以及著者亲身经历，在书与人的历史场景中，与读者一起回望其中的一段历史。用今天的话讲，从翠微路到王府井，是中华书局的一个"高光"时刻，许多书与人，属于"天花板"级的，有着现今也无法企及的高度，诸如被誉为"国史"的"二十四史及清史稿"整理等。2013年，国家新闻出版广电总局、全国古籍整理出版规划领导小组公布了《首届向全国推荐优秀古籍整理图书目录》，共计91部，中华书局入选34部，其中有24部出版于徐著所述时间段。

《却顾集》收录徐俊先生37篇文章，作者谦逊言"内容错杂，缺乏系统性"，实际上，该书的副标题"中华书局与现代学术文化"，是很好的说明，用著者的话："就一本书而言，其自身就是一个生命体，借助这些旧档书事，我们能够看到一本书的生命历程、一本书所经历的内外作用力，反过来也折射出一本书所在时代的学术、文化及社会生态，是中国现当代学术文化史的一部分。"这30多篇文章，虽写于不同时期，但具"书史"框架，国史、学人、编辑三组重点，各自独立，又相互交叉。徐著所作，主要依据中华书局档案、相关当事人书信、日记以及著者本人亲身经历，故其史料之丰富信实，十分珍贵、难得。加之徐俊在中华书局工作近40年，从普通编辑到掌门人，甚至是书局历史上，"唯一一个总编辑、总经理、执行董事、党委书记全做过的人"，在这样一个"百年老店"里，他受过老辈教泽，又帮助和见证年轻一代成长，所以在其每一篇文字中，都充满感情。他荣退当天，在微信朋友圈深情写道："感谢组织关怀，今起脱下战袍，从运动员变身观众，当拉拉队，为大家鼓掌，为大家加油，感念中华，祝福中华。"笔者以为，《却顾集》中，无论写书或写人，其实都是在写其背后文脉赓续的"中华精神"。正是有着这样的感念，徐俊在新著中，对历史梳理、史料发掘、档案整理，始终坚持文化责任站位与学术专业精神。

职业缘故，笔者特别被书中几位具有编辑人生的中华书局前辈所感动。

"'二十四史'点校责任编辑第一人"：宋云彬

"二十四史"标点整理及修订工程，是中华人民共和国成立 70 多年以来，最重要的古籍整理项目与成就，《却顾集》一组相关文章，为我们梳理了这一工程的来龙去脉、其间曲折、辉煌成就以及存在的遗憾，使我们从这一重大古籍整理出版工程，看到了几代人为中华传统文化传承与发展所作的贡献。《"二十四史"点校整理的回顾与现状》《宋云彬：点校本"二十四史"责任编辑第一人》等，都谈到了"校史的三个关键人物"：顾颉刚、宋云彬、赵守俨先生，并通过大量档案、日记，还原当年的"校史"场景。

据《宋云彬日记》(中华书局 2016 年版)，1958 年 2 月，宋云彬拟《编纂〈史记集注〉计划（初稿）》，交当时浙江省委书记江华（28 日），并寄友人征求意见（3 月 4、5 日）。正如徐著所言："正是这份《史记集注》计划，直接促成了宋云彬的进京。"当年 7 月 11 日，宋云彬先生的日记："白（省统战部处长）谓中央统战部有信来，促余赴北京，有愈快愈好之语。问以要我赴北京作何事，则语焉不详，但谓据彼了解，恐系中华书局请参加整理古书工作。"9 月 13 日，宋云彬先生迁京，15 日即"赴中华书局看金灿然"，16 日"上午七时一刻，赴中华书局上工"。徐俊对《宋云彬日记》及相关史料钩沉与梳理，让我们清晰了解到："《史记》点校本成稿过程非常复杂，由贺次君初点，顾颉刚复点，宋云彬过录重点，聂崇岐外审，凝聚了四位先生的辛勤劳作和智慧学识。"这其中，徐俊对宋云彬先生的工作，更是着力用笔，提出了"'二十四史'点校责任编辑第一人"，"我们从档案资料中，顾颉刚先生、王伯祥先生、宋云彬先生日记和书信中，去了解、理解他们所做的工作，宋云彬先生以右派分子的'戴罪之身'每个月都要写思想汇报，检查自己、改造自己，上午劈柴炼钢，下午晚上标点《史记》，一年的时间完成了《史记》的编辑和出版，其思想压力和工作强度可想而知"。《宋云彬日记》中，这样的记载还有很多，如："下午政治学习。晚照例应学习历史，余仍标点《史记》"（1958 年 12 月 10

日）、"下午奉陪开会，晚上补作标点《史记》工作"（1958年12月12日）、"星期应休息，但余照常点校《史记》"（1959年1月11日）等。自1959年4月完成《史记》点校后，日记中，又有许多看校样、勘误、点校《后汉书》，以及编辑《晋书》《南齐书》《陈书》《梁书》的记载，1960年5月26日，还写了一篇《关于〈史记〉标点错误的检讨》（见《宋云彬文集》第二卷，中华书局2015年版，第313页），最后一条相关日记，是1966年5月5日，"上午照常工作，整理《梁书》一二两卷校勘记毕"。此时政治形势日趋紧张，7月间即有《金灿然帮宋云彬搞反攻倒算》《宋云彬休想滑脱》等大字报（1966年7月8日、13日）。据宋云彬先生孙辈记述："1966年'文化大革命'开始了，那年祖父69岁，'摘帽右派'身份的祖父再次被批判、被剥夺了工作的权利，身体和精神上所受的摧残，使他几乎崩溃。1966年8月一天的傍晚，造反派到家里抄家，将书籍字画撕扯扔得满地，让两位老人跪搓板，冷热水交替冲头，说祖父是'反动学术权威''大右派'。"（宋京毅、宋京其《永远的怀念》，见《宋云彬日记》附录）《顾颉刚日记》（中华书局2011年版）也有相关记载："宋云彬五七年定为右派，嗣后任中华书局编辑，未闻其有大过，而此次运动中，局方同人竟将其夫妇褪上下衣，痛打一次。"（1967年2月14日）其实，同年8月，顾颉刚先生也被贴出

《把反动史学权威顾颉刚揪出来》大字报，"列诸罪状"，并"戴纸帽"，"被拉入游行队"（《顾颉刚日记》1966 年 8 月 13、22 日）。

由宋云彬先生日记，我们可知，自其 1958 年到中华书局，至 1966 年被剥夺工作权利，在不到十年的时间，为"二十四史"点校整理，工作到最后一刻，所以徐俊说："称之'二十四史'点校责任编辑第一人，当之无愧。"

"有着传统士大夫理想、修养和文人情怀"的"爱国民主人士、文史学家、编辑家"宋云彬先生，在生命的最后，躺在病榻上，跟家人说"我心中有三扇门紧闭着，再也打不开了"，并带着这"三扇打不开的门"离开了（见《永远的怀念》），不免让人唏嘘。

当年被造反者踩在脚下的字画，有一部分被宋先生家人保存了下来，2015 年交由中华书局和嘉德拍卖，所得款项一千余万元，设立"宋云彬古籍整理出版基金"，奖励在古籍整理与出版上有贡献的书与人。宋先生的事业，将在历史中延续。

"一位不在编的临时编辑"：王仲闻

2009 年，随着一部数十万字的《全宋词审稿笔记》出版，王仲闻先生的名字被大家关注，其对《全宋词》的贡献，由此被更多人所认识，有学者概括道："细阅《笔记》，我们可以真切感受到王先生为《全宋词》所作的卓越贡献。这具体体现在对词作的辑补与校正、词人小传的补撰与修改、书稿内容体例的调整与编次等方面。"（潘明福《〈全宋词审稿笔记〉的学术价值》，《文学遗产》2011 年第 6 期）王、唐两位先生对学术的执着与交往，为后来人所敬仰，如今已成为学术佳话。《笔记》书末，附有沈玉成先生《自称"宋朝人"的王仲闻先生》和作为《却顾集》开篇的《王仲闻：一位不应被忘却的学者》，让我们对这位命运多舛的学人，以及其参与《全宋词》修订工作前前后后，有了更多了解，让几近被历史淹没的人，又回到了现实中来。

王仲闻先生以"临时工"身份，参与中华书局图书编辑，特别是对《全宋词》修订，是他留给世人最浓墨重彩的一笔。沈玉成先生说："王先生深厚到令人吃惊的学力就把我们完全'镇'住了。可以不夸大地说，凡是有关唐、宋两代的文学史料，尤其是宋词、宋人笔记，只要向他提出问题，无不应答如响"，并"倾其全部心力"参与《全宋词》修订，"足足工作了四年，几乎踏破了北京图书馆的门槛，举凡有关的总集、别集、史籍、方志、类书、笔记、道藏、佛典，几乎一网打尽，只要翻一下卷首所列的引用书目，任何人都会理解到需要花费多少日以继夜的辛勤。王先生的劳动，补充了唐先生所不及见到或无法见到的不少材料，并且以他山之石的精神，和唐先生共同修订了原稿中的若干考据结论。应当实事求是地说，新版《全宋词》较之旧版的优胜之处，是唐、王两位先生共同努力的结果"（《回忆中华书局》下编，中华书局1987年版，第257页）。徐俊通过查阅中华书局所存王仲闻先生当时的审稿记录，更进一步向读者揭开了这段尘封已久历史的本来面目，他说："前后两版的《全宋词》可以说判若二书，当然其中唐圭璋先生作为编者贡献最大，这也是唐先生词学生涯中最重要的成果。另外从中华书局的书稿档案中我们也不难看到王仲闻先生在修订过程中所起的巨大作用，可以毫不夸张地说，没有王先生的参与，《全宋词》难臻如此完美之境。"沈、徐两位所说的《全宋词》新旧版，分别于1940年和1965年由商务印书馆和中华书局出版。在中华版前言（署徐调孚）和编订说明（未署名，应为唐圭璋），都提到中华书局在修订中的工作，"依照唐先生的建议，书局古典文学组又指定专人对全稿进行订补复核，作了必要的增修"（《前言》）；《编订说明》中也提到，"其后，又由中华书局文学组对全稿作了订补加工"，并具体说明，在材料、体例、底本、词人、词作等方面，都有新的增补和提高。这就涉及沈、徐两位文章中都谈及的曲折"署名"过程，随着1999年《全宋词》简体字版出版，历史得以还原。但我倒是愿意设想一下，即便没有当时所谓"某项条例"，以王仲闻先生具"特务嫌疑"的"右派分子""临时工"身份，要在《全宋词》这样的出版物上署名，恐怕还真不是一件容易的事。因为五六十年前，王先生特殊身份和经历，使他没有多少生存空间，否则，恐怕也不会因创办一份同人刊物的动议，遭打成"右派分子"、开除公职的严苛对待。更不幸的是，"文革"一开始，他便再次失去做"临时工"的机会。徐俊完整过录了王仲闻先生最后交代工作的一封信，并写道："现在读这封信的感觉不免有些悲凉，'文革'没有像王先生期望的那样很快结束，而王先生却在 1969 年离开了这个世界。"据王仲闻先生之子王庆山回忆，"没完没了的批斗、抄家，让父亲日夜不得安宁"，决定步父亲王国维先生后尘，自沉颐和园昆明湖，"对于祖父的自沉，以往总是不很理解，认为老人家过于执着，对这个社会太悲观。没有想到的是，这几年社会上的各种运动，使得他竟有了与当年祖父类似的感受"（《我的父亲王仲闻》,《名人传记》2013 年第 12 期），由于当天鱼藻轩"往来行人络绎不绝"，未能实现，第二天服"敌敌畏"离世。

所幸的是时代在进步，沈玉成先生 1986 年的文章提出："我愿意借这个机会向中华书局诸执事提一个衷心的希望，王仲闻先生的署名当时既经商定，现在拨乱反正已近十年，以后如果重版《全宋词》，应该恢复这历史的真实。"又过了十多年，1999 年，《全宋词》简体本出版，这个愿望得以实现。徐俊说："这次简体本的署名，可以说是还了历史一个真实。"同时，他也提出了一个"私愿"："但愿这份凝聚了王仲闻先生学识和劳动的珍贵的审读加工记录有机会整理出版。"徐俊的文章写于 1999 年，十年后，《全宋词审稿笔记》由中华书局出版。据悉，《王仲闻文存》也在整理之中。纸寿千年，王仲闻先生的名字不再会被遗忘。

"一生作嫁，却安之若素，甘之如饴"：周振甫

　　与前两位先生不同，周振甫先生 21 岁到开明书店做校对、78 岁从中华书局退休，几乎一生从事编辑出版工作。《却顾集》收录有关周先生的文章 4 篇，"春雨润物细无声"，是徐俊的切身感受，"周先生是一个典型的谦谦君子，不善言辞，但和蔼可亲"。由于作者与周先生有同事和交往经历，文章所记，无论是工作还是生活往事，除了让人读来十分亲切，更能如同作者一样，感受到前辈"一种内在的职业品格"。
　　谈到周振甫先生，大家都会想到他与钱锺书先生交往的佳话，本书收录了徐俊分别于 1998 年、2000 年整理发表的《周振甫〈管锥编〉选题建议及审读报告》《周振甫〈管锥

编〉审读意见》《周振甫〈谈艺录〉（补订本）审读意见》三篇
文章，让这段佳话在读者心目中，更加具体化了，两位前辈
大家的学识、友谊、魅力跃然纸上。徐俊说："第一次看到
这份书稿档案，就为之动容，由此体会到'为人作嫁'的深
意。"我想，很多读者，通过这几份整理后的档案，同样会与
整理者一样"为之动容"。钱、周两位先生，是作者和编辑的
关系，从徐俊整理的"审稿意见"，我们除了看到两位前辈大
家的学识，更能感受到他们彼此间谦逊、平等与相互尊重的
人格魅力。钱先生在《管锥编》《谈艺录》，包括修订或增补本
序言，都对周先生的工作予以特别说明。"审稿意见"中，钱
批如"此评《注》《疏》之矛盾，精密极矣！非谓之'大鸣'
不可。已增入并借大名增重，不敢掠美也"，"吾师乎！吾师
乎！此吾之所以'尊周'而'台甫'也"等语，多处可见。
而周先生在其《诗词例话》修订中，也以《管锥编》《谈艺
录》中的一些材料作为补充，并在《开头的话》中写道："对
《形象思维》和这四节（指《神韵说》《格调说》《性灵说》《肌
理说》），都请钱锺书先生指教，作了不少修改。钱先生还把
他没有发表过的李商隐《锦瑟》诗新解联系形象思维的手稿
供我采用，在这次补充里还采用了钱先生《管锥编》中论修
辞的手稿。"（中国青年出版社 1979 年版）谈到《中国修辞学
史》，周先生也说："主要靠钱先生，从概念到写作什么，如

春秋笔法、金批《水浒》以及修辞格等取自钱先生书。"（《文心书简——周振甫信札集》，北京出版社 2017 年版，第 65 页）1983 年初春，"祝贺周振甫同志从事编辑工作五十年"座谈会上，周先生答谢道："要说自己有什么成绩，首先得感谢作者，钱先生就是一位好老师。"（冀勤《难忘周振甫先生》，见《文心书简》第 185 页）两位先生如此君子风范，可谓作者与编辑关系的典范，如今已难得见了。

徐俊书中，引了周先生回答中央电视台"东方之子"记者所说的一句话，并深有所感："很多老一辈编辑，像周先生一样，一生作嫁，却安之若素，甘之如饴。"据《中华书局百年大事记》：2000 年 5 月 15 日，周振甫先生病逝，享年 90。"1975 年正式调入我局。担任责编的书稿有：吕思勉《中国史》《先秦史》《秦汉史》，钱锺书《谈艺录》《管锥编》，夏承焘《唐宋词选》，以及《历代文选》《历代散文选》《李太白全集》《乐府诗集》《历代诗话》等。参加了《明史》的点校整理和新版《鲁迅全集》注释定稿工作。著有《班超》《东汉党锢》《严复思想述评》《毛主席诗词讲解》《周易译注》《文心雕龙今译》等，有《周振甫文集》10 卷。"作为一生为人作嫁衣的"学者型编辑"，周振甫先生应该走得没有遗憾。生前，他曾对友人说："假定中华不找我，我在干校，一回来就退休。《管锥编》不会让我看，美国不会要我去，韬奋奖不会轮到我。"（《文心书简》第 140 页）。

　　应该感谢徐俊整理这几份"审稿意见"，让钱、周交往成为当代学术、出版史上珍贵的遗产档案。

　　读徐俊记录的这几段历史，我们能真切感受到老一辈学者对文化坚守的情结。像宋云彬、王仲闻、周振甫先生等许多老一代编辑、出版人，他们经历过时代风云动荡、政治格局变化、新旧文化碰撞，但无论处兴亡交替之际、命运顺逆之境，都能坦然处之，坚持做着为文化续命的工作，这一切，或许是因为中国传统文化已根植于他们的内心深处。

　　最后，想说几句本书作者徐俊先生。他在中华书局近 40 年间，受到书局学术传统浸润，以及从诸多前辈身上感受的文化情怀、专业水平和职业精神。他曾说："更幸运的是，我所在的中华书局编辑部，有着非常优秀的编辑工作传统，可以说这里是学者型编辑最集中的地方，就古典文学整理研究范围而言，就曾出现过徐调孚、王仲闻、周振甫、沈玉成、程毅中、傅璇琮等卓有成就的学者。"就是在这样的环境中，他本人在中华书局"内在的职业品格传递"中，成为继上述前辈之后"学者型编辑"的又一代表人物。

　　作为编辑，徐俊在中华书局文化传统接续中，接过了"守正出新"的接力棒，特别是执掌中华书局十年间，书局的文化影响力、内容创新力、市场竞争力又有了时代新高度。

作为他的同行，目睹和感受了他对传承中华优秀传统文化付出的辛劳，仅为"二十四史"修订工程，可谓劳心劳力。自该"工程"启动，他每年都奔波于多所高校或科研机构，听取意见、商议整理、参加稿件审订等，特别是2013年起，连续八年，每年的上海书展，他都会带一部新版史书，出现在读者面前，从《史记》到新、旧《五代史》，再到《辽史》《魏书》《南齐书》《宋书》《隋书》《金史》《梁书》，成为中华书局与"书香上海"的约定，也成为徐俊与读者的约定，此时场地中央展台，每每是最亮丽的一道风景。

作为学者，徐俊在敦煌学、唐代文学领域，取得众所公认的成就，所著《敦煌诗集残卷辑考》已成为当代学术经典，著名学者项楚先生评价该著："对敦煌诗集的整理，当以徐俊《敦煌诗集残卷辑考》为最规范，在叙录和校录时尽量保持写本的原有形态，将敦煌文人诗歌的整理和研究提升到新水平。后来他又作《敦煌写本诗歌续考》，继续补充新材料，这是众多敦煌文人诗歌整理成果中有代表性的收获。"（《敦煌语言文学资料的独特价值》，见《中国社会科学》2021年第8期）由于全身心投入编辑出版工作，近十多年来，他个人的学术研究有所耽搁，原计划的"敦煌赞颂集"和"敦煌曲子词"尚未完成（见《鸣沙习学集》荣新江序，中华书局2016年版），陈尚君先生也说："繁剧的日常事务耽搁了他自己学术研究的展开，但以他的学识与能力，也为书局带来了新的学术气象和出版成就，得失之间，真很难判断。虽然知道在他的立场，兼顾很难，但我仍希望他大展宏图，为中国学术和古籍整理事业，当然更希望看到他个人研究之更上层楼。"（见《鸣沙习学集》陈尚君序）。如今，荣退后的徐俊先生，或许有了更多时间回到学术研究，期待他有更多学术成果面世。

（原文刊于 2022 年 3 月 31 日《澎湃新闻·上海书评》）

《吴趋访古录》重版前言

　　悠久的历史，造就了灿烂的中华文化；辽阔的疆域，又使中国文化具有许多不同的区域特征。吴文化在中国区域文化中，占有很重要的地位，它所具有的魅力与特质，不仅在于它山清水秀的自然风貌，更在于它所包含着深厚的历史文化意蕴与内涵。

　　自古以来，吴地人文荟萃，即以苏州一地为例，新近出版的《江苏艺文志》（增订本）就著录古代著述者10789人、著作32573部，这恐怕在中国地域文献中是为数不多的。故此，吴地的历史遗胜也不可尽数，所形成的吴文化，在中华文明史上更是星光无限。了解、研究吴文化，无疑有益于我们对中华文化的光大与发扬。

　　历代吴地，有物华天宝、人杰地灵之谓，秀美的自然景色与丰厚历史文化所形成的独具文化意蕴的人文景观，使得历代无数文人墨客驻足流连、吟咏赋绘，他们中有的人甚至将这里作为自己人生的最终归宿，不管是功成名就的身退，还是逃避现实纷争的隐逸，如此等等，又更增加了吴地说不尽的历史故事，从春秋吴越争霸中的英雄人物，到唐宋之际的伟大诗人，再到明清时代的丹青圣手，数不尽的风流人物，在这块土地上，写下了许多令人叹为观止的历史长篇短章，留下了永远抹不去的历史遗痕，后来人沿着这条历史长河，可以穿越时空，感受吴文化的丰厚与魅力。

正因为如此，历代都留有许许多多或记载、或题咏吴地文化、历史、风物、习俗等内容的诸类笔记、志乘、诗集、野史，如《百城烟水》《姑苏杂咏》《吴地记》等等，《吴趋访古录》也为其中之一种，作者寓自然、历史于题咏之中。作者姚承绪，字缵宗，一字八愚。生于清嘉庆年间，嘉定人。其博学能诗，〔光绪〕《嘉定县志·文学传》著录有《留耕堂诗集》十二卷。姚氏好访古题咏，曾遍访吴地名胜古迹，或自然山川，或历史遗迹，每到一处，必题咏以记之。所题或写山川之秀美，或数人物之风流，或述历史之沧桑；古今之变，多寓其中，褒抑之词，惟在心迹，正如他自己在书的《凡例》中写道："自来怀古之作多于言外传神。"当然，姚氏所咏，也并非全部亲历，各类志乘、稗史都给他提供了大量的素材。道光九年（1829），作者将自己所题，汇而编集，凡546首，名之为《吴趋访古录》。书于道光十八年编就，刻于道光十九年。民国曹允源等纂修的《吴县志·艺文考》著录是书。

书名"吴趋"者，吴地歌曲名。晋崔豹《古今注·音乐》："《吴趋曲》，吴人以歌其地也。"后也以"吴趋"作吴地之别称。晋陆机有《吴趋行》，极言吴地山川风物、历史人物，于后世提高吴地在文人心目中的地位，影响极大，诗曰："楚妃且勿叹，齐娥且莫讴。四坐并清听，听我歌《吴趋》。《吴趋》自有始，请从阊门起。阊门何峨峨，飞阁跨通波。重栾承游极，回轩启曲阿。蔼蔼庆云被，泠泠祥风过。山泽多藏育，土风清且嘉。泰伯导仁风，仲雍扬其波。穆穆延陵子，灼灼光诸华。王迹隤阳九，帝功兴四遐。大皇自富春，矫首顿世罗。邦彦应运兴，粲若春林葩。属城咸有士，吴邑最为多。八族未多侈，四姓实名家。文德熙淳懿，武功侔山河。礼让何济济，流化自滂沲。淑美难穷纪，商榷为此歌。"唐代诗人刘禹锡也有"昨来亦有《吴趋》咏，唯寄东都与北京"诗句（《和乐天洛下醉吟，寄太原令狐相公，兼见怀长句》）。本属吴人的清代顾炎武，在《王征君潆具舟城西同楚二沙门小坐栅洪桥下》写道："仆本吴趋士，雅志陵秋霜。"姚氏"以吴趋之名著于士衡"（程庭鹭序），也可见陆机诗影响之大以及姚承绪受前人的影响。

《吴趋访古录》的体例，似清徐松、张大纯辑《百城烟水》。先列出吴地名胜古迹之名为条目，后有叙述之文字，大体以地理位置、古今沿革、历史故实为要，再者接为诗词题咏。所不同者，《百城烟水》中的题咏，多采撷名人诗集，于本事未尽发挥。《吴趋访古录》所录546首，均出自姚氏之手，并就本题立论，故读者可溯根探源，知古今之沿革。

全书共九卷，有总目并每卷标目，以其时苏州府属各县区域划分，分别为苏州、吴县、长洲、昆山、常熟、吴江、嘉定、太仓、崇明，所题内容大抵以古迹、山水、村镇、桥梁、园林、第宅、寺观、祠墓分别次第，各卷题下皆有序说文字。

本书校点，依据南京图书馆藏清道光十九年刻本。为方便读者阅读，除保留总目外，将各卷细目归总目后。本着"从旧"的原则，力图保持原书貌，除了对书中的错误进行了校正，书中一些已经简化的字，本次编辑未将其再改为繁体字。

最后说明一下，此书初次整理出版于1999年，我十分尊敬的师长与老领导薛正兴先生，策划和组织了《江苏地方文献丛书》,《吴趋访古录》列入其中，原本薛正兴先生有自己点校此书之计划，为给年轻人机会，他将已从南京图书馆复印好了的底本及点校要求全部给我，并不时指导我工作。全书完成后，薛正兴先生又从头至尾审读，纠正整理中的问题。想到此，更加怀念已经去世十多年的薛正兴先生。

2016年，江苏省启动了总规模在3000册的超大型地方文献丛刊《江苏文库》编纂出版，其中"史料编"收录了南京图书馆道光十九年刻本《吴趋访古录》，使我萌发了利用此书将原整理的书再复核一遍并单行出版的想法，主要是想给自己编辑职业留点印记。复核过程中，除了对少量标点和文字进行修改，还对一些文字，加了简单注释性文字。姚诗之前，所述文字，有的并非亲历，而是多采自各类志乘等史书，其中唐陆广微撰《吴地记》、宋范成大撰《吴郡志》、宋朱长文撰《吴郡图经续记》等，是历来被公认的苏州地方名志，姚书采纳最多，有些直接转引。本次再版，对照上述几部书，对姚述未尽者，略作补充，以便理解姚诗。

承蒙广陵书社美意，再版此书，深表谢忱。

书稿再版前，又经曾经的同事王清溪博士审读，特此致谢。

隔断生死终不泯

——《中国古代言情小说精品选》前言

中国古代白话小说，始于"说话"的话本，据《梦粱录》等书的记载，宋代的"说话"分为四种：小说、说经、讲史、合生。我们通常所说的古代短篇白话小说，大多始于"说话"中的"小说"话本。由于"说话"一开始就以广大市民听众为对象，所以在取材上，大多要符合各类市民的心理要求，这就使得"小说"的题材极为广泛，且形式也多以短小篇幅为主，宋人罗烨就把小说分为八类：灵怪、烟粉、传奇、公案、朴刀、杆棒、妖术、神仙（《醉翁谈录·小说开辟》），这种分类以及后来小说研究者诸多种分类方法，都是依据了内容并确立一定原则而定的，虽各有所不同，但却能说明古代白话小说取材多样，内容广泛，"言情"则为其中的一类。从严格意义上讲，诸如描写亲情、友情、爱情等人与人之间感情内容的小说，都应称为"言情小说"。但习惯上，许多人（包括小说的研究者）都只把表现男女爱情的小说，才称为

"言情小说"。

　　"言情小说"在中国古代白话小说中，占有相当的比例，而且有许多脍炙人口的名篇，如《碾玉观音》《闹樊楼多情周胜仙》《卖油郎独占花魁》等都属此类题材，由于这类题材的小说所反映出的现实性较之公案、神魔一类更强烈些，更加接近读者的现实生活，它所表现的往往又是许多人所共有的生活经验，所以它历来深受广大读者喜爱。例如，《卖油郎独占花魁》，以篇幅长、描写细、情节曲折、最富于市民色彩而著称，可谓明代白话短篇小说中的精品之作，以后京剧等地方戏中都有此类剧目上演。《闹樊楼多情周胜仙》，故事源自宋洪迈《夷坚志》之《邓州南市女》。小说围绕一个"情"字，所谓"情郎情女等情痴，只为情奇事亦奇"，塑造了周胜仙"情痴"的艺术典型。明代汤显祖《牡丹亭》中杜丽娘的形象，显然有周胜仙的影子。

　　在中国，几千年封建社会，各种封建意识、道德观念，以及制度本身，都极大地摧残着人性，"存天理，灭人欲"的传统观念，压抑着人所具有的生命感情欲望，它对生活中美的事物（包括爱情）残害，造成了人世间许许多多的悲剧，特别是男女之间的两情自由相爱，更为封建道德所不容，"父母之命，媒妁之言"，使得许许多多的青年男女没有自由相爱的权利，别无选择地完成了人生的一大内容：婚姻。尤其是封建社会的宗法制度、门第观念，更使得许多的有情人不得不生离死别，成为封建制度的牺牲品。如此等等的社会现象，无不为历代文学家所关注，当然也成为小说创作者的描写素材。我们知道，文学既能反映出某些现实生活的内容，更能补充现实生活，表达人们对生活的美好愿望，"有情人终成眷属"这一现实生活中的美好愿望，往往能促发小说创作者去开掘情感、婚姻一类的题材，充分展现两性相悦的欢愉与美好。从中国古代白话短篇小说中的"言情"一类看，完全可以说明这一点。

虽然，几千年的封建社会制度、观念等，造成人在现实生活中对自由情感的表达，特别是对自由爱情、自主婚姻的追求，受到种种限制，但人们从来就对此没有放弃过，强烈的反抗意识，也正说明了人们对美的事物大胆追求。其间，有许多诸如司马相如与卓文君的故事，一直作为人们生活中的美谈与向往，特别是明代以后，资本主义因子萌芽，对封建制度、意识和道德观念，造成了一定程度上的冲击，带有资本主义因子的思想意识，不断地首先在城市市民阶层中形成一定影响。同时，由于类似"资本主义"生产方式的介入，城市市民阶层的规模也逐渐扩大，这些都给古代白话小说的发展，特别是广大市民所十分关心和向往的婚姻题材小说创作，起到了推波助澜的作用，这也是"言情"小说为什么会在明中叶以后大量出现的一个主要原因吧。

关于中国古代白话"言情"小说的总体评价，我们是否应该注意这两点。一是它们所描写或表现的情感、婚姻故事，客观上都与传统的封建道德观相违背，体现出的是一种思想精神上的背叛，或多或少都具有明显的"进步"意义，能够反映出一定的时代特征。二是由于时代以及小说创作者的思想局限，古代白话小说中的所谓"爱情"，其内涵大多是属于浅层次意义上的，大体停留在人的"本能"一类，很少有我们今天所认识到的精神境界上的爱情意义，再加上说话人为吸引听众，还常常会在其中夹杂一些庸俗的内容。

虽说以"言情"统称这一类小说，但在大量的中国古代白话小说的具体创作中，无论是题材选择、思想内容表达，以及艺术手法运用，都具有多种多样的个性特征。

才子佳人，天生匹配。这类题材在古代白话言情小说中占很大的比例，是小说创作的一种"范式"。对感情、婚姻的自主意识，市民阶层中间更显得强烈一些，在他们看来，才子佳人，都属于同一"层次"的人，他们的结合，才是理想爱情、幸福婚姻的最佳表现，也是现实中多数人的理想。这类题材的小说，对封建婚姻道德观的背叛，还是很明显的。男女主人公之间，或一见钟情，或生死相恋，大多与传统道德不相符，他们以自己的大胆行动来抗争社会。例如《吴衙内邻舟赴约》，吴衙内与贺秀娥一见钟情，于船中私会"偷情"，并大胆私订终身，后被秀娥父母发现，无奈两人真心相爱，也只能同意两人的婚事。小说所写人物的思想行为与当时社会道德观显然存在矛盾。更值得一提的是，撇开内容，就现代小说观念来看，本篇小说艺术上的成就，可以说，超出了题材本身，例如，其中对贺秀娥情感活动心理过程描写，可谓淋漓尽致。"盼不到晚。有恁般怪事！每常时，翠翠眼便过了一日，偏生这日的日子，恰像有条绳子系住，再不能勾下去。"作者将一个急切想见到自己情人的女性形象，活生生地展示在读者面前。这种人物形象刻画的手法，使得本篇小说更加艺术化了。《合影楼》写屠珍生与管玉娟由感情而至生死相恋的故事。珍生风流倜傥，玉娟貌美无比，两家本住一院，只因管父主道学，"不见可欲，使心不乱"，以墙将两家隔开，屠、管两人只能在水阁上以影相会，对影传情，为了爱情，两人可谓生死无常。《同窗友认假作真，女秀才移花接木》，写两对青年自由恋爱、自主结合。四人属于典型的接受了新兴思想的城市青年，爱得大胆、爱得自由。这类小说的结局，大多如同中国古代其他小说，以大团圆为主，即使生不能结合，死后或还魂相依，或来世相合，如《金明池吴清逢爱爱》，两人生前的爱情没有如愿，爱爱死后，其鬼魂仍来与吴清共处。《洒雪堂巧结良缘》中，魏鹏与贾云华原为父母指腹为婚，因魏家家道变故，贾母悔婚，让两人以兄妹相称，但魏、贾两人一见钟情，云华为情而死，后托梦还魂，终了姻缘。大团圆结局显然是一种愿望的表达，"有情人终成眷属"可以说是中国古代言情小说创作的主导思想。

有关妓女的爱情、婚姻故事，也是古代白话言情小说中具有代表性的题材。在封建社会，妓女生活在社会最底层，她们不但在肉体，更在心灵上，受到极大摧残与蹂躏，成为公子王孙玩物。但她们大多是为生活所迫，不得已而出卖自己的肉体，她们同样有着对感情生活、对幸福婚姻的渴望，其强烈程度往往超出普通人。古代白话小说中，这类题材的开掘，无疑是对封建制度的黑暗、封建道德的虚伪，予以无情批判与揭露，对追求爱情这一美好事物，则是大力宣扬。这类题材的小说，虽然多写书生与妓女之间的爱情故事，但作者的倾向性是明显的，在人物形象的塑造上，大多着力突出女性形象，突出这些被迫出卖肉体的社会底层妇女的不幸与抗争，以及对真正爱情的向往与追求，同时，作者予她们以极大的同情。《杜十娘怒沉百宝箱》就是最典型的一篇，小说写名妓杜十娘爱上了富家子弟李甲，为了获得李甲的回报，杜十娘不惜一切代价，当鸨母因李甲无钱而赶他出门时，十娘又想尽一切办法帮助与安慰他，最后迫使鸨母允诺李甲带走杜十娘。可是在途中，李甲忘恩负义，将十娘让给他人，十娘闻知，悲愤交加，痛斥负心人，将自己多年用血泪赚下的、本想用于日后生活的大量珠宝投入江中，并含愤投江自尽。小说将杜十娘这个敢爱敢恨的人物形象，描写得淋漓尽致，作者对这一人物形象，也倾注了大量的同情，特别是小说的结局——"怒沉"，既是小说情节的高潮，更是对社会现实的控诉，从而在读者面前展现出一个有爱有恨、有刚有柔的女性形象。

在古代白话言情小说中，还有一类题材，也是深受广大读者喜爱的，即人妖相恋的故事。这类小说，大多是寄托了人们对理想爱情的美好愿望，并无一点"妖气"，从某种程度上讲，小说的创作者利用狐仙或妖一类具有绝少受现实制约的特征，将她们描写成大胆追求爱情，敢于敌视传统道德的形象。《白娘子永镇雷峰塔》即写蛇精白娘子巧遇许宣，并穷追不舍，直至成婚，但最后被法海禅师施法现出原形，镇于雷峰塔下。小说虽写的是"妖"，但我们看到的，却是一个活生生的人，一个大胆追求爱情生活的艺术形象。可见，作者对以白娘子为代表的广大妇女，为获得自由爱情而付出极大代价，是抱着同情态度的。可以说，这类题材的小说，所具有的现实批判性，超出某些其他题材的言情小说。有关"白娘子"的传说，野史笔记中有不少的记载，冯梦龙在广泛吸收民间素材的基础上，对这一题材进行了文学加工，使其有了一个较为完整的情节结构，不论在思想内容还是艺术手法上，都具有了较强的文学性。人妖相恋，在中国古代小说中是一种很有代表性的类型，甚至可以说是小说创作的"母题"之一。但这一类题材的意义，并不仅仅局限于小说中的人或妖具体形象塑造，也不局限于小说所具有的奇异虚幻艺术构思，而在于超越现实时空又反映现实，因而从阅读效果讲，读者看到的并不是"妖"而是"人"，一个对现实爱情生活充满热情，并有大胆追求的人物形象，所以自古而今，白娘子这个艺术形象，深受广大读者喜爱，具有很高的美学价值。

古代言情小说，题材多种多样，即使是写妓女爱情故事的，也并非全是书生与妓女一类的模式，如著名的《卖油郎独占花魁》就是写"市井小民"卖油郎秦重与名重一时的风尘女子莘瑶琴的爱情故事。小说将两个社会下层人物之间的爱情，写得极有内涵，摆脱了"郎才女貌"的俗套，写出了爱情的基础。秦重爱莘瑶琴，更能尊重她，对其极尽体贴，并以自己的实际行动，打开了莘瑶琴的心扉。由此可见，古代白话言情小说中，创作者依据自己对生活的认识，以及对生活的熟悉程度，以多种多样的题材，反映出人们对"存天理，灭人欲"的反感与抗争，充分展示爱情的力量与美好。当然，正如前面所提到的，对于爱情深层次的理解，也并非封建时代的文人所能认识到的。

　　从艺术角度看，中国古代白话小说，有其自身的发展特点。由于它们的形成，是以"说话人"的"说话"为基础的，所以比较注重故事的情节性，因为"说话人"为了达到吸引听众的目的，往往将故事的情节设置得一波三折，环环相扣，如李渔的《谭楚玉戏里传情，刘藐姑曲终死节》，由现实舞台到戏剧舞台，再到现实舞台。这篇小说，最大特点是"戏中戏"。人们常说，人生本来就是一个大舞台，谭楚玉、刘藐姑的故事是这人生舞台上的一幕，而这委婉动人的感情故事，又是借助戏剧舞台展现出来的，谭楚玉爱上了梨园女子刘藐姑，先整日在戏房里以眉眼传情，后为更多地接近藐姑，以表心迹，设法在戏班里争了个"大净""正生"的角色，而刘藐姑一见谭楚玉，便知是个"情种"，至此，一颗爱情的种子便在两个青年人的心中萌发，然而现实的残酷，时时在扼杀生活中的美好事物，谭、刘不可能在生活的舞台上直接表露彼此间的爱意，因而只能借助戏剧舞台抒述内心的感情。当然，戏剧舞台是容不下现实人生的，谭、刘又必须从戏剧舞台回到现实的舞台，双双走上了殉情道路。小说在艺术上可谓一波三折，极富戏剧化，这跟李渔作为一个戏剧家及戏剧理论家有关。谭、刘之间的爱情展开，充满了如戏剧中的矛盾冲突，因而李渔采用了"戏中戏"的叙述方式，恰恰利于矛盾冲突的展开，体现出极高的艺术性与审美价值。李渔不愧是一位戏剧家。同样，他在《合影楼》中，将戏剧中的人物内心独白引入到小说中来，使得人物的感情表达极富诗情画意，也极具戏剧效果。例如，屠珍生与管玉娟水阁上对影相会时的对白，屠珍生的伸臂"捞影"，以及管玉娟借荷叶作邮筒传情，无不体现出戏剧的美学效果；同时，李渔在展开屠、管爱情线索时，艺术上可谓峰回路转，一波未平，一波又起，珍生与玉娟起初借影抒情，私订婚姻，好不浪漫，后却提婚不成，进而一人"错害"、一人"错怪"、三人相思。正因为作者将屠、管两人的感情写到了极致，因而每每都让读者有"绝路逢生"之感受。李渔在他的戏剧理论著作《闲情偶寄》"大收煞"中说："水穷山尽之处，偏宜突起波澜，或先惊而后喜，或始疑而终信，或喜极信极而反致惊疑，务使一折之中七情俱备，始为到底不懈之笔，愈远愈大之才，所谓有团圆之趣者也。"

　　再如，凌蒙初的《同窗友认假作真，女秀才移花接木》中，以设悬念而扣住读者。先是闻俊卿射箭以决定心上人，而得箭人又非真正的先拾者，此第一悬念；闻俊卿到底嫁给魏撰之还是杜子中呢？闻俊卿假称有个妹妹并答应做媒于魏，且收了魏的"闹妆"，此后如何交代，此可谓第二个悬念；景小姐对闻俊卿"一见钟情"，俊卿无奈之际，将魏之"闹妆"转交给景，以示婚约，这更使问题复杂化，可谓悬念之三。

小说正是在层层的悬念设置中发展情节，一环套一环，环环相扣，使故事情节变得曲折，引人入胜。

这种曲折的情节特点，在有些小说中，甚至发展到"奇"的地步，但"奇"得不出格，"奇"在情理之中，最著名的就是《闹樊楼多情周胜仙》，可谓"奇情奇事"。小说写范二郎和周胜仙在游樊楼时一见钟情，后遭周父反对，胜仙含愤而死。朱真盗墓并奸尸，胜仙得阳气而复活，急往见二郎，二郎疑为鬼，以桶击之，使胜仙又丧命，二郎也以杀人罪入狱。胜仙死后为鬼，仍念念不忘二郎，并求助于五道将军，得以与二郎相会。小说情节奇之又奇，但就在这"奇"中，突出了人之"奇情"，突出了周胜仙对爱情的忠贞不贰，矢志不移。

古代白话小说，虽以"说话人"的"说话"为基础，但大多经过创作者的加工，使其更具文学性，诸如细节描写、心理活动刻画，都在许多小说中有所表现，《吴衙内邻舟赴约》中，对贺秀娥心理活动的大量描写，让我们看到了古代白话小说逐步从口头到案头创作的发展。

古代白话小说，在语言上也是很有特色的，既保存了口头语言生动、朴直的特点，又具有较强的文学性，其中的一些语言就非常优美、精炼，特别是文中许多的诗词，使小说愈加形象化。例如，冯梦龙的《张舜美灯宵得丽女》，篇中文字颇具文采，插入了不少诗词，情景交融，尤其是大量排比句式的运用，使这个爱情故事更显得缠绵悱恻，有力地渲染出人物的内心世界，颇为精彩。

由于历史的局限，中国古代白话小说中也存在着一些封建糟粕，诸如因果报应等等，在言情小说中，常常也夹杂着一些色情的内容，这是我们在阅读中所应注意的。

（原文是《中国古代言情小说精品选》前言，江苏古籍出版社 1996 年 10 月版。题目新加，文字略有改动。）

穷秋南去春北归

——《秋雁南飞》前言

　　中国古典诗歌之所以能感触人心，重要原因之一，在于创作者托物以言志，使诗歌具象之外具有无尽意蕴，从而给了读者十分广阔的想象空间，如此，不但完成了一种文学样式的再创作过程，而且更加完美地达到了文学的审美效果。托物言志的文学创作手法，构成了中国古典诗歌的重要意象特征，融客观之物象与主观之意趣为一体，借物寓意，使中国古典诗歌的意趣情志，既在诗内，更于诗外。中国古典诗歌的创作史上，有许多历代相承，并且不断丰富的较为稳定诗歌意象，它们常常被作为一类相同主题感情的表现形式，大雁作为一种诗歌意象，就具有这样的艺术特征。

　　大雁，是最具代表性的候鸟之一，随着太阳偏向北半球和南半球而北迁南徙，具体地说，在我国，每年春分以后，大雁就北移，秋后则南迁，孔颖达疏《书·禹贡》中"阳鸟攸居"，"日之行也，夏至渐南，冬至渐北，鸿雁之属，九月而南，正月而北"，故古代就有"随阳雁"之谓。正由于大雁这种一年之中居无定所、南来北往、迁移不定的特征，逐渐被历代诗人纳入了创作的视野，成为诗歌的一种固定意象。诗人借大雁之南北往迁，喻客居他乡之愁思等诸种情感，历代都留下了这类引发读者产生共鸣的许多诗作。

早在《诗经》中，就有了以雁为歌咏对象的诗作，《小雅·鸿雁》，借鸿雁来比作奔走于外的使臣，诗中鸿雁的"哀鸣"，后来被冠以"哀鸿"，比作流离之人，从这个意义上说，这首诗开创了中国古典诗歌的一种意象。这种意象的主旨，多为诗人孤独情怀的流露，其中，既有因身处异乡、远离家人亲友等人生遭际变故而产生的孤独，如王褒《咏雁》、庾信《秋夜望单飞雁》可为代表之一。王褒早期诗歌创作以宫体诗见称，多轻艳之作，入北朝后，因经历去家离国之痛，诗风渐变悲凉苍劲，公元554年，江陵为西魏所破，王褒被押送长安，这一次的由南入北，使王褒饱尝了去国离家之痛，虽北周对他还是十分礼遇的，但最终未让其南归，这一人生变故，无疑给诗人沉重的打击。《咏雁》即借雁咏人，抒发自己对故国的深切怀思，诗从伺潮鸡和鸰的稳定生活，写到没有安定生活环境的大雁，再由此写到自己连大雁都不如，雁尚能南飞，而诗人自己则只能滞留异国而终不得还。人不如鸟，其悲苦真不知何以言了，由此，我们可以体会到诗人心中之苦。庾信同样如此，诗人入北朝后，虽得高官，但故国之情怀则与日俱增，羁留北地的心中之痛则一日强于一日，诗人通过咏秋夜孤雁，寄托自己远离故土的深深哀思："失群寒雁声可怜，夜半单飞在月边。无奈人心复有忆，今暝将渠俱不眠。"前两句勾勒月下的孤雁，后两句则似一种自己内心的独白，夜不能寐，自己又如离群的孤雁一样，孤雁的哀鸣，更引发诗人的共鸣，也成了诗人的哀鸣。杜甫的"清新庾开府"，当指此类作品。

　　咏雁诗中更多因政治、仕途上失意所引发出的心理孤独之作，诗人往往借单飞之孤雁以自况，韩愈《鸣雁》、刘禹锡《秋风引》、白居易《放旅雁》《赋得听边鸿》、杜牧《早雁》、欧阳修《江行赠雁》等都属此类。唐代社会进步，文人参与政治热情高，但往往又"百无一用是书生"，理想抱负在现实生活中，常常难以实现。韩愈一生有很高的政治热情与为国之心，可其又时常身处政治漩涡之中，往往志不得展，心不为用，因此，常常十分苦闷，故诗人将这种不得志的郁闷心情，寄寓自己的创作之中，以诗明志，《鸣雁》即是自喻，借雁南飞写自己由汴州来徐州一事，从雁之饱受风霜，无依无靠，写自己寂寞悲苦，孤无慰藉的心情。刘禹锡因参加王叔文集团，遭贬南方，郁郁不得志，身处他乡的愁思与政治上的失意，时常萦绕在心，所作《秋风引》，即以秋风与群雁所引发出的独

在异乡的羁旅乡愁，进而表达了诗人对人生的一种感叹。四时
更迭，一年之常，自然本无"愁"与"思"，唯有天涯孤客能
够感受到其中的另一番滋味，从常人习以为常的自然表象中体
验着人生的另一种境界。所以，刘禹锡这首诗的最后两句，历
来为诗评家所称道，清人黄叔灿《唐诗笺注》说："谁不闻而
曰'最先闻'，孤客触绪惊心，形容尽矣。若说'不堪闻'便
浅。"李瑛《诗法易简录》中说："咏秋风必有闻此秋风者，妙
在'最先'二字，为'孤客'写神，无限情怀，溢于言表。"
钟惺《唐诗归》中也说："不曰'不堪闻'，而曰'最先闻'，
语意便深厚。"在中国古典诗词中，"秋风起""雁南归"成为
一种固定的意象，他所表达的人不如雁的人生悲苦，不知又引
起了多少文人墨客的共鸣。白居易的思想，以儒家的"达则兼
济天下，穷则独善其身"为主，曾屡上奏章请革政弊，为宦官
及旧官僚集团所切齿痛恨，故其一生数遭打击，但报国之心始
终未改。《放旅雁》于"元和十年冬作"（作者自注）。这一年，
诗人生活发生了变故，元和十年六月，白居易上书，论奏宰相
武元衡被刺身死，主张捕贼雪耻，因此得罪权贵，引起宦官及
旧官僚的不满，以越职言事之罪，从左赞善大夫贬为江州司
马，诗就是在这样的背景中写成的。全诗由鸟及人，再由人及
鸟，所表达的中心意旨，就是诗中的两句："人鸟虽殊同是客"
和"见此客鸟伤客人"。诗人由冬日旅雁的饥、冷与被捕、被

卖，生出同情之心，而这种同情带有很强烈的自伤色彩，生成"同是天涯沦落人"的切身感受，诗中"旅雁"之情状，其实皆有着诗人现实生活色彩。遭受权贵打击的诗人，贬谪他乡，孤独一方，故其对客观事物的感受，无不以此时孤苦心情去看待，诗人伤鸟更伤己，借雁的去向，写到吴元济叛乱给百姓带来的不幸，并以此喻自身所处险恶的环境。杜牧《早雁》则借雁于弦声中惊飞四散、哀鸣离居，喻回鹘南侵给百姓造成的流离失所、有家难归，表达自己对国家失地受掠、人民流离失所的同情，以及无可奈何的感伤情绪。金圣叹评曰："此诗慰谕流客，且安侨寓：时方艰难，未可谋归。前解追叙其来，后解婉止其去。"欧阳修有着类似的经历，宋仁宗景祐三年（1036），范仲淹知开封府，是年五月，范仲淹上书言事得罪当朝宰相吕夷简，被贬知饶州。时欧阳修任西京留守推官，勇为范仲淹辩护，仗义执言，因此，也被以范的"朋党"贬夷陵（今湖北宜昌），《江行赠雁》即作于这年赴夷陵途中。诗人以雁自况并暗喻现实，既指出官场上的相互倾轧、明争暗斗与仕途险恶，又对自己如雁一般漂泊无依的生活状况，发出了羁旅之叹，抒发了自己的感伤情怀，题为"赠雁"，实为赠己，是对自身生存状态的一种思虑。作者还有一首《雁》："来时沙碛已冰霜，飞过江南木叶黄。水阔天低云暗澹，朔风吹起自成行。"诗意大抵同《江行赠雁》，政治上的失意，使欧阳修更多地体会到人生漂泊的痛苦，故借咏物以言心中的这种感受，借南飞大雁途中艰险，喻人生漂泊之感。

　　借雁之成群，反衬人之孤单的人生痛苦，也是常见一种。例如，杜甫《归雁二首》，举头见大雁北归，"双双瞻客上，一一背人飞。云里相呼疾，沙边自宿稀"。诗人不由生出思乡之情，雁尚能年年南来北回，人却经年离家不得归。清人王嗣奭《杜臆》评此诗："雁本自去自来，乃瞻客而上，背人而飞，若有心为之；且同侣相呼，未尝独宿，人固不如雁也。"李益的《水宿闻雁》，同样表达了这样的意思，"早雁忽为双，惊秋风水窗。夜长人自起，星月满空江"。近人刘永济辑《唐人绝句精华》评李益此诗曰："将一瞬间耳闻目见者以二十字写出，光景犹新。"本诗极具画面感：诗人夜晚独立江边，临窗望去，江水中倒映着点点星月，忽闻月夜之中几声雁鸣，不禁思绪万千。这一切都源于诗人所寄寓的离情与思归的情感。人因雁声而起却又不见雁，尤其不能让人接受的是，雁成双而人独立，雁归去而人未能回，人不如雁也。无怪乎有人叹此曰"所谓'不著一字，尽得风流'者邪？"

　　另外，历代文人众多悲秋之作，往往与乡思的主题联系在一起，秋夜对于许多离乡远客来说，常常是他们寄寓绵绵乡愁的独立时空，韦应物《闻雁》，"淮南秋雨夜，高斋闻雁声"，全诗在秋夜秋雨秋声之中，让人体会到一种共有的思乡情感。近人俞陛云在《诗境浅说续编》说："此诗秋宵闻雁，皆有渊明归去之思。凡客馆秋声，最易感人怀抱。"

　　以《孤雁》《闻雁》为题的咏雁诗不在少数，或以雁孤衬人孤，或以雁声引共鸣。崔涂《孤雁》，借咏雁之失群，无伤却孤，"未必逢矰缴，孤飞自可疑"，暗喻人之孤寂，寄寓诗人对"孤独"的感叹，无论这种孤独来自现实还是内心。杜甫《孤雁》，作于夔州，写孤雁念群的种种情态，"孤雁不饮啄，飞鸣声念群。谁怜一片影，相失万重云"。诗中所隐，历来为注评家所道，或言托孤雁以念朋友，或言对远隔千里兄弟的思念，更有"以兴君子寡而小人多，君子凄凉零落，小人噂沓喧竞"之说（宋罗大经《鹤林玉露》）。然孤雁之不饮不啄，声声的哀叫，具有极强阅读效果。清人浦起龙评曰："'飞鸣声念群'，一诗之骨。"（《读杜心解》）另外，宋人张炎《解连环·楚江空晚》词，题"孤雁"，咏物寄兴，以咏孤雁而寓身世之感，即国破家亡后的内心孤寂，"写不成书，只寄得相思一点"，尤为人称道，由此，有"张孤雁"之谓。

　　这类以雁孤喻人孤的诗词中，颇具寄托的，还有诸如苏轼的《卜算子·黄州定惠院寓居作》（缺月挂疏桐）、陆游《闻雁》、梅尧臣《秋雁》等。苏轼这首咏雁词，作于元丰五年（1082），时因"乌台诗案"谪居黄州，故借咏雁之寂寞，写自己贬居黄州时的孤寂心情。清人黄苏说："此词乃东坡自写在黄州之寂寞耳。初从人说起，言如孤鸿之冷落；第二阕，专就鸿说。语语双关，格奇而语隽，斯为超诣神品。"（《蓼园词选》）陆游因主张抗金，得罪权贵，被革职去京，退居家乡山阴二十年。《闻雁》即作于庆元元年（1195）诗人退居山阴时。在一个秋冬的夜晚，退居家乡的诗人，听到一只失群孤雁的鸣叫声，触景生情，闻声而思，由闻雁鸣而感自己之身世，不免几分伤感。雁虽受到风寒霜冻、饥饿毕弋的威胁，但毕竟还有双翼可展，自己则闲居家中，进退不由己，心中之志不得展，实在是人不如雁。从诗人的几许伤感中，我们也能体会到作者的为国之心、报国之志，始终如火一般。诗人一生最大的遗憾就是未能实现自己的政治理想，故诗人临终前留下了"王师北定中原日，家祭无忘告乃翁"的千古名句。梅尧臣与夫人谢氏感情甚笃，庆历四年（1044）谢氏亡故，诗人悲痛不已，每每念及夫妻共同生活的十七年，常常是"泪涟涟"。诗人此后曾作著名的《悼亡三首》等一系列悼念亡妻的诗作，其感情之真，被誉为"千古第一"。《秋雁》作于庆历五年（1045），即谢氏逝世后一年。全诗借失群孤雁自况，抒发了自己失去爱妻后形单影只的痛苦与悲伤，由孤雁的形单音哀，联想到自己失去亲人后的形影相吊，不免有感怀身世之孤叹。诗人在《悼亡》诗中曾言："归来仍寂寞，欲语向谁何。窗冷孤萤入，宵长一雁过。世间无最苦，精爽此销磨。"确实，失去心中最爱的人，世上还有什么比此更痛苦呢？此类诗往往成为最能引起人们共鸣的一类。

同时，由家思到国思的咏雁主题，则使这类诗歌意象有了更深层次开拓。例如，王安石《同昌叔赋雁奴》，就是借民间关于雁奴的传说，表达了自己对时局的关注与对国家前途的担忧。雁群南往北来，宿江湖洲渚，有雁专司警戒，如有袭击，以鸣报警，称"雁奴"，但雁群非但不念及雁奴的警惕，反而抱怨雁奴吵醒自己，认为雁奴不诚实，并由此放松警觉，最终一个个被猎人捕获。诗的最后点明主旨：偷安与丧失警觉，必然亡国。北宋时期，外患不断，辽与西夏都对北宋构成了严重的威胁，但统治者不思忧患，而沉湎于纸醉金迷的生活，作为力主改革政治、增强国力、主张变法的王安石，对此深感忧虑。同样，刘辰翁词《兰陵王·雁归北》，也属于这类诗词的代表之一。元军破南宋都城临安后，宋恭宗及三宫被掳北去，此时诗人虽在南方，却对逝去的岁月与被掳的君王，怀有深深的同情，故以"雁归北"喻帝、后被掳北上，咏心中亡国之痛、故国之思，并委婉批评了南宋统治者的误国政策。这类诗，在经历易代的诗人创作中，尤其明显。由金入元的李俊民，虽被元世祖以安车召见，礼遇有加，但黍离之悲和家国之痛，使其时常处在一种不安定的心理状态，所作《秋江断雁图》，借北风狂作中的断行雁，表达一种离乱之感。

咏雁诗词中，除了上述体现出家思、国思的主题之外，还有一些情趣意旨各异的诗作，如林宽《闻雁》，借闻雁声写宫女之苦，对不幸女子寄寓了同情。元稹《行宫》、白居易《上阳白发人》，都是唐代以宫女为题材的代表作，"宫女现象"让人们看到的是多少美好青春与生命被扼杀。"接影横空背雪飞，声声寒出玉关迟。上阳宫里三千梦，月冷风清闻过时。"以月冷风清环境中的大雁声寒为衬托，写出宫女们孤寂愁苦的心情。诗虽未具体描写宫女闻到雁声后的感受，但前两句的衬托，耐人寻味。另外，刘敞《清明后雁》，一改咏雁诗的感伤基调，以清新明快的笔调，将一个满怀喜悦心情急于飞回故里的大雁形象呈现在读者面前，"春风稍和暖，作意入云飞"。

题画诗中也有一部分咏雁佳作，诸如苏轼的《高邮陈直躬处士画雁》(野雁见人时)、黄庭坚的《题画雁》、杨一清的《画雁》等，在赞叹画家技法的同时，也表达出各自不同的情趣。题画诗要作得好，不仅要传达画本身的情状与韵味，使读者由诗入画，在思想空间中变无形为有形，而且更重要的是，要向读者展示出画外所具有的神韵风貌。因为中国画以写意为主，画家常常把最能体现画之神韵精神的东西寄于画外，因此，作题画诗得此要领，方能有上乘之作。苏轼有很高的艺术天赋，不仅领略与表现出了画之内外的神形韵味，更可称道的，是其借画发挥，有所隐喻。黄庭坚的《题画雁》也是一首具有极高艺术的题画诗，一句"莫遣角弓鸣，惊飞不成字"，巧妙地赞叹了画家高超的艺术，并很好地达到了"诗中有画，画中有诗"的美学效果。诗人还有一首题画咏雁诗："惠崇烟雨归雁，坐我潇湘洞庭。欲唤扁舟归去，故人言是丹青。"（《题郑防画夹·其一》）也很好地模糊了艺术与现实边界，达到题画诗鉴赏艺术效果。

　　雁作为中国古代诗词中的一种意象，它是诗人们思想情感的载体，作为诗歌意象，它具有一定的艺术特征，怀思是它的基本主题，感伤是它的基调，同时它又是多旨趣的，广大读者从中获得的，并非单一的艺术感受。

　　（原文是《秋雁南飞》前言，江苏古籍出版社 2000 年 9 月版。题目新加，文字略有增改。）

写在《古典文学知识》二百期前

　　三十二年前，《古典文学知识》创刊，在"告读者"中，创刊者写下了这么一段话："我们这个刊物，在众多刊物之林中仅是一棵幼苗，它刚刚破土，还很脆嫩，需要不断培土、施肥、灌溉。我们相信，在广大读者和作者的热情培育下，它一定会渐渐茁壮起来的。我们不追求一鸣惊人，我们只想扎扎实实地为普及和提高读者的中国古典文学知识而尽绵薄之力。假若我们能向读者奉献一份格调比较高雅、内容比较充实的精神食粮，读者在工作和学习中，在人生的漫漫长途中，从我们的刊物里得到那么一点益处，那就是我们最大的欣慰了。"

　　三十多年过去了，看着二百期的刊物，我们有感慨，更有感恩：感恩光彩夺目的中华文化，魅力无限，从上古到明清，中国文学滋养着我们民族的心灵与精神世界，"诗和远方"成为我们民族在任何境遇下都不会放弃的追求。感恩一路扶持的专家学者，他们始终遵循"大家写小文"的原则，以责任、造诣和睿智，将古典的精深呈现为阅读的精彩，许多读者因此而有了不一样的人生，虽然不少作者已经离开了我们，但我们将永远怀念他们。感恩始终不离不弃的广大读者，没有你们，这份刊物难以走过各种坎坷，你们以一颗纯洁的内心，坚守对中国古典文学的热爱，与我们一起，面对一波又一波的商品大潮。感恩这个时代，让我们从文化的力量中，更加感受和领悟到中国古典文学的丰富、深邃和优雅。

根植于深厚的文学土壤，在众多作者与读者的呵护中，当年的幼苗也逐渐成长，虽未参天，但也繁茂。回望我们走过的路，有初创的艰辛，有成功的喜悦，有途中的迷茫，更有对当初许下承诺的坚持。"老去光阴速可惊"，三十年转瞬即逝，编辑者几度更替，但"鬓华虽改心无改"，我们的"初心"始终未变，学术性、知识性、通俗性一直是我们的编刊宗旨，为社会奉献一份健康的精神食粮，是我们始终的追求，因此，我们不随波逐流，不做"墙头草"。我们懂得什么是珍爱，因为我们的工作，既面对历史又面向未来；我们也懂得什么是自重，因为有太多的人给了我们关爱和期待。

对于未来，我们唯有一如既往，脚踏实地，前贤之"为往圣继绝学"的宏愿，理当是我们不懈的向往与追求，二百期将成为我们"再出发"的新起点。在二百期出刊前夕，许多专家学者题词勉励，由于篇幅所限，这里只能选登部分，我们会将全部题词结集，作为行稳致远的鼓励和鞭策。

期待下一个十年、下一个百期，回首无憾事，前行无止境。

（原文刊于《古典文学知识》二百期卷首）

附　录

浅谈《窦娥冤》中的鬼魂

　　钟林斌同志在《中国古典戏曲名著简论》中说：《窦》剧中三桩誓愿的实现，鬼魂上场申冤是消极落后的因素，"这无疑在客观上散布了天堂、地狱之说和今生来生的观念"。我认为这种观点值得商榷。

　　我们分析任何问题，绝不能只看表象，而忽视事物的实质，对关汉卿《窦娥冤》第四折中鬼魂的出现，也应该透过表面，去窥探其实质。这样，我们就不难看出《窦》剧中鬼魂出现的积极意义。

　　"神妖鬼怪"这一概念的出现，是人类"童年时代"的产物，是"通过人民的幻想用一种不自觉的艺术方式加工过的自然和社会形式本身"（转见《马克思主义文艺论著选讲》，中国人民大学出版社 1982 年版）。人类社会的初期，"神妖鬼怪"的出现并没有阶级性，只是在社会进入到有阶级的阶段，它们才开始打上了阶级的烙印。

　　在封建社会，统治者不仅在政治上、经济上压迫广大的劳动人民，而且在思想上也对人民进行钳制。他们利用封建宗教迷信来麻痹人民，束缚人民的思想，以阻止人民的反抗。在文学作品中就具体表现为神妖鬼怪的出现、天堂地狱的设立、今生来世的观念等一系列封建迷信，并以此来腐蚀人民的思想，麻痹人民的斗志。马克思说："统治阶级的思想在每一时代都是占统治地位的思想。"（同上）作为统治阶级思想表露的文艺作品，在这个时代也是占统治地位的。但我们也切不可忘记，每一时代都有两种文学的存在：统治阶级和被统治阶级的文学（当然有主次之分），统治阶级既然在他们的文艺作品中可以用"神妖鬼怪"来宣扬自己阶级的思想，为本阶级的利益服务，难道被统治阶级就不可以用这种形式来为本阶级的利益服务吗？马克思在《路易·波拿巴的雾月十八日》一文中就曾指出："使死人复生是为了赞美新的斗争，而不是为了勉强模仿旧的斗争；是为了提高想象中的某一任务的意义，而不是为了回避在现实中解决这个任务；是为了再度找到革命的精神，而不是为了让革命的幽灵重行游荡起来。"（转见《马恩列斯论文艺》，人民文学出版社1980年版）人民的戏曲家关汉卿在《窦》剧中，就是借用鬼魂出现这种形式，来表达人民对统治者的反抗愿望和心声，表现人民反抗封建压迫的坚强信念和乐观主义精神，充分地体现了积极浪漫主义的色彩和很高的人民性，难道我们能把它说成是"封建迷信"，是"消极落后的因素"吗？如果我们把这些理解为"封建迷信""消极落后的东西"，那么，我们怎样去理解我国众多的优秀古典文学作品，如唐传奇中的《霍小玉传》《离魂记》，明传奇《牡丹亭》，明清小说《西游记》《聊斋志异》等等（并非无局限），这些作品或多或少地都有鬼神出现，如果在它们头上加上"封建迷信""消极落后"的帽子，是不能令人信服的，因为它们与《窦娥冤》一样，表达了人民的思想感情。

关汉卿《窦娥冤》的第四折是不是因为有鬼魂的出现，就应该删去；或者如钟林斌同志所说的，到第三折"戏剧目的达到了。戏可以结束"了呢？我看并不是这样。我们不妨设想一下，如果把《窦》剧的第四折去掉，表面上看，悲剧更加悲了，但实质上人们并不满足，因为人民的愿望并没有得到充分地体现。悲剧不仅是"将人生的有价值的东西毁灭给人看"，而且更重要的是要使人们认识到真善美和假恶丑，激发人们的斗志，去反抗邪恶势力，同时也给人们展现出希望。郑振铎先生说过"关汉卿所写的杂剧更有一个特点，那就是，他绝对地不使他杂剧里所有出场的坏蛋们，即所有的压迫人的东西，所有的剥削人侮辱人陷害人的恶霸们，逃脱掉他们所应该受到的责罚和报应"（《人民的戏曲家关汉卿》，

见《关汉卿研究》第一辑，中国戏剧出版社 1958 年版）。不
仅关汉卿的《窦娥冤》如此，纪君祥的《赵氏孤儿》也是如
此，伟大的艺术家之所以有异曲同工之妙，就在于"被一条
条无形的线和人民大众联系在一起"。可以这样说，《窦》剧
第四折的出现，是关汉卿与人民大众联系的一个结果（当然，
全剧也是这样，这里就一折而论），并不是像钟林斌同志所说
的"关汉卿在《窦娥冤》结局中所反映的政治愿望，恰恰说
明'社会上占统治地位的精神力量'支配着这位封建社会的
下层知识分子"。如果关汉卿不与下层劳动人民接触，最多
只能像封建社会许多文人一样，对现实不满，但又不能站到
人民的一边，充分地表现人民的思想感情，表现人民的反抗
精神。窦娥鬼魂在第四折中的出现，并不是"消极落后的因
素"，"客观上散布了天堂、地狱之说和今生来生的观念"，而
是有着积极意义的，窦娥的鬼魂"不比现世的妖怪"，而是反
抗者的化身，是对作为中国劳动妇女反抗封建压迫典型形象
窦娥性格的进一步充实。《窦》剧的高潮在第三折，但作为窦
娥反抗性格的最后完成则在第四折。前面三折，窦娥反抗的
性格得到了充分发展，从第一折反抗张驴儿的逼婚，如一见
张驴儿就骂道"兀那厮，靠后"，张要对她动手动脚，窦娥
便将他推倒在地；到第二折，张以"官休"来威逼时，窦娥
则是毫不惧怕地同他一道到官府，在公堂上据理力争，即使

"捱千般打拷，万种凌逼"也决不示弱；再到第三折临死前的发誓等等。但是窦娥的反抗并不就此为止，活着要反抗，死了也还要反抗。第四折，父亲把她（鬼魂）当作真鬼时，她便大声斥责："你个窦天章直恁的威风大"，当窦天章重审冤案时，她（鬼魂）又到堂上怒斥和痛打张驴儿，冤案平反后，她又唱道："从今后把金牌势剑从头摆，将滥官污吏都杀坏，与天子分忧，万民除害"。这难道不是人的形象吗？读者（或观众）读了（或看了）第四折，并不会把窦娥的鬼魂当作"鬼"，人们也并不会由此而迷信。正如鲁迅先生对莎士比亚《哈姆雷特》中鬼魂的评价一样："将来呢，恐怕也如未必有人引《哈孟雷特》来证明有鬼，更未必有人因《哈孟雷特》而责莎士比亚的迷信……"（《且介亭杂文·以眼还眼》）人民看到的只是反抗者的形象，代表自己利益和愿望的人，是伸张正义的实践者。悲剧中蕴藏着胜利的希望，这就是窦娥鬼魂出现的积极意义之所在。因此，把窦娥鬼魂的出现说成是"客观上散布了天堂、地狱之说和今生来生的观念"是不正确的。根据《窦娥冤》改编的明传奇《金锁记》以及后人演的京剧《金锁记》，为什么没有关汉卿的《窦》剧感人，我个人认为，缺少《窦》剧第四折的内容是一个重要原因，《金锁记》是大团圆的结局，窦娥没有被杀，蔡婆的儿子没有死（落水被救），这表面上是转悲为喜，但它实际上是违背了社会现实的真实。至于关汉卿在《窦娥冤》中为什么要用鬼魂出现这种形式，我想莱辛的一段话可以帮助我们理解这个问题，这就是"整个古代都相信鬼魂的，因而古代剧作家有权去利用这种信仰……"（见《汉堡剧评》）

当然，我们也不否认，《窦》剧第四折中也存在着一些糟粕，如鬼魂上场时，灯光忽明忽暗，文卷压下翻上等，给人一种阴森恐怖的感觉，这并不奇怪，因为作者是生活在13世纪的人，思想中必定有这样那样的局限。

瑕不掩瑜，关汉卿的《窦娥冤》是现实主义和浪漫主义统一的杰作，剧中第四折鬼魂的出现，正是浪漫主义的具体体现。

（原文刊于《教学与进修》1984年第2期）

从"言不尽意"到"言外之意"

倘若说，以孔子为代表的儒家文艺观，着重于社会功利性的话，那么，作为它的互补对象，道家文学思想，则更强调文学的艺术特性。庄子的"言不尽意"就体现出这一思想，并对中国古代文学理论产生了极大的影响。

《庄子》"天道篇""秋水篇""外物篇"分别有云："世之所贵道者书也。书不过语，语有贵也。语之所贵者意也，意有所随。意之所随者，不可以言传也，而世因贵言传书。世虽贵之，我犹不足贵也，为其贵非其贵也。故视而可见者，形与色也；听而可闻者，名与声也。悲夫，世人以形色名声为足以得彼之情！夫声色名声果不足以得彼之情，则知者不言，言者不知，而世岂识之哉！""可以言论者，物之粗也；可以意致者，物之精也；言之所不能论，意之所不能致者，不期精粗焉。""荃者所以在鱼，得鱼而忘荃；蹄者所以在兔，得兔而忘蹄；言者所以在意，得意而忘言。吾安得夫忘言之人

而与之言哉！"（见陈鼓应《庄子今注今译》）

庄子以其独特的思维方式，看到了确定性的语言与不定的、无序的、瞬息万变的对象之间矛盾，语言并不能穷尽一切事物对象。按庄子的意思，语言只能表达"物之粗"，即我们所说的事物表面现象、表层意义，也即所谓的"形色名声"，至于"物之精"的深层含义，语言就显得无能为力了。庄子并用轮扁无法用语言将他那种神奇的斫轮技艺表达出来的故事加以佐证："……轮扁曰：'臣也以臣之事观之，斫轮，徐则甘而不固，疾则苦而不入。不徐不疾，得之于手而应于心，口不能言，有数存焉于其间。臣不能以喻臣之子，臣之子亦不能受之于臣，是以行年七十而老斫轮。古之人与其不可传也死矣，然则君之所读者，古人之糟魄已夫！'"（《庄子·天道》）

其实，人们从对客观对象的认识，到语言表达的过程，本身就不是一个简单的线性过程。虽然语言作为符号，具有标明事物、表露看法等功能，但又有对某些事物难以穷尽的局限，特别是对人的复杂内心情感、交织的心绪、丰富的遐想，以及对事物的直觉印象、深层潜意识，就更不能做到一一对应地表达或描述，"意有深邃委曲，非言可写，是言不尽意也"（孔颖达《周易正义》卷七）。所以，庄子的论述，不能不使我们折服，我们不也常常为口不能言心中之意而苦恼吗？生活的经验也告诉我们，"只可意会，不可言传"是多么的生动。主体对客体对象的把握，是并不能"一览无遗"的，对事物的认识，本身就有众多是处于非清晰的"模糊状态"，或者是由于思维过程的复杂性，这些要用语言"十全十美"地表达出来是不可能的，即使是讲究概念准确的数理论文中，不也常常只能用非语言符号的图式来代替吗？而形象思维的表达就更是如此了。因而，我们可以说，"言不尽意"的意义就在于：具体的、实在的语言，并不能完全准确无误地表现千变万化的外部世界和人的内心深层。

"言不尽意"在庄子那里，又以"得意忘言"作为补充。既然"言"不能充分"尽意"，又何必拘泥"言"。要得"意所致者"，必须"忘言"。"得意"必须"忘言"，并非"得意"之后方才"忘言"，而是"忘言"之后才能"得意"，这似乎有点玄，但它确切地反映了庄子对"言""意"的看法，"言"有"不尽意"的局限，甚而在某种程度上是对"意"的束缚，我们又何必不舍之而去呢？当然，庄子并不是要否定"言"，否则他又何必写出洋洋万言的文字来？"言"作为一种帮助人们获得"意"的工具，正如筌、蹄的作用一样，只不过庄子以哲人的思辨将它们的关系呈现在我们面前。

庄子这一哲学命题，在中国古代诗文理论长河中的影响源源不断，历代那种追求"言外之意""象外之象""意境"，以及文学欣赏中重整体把握、直觉领悟等，无不印有它的痕迹，成为一种"积淀"，由此而形成艺术中重感性体验的民族特点。

首先对庄子"言不尽意"和"得意忘言"加以阐发和运用的是王弼（226—249），他在《周易略例·明象》中说："故言者所以明象，得象而忘言；象者，所以存意，得意而忘象。犹蹄者所以在兔，得兔而忘蹄；筌者所以在鱼，得鱼而忘筌也。然则，言者，象之蹄也；象者，意之筌也。是故，存言者，非得象者也；存象者，非得意者也。象生于意而存象焉，则所存者乃非其象也；言生于象而存言焉，则所存者乃非其言也。然则，忘象者，乃得意者也；忘言者，乃得象者也。得意在忘象，得象在忘言。故立象以尽意，而象可忘也；重画以尽情，而画可忘也。"王弼吸收了庄子对"言""意"的看法，来解释《周易》中言、象、意三者的关系，把"言""象"作为"意"的工具，与"言不尽意"的观点一样，认为言、象都不能完全达"意"，仅仅起一种"象征"作用而已。王弼这一发挥，其重要就在于将"言"与"意"之间加上了"象"，虽然他所说的"象"并不是指现今文学意义上的"形象"，而是指"易象"，但正如清人章学诚所说"《易》象通于《诗》之比兴"（《文史通义·易教》）；同时又因文学少不了"言""象""意"这三个环节，所以我们可以说，庄子的"言不尽意"，本身就包含着艺术相通的特性，再加之经王弼的全面阐发，从魏晋开始，它逐渐与文学"挂钩"，并随着文学"自觉时代"的来临，而日益为文论家关注，其内涵日趋丰富，从此，中国文学理论的发展中，"重意"这条长线就再也没有断过。

诗人兼文论家的陆机，从创作的甘苦中发出这样的感叹："恒患意不称物，文不逮意，盖非知之难，能之难也……若夫随手之变，良难以辞逮。"（《文赋序》）在文学创作中，复杂纷繁的事物，微妙的心理感受，动荡、交融的思绪情感，常常使大家"束手无策"，"譬犹舞者赴节以投袂，歌者应弦而遣声。是盖轮扁所不得言，故亦非华说之所能精"，这不是文学家的"无能"，而是语言本身的局限。所以陆机试图解决这一矛盾的方法便是"课虚无以责有，叩寂寞而求音"（《文赋》），在"无"中求"有"，在"空白"处见"实在"，在"不言"中呈"有意"，如同画家以大片空白来寓丰富的意蕴，"计白当黑"，从而让读者去体会、领悟作者所不能言的背后又是多么的丰厚。陆机的可贵，就在于他不仅从自己的创作实践中真正感受到"言不尽意"，而且由此探索了克服创作中语言局限的方法，这无疑是前无古人的。

如果说，陆机是从一个文学家的角度出发，那么，以"体大思精"的《文心雕龙》而著称的刘勰，则从理论家的角

度，对"言"和"意"的关系，进行了更为具体的探究。"意
翻空而易奇，言征实而难巧"(《文心雕龙·神思》)。言、意
的不一致性，刘勰认识得很清楚，"言"的确定性难以"招
架""意"的多向性、复杂性，"是以意授于思，言授于意，密
则无际，疏则千里"(《文心雕龙·神思》)。语言有时能够充
分表达思想，有时却又相去甚远，犹隔千山万水。至于那细
微的心理变化，深层潜意识以及艺术创作中的直觉意象，丰
富的想象与联想，要用准确而明晰的语言表现出来，就显得
比较困难了，甚至就是不可能。"至于思表纤旨，文外曲致，
言所不追，笔固知止。至精而后阐其妙，至变而后通其数，
伊挚不能言鼎，轮扁不能语斤，其微矣乎"(《文心雕龙·神
思》)。而刘勰关于"隐秀"的看法，更是对"言不尽意"的
扩充："文之英蕤，有秀有隐。隐也者，文外之重旨也；秀也
者，篇中之独拔者也。"(《文心雕龙·隐秀》) 刘勰将作品中
"言"所构成的形象称之为"秀"，即见诸语言层面上的，而
"隐"则是既体现于作品之中，然又于语言之外的思想情感
（意），而且，他强调创作中的"隐"，即所谓"隐以复意为
工"。这显然是对"言不尽意"的积极理解和运用，并且不局
限于仅仅看到"言不尽意"的一面，而且"化消极为积极"，
主动倡导创作中的"不尽意"，留有余地，在"隐"上下功
夫，使作品更富有余味，因为"'言有尽而意无穷'是它的特

质"（傅庚生《论文学的隐与秀》，见《中国古代文论研究论文集》，上海古籍出版社 1989 年版）这就能使读者在"不尽意"的言语之外，去领略到更多的无限，从而在遐想中获得众多的满足。

梁之钟嵘更是明确地说出了"文已尽而意有余"（《诗品序》），并以"言在耳目之内，情寄八荒之表"，来赞阮籍《咏怀》诗，由理论而到具体作品的品评。

至此，我们可以看见，从庄子的"言不尽意"，已发展到文学创作中的一种自觉追求，即"意在言外"。这一理论，在以后的创作中不断被运用，并又在理论上不断充实，经唐代殷璠、皎然到刘禹锡提出"境生象外"（《董氏武陵集纪》），直至晚唐司空图，更是大力倡导文学创作中的"韵外之致""味外之旨"和"象外之象""景外之景"，并将"不著一字，尽得风流"（《二十四诗品》）作为创作的最高境界，力求摆脱语言的束缚，将曲致的情理寄诸言外，尽情抒写。

在宋代，"言外之意"更是成为诗文家特别推崇的诗文评判准则和美学标准。欧阳修的"必能状难写之景如在目前，含不尽之意见于言外，然后为至矣"（《六一诗话》引梅尧臣语），而高举"妙悟""兴趣"的严羽，则更认为高妙的诗必须具备"如空中之音，相中之色，水中之月，镜中之象，言有尽而意无穷"（《沧浪诗话》）的美学效果。到清代，王士禛继前人而倡"神韵"，无不打上"意在言外"的烙印："须如禅家所谓不粘不脱，不即不离，乃为上乘。"（《蚕尾文集·跋门人黄从生梅花诗》）近人王国维，以"境界"将文学的优美一概无遗，文学含蓄的意蕴，如食橄榄之味，"古今词人格调之高，无如白石，惜不于意境上用力，故觉无言外之味，弦外之响，终不能与于第一流之作者也"（《人间词话》）。王国维将千年发展中的"言""意"之关系，以"意境"概括，可谓集大成者。

从庄子到王国维，时隔数千年，文学的发展曲折万变，但这一文学主张却贯穿始终，并越来越突出，这恐怕也算是一种"积淀"。但当我们再度审视这一"积淀"的背后时，不禁要问，庄子的"言不尽意"为什么会在文学的长河中经久不衰，它与艺术创作规律到底有多少契合。

文学作为对生活的一种把握，作者必将其对生活的理解、感受表现出来或传达给别人，但由于生活世界的无限变化，主观世界的纷繁复杂，而且又时常体现为直觉形象与潜意识，故而，文学创作作为对生活反映的审美活动，其复杂性是一般感知活动所不能比拟的，正如卡西尔在《人论》中所说："我们的审美知觉比起我们的普通的感觉知觉来更为多样化。"因此，作者经常无法用语言清楚地将自己的思想、情感、感受传递出来，似乎语言与人的心里深层世界隔着一段距离。那么，唯一的办法，就是求助于"言外之意""象外之象"，而这种"象外之象"就是一种"不可以用语言表达的意象，一种诉诸直接的知觉的意象，一种充满了情感、生命和富有个性的意象，一种诉诸感受的活的东西"（苏珊·朗格《艺术问题》）。一部优秀的文学作品，它有"实""虚"二体之分，它的"实体"是为我们所见，由语言符号构成的外在形象，以及由它而体现出来的"意"，而所谓的"虚体"，则是不见于文字，而又确为读者所能感知的"意象"，它不是简单的"言外之意"，而是审美主体（读者）感知的形象，也是创作主体将审美情趣寄于其中的意象，文学创作的顶峰应在于此。因此，我们不难发现，中国古代作家（包括文论家）从看出"言不尽意"到主动放弃"尽意"，而去寻求"言外之意"，以"少许"胜"许多"，在"有限"中把握"无限"的历程，不能不说是在艺术规律道路上的探索。

从某种程度上讲，当作家对站在自己面前的对象手足无措、局促不安，或能领悟、能感受，却又不能用语言明晰表达出来的时候，正是其艺术才能可以大放光彩之际。因而，优秀的作家应在"有意""无意"之间去追寻那"不尽意"的世界。

另外，文学作品本身又是一个开放系统，"一部作品开始需要有一个作者，但也需要有读者或观赏者的再创造的接受经验"（英加顿《现象学美学：试界定其范围》，见王逢振《意识与批评》附录原文）。读者对于作品来说显得尤为重要，没有读者，则无所谓文学作品。读者的参与，是作品完成的最终，因而"召唤"读者参与到作品中来，又是一部成功作品的关键。文学作品的最终完成，并非仅取决于作者，还须有读者积极参与，"效果及反应既非本文固有的所有物，也不是读者固有的所有物；本文表现了一种潜在性，而它在读者阅读过程中得到现实化"（伊瑟尔《阅读活动——审美反应理论》）。但是，读者的加入是有条件的，其中重要之一，就是作者于作品中应留有余地，以一定的潜在因素"召唤"读者，读者的作用也只能在作品的不确定性或意义的空白中得到发挥。因为"文学作品的本义作用于读者的过程，也是读者对它进行理解和加工的过程……这里应该突出两个根本问题：一、文学作品如何调动了读者的能动作用，促使他对本文中描述的事件进行个性的加工？二、本文在何种程度上为这样的加工活动提供了预结构，提供了怎样一种预结构"（《接受美学的新发展》，见《文艺报》1988 年 6 月 11 日）。而这种"预结构"就是一种"召唤"，以它的潜在性来吸引读者入乎"本文"而又出乎其外，而文学语言的多义与不确定性，又能使"本文"具有这样的"预结构"，从而促发欣赏者的多元。"言外之意"对这一开放系统的实现起着必不可少的作用，它要求作者在作品中悬置空白，而正是这种空白，能唤起读者无限的遐思，在作品的不确定性中，展现丰富的审美内涵。同时它能使作品更多地显出对读者的"期待"，从而更能发挥和加深读者对"本文"的体验，感受到语言之外的世界，展开丰富的想象与联想，于更为广袤的时空中感受人生。

（原文刊于《镇江师专学报》1990 年第 3 期）

"滋味"解说

　　中国古代文论中，有许多含义独特的文学范畴。"滋味"就是其中之一，以其丰富的内涵而愈来愈受到人们的重视，如今，当我们融现实视界与历史视界为一体时，就更能看清它的文学合理性。

　　"滋味"第一次正式被突出为文学的标准，实为钟嵘的功绩。"滋味"是他诗歌理论以及实践的最高理想和准则，他说："五言居文词之要，是众作之有滋味者也。"在批评玄言诗时他也说："理过其辞，淡乎寡味。"（《诗品序》）值得一提的是，"味"在钟嵘的《诗品》中，触及了文学两方面的内容：一方面是作为在"指事造形，穷情写物"（《诗品序》）基础上建立起来的文学意蕴，即"滋味"，或称"意味"。这一点在中国古代文论的长河中影响很大，后来的"意境"说，就滥觞于此。而另一方面则是从文学审美鉴赏的品味、体验意义上来讲的，如"使味之者无极"（《诗品序》），它属于鉴赏论的范畴。钟嵘在《诗品》中重点是谈的前一个方面，所以本文也只是对前者作些探讨。

其实，在钟嵘之前，已有不少人将"味"与文学艺术联系起来论述了，《论语·述而》中说："子在齐闻《韶》，三月不知肉味。"孔子听了美妙的音乐之后，为什么会长时间不知肉味？这是因为在音乐的本体之中，存在着比肉味更美的东西，它引起了孔子心灵上的愉悦。这种艺术魅力和艺术意蕴，能使人"忘乎所以"，暂时摆脱掉眼前的具体事物，而畅游于艺术的天地，获得舒心悦怀的超生理的心理快感。《礼记·乐记》中也曾将音乐的"遗音"与"大羹"中的"遗味"相提并论。这也许是我们民族在那个历史阶段，对文学艺术审美特性认识的体现，虽然还不能说它们已是明确的审美概念，但它却显示出一种比较明确的方向性和趋势性。而后，随着"文学"的"自觉时代"来临，以及文学自身的不断发展，"味"的概念被广泛地运用于文学艺术理论之中，作为中国古代文学理论的特有范畴，"滋味"得到了普遍的确立和承认。魏晋时人以及后代文人对它的思索，体现出了"感受"——"认识"——"追求"的轨迹，人们对文学的把握，再也不限于以注经式的方法挖掘文内的微言大义，而是追求它那"言在耳目之内，情寄八荒之表"（《诗品》评阮籍）、"言有尽而意无穷"的文学滋味和境界，并将中国文学独特的艺术意蕴作为对文学审美特征的认识。自魏晋始，经过众多文人的不懈努力，从逐渐认识到自觉追求。"太羹遗味"（陆机《文赋》）便被用来比喻文学韵味留给人的无穷美感。而文论家刘勰则将"味"作为一种文学境界加以褒扬："子云沉寂，故志隐而味深。"（《文心雕龙·体性》）在以后的文学理论长河中，"味"更被视为文学本体而得到许多人的大力推崇。司空图之"味外之味"，严羽所提倡的唐人诗之"兴趣"以及它的"镜花水月"般的文学审美特征，杨时的"学诗者不在语言文字，当想其气味，则诗之意得矣"（《龟山语录》）等等，都体现出他们将"味"（滋味）看作文学本体的一致精神。

那么，"味"是如何与艺术审美联系起来的呢？这就要从中国人"美"的意识谈起。我们民族，是一个注重实际的民族，对事物的认识往往是从自身的实际经验出发，带有很多的感受性和经验性，不像西方民族大多注重思辨性和系统性，因而在分析事理的过程中，也就特别具有丰富的感性特征，而高度的抽象性、分析性则显得不够。所以，中国人"美"的意识起源，即对美的认识，也多是从实际生活的直观感受中得来，而不同于西方通过逻辑思辨以获得对"美"的认识。我们先民"美"的原初意识，就来源于味觉器官带来的生理快感，《说文解字》曰："美，甘也，从羊从大。羊在六畜主给膳也。"由此可以看出，古人从生理上的味甘为美，感受到一种超乎生理的心理愉悦，而"美"的原初意识便诞生了。随着时间推移、历史因素的积淀、人类理性思维的发展，人们便从无意识地感受对象转向有意识的理解、解释对象，结果古人在对"美"，特别是对文学艺术美作探讨时，便有意识地将它与"味"联系在一起，从而形成了我们民族特有的文学审美范畴。同样，我们民族"美"的原初意识，也孕育了中华民族特有的文学艺术风貌和崇尚深邃空灵的文学艺术情致。

中国文学以诗为主体，而诗之特征之一，便是"味"。"滋味"是文学作品中能够唤起读者审美感受的意蕴丰赡的"虚实体"。一部作品有无"滋味"，就看它能否激发起欣赏者生命意志搏动和心灵世界动荡。当你读优美的诗作，或站在大师们的画前，或倾心听那欢乐、悲怆、激昂、深沉的乐曲时，你的神情定然随之变化，或紧张、或轻松；或激动不已、或沉思冥冥；或快乐无比、或怆然泪下……总之，你会在瞬间体会到生命的意义、人生的悲欢离合。此时此刻，你会真正感到自己是一个自由的人，古往今来，海阔天空，无所不至。虽然这样的体验瞬间即逝，但你却会心满意足，这便是"滋味"的巨大魅力。中国文学本体"滋味"，就是这种易于意会，难于言传的"虚实体"。

文学作品是作者主观情感的外化和形式化。而"形式"

的巨大作用，就在于它的"意向性"和"指向性"，它可以引导读者去寻觅作品背后的深意。作者所敞开的心灵世界，往往不全在作品之中，更多的、深层的、隐秘的情感常常隐含在作品之外。但它们又不是"天马行空"式的"无迹可求"，依据"形式"的"意""指"二性，以及欣赏者的主观因素，人们是可以感受、体悟到它的。作为文学本体之"滋味"的合理性与立足点就在于此。

钟嵘以"滋味"作为衡量诗之优劣的标准，就是要求诗应具有一种既见诸文内，又游弋于诗外的深邃空灵体来作为它的本体，即作者设置、读者感受的文学之"滋味"。《古诗十九首》之所以备受钟嵘推崇，并被列为上品，就因为它那"独远"的"清音"，交织着社会、时代和个人的愁绪，那淡淡的忧思，既见于诗内，更能于诗外为人们所感受，这便是钟嵘倡导的"滋味"之作。

"滋味"既蕴含在文学作品之中，又体现于作品之外，其特征便是一个多重的复合体，是多层次的融合。宗白华先生在论"意境"时说："艺术意境不是一个单层的平面的自然的再现，而是一个境界层深的创构，从直观感相的模写，活跃生命的传达，到最高灵境的启示，可以有三层次。"（《美学散步》）宗先生对"意境"从"实"到"虚"这一特征的概括，显然也适用于"滋味"的特征。因为，作为中国文学本体的

"滋味",与"意境"有着类似的审美特征,"意境"理论的出现,可以说,很大程度上依赖于"滋味"说的发展,甚至可以说,"滋味"就是钟嵘时代"意境"代名词。

"滋味"作为一个概念,比较抽象,也比较模糊。如果我们借"象外之象"来把它具体化,就能比较清楚地看出,"滋味"这个多层复合体的意义就在这两个"象"上,由这两个"象"构成(这里不涉及司空图的理论,仅借其语)。前一个"象",是主客体为一的"具象";后一个"象",则是高度抽象的"意象"。前者体现出作者与现实生活的关系,后者则表现了读者与作品的联系。当然,作为整体,它们又是交叉的。因而,"滋味"的两个"象",既具体又抽象,既精细又空灵,既自然又深邃,既在眼中,又存心内;前者作为"形式",有较大的稳定性,后者作为文学本体的精髓,有更多的不确定性;既是"虚幻"的实体,又是一种感受召唤。作为文学形式的"具象",是作者心灵的具体化,与自然之象并无多少本质上的联系,它是作者的"感受之象""内心之象",是作者心灵得以外化的媒介。通过它,作者可以将内心的积郁释放出来,将自己对世界、现实、人生的感受、体验表达出来,使自己成为精神自由的人。更重要的是,它能引导读者去把握第二个"象"(意象),即文学本体的精华。因为文学的真正意味并不全在第一"象",作者的心灵深层也不可能于此

完全展示，作者着力于第一"象"的刻画，完全是为了呈现
出第二"象"的"意味"，从"具象"中显示出"意象"的端
倪。所以，第一"象"中的创作主体因素十分重要，物我为
一，物为我用，外物因人而异，"今夫山川草木，风烟云月，
皆有耳目所共知识，其入于吾语也，使人爽然而得其味于意
外焉"（元·刘将孙《养吾斋集·如禅集序》），于有限的文
学形象中，展现出无限的文外"意象"。黑格尔说过："艺术
作品中的感性事物本身就同时是一种观念性的东西，但是它
又不像思想的那种观念性，因为它还作为外在事物而呈现出
来。"（《美学》第一卷）作为第一"象"的文学形式，是感性
与理性、主观与客观、具象与抽象统一的具体显现，它与第
二"象"互为表里，所以我们说，文学本体的"滋味"是多
层的复合体。但前者毕竟不是文学本体的终极，我们还要朝
着本体之端靠近。

　　中国文学的本体精华与核心，实在于文学形式以外的
"意象"。它是不确定的"虚幻"实体。说它"虚幻"，是因它
不见诸文字之中，看不见，摸不着，说不出，虽能感其"真
意"，但又"欲辨已忘言"；说它是"实体"，是因它确实能为
读者感知，依赖于读者而存在的"象"。能感则有，不能感
则无。宋代包恢说："诗有表里浅深，人直见其表而浅者，孰
为能见其里而深者哉！犹之花焉，凡其华彩光焰，漏泄呈露，

烨然尽发于表，而其里索然，绝无余蕴者，浅也；若其意味风韵，含蓄蕴藉，隐然潜寓于里，而其表淡然，若无外饰者，深也。然浅者韵羡常多，而深者玩嗜反少，何也？知花斯知诗矣。"（《书徐致远无弦稿后》，见《敝帚稿略》）感于表者，不能体悟到文学本体；深入内者，方能感受文学的生命之所在。"滋味"正如加拿大学者叶嘉莹女士对"境界"论述一样："境界之存在，全在吾人感受之所及。因此外在世界，在未经过吾人感受之功能而予以再现时，并不得称之为境界。"（《中国古典诗歌评论集》）所以我们说，"滋味"相当于一种"虚幻"的实体。就文学家来说，苦苦追求的正是文学本体的核心，因为它能将自己的生命感受融入于中，一切"隐私"可以无所顾忌地和盘托出，有时文内平淡无奇，而文外却丰赡异常，此正如沈德潜所说："渊明诗胸次浩然，天真绝俗，当于言语意象外求之。"（《唐诗别裁集·凡例》）文学本体是作者展示心灵的最佳场所，作者全部的思想、情感、意志、愿望等等都包含于其中，这便是作为文学本体精华之所在"意象"中"意"的具体含义。

如果说，第二"象"即"意象"的"意"，是立足于作者表现层面的话，那么，其中的"象"，则是侧重于读者的感受层面。人们欣赏文学作品，目的在于满足精神上的自由，而有限的文学形式，即第一"象"，并不能完全满足人的这一要求，因为它是文学本体的外层，本身的意义仅在于"意向性"和"指向性"。我们欣赏文学艺术，旨在感受那些能激发起生命意识的本体深层。文学本体深邃而邈远，空灵而不确定，因而读者活动的天地是广阔的，能自由地想象和感受生活中的一切，正如沈德潜所说："觉前人声中难写、响外别传之妙，一齐俱出。"（《说诗晬语》）但是，欣赏主体的自由驰骋又不能离开具体物象，因为主客体并非两个完全独立的对象，它们永远是处于一种"关系"之中，主体对象只有与客体相触接，方能表明它是意识的主体。读者感受文学本体深层的审美活动，是一种综合性的活动，它需要读者融感觉、情感、想象、理解于一体，而这种综合活动，在中国古代文学欣赏理论中，又常常表现为"设身处地"的阅读现象。清人况周颐说："善读者，约略身入景中，便知其妙。"（《蕙风词话》）"设身处地"并非一定是现实的，可以是想象的，其中就必然含有主客体二者。不少人对杜甫《冬日洛城北谒玄元皇帝庙》中的"碧瓦初寒外"不解，而叶燮则说："然设身而处当时之境会，觉此五字之情景，恍如天造地设，呈于象，感于目，会于心。"（《原诗·内篇下》）在读者心目中所感受的文学之"味"，总是与具体形象有关。读者总想将感受到的一切具体化，并借助它们来更自由地驰骋想象，因为人毕竟离不开对象物而存在，文学本体的审美感受，就是化"虚"为"实"的活动过程。在这过程中，读者活动的主动性是很大的，欣赏者以自身的情感、思想、经历等主体因素来理解文学"意味"，通过想象等手段来造出活生生的属于自己的艺术形象。总而言之，从文学的"滋味"中，读者能体验到人生的喜怒哀乐，感受到生命的终极意义，而这一切又都离不开读者心目中的"象"，这便是作为文学本体精华——"意象"中"象"的意义。

　　"滋味"是个复合体：表层的与深层的相结合，"具象"与"意象"相统一。它虽然不能机械地分开，但作为一个多层面体，毕竟各有侧重：表层是"指向"，深层是"旨归"；"具象"重在创者，"意象"则侧于感者。

（原文刊于《文史哲》1991 年第 1 期）

"文气"论

　　浩瀚似海的中国古代文论，以其丰富精深的术语概念，诗评漫话的批评方式，给人以深厚、清新、活泼的感觉；但同时，那多为感性的文论范畴，又让人困惑，难以把握。其内涵和价值到底在哪里？这是一个长期萦绕着我们的"难题"。这里，我们试图借对"文气"的历史与现实意义的考察，以及文化与文学背景的审视，来具体感受、领悟中国古代文论范畴的丰富意蕴。

"文气"的历史溯源

　　无论从理论还是历史实践来看，中国人的思维方式，精神形态，以及由此而形成的结论，都深受中国早期社会特征的影响，具体地说，"农业性"这个中国早期社会最显著的特征，对中国人的社会心理、文化观念、思维形式的影响，是我们所无法否认的。

我们都知道，农业社会中的人们，因生存需要，以及对自然认识的有限性，故在思维方式上比较注重感性、直观和整体，对事物及自身的认识，往往从切身的感受、经验出发，加以解释，加以结论，其结果必然是一种"经验的抽象"，即貌似抽象的结论中，带有明显感性色彩的经验成分。当我们对"气也者，神之盛也"这似乎具有玄学意味的表述不解时，却又有了"气，谓嘘吸出入者也"的注脚。同时，由于早期农业社会中，人与自然关系所确定的朴素和谐观而发展形成的"天人合一"，可以说无论于观念意识上，还是在行为方式中，都深深地影响着中国人对物质世界和精神世界的认识。汤一介先生曾对此作过全面分析：在中国传统哲学中，"所谓'天人合一'的观念表现了从总体上观察事物的思想，不多作分析，而是直接的描述。"（《论中国传统哲学中的真、善、美问题》，见《中国哲学范畴集》第25页）人类早期社会发展中，不管是东方或西方，虽社会构成、思维方式等不同，但在宇宙本原的探求过程中，都曾试图以一种物质性的事物加以诠解，这或许是人类认识发展史上的一个共同点，大多数西方人以"水"，这显然与他们身处海洋性区域的生存环境有关；而我们则以"气"，这也是农业生产中直接经验的结果。同时，作为"经验的抽象"，"气"又被中国人用来解释自然中的所有，地动山摇，则谓"夫天地之气，不失其序，若过其序，民乱之也。阳伏而不能出，阴迫而不能烝，于是有地震"（《国语·周语上》）。李约瑟说过："它（指'气'）虽然在许多方面类似希腊的空气，我还是宁肯不进行翻译，因为它在中国思想家那里的含义是不能用任何一个单一的英文词汇表达出来的。"（转引自程宜山《中国古代元气学说》第3页）因此，在中国人眼中，"气"是由经验形态上升到哲学理性的万物之源，"万物负阴而抱阳，冲气以为和"（《老子·四十二章》），中国人视"气"为生命之本，《管子·枢言》篇："有气则生，无气则死，生者以其气。"《庄子·知北游》中也说："人之生，气之聚也。聚则为生，散则为死。"关于这一点，汉代王充《论衡》中述之更多："人之所以生者，精气也。"（《论死篇》）从体态形貌到性情意志，从个性到情感，人都因一"气"："人禀气于天，气成而形立。"（《无形篇》）"形须气而成，气须形而知。"（《论死篇》）"人之善恶，共一元气，气有多少，故性有贤愚。"（《率性篇》）中国哲学上的"元气"和中国文学中的"文气"，虽然属两个不同概念的范畴，但"气"的"生命性"意义，在中国古代文学活动的整个过程中，都得到了体现。

文学作为意识活动，离不开民族自身的思维方式，而对其本质的认识，我们则走过一段漫长的道路，从"诗言志"

到"诗缘情",都说明人们试图解释文学的本质。"气"作为中国人探索宇宙、人类所得出的最终结论,深深"积淀"在人们的心中,当人们面对自己认识对象的时候,常常会有意识或无意识地受到这种结论昭示,来解释认识对象,对文学的解释同样如此。作为中国人具有根本性意义的结论:"气",恰恰能够符合人们对文学根本思考的心理,故以"气"论文,借"气"之特征阐释文学,这显然是一种新文学观念的诞生,它立足于"生命性"来解释文学现象和本质,同时也标志着中国古代文论中"文气"范畴的确立。

首先提出"文气"一词者,是曹丕的"文以气为主"(《典论·论文》)。"文气"为什么会出现在魏晋,我认为,这个时代的社会氛围,诸如政局动荡、战争频繁、儒学告退、人物品评,以及对人精神价值的追求、生活的"审美化"倾向等等,都给对文学的进一步认识,提供了一个更深厚、更广阔的文化背景。"魏晋"这个中国社会中的"青春期",萌动和孕育出许许多多的新观念,"文气"便可谓其中之一。

"文气"的历史内涵

"文气"如同中国古代文论中的其他范畴,对其作确定意义上的界说,是件棘手的事。但若我们放宽视界,不拘泥于

一人一语，而着重于它的精神实质，其历史内涵仍能为我们
所把握。

一、作为中国古代文学创作者的主体之"气"

从这个意义上说，中国古代文学理论中，将"气"视
为文学活动中创作主体的一种力量，一种支撑作者进行文学
活动的内在推动力，这里大致有两层含义：第一，始于魏晋
的"情感之气"，即将"气"看作是文学创作者的一种内在的
"情感"因素；第二，源于孟子、臻于韩愈的"修养之气"，
即将"气"看作是文学创作者的一种内在"人格"因素。

关于情感之"气"。从曹丕的"文以气为主"到明代
的"独抒性灵"，都强调了文学创作中主体"情感"作用，大
异于所谓"代他人立言"或"教化"的文学创作观。造成这
种变化的根本原因，在于魏晋时代"人的觉醒"与"文学的
自觉"。魏晋时代，长期占据并统治人们的儒家经学逐渐告
退，思想领域出现了对汉代一统天下的儒家学说的叛离与反
动，各种思想、观念纷至沓来，诸如建功立业的思想，感叹
世道艰难、人生无常的思想，热衷老庄清淡玄远的思想，放
情山水、及时行乐的思想，如此等等，都是对传统的观念、
道德标准、人生信仰、生活态度的冲击与冲破，其时，诸种
规范和束缚逐渐丧失，人们将个体生命作为独立的存在，作
为人的整个生活价值与生命意义。总之，因魏晋时代的社

会特征，引起了人们文化心理结构的变化，人们的所作所为，都以"尽情"与"穷情"为是，"情"是人们行为方式的内驱力。《世说新语·伤逝》载曹丕为王粲送葬，"顾语同游曰：'王好驴鸣，可各作一声以送之。'赴客皆一作驴鸣"。另外，像"阮籍常率意独驾，不由径路，车迹所穷，辄恸哭而反"（事见《晋书·阮籍传》），"刘伶恒纵酒放达，或脱衣裸形在屋中，人见讥之。伶曰：我以天地为栋宇，屋室为裈衣，诸君何为入我裈中？"（《世说新语》之《任诞》篇）可见，其时人们所追求的人生最高风范便是任情任性。在这种社会氛围中，人们对文学的认识必定离不开时代的特征，人当"道情"已被当时人们所普遍接受，除陆机的"诗缘情"而外，刘勰的"为情造文"（《文心雕龙·情采》），钟嵘的"摇荡性情，形诸舞咏"（《诗品序》），"言在耳目之内，情寄八荒之表"（《诗品》评阮籍），可谓其时文学"新语"。此时的创作，也正是所谓"情之所钟，正在我辈"（《世说新语·伤逝》），例如"三曹"诗中的壮志难酬、离愁别绪、迁逝之感，阮籍的"感慨词"，嵇康"托喻清远"的生命悲歌……无不是"情"之使然。正因为"情感"在魏晋时代人们生活中的地位与作用，因而，当哲学之"气"被引进文学领域后，便无法不含有"情感"意义上的时代特征。刘勰所说的"使气以命诗"（《文心雕龙·才略》），"负气以适变"（《通变》），"慷慨

任气"（《明诗》），以及"观其时文，雅好慷慨，良由世积乱
离，风衰俗怨，并志深而笔长，故梗概而多气也"（《时序》），
其中之"气"，都含有"情感"的意义，所以刘勰也说"情与
气偕"（《风骨》）。"气"作为人们在社会活动中产生的具有理
性观念的东西，会因时代的因素而包含特定的内涵，魏晋时期
的"气"观念，在文学范畴中，因其置身于"情感世界"，时
代的氛围必定使它具有"情感"性。另外，当属于哲学范畴
的"气"进入文学范畴，必须要为文学所用，正如徐复观所
说："支配气的是观念、感情、想象力，所以在文学艺术中所
说的气，实际是已经装载上了观念、感情、想象力的气，否
则不可能有创造的功能。"（《中国艺术精神》，春风文艺出版
社1987年版，第140页）在中国文论史上，虽会因其时、其
人等因素，在"气"的意义上，并不尽同，但其内在精神则大
多是一致的。例如宋代苏舜钦就说过："诗之作与人生偕者也。
人函愉乐悲郁之气，必舒于言。"（《苏学士文集·石曼卿诗集
序》）清人章学诚也说："凡文不足以动人，所以动人者，气
也。"（《文史通义·史德》）

我们要重申的是，虽然我们以"情感"来看待始于魏晋
的文学之"气"，这并不意味着它是"气"的全面内涵，因
为，作为生命之体，"气"被中国人用来解释各种不同的现
象，其意义当然是丰富的，这里所论的，仅是在魏晋特定文

化背景之中，"气"被引入文学领域所具有的一方面内容。

关于"气"之修养意义，这不能不"归功"于孟子对传统"气"观念的新阐释，将多少带有神秘化的东西"现世化"，创立了"养气"学说。这源于他政治哲学思想中的三大支柱："仁政""性善""人格美"。通过这三者，孟子确立了人在社会实践中所必须具备的主体人格力量，即主体在行动实践中必须充满社会责任感和精神道德感。孟子所提倡的"舍生取义"，在中国历史上，已经成了多少"志士仁人"的生活哲学和人生座右铭。孟子的"养气"学说，正是试图从主体内在寻求"仁""善""美"的途径，因而，其"气"的内涵，则表现为一种体现人的社会价值的道德修养，以及生活实践中的人生力量，所以《孟子》中有："我善养吾浩然之气。敢问何谓浩然之气？曰：难言也。其为气也，至大至刚，以直养而无害，则塞于天地之间。其为气也，配义与道，无是，馁也。是集义所生者，非义袭而取之也。"（《孟子·公孙丑上》）孟子这一学说，对中国古代文学批评，注重主体修养思想，无疑是产生了直接影响。

韩愈直接接受了孟子"养气"说，并用之于文学，在《答李翊书》中说："气，水也；言，浮物也，水大而物之浮者小大毕浮，气之与言犹是也。气盛则言之短长与声之高下者皆宜。"韩愈论文，以道为本，所谓"处心有道"，则能"垂诸文

而为后世法"，如此，则须有所养，故他又说："将蕲至于古之
立言者，则无望其速成，无诱于势利，养其根而俟其实，加其
膏而希其光。根之茂者其实遂，膏之沃者其光晔。仁义之人，
其言蔼如也。"韩愈之"道"，如他所言："吾所谓道也，非向
所谓老与佛之道也。尧以是传之舜，舜以是传之禹，禹以是
传之汤，汤以是传之文、武、周公，文、武、周公传之孔子，
孔子传之孟轲。轲之死，不得其传焉。"(《原道》)就此看来，
韩愈以"养"为核心的"气盛"，当以儒家传统道德为主要内
容，即重视文学创作者的道德修养进而扩展为多种修养在文学
活动中的作用。这样，由于韩愈的倡导，在中国古代文学批评
史上，尤其是唐宋以后，就出现了"道""气""文"三位一体
的文学观念，所谓"文本于道，失道则博之以气，气不足则饰
之以辞。盖道能兼气，气能兼辞，辞不当则文斯败矣"(梁肃
《唐左补阙李翰前集序》)。韩愈的弟子李翱也说："故义深则
意远，意远则理辩，理辩则气直，气直则辞盛，辞盛则文工。"
(《答朱载言书》)这种文学观，是唐宋特定的文化背景所决定
的，并在以后产生了很大的影响，"气"被作为文学创作者内
在的多方面修养性内容，得到了许多人的提倡，苏辙说："其
气充乎其中，而溢乎其貌，动乎其言，而见乎其文。"(《上枢
密韩太尉书》)晁补之论黄庭坚时也说："鲁直于治心养气，
能为人所不为，故用于读书、为文字，致思高远，亦似其为

人。"(《书鲁直题高求父扬清亭诗后》)作为诗人的陆游，则更是从自身的创作实践中深深体会到："谁能养气塞天地，吐出自足成虹霓。"(《次韵和杨伯子主簿见赠》)作为一个文学创作者，先天的因素固不可少，但后天所养，即自觉追求和努力培养自己的文学创作素质，也是至关重要的，所谓"所养愈深，而诗亦加工"(陆游《曾裘父诗集序》)。

"养气"经唐宋以来，发展成中国古代固定的文学观念，它突出强调了在文学审美活动中，创作主体的作用，将主体内在条件看作文学活动中的重要因素，其中，所养之"气"，有继承道德修养的内容："道者，气之君；气者，文之帅也。道明则气昌，气昌则辞达。"(方孝孺《与舒君书》)"吾则以为养气之功在于集义。"(魏禧《宗子发文集序》)这都是对韩愈重人格道德修养的直接继承。但作为文学范畴，特别是中国古代文学范畴所具有的多义性特点，"养气"的内涵又不仅仅局限于此，苏辙就说："澹然养浩气，脱屣遗齐卿"(《次韵子瞻见寄》)，显然是对高洁人格的肯定，不为官禄名利所诱动，以无实用功利之心，求得审美精神之状态的养成，从而进行文学创造。清代管同也说过类似的意思："日蓄吾浩然之气，绝其卑靡，遏其鄙吝，使夫为体也常宏，而其为用也常毅，则一旦随其所发，而至大至刚之概，可以塞乎天地之间矣。如此则学问成，而其文亦随之以至矣。"(《与友人论文书》)而元代文论家陈绎曾则将"养气"与老庄所提倡的"虚静"结合起来，视其为文学审美活动中一种精神态度："养气之法，宜澄心静虑，以此景此事此人此物默存于胸中，使之融化，与吾心为一，则此气油然自生，当有乐处，文思自然流动充满而不可遏矣。"（《文说·养气法》）总之，因"气"的多重意义和模糊性特征，"养气"的含义又因时代、论家的不同，显示出很大的包容性：既可指是对创作主体生命力的肯定与追求，又可指对创作主体修养的倡导，以及对主体某种精神状态的保持。

二、作为中国古代文学作品中的文本之"气"

当"气"之观念被引进到文学领域，人们便不断注意其在文学作品中的意义，古代许多的诗文批评者，将"气"之观念运用到文学批评时，不仅指创作者的一种内在"生命力"，而且以此来论述文学作品本身的"生命力"。同时，从文学规律讲，文学作品是创作者内在审美的外化，创作者所具有的"气"，必然会表现在各自的作品当中，所谓"自古诗人养气，各有主焉。蕴乎内，著乎外，其隐见异同，人莫之辨也。熟读初唐、盛唐诸家所作，有雄浑如大海奔涛，秀拔如孤峰峭壁，壮丽如层楼叠阁，古雅如瑶瑟朱弦，老健如朔漠横雕，清逸如九皋鸣鹤，明净如乱山积雪，高远如长空片云，芳润如露蕙春兰，奇绝如鲸波蜃气：此见诸家所养之不同也"（谢榛《四溟诗话》卷三）。

　　"气"作为中国人的生命之本，于文学作品中，当然也表现为一种"生命"的存在，这种体现了中国人审美情趣的"存在"，就具体为中国文学批评中所常用的，诸如"气韵""气味""气象""神气"等理论术语中，从本质来讲，它们于中国文学作品中所显示出的文学特征，都带有了中国人宇宙本体——"气"的特征。因而，这也正是我们走出狭隘的"文气"观，使之成为具有广泛意义的理论范畴依据之一。"气韵"一类，就是我们所讲的"气"于中国文学作品本身中所具有的意义，即所谓的"文本之气"。因此，中国文学中所说的"气韵"等，实质上就是"气"之哲学意义上的"生命性"在文学中的延伸，宗白华先生论中国画时曾说："中国画所表现的境界特征，可以说是根基于中国民族的基本哲学，即《易经》的宇宙观：阴阳二气化生万物，万物皆禀天地之气以生，一切物体可以说是一种'气积'（庄子：天，积气也）。这生生不已的阴阳二气织成一种有节奏的生命。中国画的主题'气韵生动'，就是'生命的节奏'或'有节奏的生命'。"（《艺境》，北京大学出版社 1987 年版，第 118 页）中国的文学同样如此，从生命之"气"到文学作品中的"气韵"，都体现出了"生命性"的特征，中国文学的文本特征，正是通过"气韵"等，来展现其本身的生命活力。据此，我们认为："文以气为主"，如果就中国文学作品文本而言，即可说是以"气韵"为主。宋人陈善

就说过："文章以气韵为主，气韵不足，虽有辞藻，要非佳作也。"（《扪虱新话》卷一）

中国古代文学创作中，有一个重要特征，即重主观感受的表现，尤其是作为中国文学主体的诗歌所追求的，不是对象形式的具体细腻描绘，而是以画龙点睛式的勾神，以比兴寄托为主，因而形成了中国古代文学特有的"言有尽而意无穷"的文学精神与风貌，作品的生命力既体现于文内，更体现在文外，具有极大自由度的阅读审美效果。所以，以"气"或"气韵"等来概括中国文学作品的文本特征，正是本着中国文学文本的核心精神，即以作品文本所具有的基本特征来作为确立"文气"范畴中"文本之气"的理论依据，这也就是我们为什么说，"文气"应该包含反映出中国文学作品文本生命力的原因。白居易说："天地间有粹灵气焉，万类皆得之……文人得之又居多。盖是气凝为性，发为志，散为文。"（《故京兆元少尹文集序》）作家得天地间生命之"气"，文中也必然有这种生命之"气"，这也就是黄宗羲为什么说"夫文章，天地之元气也"（《谢皋羽年谱游录注序》）。方东树也说："观于人身及万物动植皆全是气所鼓荡。气才绝，即腐败臭恶不可近，诗文亦然"，故"诗文者，生气也"（《昭昧詹言》）。文学作品文本，作为文词字句"物质"材料构成的"存在"，本身可以说并无生命可言，但在中国人看来，如若贯之以"气"，则会呈现出生命的景象，"文字者，犹人之言语也，有气以充之，则观其文也，虽百世而后，如立其人而与言于此，无气则积字焉而已"（姚鼐《答翁学士书》）。中国文学的生命性本体，就是"气"贯于作品文本，而具体则为"气韵"的审美效果，方薰《山静居画论》中就说："气韵生动为第一义，然必以气为主。气盛则纵横挥洒机无滞碍，其间韵自生动矣。"

中国文学，通过"气韵"所显示出作品文本的生命性，除体现在作品内部以外，还具有文外的审美效果，明人顾凝远在《画引》中说："六法中第一气韵生动，有气韵则有生动矣。气韵或在境中，亦或在境外。"唯有认识这一点，才可以说对"文气"中的"文本之气"意义有了全面了解。

从文学作品来说，文本是一个开放系统，英加顿说："一部作品开始需要一个作者，但也需要读者或观赏者的再创造的接受经验。"（《现象学美学：试界定其范围》）读者的参与，是作品完成的关键。但从另一方面讲，作品文本也应留有余地，以一定的潜在可能因素"召唤"读者，故接受论者伊瑟尔说："文学作品的本文作用于读者的过程，也是读者对它进行理解和加工的过程……这里应该突出两个根本问题：一、文学作品如何调动了读者的能动作用，促使他对本文中描述的事件进行个性的加工？二、本文在何种程度上为这样的加工活动提供了预结构，提供了怎样一种预结构？"（《接受美学

的新发展》，见《文艺报》1988 年 6 月 11 日）中国文学，在
"气"观念的影响下，形成了特定的审美情趣与审美追求，将
文学的"空灵美"作为崇尚的最高境界，自梁之钟嵘明确提
出"文已尽而意无穷"的审美效果以后，这种重文外之旨趣
的审美情趣得到了进一步发展，创作中或理论上都愈加"文
学化"了，特别是唐以后，如殷璠的"兴象"、皎然的"境
象"、刘禹锡的"境生象外"，以及司空图的"象外之象"，都
力求将曲致的情志寄诸言外，创作中的尽情抒写，阅读中的
自由感受，两者结合，构成了中国文学的本体生命精神。这
一文学传统，其后一直得以继承与光大，如欧阳修认为，诗
"必能状难写之景，如在目前，含不尽之意，见于言外，然后
为至矣"（《六一诗话》引梅尧臣语）。而高举"妙悟""兴趣"
的严羽，则更认为"高妙"之诗，必然具备"透彻玲珑，不
可凑泊"，"如空中之音，相中之色，水中之月，镜中之象，
言有尽而意无穷"（《沧浪诗话·诗辨》）的美学效果。清代
王士禛的"神韵"理论，其重要的一点，是以倡导言外之意
的文学审美特征为主要内容的，"表圣论诗有二十四品，予最
喜'不著一字，尽得风流'八字"（《带经堂诗话》）。上述诸
家，时代有隔，其间的文学发展也曲曲折折，但追求文外审
美效果的精神则是一致的，即将文学作品的深邃意蕴，作为
追求目标，视它为文学本体内容，把对它的实现，看作是文

本意义的最终完成，虽然它们多未提及"气"字，但它们又无不体现出作为"气"观念所"化生"出的结果。同样，在实际的文学活动中，也出现了不同程度的"变体"，或名称上的"转换"，但"气"的生命性，则深深地溶化在中国文学的艺术本体当中。正基于此点认识，我们认为，对文外之"气韵"的实现，也是文学作品本体生命性的一种体现，所以方东树说："读古人诗，须观其气韵。气者，气味也；韵者，态度风致也。如对名花，其可爱处，必在形色之外。"(《昭昧詹言》)通过文外的"气韵"，同样能够感受作品的生命性内容，这就是从阅读角度来印证作品文本的。

"文气"的文学意义

马克思说过："从主体方面来看，只有音乐才能激起人的音乐感；对于没有音乐感的耳朵说来，最美的音乐也毫无意义，不是对象……"(《马克思主义文艺论著选讲》)无论生活或艺术中，审美活动的重要前提之一，就是要具有"审美的人"，要求这一活动中的主体，须以"审美的人"的姿态出现，以审美的态度观照审美对象，以此构成审美关系。而作为"审美的人"的出现，是有一定条件的，中国文学活动中审美主体的形成，即以"气"为根本依据，那种重审美体验的审美心理、直观把握的审美方式、"物我两忘"的审美境界,以及对审美对象中那生生不已的生命性追求,无不反映出"气"观念形成或"气"本身的特征。可以说,"气"孕育了"中国式"的"审美的人",因而"文气"对于文学审美活动中的主体来说,其意义就在于对"审美的人"的提倡。所以,中国古代文论中,强调主体之"气"的充满,实际上就是对文学活动中主体审美态度的要求,因为"气"是"审美的人"构成根本和审美活动中主体行动的支撑与推动力。所谓"养气",实际上首先是一种审美心境的培养,与古代文学批评中的"虚静",在本质上相似,在于它促成主体在审美活动中,以一颗自由的心灵观照审美对象,超越狭隘成见,摆脱世俗观念,排除一切非审美因素干扰,并暂时从繁纷复杂的事务中解放出来,专注于文学对象,去除内心杂念,以虚广的胸怀,超然物外的态度去"拥抱"文学对象。海德格尔说:"在作美地观照的心理地考察时,以主体能自由观照为其前提。站在美地态度眺风景,观照雕刻时,心境愈自由,便愈能得到美的享受。"(转引自《中国艺术精神》,春风文艺出版社1987年版,第63页)所以,中国古代的诗文批评者,也都将"养气"首先看作是审美态度的进入,陈绎曾说:"养气之法,宜澄心静虑,以此景此事此人此物默存于胸中,使之融化,与吾心为一,则此气油然自生,当有乐处,文思自然流动充满而不可遏矣。"(《文说·养气法》)朱庭珍在这方面说得更具体:"夫气以雄放为贵,若长江大河，涛翻云涌，滔滔莽莽，是天下之至动者也。然非有至静者宰乎其中，以为之根，则或放而易尽，或刚而不调，气虽盛，而是客气，非真气矣。故气须以至动涵至静，非养不可。养之云者，斋吾心，息吾虑，游之以道德之途，润之以诗书之泽，植之在性情之天，培之以理趣之府，优游而休息焉，蕴酿而含蓄焉，使方寸中怡然涣然，常有郁勃欲吐畅不可遏之势，此之谓养气。"（《筱园诗话》）"养气"当然包含多方面内容，但必须以审美者心理机制调节到某种状态为前提，因此，"养气"首要意义是对"审美的人"心理态度的要求。

文学审美，是感性与理性相互交织的活动过程，在中国古代文论中，"养气"的意义，当然也包含主体道德修养或人格精神等方面的修养内容，诸如韩愈等人所倡导的"养气"，就是以一种"理想"的人格，作为审美活动中主体所必备的基本素质。我们知道，文学审美活动，是表现为个体性特征的，即审美主体是以个人的方式表达自身的审美感受，但如马克思所说，人在本质上是"一切社会关系的总和"，因此文学审美活动中，就显然不仅仅反映出"个体"的因素，其中必然具有社会的因素，审美主体的个体意识中，必然反映着一定的社会群体意识。由此我们不难理解，不同社会群体为什么会对其所属范围内的审美主体作"人格"上的基本要求，这种文学审美活动的"社会个别化"特征，既是社会外部要求的结果，也是主体内在的自觉要求。因此，中国古代文论中的"养气"，作为审美主体生命力意义上的概念，实际上是从内外两方面，确立了人在文学活动中的意义和价值。

以我们今天的眼光看，文学审美活动中的主体，如具有高尚的道德情操、自强不息的精神品格、进步奋发的人生态度、积极进取的崇高理想，一句话，真善美的心灵，将有助于他们在审美活动中的发现与创造，有助于对生活本质规律的发现，有助于促发文学理想的创造，并在高雅的审美情趣中获得人生的崇高自由境界。

当我们探求作为文学理论观念的"文气"，试图究其源、探其根。然而，正如中国古代文论中其他许多范畴一样，"文气"义广且深，因而作多视角的"瞭望"，是我们所追求的。"历史作为现代史"，又给了我们思维上的启发，人总是以自己的眼光看待周围的一切，历史的或现实的所谓"客观形态"，未尝不含"主观因素"。这便是我们立论的出发点。

（原文刊于《苏州大学学报》1996 年第 1 期）

中国古代文学欣赏心理描述

作为审美活动的文学欣赏心理，自然是民族整个审美心理的组成部分，而民族的审美心理，又根植于社会土壤、文化背景两大基石。中华民族的审美心理，以人为中心，以自我为审美对象，即所谓的"内省"，视审美为自我的实现，这无疑是中国这个农业性、宗法性社会特征的产物，它们使得人在审美活动中，主体意识非常强烈，审美主体的心理机制特别活跃。从哲学上讲，传统的核心命题"天人合一"，"造就"了那种注重审美体验的审美心理、直观把握审美方式运用、物我两忘审美境界的向往，以及重视审美活动中生生不息的生命力思想。中国古代文学欣赏中的审美心理，无不体现民族审美心理特征。当然，因它所面对的审美对象，是"观念化"的文学作品，又因为中国文学，特别是作为主体的诗歌，以"滋味"为本体的美学特征，决定了它的整个审美过程中，交杂着感性与理性、无限与瞬间，是一种复杂的心理综合。

一、志趣并重的审美心理需求

人于现实之中，常常会不满足于物质所带来的感官满足，因为人毕竟是思想的"精灵"，他所孜孜追求的是超乎感官的精神愉悦，因而，人们便在各类艺术活动中，当然也包括在文学欣赏中，以求获得精神上的满足与升华，摆脱现实的"异化"，实现真正的自我。但就文学欣赏而言，这种由作品到读者的反应，并不是简单的、被动的线性过程，而是中间有不可缺少的审美主体（读者）的心理活动作为中介的，正如皮亚杰对刺激到反应的表述，它并不是 S→R 的过程，而是 S⇆AT⇆R 的过程（A 是个体同化，T 是同化图式），而文学欣赏中，审美主体心理活动的第一因素便是审美需求，因为从心理学上讲，需求是主客体构成关系的第一环节。审美需求是民族审美理想、审美趣味的体现，它作为自觉的审美意识，有很浓重的理性内容，因而在审美对象的选择上，只有符合主体审美理想、趣味的文学作品，才能成为真正的审美对象。同时，作为审美主体的理想、趣味等，又与其人生态度、社会价值观念趋于一致，所以审美需求在很大程度上体现为审美主体的社会观、人生观。

作为社会的人，其价值系统是有差别的，个体之间的审美需求和群体之间的审美需求同样存在着差异。中国古代，将文学作品构成审美对象的审美需求，从审美主体而言，儒道两家是有别的：儒家重"志"，道家讲"趣"。儒家以现实的态度看待社会与人生，强调人在现实社会中的作用，即所谓的"人为"，从现实功用出发，他们特别注重文学的社会性作用，突出它的社会功利性，因而对文学作品的审美欣赏，也是以"实用"为立足点的，那些在他们心目中与其政治、社会理想相违背的文学作品，是不能成为他们的审美对象的，所谓"放郑声"就是这个意思，论诗必须以言"志"为体，只有言儒家之"志"的作品，才能成为他们的审美对象。审美对象的形成，是对象物与审美主体构成关系、互相交流的结果，对象物在成为审美对象之前，虽有作为审美对象的潜在性，但并不等于审美对象，只有在审美主体对其加以观照，以心会物的前提下，才能显现出作为审美对象的特征，这也是为什么当今接受理论者特别重视读者环节的重要原因。审美主体总是从自身的社会理想、人生观念、道德准则、审美趣味等主观因素出发，选择合于主体意识的对象形成审美活动中的对象物，即构成审美对象。审美需求是审美主体的意识表现，儒家从自身需求出发，将那些符合他们之"志"的文学作品视作审美对象，更有甚者，是他们将主体思想外射到那些本并不属于儒家所言之"志"的文学作品上，加以曲解，这很能表现出儒家的审美需求心理，最突出的是汉儒们对《诗经》的解释，几乎每一首都被冠之以"美刺"，清人程廷祚在《论诗十三·再论刺诗》中就曾说"汉儒言《诗》，不过美、刺二端"（《青溪集》）。汉代是一个儒学兴盛的时代，"罢黜百家，独尊儒术"，好端端的一首男女恋情诗《关雎》，却被说成"后妃之德也，风之始也，所以风天下而正夫妇也"（《诗大序》），反映出他们的审美需求，是以有益于社会与政治教化为指导思想的，儒家审美理想的核心就在于文学作品的社会实用性，即所谓的功利性文学审美心理需求，当然他们也不排除文学的"情感"特征，也讲"缘情"，但"发乎情，止乎礼义"则是统其关键，在他们那里，"情""志"的界限一直是不清的，但更多的是以"情志"出现，也见古人"用心良苦"了。总之，儒家的文学欣赏中的审美心理需求，是他们整个审美意识在文学审美领域的表现，他们的社会、人生、道德、伦理等思想，深深地作用于他们的审美心理需求，有意识或无意识地影响着对一切文学作品的审美观照。

在中国历史上，作为儒家思想的"互补"，道家思想无论从哪个方面讲，都有其存在的必要与必然，与儒家大相异趣的审美意识，也决定了他们在文学欣赏中的审美心理需求不同于儒家，但作为"互补"，恰恰使中国古代文学欣赏中的审美心理需求特征，完整地体现出来。

儒家重个体与社会群体间的关系，因而以积极入世的人生态度投身社会，追求修身齐家治国平天下；而道家的先哲们则是在痛苦的思索中苦苦地探寻宇宙的本体、人生的奥秘，他们认为，宇宙间的一切来自"道"这一大而无形的本体世界。道家提倡"道"，目的在于强调个体生命的自由无限，反对一切对人的"异化"因素，摆脱外物对人的束缚与桎梏，这些都表现出他们在社会动荡或礼法笼罩于每个人头上时，对主体意识的强烈渴望，他们以特有的审美，而非功利的眼光看待社会与人生，形成了与儒家以功利为核心截然不同的审美意识，即所谓"天地有大美而不言"（《庄子·知北游》），在"道"的基础上，寻求与自然天性之"真"联系在一起的"美"，由对"真"的追求，进而生出对人生意义和价值的思索，力求从世俗中解放出来，消除对人的"异化"，以纯粹的自由态度俯瞰现实世界，实现求"真"的人生价值，从而在审美意识上，以"真"、以"自然"为前提。李白的"清水出芙蓉，天然去雕饰"（《经乱离后天恩流夜郎忆旧游书怀赠江夏韦太守良宰》），司空图的"俯拾即是，不取诸邻，俱道适往，着手成春"（《诗品·自然》），元好问的"一语天然万古新，豪华落尽见真淳"（《论诗三十首》其四），都反映了道家美学思想对文学审美的影响。这种"真"，这种"自然"，在中国古代文学活动中，多具体表现为一种"意趣"（其本身又是无形与抽象的）、一种"性灵"。罗根泽曾就道家思想对文学的这种影响说:"后世言文学者,每斟酌其意趣,挹取其论旨,由是在文学理论上,遂有了不可磨灭的价值。"(《中国文学批评史》)也正因为道家思想影响,这种"意趣"更多的是表现在文字以外,从本质上讲,它们是道家哲学本体"道"的派生物,"道"是"惚兮恍兮"(《老子·二十一章》),它"有情有信",却"无为无形"(《庄子·大宗师》),它"无听之以耳,而听之以心"(《庄子·人间世》),即所谓靠内心的感悟与体验。道家这种思想显而易见地对中国文学,特别对文学审美心理的形成(包括文学的创作与欣赏),起了重大作用。中国古代文学理论范畴中的"滋味""趣味"等,无疑是对表现了上述特征的文学现象总结。这也使我们不难理解,在中国古代的文学家或文学理论家中,凡是受道家思想影响较深者,无论是文学的创作,还是理论的倡导,都追求一种"空灵""味外味""韵致"等,李白比杜甫就更空灵、更自由、更飘逸;司空图比白居易就更注重文字以外的东西。

作为中国传统思想的两大渊源,在众多方面,表现出两者之间的互补。在文学艺术的审美上,儒家的"情志"观,道家的"意趣"观,恰恰相互补充为中国古代以"志趣"为需求的文学审美心理,这当然不是机械的相加。人的思想有多元化特征,使得儒道能够并存,例如欧阳修一面要求文学"载道":"知古明道,而后履之以身,施之于事,而又见于文章……"(《与张秀才第二书》,《欧阳文忠公文集》卷六十六）同时也追求文学艺术的一种超出狭隘情志观的"意趣"："无为道士三尺琴,中有万古无穷音。音如石上泻流水,泻之不竭由源深。弹虽在指声在意,听不以耳而以心。心意既得形骸忘,不觉天地白日愁云阴。"(《赠无为军李道士二首》其一,同上书卷四）道家之理,欧阳修无疑也是得之一二的。在中国古代文学欣赏的审美活动中,传统的审美需求心理,就表现为这种"志"与"趣"的两极"中和",既求作品对"情志"的表达,以达到教化的功效,又将作品看作是审美主体进入永恒世界自由挥洒的场所,所以又常常超出狭隘的社会功利目的,在审美过程中,寻求那种视而不见、摸而不得的"空灵体",在作品具象的文字中求"志",在"意象"的空灵中得"趣"。

总之,"志趣"是中国古代对文学作品成为审美对象的总要求,它代表了传统的文学欣赏审美需求心理,说明中国古代文学的审美心理活动中,以功利与超功利、具象与意象的统一,是审美崇尚的最高境界。

二、养气澄怀的审美心理态度

其实,文学艺术欣赏,是审美主体在审美对象中寻求自我的实现，即所谓"人的审美"。但要实现"人的审美"，须先做"审美的人"，在主体与对象发生关系前，主体只有抱着审美的态度去观照文学对象，两者之间才能构成审美关系。马克思说过："从主体方面来看，只有音乐才能激起人的音乐感；对于没有音乐感的耳朵说来，最美的音乐也毫无意义，不是对象，因为我的对象只能是我的一种本质力量的确证。"（《马克思主义文艺论著选讲》）中国古人在文学欣赏中，其中就有以"养气""澄怀"的审美态度，作为审美主体的内在推动力，在此基础上观照文学对象，与之构成审美关系，从而完成"我的本质力量"的实现。

"养气澄怀"作为文学欣赏者的审美心理态度，突出地表现为注重审美主体的内在充满，即先做一个"充分"的"审美的人"，才能把握文学的本体精神，也才能在审美对象中获得愉情悦志的目的。这种中国传统的文学欣赏中的审美态度，也是儒道互补与交叉。儒家重"养气"，旨在重视人的多种修养，特别是道德修养，以人格自我完善为审美出发点，从文学审美心理上讲，其最大价值，在于从外在因素强调了审美主体的审美心理态度，将后天的积累视作审美主体对审美对象观照必不可少条件；而道家的"澄怀"，则从人的内在心理机制上，肯定了审美态度在文学欣赏中的关键作用，也就是老、庄之"虚静"，要求审美主体超越狭隘成见，摆脱世俗观念，排除一切非审美因素的干扰，去除内心杂念，以虚广的胸怀、超然外游的态度欣赏文学对象。"养气"和"澄怀"分别始于儒、道两家，但正如两家诸多思想进而合流，汇入中国人的心灵深处一样，两者正是从人的内外方面，组成了中国古代文学欣赏的审美心理态度，在文学发展过程中，一直影响着中国人对文学艺术的审美欣赏。中国人正是抱着这种审美态度，去感受文学本体，最终从文学境界中迈向自由无限的空间。

"养气澄怀"是由"自然人"到"审美人"的内在前提，在文学活动中，这两者或交叉，或重合，绝非截然分开，刘勰就说："玄神宜宝，素气资养。水停以鉴，火静而朗。无扰文虑，郁此精爽。"（《文心雕龙·养气》）元代郝经也说"持心御气"（《郝文忠公陵川文集》卷二十《内游》）。审美态度是审美主体与审美对象交流的中介，中国古代这种"养气澄怀"，就属于文学审美活动中的中介，它构成审美主体心理态度的内外两个层次。朱庭珍在《筱园诗话》中指出："积理而外，养气为最要。……夫气以雄放为贵，若长江大河，涛翻云涌，滔滔莽莽，是天下之至动者也。然非有至静者宰乎其中，以为之根，则或放而易尽，或刚而不调，气虽盛，而是客气，非真气矣。故气须以至动涵至静，非养不可。养之云者，斋吾心，息吾虑，游之以道德之途，润之以诗书之泽，植之在性情之天，培之以理趣之府，优游而休息焉，蕴酿而含蓄焉，使方寸中怡然涣然，常有郁勃欲吐畅不可遏之势，此之谓养气。"一方面指出"养气"的重要，一方面又将"养气"与"虚静"相关联，两者互为条件，"养气"是进入"虚静"状态的前提，"虚静"又是"养气"必备的内在因素，它们内外结合为一体，构成中国古代审美主体的审美心理态度。在外，强调主体修养身心，即孟子所说"我善养吾浩然之气"（《孟子·公孙丑上》），"气"并不玄虚，也就是孟子所言"其为气也，配义与道"，"是集义所生者"（《孟子·公孙丑上》），所强调的是人的精神人格，以倡导儒道为己任的韩愈，其"气盛宜言"显然上承了孟子之思想。中国传统观念认为，"诗品出人品"，创作是这样，欣赏亦是这样，没有崇高的精神人格，没有多方面的修养，包括道德、文学等，是不能做一个真正的"审美人"，当然也就不可能从文学的审美中获得快感，故郑板桥曾说："读书深，养气足，恢恢游刃有余地矣。"（《与江宾谷江禹九书》）在内，则表现为审美者自觉地调节心理机制，适应审美对象的特征，进入审美的状态。"澄怀"，也即"虚静"，这一思想源自庄子的"得道"哲学思想，庄子认为"道"是无限的，而人是有限的，"体道"便是有限对无限的追求，因而只能置有限于无限之中，人与道合，才能达到"体道"的境界，而人要与"道"合，须进入最佳的心理状态，即通过"心斋""坐忘"，达到"虚静"状态。庄子有感于社会对人本质的"异化"，愤而转向内心世界，从反观自身进而观照世界，所以他的"虚静"，也是对人的精神力量的肯定。在"体道"时，是将主体内的一切私心杂念去除，并摆脱外界干扰，予精神以绝对自由，将自己的全部身心投入到"道"的怀抱，在我之精神与天地之精神独往来中，实现对"道"的体验。这种从主体内在出发，要求在对外物把握之前，涤除自身的思想障碍，恰恰也符合了文学的审美心理，影响着中国古代文学欣赏活动。

海德格尔说过："在作美地观照的心理地考察时，以主体能自由观照为其前提。站在美地态度眺风景，观照雕刻时，心境愈自由，便愈能得到美的享受。"（转引自徐复观《中国艺术精神》）这里的"美的态度"就是指"审美态度"。"澄怀"（虚静）的审美心理态度，作为中国古代文学欣赏的审美态度，就是要求在审美观照时，做到心灵自由，造成一个能够进行审美活动的主体，因为"静者心多妙，体物之工，亦惟静者能之"（洪亮吉《北江诗话》）。清代画家吴历也说："观古画如遇异物，骇心眩目，五色无主。及其神澄气定，则青黄灿然。……用心不杂，方得古人之神情要路。"（《墨井画跋》其二十七）诗、画一理，只有在"澄怀"的心理状态下，读诗观画者，才能领悟到作品精神之所在。同时，这种心理状态，能使人从自身多方面的局限中摆脱出来，超越自我，走向无限自由的境界，朱熹就说："不虚不静，故不明，不明，故不识，若虚静而明，便识好物事。"（《朱子语类》卷一百四十《论文下》）人能做到"澄怀"，做到"虚静"，人的认识能力便超乎寻常，在文学欣赏中，就表现为感悟能力的兴会神到，审美主体于文学对象中，常常有茅塞顿开之感，文学本体意味、自我精神性灵一起俱来，况周颐论"读词之法"时说："澄思渺虑，以吾身入乎其中而涵泳玩索之。吾性灵与相浃而俱化，乃真实为吾有而外物不能夺。"（《蕙风词话》）"澄怀"是获得文学精神、自由呈现主体精神的前提条件。

中国古代文学欣赏中的审美态度，"养气澄怀"便是将人先构成"审美的人"，进而实现"人的审美"。

三、顿然妙悟的审美心理感受

清人沈德潜《说诗晬语》："读者静气按节，密咏恬吟，觉前人声中难写，响外别传之妙，一齐俱出。"这是一种在与艺术生命浑然一体境界中顿然感悟的心理体验，所谓"诗则一悟之后，万象冥会"（胡应麟《诗薮》）。这正是中国古代文学欣赏过程中的一大心理特征。我们知道，主客体之间，永远存在着一种"依赖"关系，客体只有与主体构成"关系"，才能显现出其潜在性的意义；而主体也只有在与对象相接触的过程中，才能表明它是一个意识体。因而，中国古代文学欣赏理论中，特别强调审美主体与艺术对象之间的"相互化"关系，力图在不分彼此中获得文学艺术的审美效果，"以我之心置于尔心，俾其得我之得，虽两而一矣"（谢榛《四溟诗话》）。这当然不是主体意识的丧失，而是审美主体以体验方式，深入文学对象之中，所谓"涵濡以体之"（朱熹《诗集传序》），清人况周颐也说："善读者，约略身入景中，便知其妙。"（《蕙风词话》）具有主体意识的读者，一旦融入艺术对象，既能感受到具体的、文学艺术的"滋味"，又能"出乎其外"，体验到世界、人生境界，"窥见了终极真理，事物的本质和生活的奥秘，仿佛遮掩知识的帷幕一下子给拉开了"（马斯洛《关于高峰体验的几点体会》）；还能以自身情感、理想等投射到作品中去，表达出自己的审美趣味、生活态度、人生理想。

"顿然妙悟"的审美心理感受，是艺术思维的结果，宋人严羽关于诗的"别材""别趣"就告诉我们，面对文学艺术这样一个特殊对象，常规思维、一般认识规律是不能起到真正作用的。这种心理感受，是一种既是"瞬间"，又是"过程"的心理活动，说它"瞬间"，在于它的突发性与偶发性，读者在不自觉中突然情绪激动，内心有忽然领悟之感，似有"神力"相助，"故知书道玄妙，必资神遇，不可以力求也；机巧必须以心悟，不可以目取也"（虞世南《笔髓论·契妙》）。"书道"与"文道"同理，有时刻意求取作品的意味，虽苦思良久，终不能得。但如仅仅看到"瞬间"，而忽视了"过程"，又不免落入唯心了。清人薛雪在谈到读杜甫诗的体会时说："读之既熟，思之既久，神将通之，不落言诠，自明妙理。"（《一瓢诗话》）作者之所以能"悟"出"妙理"，显然与"思久"是分不开的。朱熹的"涵濡以体之"不也要借助"章句以纲之，训诂以纪之，讽咏以昌之"作为基础吗？画家董其昌也说："平日须体认一番，才有妙悟。"（《画禅室随笔·评文》）在这方面最突出者，还数"妙悟"倡导者严羽，他一方面强调"惟悟乃为当行，乃为本色"，但他又认为"妙悟"并非"空中楼阁"，而是与"熟读""讽咏""酝酿"相关联之"悟"；"先须熟读《楚辞》，朝夕讽咏以为之本；及读《古诗十九首》、乐府四篇，李陵、苏武、汉魏五言皆须熟读；即以李、杜二集枕藉观之，如今人之治经，然后博取盛唐名家，酝酿胸中。久之，自然悟入。"（《沧浪诗话·诗辨》）可见，"妙悟"的产生，在严羽看来也是有前提的。因此，我以为，"顿然妙悟"这种中国古代文学欣赏中的审美心理感受，是在文学欣赏中多种自觉活动基础上产生、而又超越了"自觉意识"所出现的审美心理现象，也是文学审美中诸多心理因素的相互参与和综合的结果，是理性与非理性综合的结果，所以古人在讲"顿悟"的同时，也讲"渐悟"，就很能说明"顿然妙悟"的审美心理感受特征。"渐"是"过程"，"悟"是"瞬间"；"渐"的过程中含有大量的理性思维、理性活动和主体的各种自觉因素，而"悟"则是突然的、似直觉的、非理性的，绝少说得出、讲得清，欧阳修曾说："余尝爱唐人诗云'鸡声茅店月，人迹板桥霜'，则天寒岁暮，风凄木落，羁旅之愁，如身履之。至其曰'野塘春水慢，花坞夕阳迟'，则风酣日煦，万物骀荡，天人之意，相与融怡，读之便觉欣然感发。谓此四句可以坐变寒暑。"（《欧阳文忠公文集·温庭筠严维诗》）"欣然感发"便是"顿悟"，但如没有读诗人的主体情感和想象活动参与，是绝不会得出"坐变寒暑"的审美心理感受。符号学家苏珊·朗格认为艺术直觉"包括着对各式各样的形式的洞察，或者说它包括着对诸种形式特征、关系、意味、抽象形式和具体实例的洞察或认识"（《艺术问题》，中国社会科学出版社 1983 年版）。"顿然妙悟"类似艺术直觉，其间必然包括各种主体能动因素，"读书尚论古人，须将自己眼光，直射千百年上，与当日古人捉笔一刹那顷精神融成水乳，方能有得。不然真如嚼蜡矣"（金圣叹《杜诗解·早起》）。这便是想象在"悟"中的作用。王夫之所说

"读者各以其情而自得"(《姜斋诗话》),意即欣赏者自我情感是审美感受获得的重要因素。可见,"妙悟"所得,实际上是审美主体各种内在活动的结果,是审美主体的再创造。"顿然妙悟",它包括了读者从感受到理解对象全过程的心理活动,理性与感性俱在。叶燮曾就不少人不理解杜甫《冬日洛城北谒玄元皇帝庙》中"碧瓦初寒外"一句时说:"然设身而处当时之境会,觉此五字之情景,恍如天造地设,呈于象,感于目,会于心。……划然示我以默会想象之表。"(《原诗·内篇下》)"默会"即"妙悟",是因"设身而处当时之境会"的结果,而这又并非现实中的"设身处地",而是在想象中进行的,读者须将现实中的"我"置于一边,改扮成作者,身临其所处之境,经历作家生活,悉心体会,增加真切的感受程度,从而"悟"出诗中之"真味"。

"悟"字似乎很玄,但当我们推开这"玄妙"之门,"神秘"就不见了,谁又是真正的圣人,仅仅靠"悟"来认识这个世界?显然,中国古代文学欣赏中的"顿然妙悟",是不属于这种"圣人之悟"的,对它的出现,我们有必要再补充几句。

首先从思维方式来看,直观思维是中国传统思维模式,对事物的认识,往往从自身的实际经验出发,带有很多的感受性与经验性,多立足于自身实际生活的直观感受,而在逻辑思辨、系统分析方面,则与西方人的思维有较大不同。这种思维方式，对中国的文学活动影响甚大，从欣赏的角度看，它使得审美者不求过多的形象分析，不限于有限的文句之中，而是以体验的方式，设身处地感受文学意味，既"悟"文学中之"生命"，又"悟"自身的意义。

其次从哲学思想上讲，有人认为，这种"悟"来自佛教，所谓"玄道在于妙悟，妙悟在于即真，即真则有无齐观，齐观则彼己莫二，所以天地与我同根，万物与我一体"（《肇论·涅槃无名论》）。但我认为，佛之妙悟，未免太玄，有纯主观之悟的意思。倒是道家"体道"的哲学思想，对它影响更大些。对宇宙本体"道"的把握，道家讲"徇耳目内通而外于心知"，强调"心斋""坐忘"的审美情感态度，它似并不完全排除人的感情和想象的作用，也并不完全排斥理性作用，而是要求人顺应自然之性，于自然而然中"得道"，这些对文学欣赏中的"悟"影响更直接些。

另外从中国文学特征来看，创作上崇尚情志表现，将文学看成人内心世界的表现，创作中不求形似，但求神似，于文中文外皆有寄托，这便造成中国文学以"滋味"为本体，它具有空灵、不确定、多义的特点，这就使得读者在阅读作品时，往往不能简单地从分析具体艺术形象入手，而重在自我的体验与感悟，这样的"感悟"，既尊重了"表现"文学的特征，更突出了审美者主体意识在文学欣赏中的地位和作用。重"表现"的传统文学观，以及由此而经历代完善的、对"意趣"崇尚的传统审美趣味，都突出强调了文学艺术的"言外之意"，所谓"含不尽之意见于言外"（欧阳修《六一诗话》引梅尧臣语），所谓"象外之象""韵外之致"等（司空图《二十四诗品》）。文学的美，不在于具体的描绘，而在于它深长的韵味和蕴含，"盖诗之所以为诗者，其神在象外，其象在言外，其言在意外"（彭辂《诗集自序》）。这些都决定了对文学意味的把握，不能停留在具体的表层形象，而必须深入到深层空间，必须是在一种积极态度下的感受、体验与领悟；具有上述审美效果的文学作品，其自身有较多的"艺术空白"与"言外之意"，这也就加强了阅读主体在审美活动中心理"活跃"程度，以自己的情感、生活经验、丰富的想象融入阅读之中，因而往往在感受文学对象中，突然会有所"悟"。这说明读者从作品的"未定点"中受到了启示，或者是潜藏在内心深处的潜意识，在瞬间因某种情景触发而突然出现，也可能是许多思想忽然从朦胧走向清晰，也许是在刹那间猛然感到自己与作者是多么接近，心灵之间紧紧沟通与相连，为自己能理解作者和自己而愉悦。"顿然妙悟"在中国古代文学欣赏中，就是以特定形态的文学作品作为观照对象，立足于阅读主体自身，又积极作用于文学对象直观把握的结果。

　　文学欣赏的审美心理是复杂的，且受时代、社会、民族、个体等众多条件的影响与限制，这里所描述的，仅是中国古代文学欣赏中比较突出的三大心理现象，但就是这样，也不免有所失，如有同道于此领域作深入研究，那也就是作此文的初衷了。

　　（原文刊于《东方丛刊》1993年第2辑，广西师范大学出版社1993年8月版）

刘勰论诗歌的本质

　　近人刘师培曾说："刘氏《文心雕龙》，集论文之大成；钟氏《诗品》，集论诗之大成。"（《刘申叔先生遗书》）刘勰论文，确广涉深探，其中于诗，更有精道。

　　在中国，伴随着诗歌的大量出现，从理论上探讨"诗是什么"就成为必然。《尚书·尧典》中的"诗言志"，被后人称为对诗歌本质认识的"开山之言"。尽管其"志"的含义还比较宽泛，如闻一多考之为包括记事、记诵、抒发三个方面，但其中的主体倾向性是明显的，即"诗歌"是创作者内在外化的结果。这一思想经儒家创始人孔子及其继承者的诠释与发挥，成为中国诗歌认识史上的主流，左右着人们对诗歌本质的认识，作为一种"前有"思想，影响着人们对诗歌本质的探索。先秦两汉儒家诗论者，从自身的政治利益、政治思想出发，赋予诗的本质以更多的社会功利性，将"志"的含义界定在社会功利的范围内，强调它具有社会功利的志向、意志、愿望等。在他们看来，"诗歌"乃是政治的一部分，是其在现实社会中实现理想、志向、抱负的理想工具。诗歌的艺术性（或曰文学性），从来就没有成为一项独立的内容，虽然在儒家诗论者们那里，也会对"诗歌情感"特征有所论及，如《诗大序》中的"情动于中而形于言"，但又必须是"发乎情，止乎礼义"，又如《诗大序》中说："诗者，志之所之也，在心为志，发言为诗。"很明显，汉人解诗，虽言及"情"，但都被纳入"志"的本质与范畴。在他们看来，"情"只是"志"的一部分，正由于此，儒家才将"情志"并提，对"情"的意义有所规定，赋予特定的含义，即使之接近于"志"的意义，具体地说，就是儒家所一贯提倡的，有利于社会、国家、政治以及人伦教化的思想感情、志向意愿，而将人的独立意义上的"情感"与"志"对立起来。这时的儒家思想与历史的时代精神，从总体上来讲，还是一致的、合拍的，即社会发展呈现为一种上升趋势，众多志士仁人，力图施展自己的政治抱负与理想，因而，在汉以前，对诗歌本质的认识，集中了儒家的政治观念，无疑是时代的产物与必然。

　　进入魏晋时代，情形大变。从东汉末年开始，政局即动荡不宁，频繁的战争，使得天下大乱，到隋文帝公元589年灭陈，中国社会一直处于长期分裂与割据的动乱状况之中。各阶级集团之间的矛盾与战争，打破了儒家所一向鼓吹的君臣纲常、仁义礼智，结束了表面上温文尔雅的局面，争斗与残杀造成了"白骨露于野，千里无鸡鸣"的社会现实，加上各统治者为巩固其政治地位，极端地排斥异己，对反对其政治主张或采取不合作态度的人士，进行残酷杀害，一时间人命贱微。这种现状，使得长期在中国社会占统治地位的儒家经学，在这个特定的时期，有"退位"和"衰落"的趋势。动荡的社会现实以其残酷性呈现在人们的面前，儒家思想一统天下的局面被打破了，人们对其信仰程度逐渐减弱。其时，各种思想纷至沓来。这些都大大影响着魏晋时期的文学艺术创作，也包括对文学艺术本质的认识。突出的一点，即注意到了文学艺术中的主体意识，即不再将文学艺术仅仅视为表现群体利益而排斥个人情感的载体，陆机的"诗缘情而绮靡"，显然就有这种思想。

影响魏晋时代对文学艺术本质认识的另一原因，就是玄学的兴起与兴盛。"所谓魏晋思想乃玄学思想，即老庄思想的新发展。"（汤用彤《魏晋玄学与文学理论》）政治黑暗、社会混乱、战争频繁，许多人都渴望从这种充满灾难风险的现实中超脱出来，求得个人的自由与安宁，这一心理，恰恰与老庄所提倡的追求个体生命绝对自由的思想相一致。历史的、现实的、思想的因素，导致了玄学在魏晋的产生与盛行。玄学的内容十分复杂，且派别林立，但究其精神实质，我们以为不外乎汤用彤先生所言："其时之思想中心不在社会而在个人，不在环境而在内心，不在形质而在精神。……从哲理上说，所在意欲探求玄远之世界，脱离尘世之苦海，探得生存之奥秘。"（同上）

经历了社会变革与观念变更，文学艺术在魏晋逐渐走向"自觉"，从"言志"渐渐偏向"述情"，其时诗歌创作，多为作者个人感情的一种寄托，创作倾向渐渐从群体意识转向个体情感，所谓"情之所钟，正在我辈"（《世说新语·伤逝》）。例如，曹操"老骥伏枥，志在千里。烈士暮年，壮心不已"的壮志雄酬；曹丕"别日何易会日难，山川悠远路漫漫"与"展诗清歌聊自宽，乐往哀来摧肺肝"的离愁别绪，以及"人生如寄，多忧何为？今我不乐，岁月如驰"的迁逝之思；曹植的怒愁与悲歌更是动人："抚剑而雷音，猛气纵横浮。泛泊徒嗷嗷，谁知壮士忧。"三曹开一代诗风，其间"七子"也多抒怀述情之作，或叙征夫之苦，或抒离别之愁，或叹人生易逝，或感壮志未酬，凡此种种，作者将自身在现实中产生的真切情感表现于诗中，不加掩饰，不作虚伪，一任这种包含社会内容的个人情感畅涌，一首首生命悲歌，就是一颗颗不安心灵的展现。

对诗歌本质，或"言志"或"缘情"，对刘勰来说，实不是一件容易断论的事，现实与历史的矛盾，使他发出了"文情难鉴，谁曰易分”的感叹（《文心雕龙·知音》），但刘勰并没有因此罢休，作为一位生活在现实中，又以儒家传统思想为重要思想的文论家，他力图在传统与现实之间找到一个结合点，以摆脱"言志"与"缘情"之间的对立，这就是刘勰提出的"情志"一体的诗歌本质观点，将历来被视为一对矛盾的"志"与"情"看作一回事。《明诗》中说："大舜云：'诗言志，歌永言。'圣谟所析，义已明矣。是以在心为志，发言为诗；舒文载实，其在兹乎。诗者，持也，持人情性。三百之蔽，义归无邪，持之为训，有符焉尔。""言志"与"持人情性"被刘勰认为是一致的。《比兴》篇中，刘勰指出"诗人之志"为"情"与"理"，又"志足而言文"与"情信而辞巧"（《征圣》）；"述志为本"（《情采》）与"序以建言，首引情本"（《诠赋》）；"志以定言"（《体性》）与"莫不因情立体"（《定势》）等等，很明显，其中的"情"与"志"在本质意义上是趋同的。对于"志"，我们从传统的"言志"内涵中，不难理解它的含义，刘勰在继承固有说法的同时，使之与"情"同，实际上是"发展"了"志"的含义。那么，"情"的实际含义又是什么呢？刘勰说："人禀七情，应物斯感；感物吟志，莫非自然。"（《明诗》）刘勰认为，诗歌中所表达的"情"，并非人的自然情感，而是指具有一定社会内容的情感，这也是刘勰为什么会"情志"并提的原因。《附会》

篇中就说"必以情志为神明"，因此说，刘勰所提的"情"，当指人之自然情感与外界事物接触后发生了转变的"情"，即在人与社会、自然发生关系后产生的"情"，其中已包含了客观性的、社会性的内容，是人对事物感受的结果。刘勰认为，诗歌中所表达的，应该是上述这种"情"，因而也很自然地将传统中对立的"情""志"统一起来。那么，刘勰又为什么不单用一个字呢？我们认为，这里可能有三个原因：一是为了将其主张的诗歌中的"情"，与人的自然之"情"区别开来，故时有用"志"代之；二是传统中的"情""志"对立，"志"虽属于个人的，但体现的却多为社会群体意志，"情"虽也得到提倡，但又多被看作是个人的"私情"，而须以社会的伦理道德等加以节制与规范，使之合乎"志"，刘勰不可能完全摆脱传统思想，论诗或"志"或"情"，但在本质上，他认为"情""志"一体，是可以肯定的；第三，刘勰在论述文学对象的具体特征时，多用"情"，例如："绮靡以伤情""故其叙情怨"（《辨骚》），"怊怅切情"（《明诗》），"凭情以会通"（《通变》），"昔诗人什篇，为情而造文"（《情采》），"夫缀文者情动而辞发，观文者披文以入情"（《知音》）等等。而在论及其总体特征时，往往多用"志"，如"既发吟咏之志"（《原道》），"然则志足而言文"（《征圣》），"诗主言志"（《宗经》）。

　　刘勰的"情志"一体观,与传统"情志"观最大的区别,在于他强调创作主体对社会、人生、自然的感受。"志"作为主体在社会中产生的理性观念,必须表现为主体因外界刺激所导致的感受之"情";而主体抒发的"情",又必须具有一定意识内容的"指向"。这样,便完成了刘勰对诗本质的认识过程,在他看来,诗人所表达的"志",必然又是以"情"的形式出现;而所述之"情",又必然含有"志"的意义,"情""志"互融一体。

　　《明诗》篇中说:"人禀七情,应物斯感;感物吟志,莫非自然。"《体性》篇中说:"夫情动而言形,理发而文见。"我们可以看看这两句中的"情""志"。前面说过,刘勰认为诗中之"情",当是具有一定社会内容的"情",而非传统意义上人的本能之"情",或所谓的"私情"。"感物吟志"的"志",与"情动于中"的"情",在刘勰看来是一个意思,而与"人禀七情"中的"情"不同,前者具有社会性的意义,后者则为自然的本能感情;但作为具有社会意义与内容的"情",又不同于传统意义上的"志",因为前者是由创作主体对外界自觉反映与感受的结果,后者则是替他人立身、立言。《情采》篇中说:"盖《风》《雅》之兴,志思蓄愤,而吟咏情性,以讽其上:此为情而造文也。诸子之徒,心非郁陶,苟驰夸饰,鬻声钓世:此为文而造情也。"范文澜注云:"可知诗人什篇,皆出于性情，盖苟有其情，则耕夫织妇之辞，亦可观可兴。汉之乐府，后世之谣谚，皆里闾小子之作，而情文真切，有非翰墨之士所敢比拟者。即如《古诗十九首》，在汉代当亦谣谚之类，然拟《古诗》者，如陆机之流，果足与抗颜议论短长乎！彦和'诗人什篇，为情而造文；辞人赋颂，为文而造情'，寥寥数语，古今文章变迁之迹、盛衰之故，尽于此矣。"（《文心雕龙注》）范先生此注，说明刘勰所提倡的文学表现内容——"情志"，必须是主体对种种事物的真切感受，是积郁于主体内心，而又不得不言的"情"或"志"，只有这样，诗歌才能取得广泛的社会效果。刘勰所主张的，正是这种由创作主体对社会、人生、自然景物感受中产生的"情志"，诗中的内容，必须是主体自觉"情志"的外化。这与"发乎情、止乎礼义"的"情志"观是不同的。

　　那么，刘勰"情志"的具体含义又是什么呢？我们说过，刘勰"情志"来自主体内在，故也就不再是所谓的"王者"或"圣人"之志了，也不是将社会群体的思想感情、意愿志向生搬到个体头上来。我们认为，刘勰的"情志"，是在主体与社会关系中产生的感受情志，因而，刘勰虽也提倡文学的"敷赞圣旨"（《序志》）和"顺美匡恶"（《明诗》）的作用，但那都是从文学创作主体心理要求出发所提出的，这也是一个生活在社会现实中的文论家对文学社会性的认识，显然不同于传统意义上的"传道"观。因此，刘勰对不出于己的"情志"文章是十分鄙视的。"故有志深轩冕，而泛咏皋壤；心缠几务，而虚述人外。真宰弗存，翩其反矣。"(《情采》)没有真情实感的创作，其作品只能徒有虚名，不能做到"感人深者"。刘勰又说："志足而言文，情信而辞巧。"(《征圣》)这里的"志""情"，都是由主体出发而恰恰又与社会群体意识相契合的"志"与"情"，它们是主体的自觉结果。刘勰在谈到"哀吊"时也说，作者须"情主于痛伤"，即作者的"情"必须包含有对死者悲哀的真切成分，写出来的悼文才能引起人的哀痛和思念情绪，所谓"必使情往会悲，文来引泣，乃其贵耳"(《哀吊》)。正因为刘勰认为创作主体"情志"的社会性内容，是主体的自觉意识，因而他特别强调"序志""申志"或"昭情""述情"，目的就在于通过这些从主体内心流露出来的真实情感，来取得"感人"，进而"化人"的社会效果。

我们知道，文学艺术具有的社会作用，并非通过概念的说教，而是以感情感染读者来实现的。刘勰的"为情造文"，恰恰说明他认识到了这一点，因为刘勰非常重视文学的社会作用，故他以"情"中存"志"才能发挥文学社会作用为立足点，强调"情志"一体。传统意义上的"情志"说，从根本上看，实为"教化"说的另一种提法，它不是从创作主体的自觉意识出发，而是以外在因素去对创作主体加以种种要求与限制，这就导致了作者的无个性以及作品的概念化。他们所提倡的"情"，不出于作者本人，而是为了趋附某种社会利益"造"出来的，正如刘勰说的"为文而造情"，它不是作者在现实生活中产生的真切感受与体验生命的结果。刘勰的"情志一体"，强调的是由创作主体表达、体现在文学作品中的社会意识化内容，包括政治倾向、道德意识、伦理观念、价值判断等等，都出自主体内在的自觉要求，是作者作为社会的人，在对社会把握的进程中所得出的必然结果。"为情而造文"是刘勰的逻辑起点，也是他的终结，"环譬以记讽"（《比兴》）、"兴治济身"（《谐隐》）、"披肝胆以献主"（《论说》）等等，都须以"情"来实现。刘勰以"情志一体"来看待文学的本质，从文学以"情"作用于人的特征来论文学社会功能的实现，显然较之于前代传统的"教化"观是一大进步。

　　综上所述，我们可以对刘勰"情志一体"的思想作简单的归纳。刘勰之所以有上述认识，原因有两点。从他的世界观看，刘勰的思想，仍以儒家为主，"政化贵文""事迹贵文""修身贵文"（《征圣》），都说明他对儒家传统的继承。另外，刘勰说的"唯文章之用，实经典枝条，五礼资之以成，六典因之致用，君臣所以炳焕，军国所以昭明"（《序志》），"《诗》主言志，诂训同《书》，摛风裁兴，藻辞谲喻，温柔在诵，故最附深衷矣"(《宗经》)，也可看出刘勰对文学政治功效的强调。我们认为，作为一个受儒家传统思想影响很深的文人，有上述看法是很正常的。刘勰自己对《文心雕龙》的写作目的说得很清楚："树德建言""敷赞圣旨""述先哲之诰"(《序志》)。值得注意的是，刘勰又是从"言为文之用心"的角度出发，并作为一个文论家看待文学的社会性功能，故提出了立足于创作主体自觉意识的"情志一体"观，显然，它是刘勰在继承传统文学社会功能观的同时，又对它进行了超越。从文学发展来看，魏晋时期已是处在文学的"自觉时代"，从魏晋到刘宋，诗文创作高潮迭起，从畅抒情怀、爽朗刚劲的建安风骨，到"诗杂仙心""率多浮浅"(《明诗》)的正始诗风；从力弱辞美、"极貌以写物""穷力而追新"(《明诗》)的太康、永嘉诗风，到"善识声韵"(《南齐书·陆厥传》)、音律对偶、绮丽浮艳的永明齐梁诗风，文坛繁复，可见一斑。难怪萧绎言称，其时是"家家有制，人人有集"(《金楼子·立言》)。这种文学现象，必然带来文学理论上的探讨，自曹丕首发《论文》，相继者不断，故刘勰说："详观近代之论文者多矣。至于魏文述《典》，陈思序《书》，应玚《文论》，陆机《文赋》，仲洽《流别》，宏范《翰林》。"(《序志》) 刘勰正是在上述文学现实的面前，清楚地看到了传统以"政"论"文"的尴尬，得出"情志一体"的结论。

作为一种历史上的文学理论，刘勰的"情志一体"，当然也存在着两个方面的问题。一个作家，作为社会一员，不可能完全脱离某一群体，做到绝对的离群索居，而其作品，作为作家主观对象外化，虽然所反映出的主观因素，是作者个人对社会的一种特殊感受，具有强烈的个性色彩，但作为一个社会的人，在产生这种独特感受的过程中，会有许多因素在起作用，其中还包括人的潜意识和不自觉因素。这些潜意识中就包含着许多属于社会群体意识，因而在这种情况下产生的感受，显然要带有某一社会群体意识的内容。它们是感性的，同时又是理性的，所以文学作品中所表现出的作家思想情感，貌似个人的，但实际上这里面已经包含了社会的、群体的意识，只是它们是以个体方式体现。可以说，刘勰是认识到这一点的，而且他还进一步要求，文学社会功能的实现，必须从创作主体的自觉意识出发。另外，刘勰的"情志一体"还说明一个问题，即文学社会功能的实现，是靠作者与读者通过作品，在感情交流与沟通中完成；作者不可能以强制行为或某些人的意志来打动读者，而是通过"情感"共鸣，使读者在不自觉当中受其感染。从这个意义上讲，刘勰"情志一体"又是对文学艺术审美特征的初步认识。

当然，刘勰"情志一体"的认识，也有其负面因素，即"情志"本身的狭隘性。虽然刘勰将"情志"看成是人对外界刺激的感受结果，但在具体运用上，则仍囿于"宗经""征圣"，只不过是从文学创作主体的角度，来要求作者将"圣人之志"内化为自己的自觉要求与自我意识。所以，我们结合刘勰儒家世界观来看他的"情志一体"，则可看到刘勰对诗歌本质的认识，仍是以倡导儒家诗歌教化观为根本，作为一个一千五百年前的文学理论家，这一点也不值得奇怪。

（原文刊于《齐鲁学刊》1995 年第 2 期，与于维璋先生合作）

文论选读

《群书治要序》(节选)(魏徵)

选自四部丛刊影刊本《群书治要》，又见《魏郑公文集》卷三。

魏徵（580—643），唐代政治家、史学家，两《唐书》有传。主《隋书》《群书治要》编撰。敢于直谏，史称诤臣。

魏徵论文，"政教"为旨，"历史"作据，一言以蔽：尚用。坚持"政教"的文学功能观。作为政治家，对文学的关注，落在其社会实践经验总结和现实直接功效，而很少关心其本身规律、理论之抽象。以"政教"作为文学评判的价值尺度，这是中国文学批评的传统，魏徵从历史、政治、现实的角度，继承了这一传统。中国文学经历了魏晋南北朝这个多元时期，反传统的因素必然遭致传统的抨击，重"形式"的文风，与"风教"的文学传统格格不入。

魏徵正是从"历史的教训"总结中，强调文学的教化意义："古人有言，亡国之主，多有才艺。考之梁、陈及隋，信非虚论。然则不崇教义之本，偏尚淫丽之文，徒长浇伪之风，无救乱亡之祸矣。"(《陈书·后主本纪》)他认为六朝那种"竞采浮艳之词，争驰迂诞之说，骋末学之博闻，饰雕虫之小伎"(《群书治要序》)的文学风尚，显然于国于民无益。很清楚，魏徵仅仅从维护其时政权稳定的目的出发，作出对文学的阐释，有明显的片面性。

《隋书·文学传序》(魏徵)

选自《隋书》卷七十六。

《隋书·文学传序》更集中地表述了魏徵作为一个政治家、史学家对文学的看法。首先是将其视为"经国之大业"，视为实现政治目的的一种手段。"经纬天地""匡主和民"，这一结论，一方面来自对传统的继承，另一方面来自一个史学家对历史的总结，故其次他对前代"争驰新巧""意浅而繁""词尚轻险"的文风，表明了自己的批评态度，并提出自己对文学的美学理想，即所谓的"文质彬彬"。

《北齐书·文苑传序》（李百药）

选自中华书局本《北齐书》。

李百药（565—648），两《唐书》有传。唐代诗人。贞观元年（627）奉诏，历时十年，撰《北齐书》。

"本序"集中表现了李百药的文学观点。与其他唐初政治家和史学家一样，他对影响了初唐文坛的齐梁文风，甚为不满，提出尖锐抨击，将"文风"与"政风"相联，斥齐梁之风为"亡国之音"，以此提醒唐初统治者，不忘前车之鉴，改革文风，以求其正。但作为诗人，他通过自身的文学实践，也感受"情"于文学的重要，故与一般政治家又有所不同，即注重文学活动中的"情感"地位，"文之所起，情发于中"，虽然这"情"或许也跳不出"发乎情，止乎礼义"的传统窠臼，但他毕竟没有一概排斥"情感"这个文学的本质因素。

《周书·王褒庾信传论》（令狐德棻）

选自中华书局本《周书》卷四十一。

令狐德棻（583—666），唐代诗人、史学家，两《唐书》有传。主撰《周书》。

唐初史家论文，令狐德棻可谓大家之一，其《周书·王褒庾信传论》是沈约《宋书·谢灵运传论》后又一篇全面论述文学理论的重要文章。作为史学家，特别是曾建议和亲自主持诸史的编修，令狐德棻更注重文学的现实功效，更容易接受与继承原道、宗经、征圣的传统文学观，以"道"为文之本。也正因为如此，他更关注时代与文学的关系，指出"时运推移，质文屡变"，看到了现实时代对文学艺术的影响。在对齐梁"淫放为本""轻险为宗"的华丽文风批判的同时，提出了自己的文学理想："文质因其宜，繁约适其变。权衡轻重，斟酌古今，和而能壮，丽而能典。"令狐德棻此篇文论，虽多为传统文学观的继承，但能在唐初全面提出，也无疑有益于深受齐梁文风影响的唐初文坛改革。

《史通·言语》（刘知幾）

刘知幾（661—721），唐代史学理论家，两《唐书》有传。著《史通》二十卷五十二篇，其中《体统》《纰缪》《弛张》三篇，目存文佚。清人浦起龙校注疏证名《史通通释》，纪昀加以整理名《史通削繁》。

《史通》虽为史学理论专著，但因其著者"初好文学"，"晚谈史传"，可谓"文史兼治"。又中国古代，文史不分，故《史通》中诸多篇目，论史及文，正如刘知幾《自叙》中所言："若《史通》之为书也，盖伤当时载笔之士，其道不纯，思欲辨其指归，殚其体统。夫其书虽以史为主，而余波所及，上穷王道，下掞人伦，总括万殊，包吞千有，自《法言》以降，迄于《文心》而往，以纳诸胸中，曾不蒂芥者矣。"

《言语》篇主要论历史著作语言真实性问题，但也适用于文学作品。首先，刘知幾反对滥用古语，主张写作语言口语化，以求其"真"，指出秦汉以前的史传著作，其文具有口语化的朴质美，而魏晋之后，则多"矜学""稽古"。其次，对史传著作的骈偶化写作倾向，甚为不满，斥之为"冗语""繁句"，主张"省字约文"的"用晦"，以代替"繁文"，要求史传著作在写作上做到"文而不丽，质而非野"。总之，刘知幾从史传著作的真实性出发，提出了包括文学在内的语言主张。

《史通·叙事》

关于史传之真，刘知幾以为三者为要：事、理、言。本篇即论"事真"，认为以叙事为主的史传著作，应"以简为主"，做到"文约而事丰"，并具体提出叙事之表现方法以及叙事修辞技巧，即"叙事之体，其别有四"，以及"叙事之省，其流有二"。刘知幾提出"省句约文"之"简"，非"浅陋"之义，而是他所指出的"省句约文"之"用晦"，其解释曰，所谓"晦"者，言近而旨远，词浅而义深也，与我国传统文论所言"滋味""意境"极似。另外，反对一味求文，但并不排斥文，"史之为务，必藉于文"。此篇虽言史传叙事之要，但文史相通，为鉴可矣。

《与东方左史虬修竹篇序》（陈子昂）

选自四部丛刊本《陈伯玉文集》卷一。

陈子昂（659—700），唐代诗人，两《唐书》有传。有诗文合集《陈伯玉文集》传世。

《新唐书·文艺传》说："唐兴，诗人承陈、隋风流，浮靡相矜。"时所盛行的"上官体"，即是"以绮错婉媚为本"（《旧唐书·上官仪传》），笼罩唐初文坛的，仍是"徐、庾余风"，且为"天下祖尚"，直至"子昂始变雅正"。《与东方左史虬修竹篇序》，是反齐梁文风、倡雅正风尚之纲领性文论，其理论主张，建立在对齐梁"彩丽竞繁"文风批判之基础上，陈子昂以"风骨""兴寄"立论，继承自《诗经》以来现实主义的优良文学传统。所谓"风骨"，即刘勰、钟嵘等人所提"风骨""骨气"等，要求歌诗从内容到表现形式，都要具有刚健清新的雅正之风格特征，而"兴寄"，即"比兴"之发展，简言之，即要求诗歌创作，做到"言之有物"，有感情，有寄托，有寓意。陈子昂的现实主义诗歌理论，横扫齐梁浮艳之风，故卢藏用赞道："崛起江汉，虎视函夏，卓立千古，横制颓波，天下翕然，质文一变。"（《陈伯玉文集序》）韩愈也有赞语曰："国朝盛文章，子昂始高蹈。"（《荐士》）

《陈伯玉文集序》（卢藏用）

卢藏用（生卒年不详），唐代诗人，两《唐书》有传。

卢藏用此序，其意义在于，对倡导"兴寄""风骨"的陈子昂，将其放在当时文学风气演变迁易、每况愈下的历史背景下，给予高度评价。同时，由此来表现出卢藏用的文学观念，即对齐梁以来的"流靡"之风、"道丧"之弊，极为不满，强调有用之文、"兴寄"之文。卢藏用是较早对陈子昂文学成就予以高度肯定的人。

《诗格》（王昌龄）

选自《诗学指南》卷三。

王昌龄（698？—757？），唐代诗人，两《唐书》有传。诗作被时人称作"惊耳骇目"，是"元嘉以还，四百年内，曹、刘、陆、谢风骨顿尽"之后的"中兴高作"。

罗根泽《中国文学批评史》中说："《新唐书·艺文志》文史类载：王昌龄《诗格》二卷，至陈振孙《直斋书录解题》即改载为《诗格》一卷，《诗中密旨》一卷，斥为伪书。但《秘府论》（即《文镜秘府论》）地卷《论体势类》的《十七势》，南卷《论文意类》最前所引'或曰'四十余则，皆疑为真本王昌龄《诗格》的残存。"

《诗格》论诗强调立意与格律，前者求"新奇"，后者讲"高清"，并具体以作诗十七势立新意。另外，《诗格》提出"诗有三境"，是中国古典诗词艺术特征关于"点睛"之笔的表述，又是中国古代文论"意境"说的开创。

《古风二首》（李白）

选自《四部丛刊》本《分类补注李太白诗》卷二。

李白（701—762），唐代著名诗人，所谓"李杜文章在，光焰万丈长"。两《唐书》有传。有诗文合集《李太白文集》等传世。

唐代诗界革新，至李白，可谓尽扫齐梁及唐初浮艳之风。李阳冰《草堂集序》云："卢黄门（藏用）云：'陈拾遗横制颓波，天下质文，翕然一变。'至今朝诗体，尚有梁、陈宫掖之风，至公（白）大变，扫地并尽。"李白继陈子昂之后，高举诗歌革新大旗。孟棨《本事诗·高逸篇》说："白才逸气高，与陈拾遗齐名，先后合德。其论诗云：'梁陈以来，艳薄斯极，沈休文又尚以声律，将复古道，非我而谁与？'故陈李二集，律诗殊少。尝言：'兴寄深微，五言不如四言，七言又其靡也。况使束于声调俳优哉！'"《古风二首》即借复古之名，倡导"清真"诗风，即经过艺术提炼的自然之美。"清水出芙蓉，天然去雕饰"（《经乱离后天恩流夜郎忆旧游书怀赠江夏韦太守良宰》）是李白诗歌创作的审美理想。明人胡应麟《诗薮》说："太白诸绝句，信口而成，所谓无意于工而无不工者。"故李白"清真"的诗歌理论，从内容讲，即要求诗歌具有"兴寄"，要有真情；从外在艺术风格讲，即要求诗歌给人清新、自然朴实的艺术感受。李白的"清真"理论，就是针对"大雅久不作"的"绮丽"之文提出的。

《戏为六绝句》（杜甫）

选自仇兆鳌《杜少陵集详注》。

杜甫（712—770），唐代著名诗人，与李白并称，后人以"沉郁顿挫"形容其艺术风格。两《唐书》有传。有宋人王洙编《杜工部集》等传世。

杜甫《戏为六绝句》，以诗论诗，别具一格。其核心为如何公允地对待前人的作品。在对六朝以及唐初作家的态度上，杜甫并没有给予全面否定，如"清新庾开府"（《春日忆李白》），"庾信生平最萧瑟，暮年诗赋动江关"（《咏怀古迹》五首之一），就是很好的例证。在对待"古"与"今"的问题上，杜甫提出"别裁伪体"的观点，主张广泛学习今人或古人之长，"转益多师"。杜甫这组绝句，观点鲜明、言简意赅，开启了以诗论诗之先河。

《箧中集序》（元结）

选自中华书局排印本《元次山集》卷七。

元结（715—772），唐代诗人，《新唐书》有传。

元结是位"深憎薄俗，有忧道悯世之心"的诗人，其编选的《箧中集》所列沈千运七人，"皆以正直而无禄位，皆以忠信而久贫贱，皆以仁让而至丧亡"。他们的诗歌创作，多为黑暗现实下的惨淡人生，多写民生之疾苦。元结视他们为诗歌上的"同道"，其《悯农》《贫妇词》就属此类。《箧中集序》从理论上对这种反映民生疾苦的创作倾向进行了概括，集中为两点：其一，继承儒家诗教传统，极力于诗歌的美刺、讽动作用；其二，对"拘限声病，喜尚形似"的文风大加抨击。其《刘侍御月夜宴会序》中亦说："文章道丧盖久矣，时之作

者烦杂过多，歌儿舞女且相喜爱，系之风雅，谁道是耶？"可
参阅。

《河岳英灵集序》《河岳英灵集集论》(殷璠)

《序》与《集论》均选自《四部丛刊》本《河岳英灵集》。

殷璠（生卒年不详），据其所编集之《河岳英灵集》，当
为天宝时人。《河岳英灵集》是唐人选唐诗之代表著作，对后
世产生较大影响。

以"诗选"的形式，标举一家宗旨，《河岳英灵集》可
谓开先河者。其《序》与《集论》更是集中表达了殷璠的诗
歌理论。殷璠论诗，以"文质半取，风骚两挟""声律风骨"
兼备为主要内容，这也是他选诗"删略群才"的准绳。这一
理论，是殷璠对建安、齐梁以及其后诗歌发展史进行了全面
考察所得出的新认识。对建安一些诗人，如曹植等，在音律
上"语少切对"，但有刚健、清新"风骨"的诗，他认为还
是"逸驾终存"的，而对"但贵轻艳"、专注于"声律"的齐
梁诗风，则进行了尖锐的批评。殷璠在诗歌创作规律、特点，
诗歌的审美特征问题上，提出"声律"与"兴象"，或"声
律"与"风骨"并重的诗歌理论。

《中兴间气集序》（高仲武）

选自《四部丛刊》本高仲武《中兴间气集》。

高仲武，生卒年、里不详。据其《中兴间气集》（大历十四年编定），知其中唐时人，余不详。

该书选录肃宗至德元年（756）至代宗大历末年（779）间26位诗人的130余首诗，体例学殷璠《河岳英灵集》。大历年间，诗风较之盛唐开元、天宝，已有较大变化，清新秀雅代替了高亢明朗，崇尚婉丽甚于豪壮劲健。《四库全书总目》卷一五〇《钱仲文集》提要："大历以还，诗格初变，开宝浑厚之气，渐远渐漓，风调相高，稍趋浮响，升降之关，十子实为之职志。"胡震亨《唐音癸签》卷七云："详大历诸家风尚，大抵厌薄开、天旧藻，矫入省净一涂。自刘、郎、皇甫以及司空、崔、耿，一时数贤，窈籁即殊，于唱非远，命旨贵沉宛有含，写致取淡冷自送，玄水一斟，群醾覆杯，是其调之同。而工于浣濯，自艰于振举，风干衰，边幅狭，专诣五言，擅场钱送，外此无他，大篇伟什岂望集中，则其所短耳。"可见大历诗风，崇尚的是高情、丽辞、远韵。高仲武的《中兴间气集》，作为这个特定时代的诗歌选本，必定体现出其时的艺术审美趣味，如他就特别推重钱起、郎士元等，故其《集序》，一方面宣扬儒家正统诗教，另一方面则强调"文以寄其心"。大历诗人所追求与表现出的诗歌意趣，无不与其时代以及特定历史影响下的诗人心态相关，《中兴间气集》之序与其对具体诗人之评价有时不免矛盾，原因也在于此。

《诗式》(皎然)

选自《十万卷楼丛书》本《诗式》。

皎然，五代僧人。禅宗史书《祖堂集》有传。

唐代诗歌创作，李、杜各领风骚，追随者无数。然于此以外，王、孟清丽淡远、闲恬超然的诗风别具一派，其后继者也是屡屡不绝。《诗式》就是从理论上对此派创作倾向进行了概括。"诗式"，即诗的法则之谓。皎然言诗，也重诗教，或称诗道，但与传统诗论中那种以"教化"为主要内容的诗论不同，而是更多吸收了传统诗教中"比兴"的艺术内涵，所谓"夫诗者，众妙之华实，六经之菁英"，"可以意冥，难以言状"，"但见情性，不睹文字"等等，说明了皎然对诗歌的本质、审美特征、创作特殊性等，确有相当认识。皎然重视各种艺术风格的审美特征，因而进一步提出了"境象"的问题，这一范畴，准确地概括了中国古代诗歌的艺术特征："夫境象非一，虚实难明。有可睹而不可取，景也；可闻而不可见，风也；虽系乎我形，而妙用无体，心也；义贯众象，而无定质，色也。凡此等，可以偶虚，亦可以偶实。"(《诗议》）这一见解无疑是十分精辟的。以后发展起来的"意境"论，无不受其影响，如司空图、严羽、王国维等。在文学"复变之道"的问题上，皎然则要求继承和革新相结合，也是比较全面的。

《寄李翱书》(裴度)

选自《全唐文》卷五三八。

裴度（765—839），曾两度入相，位极重臣，但与当时文士有平交之谊，善文，文学观自成一家之言。元人方回曾说："裴晋公度累朝元老，于功名之际盛矣，而诗人出其门尤盛。自为之诗，尤不可及。"(《瀛奎律髓》）两《唐书》有传。

"文起八代之衰，而道济天下之溺"的韩愈，是"唐代文化学术史上承先启后转旧为新关捩点之人物也"(陈寅恪《论韩愈》）。他所倡导的古文运动，对唐代文体、文风的革新，无疑具有重大贡献。但韩愈本人，以及其后继者，在散文创作的语言上，都犯有"追奇""求险"的毛病，裴度第一个站出来，对这种"病态语言"形式进行批判，提出了"不诡其词而词自丽，不异其理而理自新"的自然美主张。裴度以"理身、理家、理国、理天下"为文章的最终目的，故对韩愈所写《毛颖传》等类似传奇小说的文章，斥之为"以文为戏"，则表现出其文艺思想上的保守倾向和对文体发展的隔膜。

《送孟东野序》（韩愈）

选自影宋世彩堂本《昌黎先生集》卷十九。

韩愈（768—824），唐代著名思想家、文学家，两《唐书》有传。与柳宗元并称。苏轼称其"文起八代之衰，而道济天下之溺"。有诗文合集《昌黎先生集》等传世。

司马迁《太史公自序》云，"《诗》三百篇，大抵贤圣发愤之所为作也"，"此人皆意有所郁结，不得通其道也"。此即后人所谓"发愤著书"说。韩愈继承并发展了这一观点，在本文中，提出"不平则鸣"的文学创作观，论证作家生平际遇与创作之间的关系，将作家内心的积郁不平，视为文学创作的动力，并以屈原、司马迁、陈子昂、李白、杜甫等人为立论依据，后又在《荆潭唱和诗序》中，指出"欢愉之辞难工"，"穷苦之言易好"，亦与本文观点相通。

《荆潭唱和诗序》（韩愈）

出处同前书卷二十。

《荆潭唱和诗序》，是韩愈为裴均、杨凭唱和诗集所作的序。序中所体现的文学思想，集中为与"不平则鸣"相关联的"穷苦之言易好"。韩愈在这里揭示出文学创作中一个具有规律性的现象："羁旅草野"之人，愤懑积于胸，情动而文发；"气满志得"者，附庸风雅，则为文造情。前者具有真情实感，后者则否。经历重重生活磨难的人，对生活的感受，往往超越常人，其文也往往多真实情感，故能引起读者共鸣。韩愈所揭示的，就是生活感受是文学创作的源泉这一规律。

《答李翊书》（韩愈）

出处同前书卷十六。

韩愈论文，以"道"为核心。"文以载道"是他所竭力鼓吹的文学主张。他在《答李秀才书》中说："愈之所志于古者，不惟其辞之好，好其道焉尔。"（《昌黎先生集》卷十六）又《题哀辞后》："愈之为古文，岂独取其句读不类于今者耶？思古人而不见，学古道则欲兼通其辞，通其辞者，本志乎道者也。"(《昌黎先生集》卷二十二）因此，韩愈在倡导古文运动中，就特别强调作家主观道德的修养，强调"闳中肆外"和"气盛言宜"。其次，韩愈谈了继承与创新的问题。他一贯主张"师意"而"不师辞"，对"道"的继承不遗余力，而在文辞上，则需"己出"，"惟陈言之务去"。韩愈所谓的"道"，实可分为"道统"与"文统"，前者主要指尧、舜、禹、汤、文、武、周公、孔子、孟子之道，而"文统"则指其倡导的"为文之道"，而"惟陈言之务去"，可以说，便是其精神内核。

《答尉迟生书》（韩愈）

出处同前书卷十五。

韩愈言文，不离儒家之"道"。这包括两方面：其一，要求作品本身必须体现出"道"的精神；其二，要求为文者必须具备"道"的修养。《答尉迟生书》强调的就是作家主观道德修养的重要性，韩愈视其为文之关键。《答李翊书》中"气盛则言之短长与声之高下者皆宜"，以及"养其根而俟其实，加其膏而希其光；根之茂者其实遂，膏之沃者其光晔，仁义之人，其言蔼如也"，也是这个思想。其实也就是韩愈所一再强调的"闳其中而肆其外矣"（《进学解》）。

《答刘正夫书》（韩愈）

出处同前书卷十八。

韩愈对秦汉散文，提出了"师其意，不师其辞"的继承与创新的原则。"古文运动"不是简单的复古运动，因为韩愈的真正目的，旨在革除文坛弊病。《答刘正夫书》集中体现了韩愈继承与创新的思想。一方面，韩愈从其"明道"思想出发，提出"师其意"，以儒家道统为核心；另一方面，从"创新"角度看，则以"词必己出"为内容，要能"自树立"，即不可一味模仿。韩愈以观"百物"以及司马相如、太史公、刘向、扬雄为例，阐述了只有不同于他人而"自树立"，才能为"后世之传"。但这里也就伏下了韩愈及其追随者步上求奇尚怪道路的根本。

《调张籍》（韩愈）

出处同前书卷五。

韩愈以诗论诗，以形象化的比拟论诗，颇有特色。韩愈对李、杜两人作了高度的推崇，对那些贬低或有损李、杜的看法，极不以为然。在《荐士》中曾说："国朝盛文章，子昂始高蹈。勃兴得李、杜，万类困凌暴。"又在《醉留东野》中说："昔年因读李白、杜甫诗，长恨二人不相从。"可见韩愈的观点是一致的。诗中韩愈还以比拟的手法，对李、杜诗境进行描绘，这也是后人常常袭用的批评方法。

《唐故柳州刺史柳君集纪》（刘禹锡）

选自《四部丛刊》本《刘梦得文集》卷二十三。

刘禹锡（772—842），唐代诗人，"早与柳宗元为文章之友，称'刘柳'，晚与白居易为诗友，号'刘白'"。两《唐书》有传。有诗文合集《刘梦得文集》等传世。

刘禹锡与柳宗元政文同道，此文是刘为柳编文集所作之序，对柳宗元作了高度评价。很可能与作者政治观点有关，刘禹锡特别强调社会生活与文学的关系，认为国家的统一与繁荣，是带来文学繁荣的关键。从文学史来看，这种观点未免有些简单化，因为文学有其自身的发展规律。但刘禹锡由此而认为一定的生活遭际对文学创作与鉴赏活动有作用，还是有价值的。他在《上杜司徒书》中亦说："昔称韩非善著书，而《说难》《孤愤》尤为激切。故司马子长深悲之，为著于篇，显白其事。夫以非之书可谓善言人情，使逢时遇合之士观之，固无以异于它书矣。而独深悲之者，岂非遭罹世故，益感其言之至邪？"个人的生活遭际，往往又离不开时代大环境，以此来理解"八音与政通，而文章与时高下"，或许要全面些。

《答朱载言书》（李翱）

选自汲古阁本《李文公集》卷六。

李翱（772—836），唐古文家，两《唐书》有传。

韩愈之后，其文学主张，由他两大弟子李翱和皇甫湜继承与发展。李翱论文，主要见《答朱载言书》。首先在文与道关系上，李翱继承了其师韩愈"文以载道"的思想，并对儒家道统加以大力宣扬，同时李翱能注意到"文"的特点，反对那种"务于华而忘其实，溺于辞而弃其理"（《百官行状奏》）的单纯形式主义文风，但也提出了"义虽深，理虽当，词不工者不成文，宜不能传也"的主张，要求做到文、理、义三者统一。其次，此书中，李翱提出了著名的"创意造言，皆不相师"说。韩愈文论，主"惟陈言之务去"，但不免走上偏奇尚险之道，以后不少人受其影响，执其一端，皇甫湜便是之一。李翱倡导"不相师"的"造言"，而在"难""易"之间，主张语言的平易，以"简"为"工"。这些显然是有积极意义的。

《新乐府序》(白居易)

选自文学古籍刊行社影宋本《白氏长庆集》卷三。

白居易（772—846），唐代著名诗人，两《唐书》有传。与李白、杜甫并称唐代三大诗人。后人有评其诗："前不照古人样，后不照来者议，意到笔随，景到意随，世间一切都着并囊括入我诗内。诗之境界，到白公不知开扩多少。"(《雪涛阁四小书》)

白居易等人倡导以新题写时事的新乐府，旨在提倡诗歌"惟歌生民病"的创作宗旨，体现出一种写实主义精神。其在诗歌内容与形式的关系上，本着"有补于世"的原则，在《序》中提出"系于意，不系于文"，即重诗歌为时、事而作的内容。但同时白居易也认识到诗歌应当是"篇无定句，句无定字"，即"形式"无定规的。他正是从文学写实主义精神出发，提出了"辞质而径""言直而切""事核而实""体顺而肆"这四点关于诗歌创作的形式要求。"质而径"，指语言质朴，通俗易懂，从而使"见之者易谕"；"直而切"，则要求诗歌叙事触及现实，做到激切直率，毫无隐讳；"事核而实"，指表现的内容真实可靠；"体顺而肆"，则是指诗歌朗朗上口，自然流畅。白居易本人的许多诗作，尤其讽喻诗，在这方面均堪称典范。

《与元九书》（白居易）

出处同前书卷四十五。

元九，元稹也。元和五年（810）因事谪江陵，十年调为通州司马。白居易亦于此时贬江州司马，在浔阳作此书寄元，畅论文学创作。本文首先提出诗歌为"时"、为"事"而作的创作原则。其次，提倡诗歌应有讽喻、比兴。要求文学创作"上以纽王教，系国风；下以存炯戒，通讽谕"（《策林》六十八）。再次，在诗歌内容与形式的问题上，形象生动地表述为："诗者：根情，苗言，华声，实义。"可见他虽以"内容"为第一位，但也重视"形式"，强调两者的统一。

《读张籍古乐府》（白居易）

出处同前书卷一。

本诗以诗论诗，充分肯定张籍的新乐府诗，同时，强调文学对于"政之废者修之，阙者补之"（《策林》六十九）的作用。一方面提倡诗歌为"时""事"而作，一方面将其人生主张也体现于文学中。这就是其文中所言"上可裨教化，舒之济万民；下可理情性，卷之善一身"。这与他"穷则独善其身，达则兼济天下"的人生观，基本精神一致。本诗也再次强调了诗歌讽喻、比兴的作用。

《寄唐生》（白居易）

出处同前书卷一。

与《读张籍古乐府》相似，借说一人之诗，陈自家诗论。本篇中常为人称道的一句是"惟歌生民病，愿得天子知"，这实际上就是白居易为"时""事"而作的新乐府理论的具体表达。

《杨评事文集后序》（柳宗元）

选自《四部丛刊》本《柳河东集》卷二十一。

柳宗元（773—819），唐代著名思想家、文学家，与韩愈并称，并共同倡导古文运动。两《唐书》有传。有诗文合集《柳河东集》等传世。

中唐韩、柳并称，提倡古文。韩之"载道"，柳之"明道"，皆以文之功用为上。《杨评事文集后序》即持此观点。柳宗元之"道"与他的政治思想有关，更多的是强调它的"利于人""辅时及物"。此序中所谓文之"褒贬""讽谕"，实为其"道"的具体化。柳宗元认识到"文采"在"期以明道""羽翼夫道"中的作用。所以他的"文之用"实际含义，应该包括两方面内容，一是"有益于世"的现实内容，一是有助于"明道"的"文采"。

《答韦中立论师道书》(柳宗元)

出处同前书卷三十四。

本文为柳宗元论文之代表作。文中言："始吾幼且少，为文章以辞为工。及长，乃知文者以明道。"此与韩愈略同。但在"道"的具体含义上，韩、柳是有区别的。韩愈之"道"，是上自尧舜、下至孔孟的传统儒家正统思想，其"文以载道"，即要求文学宣扬这种儒家之道。柳宗元之"道"，虽也不离传统正统思想，但较多现实性内容，"意欲施之事实，以辅时及物为道"(《答吴武陵论〈非国语〉书》)，"圣人之道，不穷异以为神，不引天以为高，利于人，备于事，如斯而已矣"(《时令论》)，"道之行，物得其利"(《与萧翰林俛书》)。简而言之，柳宗元之"道"，就是适应社会发展，符合事物客观性，有益于"生民"，"文以明道"，实际上就是要求文学关注现实，发挥其社会功效，反映民生疾苦。另外，这篇文章还强调，为文应持谨严态度，不偏执于一端，也就易于避免韩愈喜搜奇猎怪与求险僻之弊。

《报袁君陈秀才避师名书》（柳宗元）

出处同前书卷二十四。

此文涉及柳宗元文论两个方面。其一，文以"行"为本，行者，辅时、及物、利人也。其二，柳宗元认为，创作取决于内、外两方面因素，从"内"而言，作者应心中有"道"；由"外"而言，则需广取博采儒家经典，求六经之"道"，以"明"现实之"道"。

《报崔黯秀才论为文书》（柳宗元）

出处同前书卷三十四。

"道"为文之本，"辞"为文之用，是韩、柳二人的一贯主张。韩愈的"不惟其辞之好，好其道焉尔"（《答李秀才书》），柳宗元之"圣人之言，期以明道，学者务求诸道而遗其辞"，两者如出一辙，都强调文学创作中内容的重要性。而在实际创作中，由于韩愈过分强调"惟陈言之务去"，不免有些追奇尚险，而柳宗元始终坚持"不苟为炳炳烺烺、务采色、夸声音而以为能"的原则，较好地处理了文、道之间的关系。本文即申述了这一观点。

《答李生第一书》《答李生第二书》
《答李生第三书》（皇甫湜）

三篇均选自汲古阁本《皇甫持正集》卷四。

皇甫湜（777—835？），唐古文家，从韩愈学古文，《新唐书》有传。

韩愈论文，主"惟陈言之务去"，其文风，不免有些误入尚险矜奇之途。而他的后继者皇甫湜，则恰恰于"奇"字上用功，以此作为他论文之核心。这集中地表现在他给李生的三封信中。"文奇而理正"，可谓其文论要旨所在。皇甫湜以"怪""奇"作为评判文章之准则，认为"意新""词高"的必然结果是"奇"，是"怪"，而他所说的"奇"，则是"非新""非常"。关于艺术的"奇正"关系，刘勰说得比较客观："酌奇而不失其真，玩华而不坠其实。""奇"应有一定尺度，必须符合事理，以"真"为基础。皇甫湜将"豪曲快字，凌纸怪发，鲸铿春丽，惊耀天下"（《韩文公墓志铭》）作为艺术崇尚，这就决定了他在形式主义道路上走得较远。但皇甫湜强调文之"奇"，是要求文学语言非一般常言，所谓"以非常之文通至正之理"。他说过"文者非他，言之华者也"。从注重文采这点讲，他的重"奇"也有合理的地方。

《昌黎先生集序》(李汉)

选自蟫隐庐影宋世彩堂本《昌黎先生集》。

李汉，少师韩愈，为韩之婿。汉善古文，属辞雄蔚。《新唐书·艺文志》著录其撰《宪宗实录》四十卷，已佚。《全唐文》存其文二篇，见卷七四四。

韩愈长庆四年（824）逝世后，其门人李汉编集其文，并于集前作此序，对韩愈其人其文予以高度评价。李汉是韩之女婿，少时曾师从韩愈学文，故其文学主张，多与其师相同。值得注意的是李汉虽直接继承了韩的文学"道统"思想，但并没有因此废"文"。

《乐府古题序》(元稹)

选自《四部丛刊》本《元氏长庆集》卷二十三。

元稹（779—831），唐代诗人，与白居易并称，一同倡导新乐府创作。清人赵翼《瓯北诗话》："中唐诗以韩、孟、元、白为最。韩、孟尚奇警，务言人所不敢言；元、白尚坦易，务言人所共欲言。"两《唐书》有传。有诗文合集《元氏长庆集》等传世。

唐代文坛，"元白"并称，不仅指其诗风相似，更指其诗论主张一致。他们共同提倡"即事名篇，无复倚傍"的新乐府。此文从乐府诗的历史揭示其内在精神，认为古代一切诗歌，皆为"讽兴当时之事"，以现实为反映对象，为作品内容；作乐府诗，切不可既用古题，复用古意，即使必须用古题，也要在内容上"刺美见事"，即以古题写时事，而真正的乐府诗，更应"即事名篇，无复倚傍"，因事立题，书写时事，这才更具有现实精神，这才符合乐府诗的实质。此序可谓新乐府运动的纲领性文章，对新乐府诗的创作，具有指导意义。

《叙诗寄乐天书》(元稹)

出处同前书卷三〇。

此书谈自己创作新乐府诗的原因，阐明了新乐府运动的两个实质性问题。首先，揭示了新乐府运动产生的社会根源。朝廷政治腐败，社会危机四伏，为新乐府运动的发生、发展提供了现实依据。一批具有责任感的志士仁人为拯救时弊而呐喊。其次，论析了新乐府诗的精神特征。元稹以对陈子昂、杜甫的赞扬回答了这个问题。新乐府诗直接继承陈子昂、杜甫以比兴、讽喻为特征的创作精神，与他们关心现实，以诗补察时政的思想是一脉相贯的。

《唐故工部员外郎杜君墓系铭并序》(元稹)

出处同前书卷五十六。

唐代诗人中，元稹最推崇杜甫。元稹认为，杜甫是集前人优秀传统之大成者。尤其是杜诗关心现实和注重讽喻美刺，更为元稹推重。但元稹对李白诗的价值不理解，评价偏颇，曾被元好问所讥："排比铺张特一途，藩篱如此亦区区。少陵自有连城璧，争奈微之识碔砆。"(《论诗绝句》其十)

《上令狐相公诗启》(元稹)

选自《全唐文》卷六五三。

《新唐书·元稹传》："稹尤长于诗，与居易名相埒，天下传讽，号元和体。"这里的"元和体"，并非指元、白新乐府诗，而是指两人杯酒光景时的相和之作，以及相互次韵酬唱之长篇排律。元稹就曾说："乐天曾寄予千字律诗数首，予皆次用本韵酬和，后来遂以成风耳。"(《酬乐天余思不尽加为六韵之作》)这种诗歌与他们提倡的为事、为时而作的讽喻诗颇异其趣。元稹在《上令狐相公诗启》中却为其"驱驾文字，穷极声韵"之"元和体"辩护，这固然说明其文学思想存在着矛盾，但也说明诗人的创作路子颇宽，并不限于一格。这自然也不是什么坏事。

《文章论》（李德裕）

选自《四部丛刊》本《李文饶集·外集》卷三。

李德裕（787—850），唐代诗人，两《唐书》有传。

李德裕文名不如其政名，但他的《文章论》是一篇有相当理论价值的文论。其中涉及的文学问题，主要有三个方面。首先，指出"气不可以不贯""势不可以不息"，此处"气"为气势之义。李德裕非常赞同曹丕"文以气为主"的说法。但"势不可以不息"，则言"气"之变化，言文之气应抑扬顿挫。其次，重"文旨"，以内容为主，不可以"音韵"喧宾夺主。再次，崇尚文章的自然之美，"自然灵气"，即非人工斧凿，而是天成的东西。

《李贺集序》（杜牧）

选自上海古籍出版社排印本《樊川文集》。

杜牧（803—852），唐代诗人，与李商隐并称，时人称"小李杜"，两《唐书》有传。后人以"俊爽"称其诗。有《樊川文集》等传世。

李贺于唐诗人中，被称"鬼才"，多作感时伤逝之作，充溢怀才不遇之叹，而这些常常寄寓于虚幻诗境之中，故引起人们的不理解，对其褒贬不一。杜牧《李贺集序》对李贺诗歌思想艺术特色，作了全面的评价与生动的概括，也表明杜牧具有很高的审美能力与艺术趣味。特别是杜牧对李贺诗浪漫主义创作特征，如夸张、设奇、制幻等等艺术表现，给予充分肯定，并指出其与屈原《离骚》的艺术渊源关系，以李贺诗为"《骚》之苗裔"，于时人中可谓独具慧眼。

《答庄充书》（杜牧）

出处同前书。

清人洪亮吉曾说："有唐一代，诗文兼擅者，惟韩、柳、小杜三家。"（《北江诗话》）足见杜牧文名之盛。《答庄充书》反映出杜牧的文学创作思想。杜牧论文学创作，有别于韩、柳之以"道"，而持"文以意为主"的观点。自六朝以来，以"意"论画或论文者甚多。如王羲之的"意在笔前"（《题卫夫人笔阵图后》），范晔的"以意为主，以文传意"（《狱中与甥侄书》）。杜牧所讲之"意"，大体指因现实生活而激发起的思想情感。他于《上知己文章启》中的一段话，很能说明这一点："伏以元和功德，凡人尽当歌咏纪叙之，故作《燕将录》。

往年吊伐之道，未其得所，故作《罪言》。自艰难来始，卒伍佣役辈多据兵为天子诸侯，故作《原十六卫》。诸侯或恃功不识古道，以至于反侧叛乱，故作《与刘司徒书》……宝历大起宫室，广声色，故作《阿房宫赋》。"杜牧之"意"，以现实为基础，从文学创作的角度看，显然要比韩之古道和柳之事理之道具体切实一些。

《献侍郎钜鹿公启》（李商隐）

选自《樊南文集详注》卷三。

李商隐（812—858？），唐代诗人，两《唐书》有传。与杜牧并称"小李杜"，与温庭筠并称"温李"。后人以"深情绵邈"（刘熙载）、"沉博绝丽"（钱谦益）等喻其诗。有《玉谿生诗笺注》等传世。

李商隐于晚唐，盛有诗名，其诗"寄托深而措辞婉"（叶燮《原诗》），感伤情调浓厚，诗歌意境朦胧，尤以近体为甚。而其文学主张，也有独特之处，主要对古文家之"学道必求古，为文必有师法"（《上崔华州书》）表现出不满，曾说"夫所谓道，岂古所谓周公、孔子者独能耶？"提倡"直挥笔为文，不爱攘取经史"（同上），足见其对正统文学思想有所违背。《献侍郎钜鹿公启》提出文质兼备以及兼通众制、不拘一格、反对偏巧的观点，实为对当时诗坛的情况有感而发，而他自己的创作，正是朝这个方向努力的。

《唐诗类选后序》（顾陶）

选自《全唐文》卷七六五。

顾陶，会昌四年（844）进士，大中间为太子校书郎。历时三十年编成《唐诗类选》二十卷，收入唐诗1232首，为唐人选唐诗中规模较大者。其选录标准大抵持政治功利主义观点，然不录元稹、白居易诗。此书南宋时尚存，今已佚。顾陶论诗，本儒家传统文学观念，主张"风教"，强调诗歌的教化作用。但对所谓的"郑卫之音"，认为只要"不亏六义之要"者，其诗选中，都有所选录，这也说明其于承继传统中还是有些变化的。然而他对元、白之诗，以不成理由的借口，不予选录，也见出世俗观点对他的影响。因为当时不少人对元、白诗之直露、平民化倾向甚为不满，或曰"元轻白俗"，或讥之"轻率"耳。

《与王霖秀才书》（孙樵）

选自影宋蜀本《孙可之文集》卷三。

孙樵为文，以"句句淡涩，读不可入"为荣（《骂僮志》）。此"书"论文，更不离"奇"字。对于作品之评价，无论王霖《雷赋》，或卢仝《月蚀诗》，或韩愈《进学解》，其推崇之原因都为一个"奇"字。皇甫湜赞韩愈文"毫曲快字，凌纸怪发，鲸铿春丽，惊耀天下"（《韩文公墓志铭》）。孙樵则称韩文"拔地倚天"，"如赤手捕长蛇，不施鞲骑生马"。师承关系一目了然。

《与友人论文书》（孙樵）

出处同前书。

孙樵称为文之道，得于来无择，来得之于皇甫湜，而湜则得之于韩愈，可称韩门再传弟子。文学思想以"奇"为尚，虽有"习于易者，则斥涩艰之辞；攻于难者，则鄙平淡之言"，近似"难""易"之折衷，但实际上他的"辞高""意深"，就是"奇"。他于汉代作家，推崇扬雄，《与高锡望书》说："文章如面，史才最难。到司马子长之地，千载独闻得扬子云。唐朝以文索士，二百年间，作者数十辈，独高韩吏部。吏部修《顺宗实录》，尚不能当班（孟）坚，其能与子长、子云相上下乎？"扬之《太玄》《法言》以古奥、艰涩出名，孙樵如此看重扬雄，其旨趣于此也可见一斑。

《正乐府序》（皮日休）

选自中华书局排印整理本《皮子文薮》卷十。

晚唐皮日休与陆龟蒙并称，时有唱和。皮日休以小品文称名文坛。没有忘记天下，是皮日休诗文的重要特征。其论诗文亦讲究"立教"与"美刺"，主张文学关心现实。《文薮序》中曾言："伤前王太佚，作《忧赋》；虑民道难济，作《河桥赋》；念下情不达，作《霍山赋》。"他在诗歌方面，推崇白居易、元稹。其《七爱诗·白太傅居易》云："吾爱白乐天，逸才生自然。谁谓辞翰器，乃是经纶贤。欻从浮艳诗，作得典诰篇。立身百行足，为文六艺全。清望逸内署，直声惊谏垣。所刺必有思，所临必可传。"并作《论白居易荐徐凝屈张祜》一文，对时人讥"元轻白俗"进行批驳。本序所言，亦与白居易《与元九书》观点完全一致。

《二十四诗品》（司空图）

选自郭绍虞《诗品集解》。

司空图（837—908），唐代诗人，两《唐书》有传。其主要成就在诗歌理论。

苏轼在《书黄子思诗集后》中说司空图"自列其诗之有

得于文字之表者二十四韵"，指的就是司空图的《二十四诗品》。表圣于此著中，论及诗的二十四种风格或曰境界。每一种风格，皆以十二句四言诗加以形象描述，涉及诗歌的本体特征、意境以及诗歌艺术风格等问题。"超以象外，得其环中""不著一字，尽得风流"，看似玄虚，却是深得诗歌三昧之语。诗本不应太质实，而应于有限文字中包含无限意蕴。"二十四品"本身，显示了诗歌风格的多样化，以及作者对它们基本一视同仁的态度，大体可划分为"壮美"与"优美"两大类，是唐诗的极大繁荣给司空图提供了上述分辨和论析的前提。（今按：陈尚君、汪涌豪作《司空图〈二十四诗品〉辨伪》，对《二十四诗品》作者提出疑义。）

《与李生论诗书》（司空图）

选自《四部丛刊》本《司空表圣文集》卷二。

司空图论诗以"韵味"为核心。本文是"韵味"论的代表作之一。司空图认为，理想的诗歌意境，应具有"韵外之致""味外之旨"，即应该给读者以无穷余味，留有丰富的再创造艺术空间。"韵味"在司空图那里，作为一个审美概念，实包含两层意思。"韵"是作为中国诗歌本体特征，是审美对象；"味"是指读者对"韵"的感悟，是审美感受。前者着眼于客体，后者着眼于主体。这二者又不是截然分开的。在司空图以前，以"韵"或"味"论诗、论画者甚多。裴子野《雕虫论》中有"高才逸韵"之说，张彦远《历代名画记》亦云："古之画，或能移其形似而尚其骨气，以形似之外求其画……今之画，纵得形似而气韵不生，以气韵求其画，则形似在其间矣。"至于"味"，刘勰《文心雕龙》论及较多，"张衡怨篇，清典可味"（《明诗》），"繁采寡情，味之必厌"（《情采》）；钟嵘《诗品序》中也说，"永嘉时，贵黄老，稍尚虚谈，于时篇什，理过其辞，淡乎寡味"，"使味之者无极，闻之者动心"。司空图在前人的基础上，对"韵味"这一具有审美特征的概念，进行了较为详尽的论述，有助于后人对中国诗歌本质特征的认识。

《与极浦书》（司空图）

出处同前书卷三。

此书价值在于明确提出诗歌"象外之象，景外之景"的审美特征。司空图所论，实际上涉及诗歌意象问题。"意象"本是中国哲学中的范畴，《周易略例·明象》中即有"得意而忘象"的说法，其中对"意"与"象"间的关系，有较详尽论述。魏晋玄学中，"言""意"之辨是一个很重要的论题。这些都对中国诗歌审美理论的发展有较大影响。殷璠《河岳英灵集》中就提出了"兴象"的说法，刘禹锡则在《董氏武陵集纪》中提及"境生于象外"。前引司空图语中两个"象"、两个"景"之间的关系，涉及中国诗歌的审美特征，前一个"象"，是主客体作用下，体现于作品中的"具象"；后一个"象"，则是高度抽象的需经读者审美体验加工所产生的"意象"。前者体现作者与现实生活的关系；后者则表现读者与作品的关系。从司空图的这一理论，似乎可以引申出这样的认识：具有永久魅力的文学作品，应该是作者、作品与读者相互融会沟通、生成兴发的艺术组合体。

《与王驾评诗书》（司空图）

出处同前书卷一。

通过具体诗评，提出"思与境偕"的论点。"思"指作者主观思想及由此决定的作品内容，"境"则指客观外物及诗所创造的客观境界。司空图认为，诗歌创作应该是两者完美的结合。"思与境偕"大致有三种方式。一是"思"因"境"发。如《二十四诗品》中《纤秾》所描绘的良辰美景，必有动人诗情。二是"思"融"境"中，《旷达》中所言即是，是事物因人的感受而带上了主观色彩。三是"思"与"境"合，物我不分彼此。这是司空图最推重的诗歌境界,《冲淡》等篇都属此类。后王国维"有我之境""无我之境",可以说便是受到司空图理论的影响。

《禅月集序》(吴融)

选自《四部丛刊》本《禅月集》卷首。

吴融(?—903),晚唐诗人,《新唐书》有传。《全唐诗》存融诗4卷。

本文是吴融为贯休诗集作的序,其论乃有感于当时诗坛弊俗而发。晚唐诗坛风气日下,盛唐时代的热情气势,已为时代末日那种感伤、纤弱所代替。文学创作中拯时济世的情怀已逐渐消失,凄凉柔弱的自叹自伤却不绝于耳。吴融对此十分不满,乃针对其时风气,力主文学为政教、需用"美""刺"手段的观点。在具体作家评论中,吴融推崇李白、白居易,而对李贺诗评价较低,这也就很自然了。

《又玄集序》(韦庄)

选自《唐人选唐诗》(上海古籍出版社)中《又玄集》卷首。

　　韦庄（836—910），晚唐诗人。以词著称，与温庭筠并称，是花间派词人代表。有《浣花集》等传世。

　　韦庄于唐代诗论中，最欣赏杜甫之"清词丽句必为邻"一语，故其选唐人诗，也本之以为准则。韦庄时代，盛唐气象一去不返，文坛以追求绮艳清丽为时尚。韦庄本人的创作，特别是词，就是这种"清丽"派的代表。韦庄于此序中，一是说明其选唐人诗之意图，不是出于传统的政教目的，而是用以愉悦身心。其二，说明其选诗标准，不以成就论，不以流派论，而以是否为"清词丽句"作录选标准。《又玄集》之特点，即由此决定，而这正反映了晚唐文人文学观念的变化。

《花间集序》（欧阳炯）

　　选自《全唐文》卷八九一。

　　欧阳炯（896—971），五代诗人，卒于宋初，《宋史》有传。以词著称，花间派重要词人。

　　《花间集》是后蜀赵崇祚编的一部词集，被称为"倚声填词之祖"，其中收录晚唐温庭筠等十八家词五百余首。词起于民间，且一开始就被许多文人所赏玩，有"艳科"之名。《花间集》中所收词作，即多写女人姿色，或称情艳思。欧阳炯为此集作序，除论述词的发展源流，主要即申述词之作用在于为"绮筵公子，绣幌佳人""助娇娆之态"，"资羽盖之欢"，即将词看成文人骚客花间樽前的玩赏之物。欧阳炯对词的看法，反映了晚唐不少文人的基本观点，也在一定程度上影响了词的发展。

［以上文字，收入《中国古典文学名著分类集成》28 册"文论卷（一）"，百花文艺出版社 1994 年版，文字略有修改］

后　记

　　从未有把这些文字结集出版的想法，因为实在乏善可陈，无非个人经历中的点滴记录而已。2017年12月，有幸入选全国宣传文化系统"文化名家暨四个一批"人才工程，获相关经费资助，经多位同行友人鼓励，才下决心，在退休以后，把自己这些不成样的文字编辑成集，也算对自己职业生涯小小总结。确实，在本集编辑过程中，常有这样的感觉，这些文字，对于他人来说，没有什么价值，但对自己而言，至少可以帮助回忆起一些久已淡忘的过往。人到了一定年龄，难免忆旧，通过这种方式，提醒自己，感恩每一个阶段帮助过自己的人。

　　本集编为五辑：第一辑主要是有关古籍出版方面的。我自1991年研究生毕业，分配至江苏古籍出版社（2002年底更名凤凰出版社）从事古籍编辑出版工作，直至2021年办理退休手续，做过编辑、编辑室副主任、总编辑助理、副总编、总编辑、社长兼总编辑，特别是 2003 年至 2018 年，主持更名后的出版社工作 15 年期间，自己无法再回避工作中遇到的问题，这一组文章，大多是这个阶段的思考。第二辑主要是关于《江苏文库》的。2016 年，江苏省启动"江苏文脉整理与研究工程"，其中一项任务，是编纂出版一部总规模在 3000 册的超大型江苏地方文献丛刊《江苏文库》，我受委托，执笔起草了项目实施方案，并负责此项目出版，退休以后，得上级领导信任，目前仍作为该项目的出版主持者。对于这样一部"前无古人"的超大型出版项目，困难和问题不计其数，自己也只能在实践中不断学习和总结，并将一些心得形成文字。第三辑主要是主持出版社工作期间，组织或参加一些新书出版座谈会或发布会上的发言。第四辑主要是写工作中遇到的几位前辈。我一向自卑，工作中虽也与不少名家大家有过接触，得到他们帮助，手边至今还存留一些往来书信，但终究怕有"攀附"之嫌，所以真正形成文字的不多。第五辑主要是几篇书评和自己编选的几本小书前言。最后附录的几篇文章，与自己研究生所读专业有关，主要还是想给自己曾经努力追求的经历，留点印记，追念一下回不去的岁月。我从师专毕业当了四年省重点中学语文教师和几个月高校学报编辑后，于 1988 年 5 月，考入山东大学中文系硕士研究生，师从于维璋先生学习中国古代文学批评史，所附录的几篇文章，主要是当时的课程作业或读书笔记，有的在校时发表，有的毕业后发表。惭愧的是，毕业后没有再继续学业，愧对恩师期待。先生对我这样毫无学术基础的人，从第一学期指导阅读《论语》《孟子》《庄子》《老子》四部书开始，到《典论》《文赋》《诗品》《文心雕龙》等逐一讲解，再到亲自选一些文献让我学习注释，并请董治安先生讲授两汉经学与文学、王培元先生讲授目录学，学习传统学术门径与方法。对我追赶时髦，常常简单套用当时比较流行的西方文艺学概念，先生也不一味禁止，而是请刘光裕先生、陈炎先生为我们开设西方文艺学专题。想起这些，才真正体会什么叫"师恩"。附录中的《浅谈〈窦娥冤〉中的鬼魂》一文，不是读研时写的，今天看来十分幼稚可笑，但它却是我第一篇变成铅字的所谓学术论文，发表于1984年，甚至可以说它改变了我的个人命运，所以也附在里面。1987年9月，几经努力和周折，我从当时不允许考研的中学，调到本地一所教育学院编学报，目的就是想有考研的机会，年底考研报名，在八名报考者中，唯我师专毕业，其余皆本科，或许是调动引起了一些议论（当时调离中学并不容易），单位起初没有同意我以本科同等学力报考，理由是无法证明。情急之下，顾不得才到新单位两三个月，更不知天高地厚，拿着发表的两篇文章（另一篇是中学语文教学方面的，最近在网上还查到了，叫《〈大铁椎传〉教学初探》）找领导力争，终于盖章放行。第二年5月，我考取研究生离开单位时听说，那年就我一人侥幸考取。现在想想，如果当初没有这篇文章，或没能考上，我的人生轨迹又不知转向何方。生活总是充满偶然，当然也无法假设。

要说明的是，书中的文章，不但内容无多少价值，还因成文于不同时期，存在着行文不规范、内容重复、数据统计前后不一等问题，有的文章是由讲课稿或会议发言整理，不免口语化。好在作为一份个人职业记录，保持原样，也就保存了一段时光。本次结集时，对有些文章的文字稍作修正。

至于书名，确实是个难题，总怕名不副实，所以一直拖到最后。我从未给陋室起过什么雅号，只是对"诚"字一向心存敬畏，犬子也以"诚"字单名。十多年前，友人西泠印社出版社总编辑江兴佑兄好意，请西泠印社吴莹女史治"诚斋"印，北京语言大学教授朱天曙兄又书赐"诚斋"，本次姑且风雅一回，用于本集书名，但考虑到内容庞杂，原拟用"杂录"，后经黄松、曾学文二位仁兄鼓励，斗胆不避古人、前贤，题"诚斋文录"。

承蒙李岩兄赐序、徐俊兄题签，顿觉简陋的"诚斋"蓬荜生辉，他们两位前后执掌过具有110多年历史的中华书局，可谓中国古籍出版"执牛耳"者。多年来，他们关注、关心、支持和帮助包括凤凰出版社在内的许多地方古籍出版单位发展，并对我处处提携，我一直视他们为榜样，在他们身上，我真的学到很多。

又蒙广陵书社总编辑曾学文兄厚爱，允以出版。与学文兄同在一省从事古籍出版，我二人所谓"三观"相近，并对古籍专业出版有相同认识，我曾在祝贺广陵书社成立二十周年的文章中写道：我们两人"更倾心'专而精''特而尖'和'小而美'的专业出版追求，坚信'书比人寿'，对出版的每一本书，都希望能够流传久一些"，故我们既成同道，更成好友，本书编辑，也是他一再鼓励。

本书出版，还得到广陵书社副总编辑方慧君女史帮助，不但周到安排，还悉心编校，纠正错漏，在此一并致谢。

感谢同事李相东、汪云普、许勇审读部分校样。

在自己学习、工作的每一个阶段，都得到众多师友厚爱，我将始终铭记并感恩于怀。

匆匆几十年，年齿徒增，一事无成，且又不能像歌词中的"从头再来"，眼下能做的只有努力强身健体，争取多看儿眼未来好风景。

2023 年初秋于诚斋